A.C.
GRAYLING

AS FRONTEIRAS DO CONHECIMENTO

Título original:
The Frontiers of Knowledge

Inicialmente publicado com o título *The Frontiers of Knowledge* em 2021 por Viking,
uma chancela de Penguin General. Penguin General é uma das companhias
do Grupo Penguin Random House

Tradução: Desidério Murcho

Revisão: Joana Baudouin

Capa: Paper Talk

Depósito legal n.º 490961/21

Biblioteca Nacional de Portugal – Catalogação na Publicação

GRAYLING, A. C., 1949-

Fronteiras do conhecimento. – (Extra coleção)
ISBN 978-972-44-2509-2

CDU 001

Paginação:
MA

Impressão e acabamento: Publito - Braga

para
EDIÇÕES 70, LDA.
Novembro 2021

EDIÇÕES 70, uma chancela de Edições Almedina, S.A.
LEAP CENTER – Espaço Amoreiras
Rua D. João V, n.º 24, 1.03 – 1250-091 Lisboa – Portugal
e-mail: editoras@grupoalmedina.net

A.C.
GRAYLING

AS FRONTEIRAS DO CONHECIMENTO

70

Para os estudantes, professores e funcionários
que fundaram o New College of Humanities,
e para todos os que dão continuidade ao seu legado:
Animi Cultura Gaudere

ÍNDICE

FIGURAS

PREFÁCIO

Nos últimos tempos, a humanidade descobriu imenso sobre o Universo, sobre o passado e também sobre si própria. Desde o século XIX, pôs a descoberto milhares de anos de história esquecida ou inteiramente desconhecida até então: a história das grandes civilizações pré-clássicas e, antes disso, a crónica da evolução humana. Desde o início do século XX, fez descobertas até então inconcebíveis sobre o Universo físico, nas escalas mais ínfimas e mais vastas que, até ver, podemos alcançar — da teoria quântica à cosmologia, e às origens do espaço e do tempo. E só nas últimas décadas tem sido capaz de deitar um olhar ao interior do cérebro, para começar a mapear minuciosamente as suas estruturas e observá-las a funcionar.

Estes avanços têm sido imensos, arrebatadores e significativos. Ocupamos um Universo diferente e muito mais rico do que o dos nossos antepassados, incluindo os que viviam já no século XIX. Contudo, um facto notável acompanha estes desenvolvimentos: ao passo que se acreditava dantes que todo o avanço no conhecimento diminui a ignorância, estas passadas recentes de gigante mostraram-nos quão pouco sabemos. A investigação gera assim um paradoxo: aumentar o conhecimento aumenta a nossa ignorância. Assim, o que sabemos? E o que sabemos agora que não sabemos? E o que descobrimos sobre a natureza da própria investigação — sobre as barreiras e as dificuldades que têm de ser ultrapassadas ou tidas em consideração à medida que o nosso crescente conhecimento aumenta a nossa ignorância?

Este livro procura responder a estas questões em três áreas cruciais nas fronteiras do conhecimento, sendo estas a ciência, a história e a psicologia — mais exatamente: a física fundamental e a cosmologia, a descoberta do passado pré-clássico e da evolução humana, e as novas neurociências do cérebro e da mente.

Ao escrever frequente e diversificadamente sobre o desenvolvimento das ideias e a história da filosofia, várias questões me têm deixado profundamente perplexo quanto aos labores da humanidade nas fronteiras do conhecimento, e quanto à natureza, aos métodos e aos problemas da investigação. São questões que estão no coração da filosofia — entendida, no seu sentido mais abrangente, como uma reflexão sobre o que sabemos, como o sabemos e por que razão isso importa — porque estão no coração dos próprios feitos humanos. O meu objetivo nestas páginas é ilustrar e explorar três das mais importantes fronteiras desses feitos, e descrever onde se situam e como avançaram até onde estão hoje; e discutir o que a sua posição atual nos ensina acerca do que temos ainda a descobrir.

A. C. Grayling
New College of Humanities
Londres, 2021

AGRADECIMENTOS

Aprendi muito ao longo de muitos anos com amigos e colegas, tantos que não podem ser todos nomeados, mas alguns merecem uma menção especial devido às conversas mantidas no decorrer dos anos, e aos seus escritos: Tejinder Virdee e Lawrence Krauss sobre a física e o Universo, Adam Zeman, Daniel Dennett e Patricia Churchland sobre o cérebro, a mente e a consciência, Richard Dawkins sobre a evolução, Steven Pinker sobre o Iluminismo e o progresso das ideias, Simon Blackburn, Peter Singer, e Alex Orenstein sobre as dimensões filosóficas. Agradeço também ao Dr. Ron Witton por fazer comentários sobre as guerras da história, a Caroline Williams e ao Dr. John Gribbin devido a conselhos sobre pontos técnicos, a Daniel Crewe, o meu arguto e bem informado revisor da Viking, a Mollie Charge por coligir bibliografias, e aos meus colegas do New College of the Humanities pela diversidade e sagacidade dos nossos seminários de docentes do Ottoline Club.

INTRODUÇÃO

O que sabemos acerca do mundo, do passado e de nós próprios? Muito recentemente, no decurso do último século e meio, ocorreram avanços espetaculares na nossa investigação destes tópicos. Usando as designações mais gerais, chamamos-lhes *ciência, história* e *psicologia,* respetivamente, mas isto não faz justiça ao que se alcançou nessas áreas, nem ao que esses feitos querem dizer, nem onde se situam ou aonde poderão conduzir. Resultam de tecnologias de investigação em rápida evolução que alargaram em muito o alcance do que a humanidade avista, tanto na direção do passado, como percorrendo escalas de distância antes inacessíveis, das galáxias mais distantes aos meandros do cérebro humano, e indo ainda mais longe até à arquitetura interna do átomo. Cada passo nestes avanços levantou questões, por sua vez, que anteriormente não era possível formular; e um dos resultados capitais foi pôr a nu um paradoxo: o *paradoxo do conhecimento,* que é a constatação de que *quanto mais sabemos, mais nos damos conta da dimensão da nossa ignorância,* sobretudo nestas três áreas cruciais da investigação do mundo, do passado e da mente.

O paradoxo do conhecimento tornou-se familiar devido a estes avanços recentes do conhecimento, mas até estes se terem tornado tão rápidos e de tão grande alcance, a ideia era de que o conhecimento estava a *reduzir* o domínio da ignorância. A humanidade acreditava que o saber se ia acumulando de tal maneira que a perspetiva de alcançar a fronteira do próprio conhecimento, permitindo à humanidade saber tudo o que há para saber, parecia implícita no sucesso contínuo da investigação. A inversão dramática desta perspetiva já não é uma surpresa, mas as implicações deste facto, incluindo as que levantam questões sobre a natureza da própria investigação, ainda não foram integralmente apreendidas.

Todo o estágio de desenvolvimento do conhecimento ao longo da história humana teve as suas fronteiras e, para os pioneiros que se aventuraram a ultrapassá-las, estas definiam a *terra incognita* que jazia do lado de lá. A direção da viagem que amiúde pareciam indicar revelou-se falsa. Uma das questões maiores acerca das fronteiras de hoje, consequentemente, é se as direções que indicam são as certas. Claro que a resposta adequada é que não se sabe, até se ter tentado. Mas pode acontecer que existam algumas pistas que nos ajudem, tanto na história das fronteiras do passado, como na abordagem às atuais.

Afinal, num sentido importante da palavra «conhecimento», os nossos antepassados sabiam muitas coisas, e não apenas durante milhares de anos: durante milhões de anos. Parece que os utensílios de pedra mais antigos datam de há 3,3 milhões de anos, a meio caminho do ponto da história evolutiva em que as árvores ancestrais dos chimpanzés divergem da dos seres humanos. O conhecimento que tinham era *saber-como* — ou seja, conhecimento prático, como fazer utensílios ou abrigos, como dominar o fogo, como criar arte rupestre, domesticar animais e plantas, deslocar e dar forma a penedos gigantescos, cavar canais de irrigação, inventar têxteis e técnicas de olaria, fundir bronze a partir do cobre e do latão, fundir o ferro, e assim por diante, até às tecnologias avançadas atuais.

O «saber-como» acabou quase certamente por ser acompanhado, num ponto talvez muito remoto, por esforços para chegar ao *saber-o-quê* — ou seja, o conhecimento teórico, *explicações* do *porquê* do funcionamento do *como*. Os enquadramentos explicativos concebidos pelos nossos antepassados envolviam quase certamente a atribuição de agência às forças da natureza. Para explicar a trovoada, o vento, a chuva e os movimentos dos corpos celestes, é de prever que os nossos antepassados inferiram dos seus próprios poderes como agentes — a sensação de que «eu causei aquilo», como quando se atira uma pedra na água, provocando salpicos — que o que se desloca, emite ruído ou muda de uma maneira qualquer, tem de ter um agente, um motor, para lá dele, ou no seu seio. Além disso, a aparência de comportamento intencional nos animais também fez os nossos antepassados pensar, sem dúvida, que os animais têm vidas mentais semelhantes às suas; pressuponham que o que parece timidez no veado e ferocidade no leão espelhava os seus próprios sentimentos: se um veado fugisse, era devido ao medo; se um leão atacasse, era por estar enraivecido. As fontes animistas da crença religiosa são ainda visíveis em alguns dos esforços mais antigos que se conhecem de dar explicações teóricas do mundo. O filósofo pré-socrático Tales, por exemplo, formulou a hipótese de que «tudo está cheio de almas» — querendo com «alma» dizer um princípio animador — para explicar fenómenos como a capacidade de um íman para atrair o ferro.[1]

A história diz-nos que estes tipos de explicações, «saber-o-quê», consistiam principalmente no que no presente denominamos crenças «religiosas». Estas, por sua vez, davam novos contributos de suposto «saber-como», sugerindo formas de interação com aspetos da natureza, ou com as agências que a controlam, com a esperança de as influenciar ou de as propiciar por meio de rituais, orações e sacrifício. Uma especulação interessante é que, à medida que os meios litúrgicos (religiosos, rituais) de influenciar a natureza foram substituídos pelo conhecimento mundano mais prático e especializado, também o interesse em exercer controlo se transferiu da natureza para a sociedade; talvez, como o sugere o conceito de «tabu», quando o controlo de certos tipos de comportamento já não era encarado como necessário para influenciar a natureza ou os deuses da natureza, persistiu o controlo social — na forma de conceções da «moralidade». Seja como for, o ponto principal é que, até muito recentemente na história humana, o «saber-como» tem estado muito à frente do «saber-o-quê», e o esforço para conseguir este último limitou-se, até muito recentemente, à imaginação, fantasia, medo e esperanças vãs.

Como a referência anterior a Tales sugere, a crónica dos esforços humanos para «saber o quê» além do «como», mas sem se basear na imaginação ou nas crenças tradicionais, veio à cena pela primeira vez integralmente com os filósofos da Antiguidade clássica grega, a partir do século VI AEC. Tales, que viveu por volta de 585 AEC na Jónia, na costa leste do mar Egeu, é com frequência considerado «o primeiro filósofo», porque é a primeira pessoa que se sabe que respondeu à pergunta acerca da natureza e fonte da realidade sem recorrer ao mito. Ao desejar uma explicação mais intelectualmente plausível do que a dos mitógrafos e poetas, procurou identificar a *arche* («princípio») do cosmos, definido por Aristóteles como «aquilo de que são compostas todas as coisas [...] o elemento e princípio das coisas que são», a partir do que via à sua volta. O candidato que escolheu como *arche* foi a *água*. Eis uma reconstrução possível do seu raciocínio: a água está por todo o lado, e é essencial. Está no mar, cai do céu, corre nas nossas veias, as plantas têm água, e todos os seres vivos morrem sem ela. Pode-se dizer até que dá origem à própria Terra; veja-se as vastas quantidades de solos carregados pelo Nilo, nas suas inundações anuais. E o fator decisivo: a água é a única substância que Tales conhecia que pode ocorrer nos três estados materiais: é sólida (quando está congelada), líquida (no seu estado básico) e gasosa (quando forma vapor, ao ferver). Assim, é ubíqua, essencial, produtiva e metamórfica; é a única coisa que ele conhecia que era assim; consequentemente, tinha de ser a substância da qual todas as outras coisas vêm e da qual dependem: a *arche* do universo.[2]

Trata-se de raciocínio engenhoso, no contexto do tempo. Mas o ponto realmente importante é que se apoia *apenas na observação e na razão,* e não em mitos e lendas, nem na imaginação. É por isso que Tales é considerado o primeiro filósofo. Sem dúvida que outras pessoas pensaram de maneiras semelhantes antes dele, mas não temos registos delas. Devido a isso, identificamo-lo como a primeira figura numa fase nova da história, pois, apesar de a *tecnologia* — o «saber-como» — ter estado em desenvolvimento desde há milhões de anos, a *ciência* — o «saber-o-quê» — começou naquele momento.

Note-se, contudo, que a observação e a razão exigem um contexto de investigação, e uma acumulação de resultados corrigidos por testes. Não são suficientes em si. A observação e a razão deram aos nossos antepassados a ideia de que o Sol se desloca no céu, e realmente parece que o faz — essa é a nossa observação — e tudo na Terra à nossa volta parece permanecer imóvel. Logo, a conclusão razoável é que o Sol é o objeto móvel, e não a Terra. Pensamos o mesmo acerca da Lua, e pela mesma razão, e nesse caso não nos enganámos. Foi preciso aplicações repetidas e mais profundas de observação e razão para chegar ao resultado contraintuitivo de que é a Terra que se move relativamente ao Sol, e não o contrário.

Esta é uma indicação do ponto geral de que a história do «saber-o-quê» começou lentamente, aumentando hesitantemente até se acumular um corpo de contexto e testes — e também porque demasiado frequentemente era objeto da oposição de poderosos interesses tradicionalistas, principalmente religiosos, que se sentiam sob ameaça. Só começou a sua ascensão mais rápida no início da história moderna, nos séculos XVI e XVII.[3] Desde o século XIX, contudo, o crescimento do «saber-o-quê» tem sido meteórico.

Note-se, porém, que este conhecimento ainda está em crescimento, está ainda num estado incompleto; talvez grande parte dele num estado muito incipiente, e talvez algum venha a ser ajustado, corrigido ou abandonado, à medida que as provas se acumulam e os métodos de investigação e as suas tecnologias continuam a melhorar, coisa que fazem continuamente. Consequentemente, as questões acerca do nosso mundo e de nós próprios que o crescimento explosivo do conhecimento *até agora* nos faz formular não podem senão sugerir respostas temporárias — ainda que a fome humana de respostas continue, apesar disso, a procurá-las.

Ao perguntar «o que sabemos?», somos naturalmente levados a perguntar «como o sabemos?» e «quais são os limites do que se pode saber?». Estas perguntas envolvem outras: o que queremos dizer com «conhecimento», em contraste com «crença» e «opinião»? E, se houver uma definição estrita de «conhecimento» que faça um contraste nítido com a «mera» crença e opinião, não seremos obrigados a perguntar «Não é antes crença, ao invés de conhecimento, *propriamente dito,* o que realmente temos? Pois se definirmos "conhecimento" de maneira muito restrita como *o que é verdadeiro e se aceita com base em fundamentos indubitáveis,* será o conhecimento sequer possível? Pois que coisas há, à parte a matemática, que sejam indubitáveis?» Alguns preliminares ajudam a esclarecer este conjunto de questões importantes, e uma maneira rápida de o fazer é como se segue.

Uma das áreas centrais da filosofia é a *epistemologia,* ou «teoria do conhecimento».[4] Uma maneira incisiva de levar a cabo esta tarefa, é mostrar como podemos responder a desafios céticos às nossas afirmações de conhecimento. Nos debates técnicos da filosofia acerca desta questão, afirmações de conhecimento muito simples, como «sei que está um computador portátil à minha frente agora», e possibilidades muito abstrusas de estar enganado quando fazemos tais afirmações, como «posso estar a sonhar, ou a ter uma alucinação; como posso excluir essa possibilidade?», constituem o pão nosso de cada dia da epistemologia. Isto faz-nos perguntar «sabemos *alguma coisa?* Podemos *saber* alguma coisa?» Se as afirmações mais simples e diretas de conhecimento não podem ser defendidas contra os desafios céticos, ainda que dos tipos mais extravagantes, então — obviamente — temos um problema.

E, de facto, temos realmente um problema. Pode ser que o que descobrimos a partir dos desafios céticos, por mais bizarros que pareçam (como o exemplo de Descartes — «talvez eu seja vítima de uma ilusão provocada por um génio maligno» — que ele usava como heurística, ou seja, como um dispositivo meramente facilitador, para explorar se podemos saber algo *com certeza*), é que no sentido mais estrito não sabemos realmente coisa alguma, pelo menos à parte da matemática e da lógica, que são as únicas investigações onde se consegue chegar à certeza.[5] Isto significa que em vez de *conhecimento,* no sentido estrito, temos de aceitar que o melhor que conseguimos alcançar é a *crença muitíssimo credível e bem fundamentada;* e, correlativamente, que qualquer uma das nossas crenças, por mais que se apoie fortemente nas nossas melhores provas, pode revelar-se falsa.

Esta é exatamente a perspetiva em que a ciência se baseia. A ciência reconhece-se como refutável, ou seja, como uma coisa que está sujeita a ajustes ou revisões, à luz de novas provas, caso estas ponham a teoria atual em questão. A ciência é defensavelmente a maior conquista intelectual da humanidade; o método científico é o paradigma da investigação responsável, cuidadosa e escrupulosa quanto aos seus vários objetos de estudo, e é fortemente autocrítica e controlada pelos dados empíricos e pela experimentação — ou seja, é pela maneira como o mundo é, em oposição ao que desejaríamos que fosse. Em harmonia com o seu profundo sentido de responsabilidade epistemológica, os cientistas não afirmam *saber,* mas asseguram-se de que as suas teorias se apoiam ao mais alto grau em testes e avaliações rigorosas. É uma prática corrente nas experiências de física das altas energias, por exemplo, não publicar um resultado a menos que atinja o grau de confiança conhecido como *sigma 5*, ou seja, que a probabilidade de os resultados atingidos ao longo de todas as experiências realizadas ser apenas uma flutuação estatística é de apenas uma em 3,5 milhões. A revista *Physical Review Letters* considera que os resultados sigma 5 são «descobertas».

Este tipo de responsabilidade intelectual caracteriza toda a investigação séria, na história e nas ciências sociais, tal como nas ciências da natureza. As técnicas e os métodos podem variar segundo o tema estudado, mas a *ética* da investigação aplica-se a todas, nomeadamente ao lidar com os problemas que todas as formas de investigação encontram, e que irei descrever já de seguida.

De notar que o *cientismo* — a perspetiva de que a ciência pode explicar tudo, e que em última análise irá fazê-lo — não é o mesmo que a ciência. A física das partículas não pretende explicar os sistemas políticos; a química inorgânica não pretende explicar as qualidades da poesia romântica. A ciência é específica quanto ao seu tema — os seus estudos centram-se individualmente na estrutura fundamental da matéria, na evolução das espécies biológicas, na natureza das galáxias distantes, no desenvolvimento de vacinas contra as infeções virais, e assim por diante. É uma empresa fortemente ciente de si, sempre orientada pelo escrutínio a que os cientistas submetem o seu próprio trabalho, e os trabalhos alheios, muito antes de se aventurarem a publicá-los.[6] O exemplo da ciência é genérico. A história, tal como outras ciências sociais e as humanidades, oferece mais comentário sobre a sociedade e a condição humana, mas aplicam-se as mesmas considerações sobre a integridade intelectual.

Estas considerações obrigam-nos a confrontar os problemas — céticos, metodológicos e admonitórios — que dificultam a investigação, e se tornam mais claros com os recentes avanços dramáticos do conhecimento, precisamente devido à imensa ignorância que revelam. Identifico uma dúzia deles, e formulo-os onde for apropriado na discussão posterior. Dou-lhes as seguintes designações:

O problema do buraco da agulha. Todas as nossas investigações têm como ponto de partida os dados muito limitados e terrivelmente circunscritos a que temos acesso local no espaço e no tempo, e que nos dão, do nosso ponto de vista finito, uma perspetiva do Universo e do passado como se fosse através de um buraco da agulha, posicionado precisamente à nossa escala. Será que com os nossos métodos conseguimos ultrapassá-lo e ir além dele?

O problema da metáfora. Que metáforas e analogias se invoca para dar sentido ao que estas investigações nos dizem? Poderão ser enganadoras?

O problema do mapa. Qual é a relação entre as teorias e as realidades que constituem os seus objetos, dadas as diferenças análogas entre um mapa e o país que esse mapa representa?

O problema dos critérios. Quais são as justificações e, quando for necessário, as retificações para a aplicação de critérios como a «simplicidade», a «otimalidade» e até a «beleza» e a «elegância», na formulação de programas de investigação e na aprovação de resultados? Invocar estes «critérios extrateóricos» ajuda a investigação, ou distorce-a?

O problema da verdade. Dado que a investigação empírica nos dá probabilidades refutáveis, quais são os padrões (como a escala sigma na ciência) tidos como satisfatórios, quase certos? Sugere isto que temos de tratar o conceito de verdade de maneira pragmática, como um objetivo da investigação (talvez inatingível) para o qual, no plano ideal, esta converge estrategicamente? Onde cabe aqui o conceito da própria «verdade»?

O problema de Ptolemeu. O modelo geocêntrico do Universo «funcionava» em vários aspetos, permitindo a boa navegação nos oceanos e a previsão de eclipses, mostrando por isso que uma teoria pode ser eficaz em alguns aspetos, apesar de ser incorreta. Como evitar que sejamos enganados pela adequação pragmática?

O problema do martelo. Resumido incisivamente como «se a nossa única ferramenta é um martelo, tudo parece um prego», este problema recorda-nos que temos tendência para ver apenas o que os nossos métodos e equipamentos são capazes de revelar.

O problema do lampião. Procuramos as chaves que perdemos debaixo do lampião, à noite, porque é o único sítio em que conseguimos ver. Investigamos o que é acessível à investigação, pela óbvia razão de não podermos ter acesso ao que é inacessível.

O problema da interferência. Investigar e observar pode afetar o que está a ser investigado ou observado. Quando estudamos animais no meio selvagem, estamos a estudá-los como seriam caso não estivessem a ser observados, ou estamos a estudar comportamentos influenciados pela nossa observação? Daí que isto seja conhecido como o «efeito do observador». Poderemos excluir com segurança a perturbação que provocamos ao seccionar e tingir um espécime para ser examinado ao microscópio? Poderá a colisão de partículas subatómicas revelar com segurança como essas partículas se formaram, inicialmente?

O problema da interpolação. Um problema sobretudo para a história e as ciências psicológicas, áreas nas quais as interpretações dos dados se fazem muitas vezes em função de pressupostos que são próprios do tempo e da experiência dos investigadores. Conseguiremos defender--nos contra isto, quando é uma fonte de distorção?

O problema de Parménides. O perigo implícito do *reducionismo:* reduzir tudo a um único princípio último, causal ou explicativo, que à primeira vista parece o pior tipo de erro elementar, mas que, curiosamente, é uma das características das ciências rígidas.

E, por último, *o problema do remate.* O desejo de chegar a uma conclusão, de ter uma explicação ou crónica completa, para organizar as coisas e dá-las por terminadas. Ter explicações narrativas satisfatórias é um impulso humano natural, «isto devido àquilo», em que «aquilo» desempenha a função de dar por encerrada a cadeia explicativa, fechando a necessidade de mais um «aquilo». As supostas explicações do «deus das lacunas» fornecem exemplos clássicos. Mas também o que está implícito no problema de Parménides o exemplifica.

As três áreas de investigação esboçadas nas páginas seguintes são afetadas por vários destes problemas, com diferentes graus de força. Discuto os mais proeminentes em cada área, e na Conclusão.

Estes problemas fazem alguns pensadores dizer que há coisas que nunca poderemos saber. Dizem, por exemplo, que as questões sobre a natureza da consciência nunca terão resposta, porque tentá-lo é como um olho que tenta ver-se a si próprio. Este é um conselho desesperado, que nenhum investigador deve aceitar. Se a pergunta «haverá limites ao conhecimento?» quer dizer alguma coisa, é, na melhor das hipóteses, algo de derrotista, ao sugerir que esses limites poderão existir. Mas não é uma pergunta que queira dizer seja o que for, porque é irrespondível — só poderia ser respondida, *per impossibile,* quando chegássemos à posição contraditória de transcender os limites do conhecimento, para conseguirmos deitar um olhar retrospetivo para esses limites, e ver onde se situam. De modo que a posição agnoiológica («não se pode saber») é insustentável enquanto teoria geral da investigação e dos seus objetivos. Na verdade, é crucial apostar nas possibilidades ilimitadas do conhecimento; é isso que nos incentiva a continuar a procurar uma compreensão maior do Universo e de nós mesmos. Mas o problema do buraco da agulha, assim como os outros, diz-nos como devemos investigar, o que temos de evitar ou ter em consideração; diz-nos o que temos de fazer para tentar fazer avançar o conhecimento e diminuir a ignorância, dadas as dificuldades que essa tarefa enfrenta.

Este livro não é sobre epistemologia, no sentido filosófico estrito de responder aos desafios céticos às nossas afirmações mais básicas de conhecimento, para tentar ver o que podemos saber, segundo a definição mais *estrita* de «conhecimento» como *o que é verdadeiro e se aceita com fundamentos indubitáveis.* Ao invés, trata-se de explorar e compreender, num sentido filosófico mais amplo, as *crenças muitíssimo credíveis e bem apoiadas* a que *informalmente* chamamos «conhecimento». Na verdade, de ora em diante, irei usar o termo «conhecimento» neste último sentido, que, em qualquer caso, é o sentido corrente: é o sentido de «conhecimento» segundo o qual o que as enciclopédias contêm é «conhecimento». E é sobre o conhecimento e a ignorância, neste sentido, com respeito às muito recentes descobertas da ciência, da história e da psicologia.

As perguntas que faço quanto a estes campos de investigação são as seguintes: o que sabemos nestas áreas de investigação, e o que pensávamos anteriormente que sabíamos? Como o sabemos agora, e há algumas questões ou reservas que se levantem quanto às afirmações, métodos e pressupostos em ação neste conhecimento e na sua aquisição? Uma das tarefas construtivas da filosofia é a limpeza conceptual que pode oferecer com os tipos de questões que levanta, uma tarefa que John Locke, no seu *Ensaio sobre o Entendimento Humano* — escrito em apoio do génio em desenvolvimento da ciência do século XVII —, descreveu como a de um «assistente» que ajuda a desimpedir o caminho por onde avança a investigação. No sentido geral de filosofia como reflexão e procura de compreensão, esta metáfora é apropriada para descrever a nossa tarefa.

As três áreas de investigação esboçadas nas páginas seguintes — o mundo, o passado e a mente — são as seguintes: (Parte I) física das partículas e cosmologia; (Parte II) história, arqueologia e paleoantropologia; e (Parte III) as investigações da mente e do cérebro, na neurociência e na neurociência cognitiva. Não é possível, é claro, ser abrangente; irei deter-me em aspetos centrais de cada área.

Estas não são as únicas áreas novas e recentes do conhecimento que surgiram e cresceram com uma rapidez estonteante nos últimos tempos, mas é defensável que são as que mais fazem a diferença para a compreensão que temos de nós próprios. Alhures, e noutro momento do tempo, seria de acrescentar áreas da ciência que estão destinadas a ter um efeito significativo no futuro da humanidade, de diferentes maneiras. Uma delas é a terapia genética, a «engenharia genética» (concebida em termos benignos, para proteger contra doenças transmitidas por via genética, por exemplo), e as aplicações da investigação em células estaminais, na ciência médica. Estes desenvolvimentos estão iminentes, mas ainda não chegaram integralmente, e o impacto que terão é muitíssimo especulativo; é de ter a esperança de que irão trazer benefícios com respeito a muitas das doenças que atormentam a humanidade, agora que a esperança de vida é muito maior — sendo as principais a doença cardiovascular e os cancros —, tal como ajudarão também no processo de envelhecimento. Mas pouca reflexão tem sido dedicada aos impactos sociais, psicológicos e económicos de vidas ainda mais longas e muito mais saudáveis do que hoje.

O outro conjunto de desenvolvimentos destinados a afetar o futuro da humanidade diz respeito à inteligência artificial e às suas aplicações.

Dizer que estes desenvolvimentos irão afetar o futuro talvez seja uma afirmação ultrapassada: a IA está aqui, e já funciona em muitos casos, a maior parte deles benéficos. Até onde irão os seus desenvolvimentos e quais são os seus efeitos conjugados, são questões atualmente abertas ao debate.[7]

«Recente» é a palavra significativa em conexão com as três áreas de investigação sob consideração. Basta pensar no seguinte: a primeira observação de uma partícula subatómica ocorreu em 1897, quando J. J. Thomson descobriu o eletrão. O núcleo atómico foi descrito pela primeira vez em 1909 por Hans Geiger e Ernest Marsden, que trabalhavam no laboratório de Ernest Rutherford. A teoria da relatividade especial de Einstein foi publicada em 1905, e a sua teoria da relatividade geral em 1915. A teoria quântica desenvolveu-se nas primeiras décadas do século XX, tendo recebido uma espécie de aval oficial por parte dos físicos na Conferência de Solvay de 1927; o fotão recebera o seu nome no ano anterior. O «modelo padrão» do átomo tornou-se amplamente aceite por volta da década de setenta do século XX, e a confirmação de que o campo de Higgs existe completou o modelo em julho de 2012.

Foi só com o trabalho de Edwin Hubble, nos anos vinte do século XX, que se reconheceu que a galáxia Via Láctea, na qual se encontra o nosso sistema solar, é apenas uma de entre um vasto número de outras galáxias, e não, como se pensava anteriormente, a totalidade do próprio Universo. Isso foi em 1924; em 1929, Hubble observou que o Universo está em expansão. Tal levou à formulação da «teoria do *Big Bang*»; em 1992, o Explorador de Fundo Cósmico da NASA (COBE, na sigla inglesa) confirmou a existência da radiação de fundo deixada pelo *Big Bang*, que agora se calcula que ocorreu há 13,72 mil milhões de anos.[8]

As indicações e hipóteses que conduziram a estas descobertas é claro que já existiam: os filósofos gregos haviam sugerido que a matéria tem de ser feita de pequenas partes (que é o que «átomo» significa — indivisível, que não se pode cortar); pensadores oitocentistas como Pierre Gassendi e Robert Boyle especularam acerca de *corpúsculos* («corpos minúsculos») que seriam os constituintes da matéria e dos gases; e, numa base observacional ainda mais segura, John Dalton e Robert Brown sugeriram o mesmo, no século XIX. O filósofo Immanuel Kant propôs, no século XVIII, que o Universo está em expansão; sendo um dos pais da «hipótese nebular de Kant-Laplace», tem credenciais na área. E o trabalho de Thomson, Rutherford, Einstein e dos seus sucessores do século XX não poderia ter sido possível sem predecessores como Galileu, Newton, Faraday e Maxwell, entre outros. Mas é mesmo assim verdadeiro que, de longe, a maior parte da física e da cosmologia, tal como hoje as temos, é muitíssimo recente; os avanços tiveram todos lugar no decurso dos últimos cem anos.

Contudo, a coisa mais fantástica com respeito a este incremento do conhecimento é que nos revelou que só temos acesso a cerca de cinco por cento da realidade física. A humanidade chegou há menos de um século a uma perspetiva disciplinada, e baseada em provas, da história do próprio Universo, do *Big Bang* ao presente — um feito imenso — mas os quebra-cabeças já suscitam possibilidades mais exóticas: que o Universo é apenas um entre muitos, ou uma fase num conjunto inimaginável de histórias universais, ou apenas a melhor explicação de um limitado constructo de realidade virtual que parte da nossa limitada perspetiva da realidade — sendo estas propostas cortesia da existência hipotética de *matéria e energia negras,* e da natureza muitíssimo especulativa de sugestões relativas ao modo como a teoria da relatividade e a teoria quântica poderiam ser unificadas.

Um conjunto diferente de problemas aflige o nosso conhecimento do passado histórico remoto. Sempre houve um conhecimento razoavelmente amplo da Antiguidade clássica, e do que se lhe seguiu até aos dias de hoje, porque a Antiguidade clássica, em si, sobreviveu até nós, tanto em ruínas físicas como em alguns dos seus escritos, numa linha contínua que parte daqueles tempos e chega até nós.[9] Mas tudo o que se sabia, para lá disso, não passava de conhecimento espúrio do passado anterior, presente nos poemas homéricos e nas histórias e lendas da bíblia hebraica (o «Antigo Testamento» cristão). Neste último caso, pretendia-se fazer remontar a história à criação do Universo, cerca de seis mil anos antes do período em que as histórias do Antigo Testamento foram formuladas. Nesses escritos, a referência aos faraós do Egito, à Ur dos caldeus, ao império da Babilónia, e a outros locais e características que indiciavam um passado mais remoto do que o período clássico, juntamente com as lendas e mitos a ele associado, manteve vivo um sentido do tempo histórico mais remoto, que ia além do que positivamente se conhecia. Os colecionadores renascentistas de antiguidades e curiosidades estimulavam com as suas atividades o interesse pelo que estava para lá do seio da história mais conhecida, mas foi principalmente a partir de finais do século XVIII e — sobretudo — XIX que se começou a fazer esforços mais sistemáticos para escavar esse passado histórico mais remoto; e isto literalmente, na forma da arqueologia. E só então esse passado mais remoto começou a ser visto.

Quando Napoleão invadiu o Egito, em 1798, levou consigo duzentos académicos para que estudassem a topografia, botânica, zoologia, mineralogia, sociedade, economia e história daquele país. Os templos e monumentos de Luxor, Dandara, Filas e vale dos Reis foram medidos e desenhados. Menos de dez anos volvidos, começaram a ser publicadas as descobertas dos académicos, nos primeiros volumes do que se tornou, em 1828, o enciclopédico *Description d'Égypte,* em 23 volumes, despoletando uma fixação internacional por tudo o que era egípcio e, por tabela, do Levante. Vários académicos deram início, com todo o esmero, à tradução das inscrições hieroglíficas da Pedra de Roseta, tendo o avanço decisivo chegado no início da década de vinte do século XIX, quando Jean-François Champollion identificou corretamente parte da fonética daquela língua, por meio dos nomes que figuravam nas cartelas tanto das inscrições da Pedra de Roseta como de outras fontes, nomeadamente o Obelisco de Filas.

Um interesse em rápido crescimento nas escavações para revelar o passado, no sentido arqueológico literal, apoderou-se de vários amadores oitocentistas. Uma parte significativa do incentivo de alguns deles era encontrar confirmação da história do Antigo Testamento; noutros, tratava-se de procurar curiosidades e peças de colecionador; quanto aos ladrões, postos de sobreaviso pelo interesse dos amadores, o incentivo era o lucro. A primeira grande jazida descoberta na Mesopotâmia, Nínive, deflagrou os dois últimos tipos de atividade. Paul-Émile Botta, o cônsul-geral francês de Mossul, fez algumas escavações de uma elevação do banco oriental do Tigre, e descobriu estruturas significativas. Mais tarde, descobriu-se que era afinal o palácio de Sargão II. Isso, em 1842; cinco anos depois, um jovem diplomata britânico chamou Austen Layard para trabalhar nessa elevação, com vista a colecionar o máximo de objetos de interesse artístico ou histórico que conseguissem encontrar, «com o mínimo possível de gastos de tempo e dinheiro», como escreveu. Mas foi um impulso homérico que levou à escavação mais publicitada do século: a de Heinrich Schliemann, que procurava a cidade de Troia, iniciada em 1870. Esta famosa iniciativa fez mais mal do que bem, devido aos métodos destrutivos que usou, cortando um imenso fragmento grosseiro que atravessou os muitos níveis de arqueologia da jazida de Hisarlik, e devido às suas afirmações muitíssimo ambiciosas com respeito às suas descobertas, nessa jazida, e também mais tarde em Micenas, na década de setenta do século XIX. Os seus métodos arqueológicos insensíveis eram, afinal, como os dos seus predecessores e os da maior parte dos seus contemporâneos; danificaram imenso jazidas frágeis, aniquilando provas que o próprio tempo não tinha sido capaz de obliterar.

Nas décadas seguintes, começou uma abordagem imensamente mais cuidadosa e sistemática da arqueologia, o que, entre outras coisas, nos deu uma perspetiva mais nítida e copiosa das primeiras civilizações do Próximo Oriente. À medida que o século XX avançava, também os métodos arqueológicos progrediam, assim como os contributos da ciência para esses métodos. A datação por meio de radiocarbono começou nos anos quarenta daquele século, a que se seguiram avanços na geoquímica e na geofísica, com várias formas de deteção remota, incluindo o radar e o LIDAR, o varrimento *laser* tridimensional, a arqueologia aérea, a espetrometria Raman, a fluorescência portátil de raios X, as análises médicas de dentes e ossos, assim como o exame do ADN antigo, o exame forense dessa arca do tesouro de informações que são as estrumeiras e as instalações sanitárias, e não só — tudo bastante ampliado pelas capacidades investigativas da arqueologia. Estes desenvolvimentos não têm sido alheios à controvérsia: o debate sobre as metodologias «processuais» e «pós-processuais», e persistem as tensões entre as abordagens científicas da arqueologia e as humanísticas, à medida que esta disciplina põe a nu cada vez mais camadas dos tempos idos e acrescenta camadas de compreensão.

Persistem alguns mistérios substanciais. O que causou o colapso da civilização da Idade do Bronze, por volta de 1200 AEC, fazendo mergulhar o que foram civilizações muitíssimo avançadas do Mediterrâneo oriental e do Próximo Oriente numa «Idade das Trevas» que durou vários séculos? Os registos egípcios acusavam as invasões sucessivas de um grupo desconhecido, descrito como os «Povos do Mar», mas os historiadores concordam em grande medida que os fatores causais foram muito mais complicados — entre eles, a mudança climática, a fome e a desagregação de rotas comerciais complexas, que a leste chegavam ao vale do Indo e a oeste à Grã-Bretanha. Essa Idade das Trevas fechou uma cortina no tempo, até a arqueologia a remover; é incrível pensar que a impressionante arquitetura e a requintada arte da Mesopotâmia, do Levante, do Egeu e do Egito eram quase completamente desconhecidas até muito recentemente.

Mas estas descobertas dizem respeito apenas aos últimos seis mil anos, aproximadamente, apesar de oferecerem também algumas vias de acesso aos doze mil anos desde o início do período Neolítico, quando começou a agricultura sistemática e também a urbanização. Antes disso, a história do *Homo sapiens* e dos seus primos e predecessores dilui-se cada vez mais e cresce em ambiguidade, em direção a um passado complexo e muitíssimo remoto. Também aqui a ciência tem dado um empurrão valente, mas apesar de a procura incessante ter trazido cada vez mais provas para a paleoantropologia e a antropogenia, o que nos diz sobre as origens humanas é cada vez mais desesperadamente inconclusivo; cada nova descoberta de dentes, ossos e utensílios parece complicar a imagem do nosso passado ancestral remoto, em vez de clarificá-lo. Um exemplo é a descoberta notável, na África do Sul, menos de uma década antes da redação destas palavras, do *Homo naledi,* cuja mistura enigmática de características faz lembrar os australopitecíneos, que viveram há cerca de três milhões de anos — cabeça primitiva, assim como a parte superior do corpo, as ancas e os dedos curvos — mas cujas mãos e pés avançados são semelhantes aos neandertais e aos humanos modernos. A datação meticulosa dos vestígios deu origem ao resultado espantoso de que os *naledi* são recentes, tendo vivido há cerca de trezentos mil anos, o que faz deles contemporâneos dos primeiros *Homo* modernos, e um membro deste mesmo ramo.

Não é surpreendente que as escalas mais vastas e mais minúsculas do Universo, e o passado oculto tanto da civilização como da nossa espécie, levante dificuldades à investigação. O que é surpreendente é como apresentam com vivacidade esse cada vez mais bem conhecido e desafiante paradoxo do conhecimento: *quanto mais sabemos, mais a extensão da nossa ignorância se torna evidente.* Mas o que dizer da terceira área de investigação, a ciência do cérebro e a psicologia? O conhecimento de nós mesmos, das nossas mentes, consciência, natureza humana... não é isto algo que nos é maximamente próximo, e que nos interessa obsessivamente, como se vê incessantemente na literatura, no entretenimento, na má-língua, na meditação, e nas ansiedades, esperanças, paixões, sonhos e receios? Todavia, mesmo neste caso o paradoxo se repete: uma explosão de conhecimento que cria mistérios ainda mais profundos. Apesar de toda a devoção a que a filosofia, a arte, a literatura e as outras atividades de autorreflexão dedicam à questão de quem somos, e o quê, ainda não compreendemos integralmente — nem talvez pela metade — a natureza humana, nem a psicologia, para não falar da complexa realidade material que lhes subjaz: o cérebro.

Só há escassas décadas se tornou possível ver a atividade do cérebro em tempo real e de maneira que não seja invasiva, para correlacionar áreas do cérebro com capacidades funcionais e psicológicas por meio de imagem por ressonância magnética *funcional*, «fMRI». Antes do advento do fMRI como instrumento da neuropsicologia, tínhamos de basear-nos em grande parte em «estudos de lesionados», casando lesões ou doenças em certas partes do cérebro com a perda ou perturbação de várias funções, como o discurso, o movimento, a visão, a audição, a memória e o controlo emocional. A investigação do cérebro tem uma importante aplicação prática nas tarefas de encontrar maneiras de curar cérebros lesionados, prevenir ou inverter as demências e curar a epilepsia. Por razões óbvias, estas tarefas andam de mãos dadas com a compreensão da localização cerebral das capacidades mentais. Mas os estudos do cérebro, por si, poderão não dizer tudo o que queremos saber acerca da natureza humana e da psicologia. A psicologia evolutiva, e a sua precursora mais abrangente, a sociobiologia, oferecem perspetivas quanto a estes aspetos — o que não deixa de ser controverso, como também acontece, na verdade, com a neuropsicologia; pois trata-se, nos dois casos, de ciências a nascer, com métodos e equipamento ainda em desenvolvimento, fazendo-se ainda sentir bastante o peso das perspetivas e crenças tradicionais.

A natureza intratável do material psicológico humano levanta uma dificuldade formidável à nossa compreensão. Mas essa não é a única barreira que a investigação enfrenta: também há a ansiedade, o medo de que se possa abrir uma caixa de Pandora — no pior dos casos, como o concebem os escritores de ficção científica que, seja com alarme ou de maneira proveitosa, têm propensão para identificar cenários que fazem pensar, incluindo os seguintes: *chips* implantados no cérebro para controlar o comportamento e o pensamento, a completa invasão da privacidade que se consegue imaginar que isto seria, a usurpação da humanidade por parte da inteligência artificial incorporada no que, em comparação, é o Modelo T da Ford do cérebro primata, fruto da evolução, que o Ferrari das tecnologias da inteligência poderá arrasar; e não só.

O que sabemos é muitíssimo importante, obviamente. Poderá parecer menos importante compreender por que razão a Idade do Bronze ocorreu há três mil anos do que compreender a estrutura e função do cérebro, porque esta última dá-nos indicações para tratar doenças e lesões. A primeira poderá parecer uma questão de mera curiosidade, ainda que possa, de facto, dar lições valiosas, a quem as quiser, quanto aos fatores que conduzem a problemas económicos e sociais, e até à catástrofe civilizacional, como aconteceu mais de uma vez no período de que há registos. Como isto evidencia, todo o conhecimento é proveitoso, e grande parte dele é vital.

Mas também é importante que compreendamos *como conhecemos*. Quando vemos como se adquire conhecimento científico e histórico, os problemas que são superados ao adquiri-lo, e as questões que se levantam quanto aos pressupostos e métodos envolvidos, não só aprendemos a avaliar o que sabemos, como também aprendemos muitíssimo acerca do que é o pensamento responsável e acerca das exigências da honestidade intelectual. Estas coisas são importantes em todas as esferas da atividade humana, e são de imenso valor. As artes da persuasão, do redirecionamento da atenção, da ampliação ou encobrimento de factos, da influência e manipulação da opinião, são lugares-comuns por todo o lado — da política à publicidade — e todas dependem da verdade de que, como Bertrand Russell observou, «a maior parte das pessoas prefere morrer em vez de pensar, e é isso mesmo que lhes acontece». Pois, ai de nós!, a persuasão e a manipulação são feitas de modo a parecer que importam muito mais do que o esforço para ser verídico. Consequentemente, saber o que sabemos, e como o sabemos, serve de imenso retificador face às realidades virtuais e às semirrealidades que estão continuamente a ser agitadas à frente dos nossos olhos por causas e entidades tendenciosas que querem vender-nos qualquer coisa — um produto, uma ideia, uma política, uma mentira.

As discussões seguintes estão organizadas da seguinte maneira: começo por passar em revista o que *era* a fronteira do conhecimento no processo — nem sempre linear ou sem solavancos — que conduziu aos corpos de conhecimento que são atuais, no momento em que escrevo, na física, história antiga e estudos do cérebro e da mente. Passo em revista as principais descobertas que foram tão recentemente feitas nestas regiões da investigação, e considero algumas das questões, problemas, e promessas associadas a cada uma delas. Dado que este é um livro para o leitor interessado, não se pressupõe qualquer conhecimento prévio destes campos. Quem conhece um dos campos poderá desejar saltar diretamente para as secções da parte relevante onde as questões e os problemas são discutidos. A clareza e a precisão foram os objetivos constantes, mas uma vez que cada um destes campos é um domínio em desenvolvimento ativo e vigorosamente contestado, não estou à espera de que qualquer uma das perspetivas mencionadas irá merecer concordância universal. Mas o debate é uma coisa boa; é a força motriz que alimenta as rodas do progresso.

PARTE I

CIÊNCIA

A verdade sóbria e sem adornos nem exageros é que a ciência é o grande feito intelectual da humanidade. O termo «ciência» é bastante amplo, mas é suficientemente claro: a maior parte das pessoas aprendem alguma física, química e biologia elementares na escola, mas menos bem conhecidas e muito mais profundas são as partes e combinações destes grandes domínios e dos seus objetos de estudo, que abrangem desde a investigação dos elementos fundamentais da realidade física aos recessos mais longínquos do cosmos, passando pelas complexidades da vida. No passado muito recente, estas investigações desenvolveram-se muitíssimo. As aplicações de muitas destas descobertas à tecnologia e medicina têm sido, no sentido literal dos dois termos, revolucionárias e transformativas.

Contudo, continua a ser verdadeiro que a grande maioria das pessoas do planeta pouco sabem sobre o que as ciências têm revelado até agora, e aderem a uma imagem do mundo semelhante, em muitos aspetos, à que foi dominante antes da revolução científica dos séculos XVI e XVII. Essa mundividência — de um Universo criado por uma divindade e centrado física e moralmente na humanidade — era então funcionalmente dominante, mas, apesar de ser ainda hoje a crença maioritária, tornou-se funcionalmente marginal, pois o motor do mundo é a ciência e a tecnologia, em quase todos os aspetos práticos.

Dado o sucesso da ciência, é notável que, à medida que progride com passos de gigante, exemplifique ao mesmo tempo mais vividamente o paradoxo do conhecimento — que toda a conquista em conhecimento multiplica a consciência da nossa ignorância. Isto é sobretudo verdadeiro no caso da física fundamental e da cosmologia, e não tanto nas ciências biológicas e médicas, mostrando as últimas, em particular, como na ciência aplicada o horizonte de competência no controlo de aspetos do mundo avançou para lá da imaginação das gerações anteriores. Consequentemente, nas próximas páginas, irei centrar-me na física e na cosmologia, mas acrescento dois ingredientes: um esboço da pré-história tecnológica da ciência, e o que se poderia descrever como a sobreposição das estruturas mentais que dão o perfil à investigação científica, para mostrar que os pressupostos quanto «ao que o mundo deverá ser», e que forma deverá assumir uma explicação satisfatória do mundo, são características surpreendentemente persistentes do nosso sentido de realidade, e poderá explicar algumas das perplexidades geradas pelos próprios sucessos da ciência.

1.

TECNOLOGIA ANTES DA CIÊNCIA

Apesar de a distinção entre «saber fazer» e «saber que» (ou «porquê») não ser mutuamente exclusiva, é significativa. A história humana é a história de uma espécie engenhosa e exploratória que conserta coisas, e que, ao longo da maior parte do tempo que existiu, inventou tecnologias que não só serviram as suas necessidades de sobrevivência como, num círculo de realimentação, dirigiu positivamente a sua evolução. Theodor Adorno observou que a humanidade tem ficado mais inteligente ao longo do tempo, como o evidencia o desenvolvimento da lança até ao míssil teleguiado, mas não tem ficado mais sábia, como o evidencia o próprio míssil. Esta é uma ideia educativa, mas é bom recordar que a maior parte da tecnologia foi inventada para propósitos pacíficos de sobrevivência e desenvolvimento, apesar de atualmente os orçamentos para as tecnologias de guerra serem tão grandes ou maiores do que os da maior parte das outras atividades de interesse para a humanidade.

Quase toda a tecnologia é *o que funciona* para satisfazer uma necessidade. Compreender por que razão funciona pode ser importante em alguns casos, mas nem sempre é necessário, e talvez nem seja frequente. Isto pode por vezes acontecer com a própria ciência: diz-se que o conselho do célebre físico Richard Feynman era para ignorar a difícil questão de como interpretar a física quântica, e, ao invés, «calar a boca e fazer os cálculos». À parte essas perspetivas robustas, a ciência é sobretudo o esforço para compreender, para saber o porquê, para discernir os princípios das coisas. A tecnologia diz respeito a fazer coisas, seja qual for a explicação. A natureza filosófica dos franceses é resumida numa facécia que lhes atribui a perspetiva contrária: «Na prática funciona» comentam eles, «mas e na teoria?» Diz-se o mesmo relativamente aos economistas. Para a tecnologia, contudo, a teoria não é o que conta; a praticabilidade é tudo.

A história da tecnologia é longa e impressionante. A história da ciência é curta e ainda mais impressionante. Dado que a história da tecnologia raramente é contada, e habitualmente só interessa a pessoas caricaturais, com vários lápis no bolso da camisa, o exame seguinte fornece um pano de fundo à questão geral do conhecimento, seja no sentido do *saber fazer,* seja no sentido de *saber que.*

Pensava-se antigamente que o uso de utensílios é um traço distintamente humano. Mas há muitas outras espécies que os fazem e usam, ainda que sejam rudimentares, genericamente falando. De modo que isto não serve já como característica demarcadora da humanidade. Mas o tipo, qualidade e diversidade de utensílios associados à linhagem humana, e o desenvolvimento que os transformam nas sofisticadas tecnologias atuais, constitui certamente uma característica diferenciadora. Ainda mais é o facto de o uso humano de utensílios se ter tornado cada vez mais dedicado e, por fim, quase obrigatório na evolução do *Homo sapiens,* de modo que, sem utensílios, a nossa espécie não se teria desenvolvido como desenvolveu, e teria agora dificuldade em sobreviver. Poder-se-á consequentemente dizer que uma das coisas distintivas acerca dos humanos é que são criaturas tecnológicas — não da maneira adventícia do chimpanzé que pesca térmitas com um ramo que ajeitou, ou da lontra que parte a casca dos moluscos com uma pedra, mas *sistematicamente* tecnológicas.

Poderá ter existido algum hominino, ou talvez hominídeo — usando o segundo termo para denotar a classe mais abrangente de primatas, dos quais os homininos são o subconjunto humano e relacionado com os humanos —, que começou a dar forma a utensílios de pedra há qualquer coisa como 3,3 milhões de anos, o que é algo controversamente sugerido pela descoberta de pedras que parece terem sido trabalhadas, na jazida de Lomekwi 3, na região ocidental da Turkana (Quénia). Segundo os seus descobridores, algumas pedras que aí se encontram mostram sinais de *britagem,* o processo pelo qual as lascas são separadas ou partidas a partir de um núcleo. Os utensílios de Lomekwi eram grandes, especialmente as pedras usadas como bigornas. Dado que são meio milhão de anos anteriores aos primeiros fósseis *Homo* (na linha do tempo, os utensílios de Lomekwi são contemporâneos dos australopitecíneos) e setecentos mil anos anteriores aos primeiros utensílios seguramente associados a hominídeos — nomeadamente os da indústria lítica olduvaiense — as descobertas de Lomekwi são enigmáticas.

Em Lomekwi, a reunião de cerca de cento e cinquenta artefactos sugere o uso de uma técnica atualmente observada em chimpanzés: o método de percutir blocos noutros blocos, para assim fraturar as pedras. Mas os sinais de britagem *dupla* sugerem um trabalho intencional da pedra, ainda que, se acaso são realmente utensílios, não se sabe qual seria o seu propósito, porque não foram encontrados associados a ossos de animais que exibissem marcas de cortes ou de impactos. Apesar de os chimpanzés limparem as folhas de um ramo e de o introduzirem numa fenda para pescar térmitas, nunca se viram a usar utensílios para cortar carne nem para abrir ossos e crânios para chegar ao tecido macio que aí se encontra.

Os utensílios olduvaienses são inequivocamente homininos. Ganharam a sua designação a partir do local da sua primeira descoberta, a gaganta de Olduvai, na Tanzânia, mas já se encontraram exemplos mais antigos em Gona, na Etiópia, e o mais antigo foi encontrado na região etíope de Afar, em Ledi-Geraru, datando de há mais de 2,5 milhões de anos. O utensílio olduvaiense característico é um «talhador», uma pedra com um lado afiado para formar um fio por meio da remoção percussiva de lascas, tornando-a útil para cortar e raspar, tal como para talhar. Microssinais nos fios cortantes olduvaienses mostram que tanto foram usados em plantas como na carne e nos ossos. Entre os utensílios olduvaienses encontram-se também pilões para amaciar fibras vegetais e para abrir ossos, com o objetivo de expor o tutano. Estes tipos de utensílios continuaram a ser usados durante milhões de anos, encontrando-se exemplos deles por toda a África oriental e meridional, e também no Próximo Oriente, na Europa e no sul da Ásia, associados ao *Homo habilis* («Homem habilidoso») e aos primeiros *Homo erectus*.[1]

Estes utensílios são a prova de uma mudança nos hábitos dietéticos e sociais dos homininos que os fizeram. As técnicas de britagem eram habilidosas; davam origem a gumes afiados, cujas marcas são evidentes nos ossos de animais que se encontraram junto aos utensílios, nas jazidas de Olduvai. Tanto as pedras para fazer utensílios como os alimentos foram transportados para estes sítios, deslocados dos seus locais originais, o que demonstra que os homininos se congregavam ali para partilhar o trabalho e os seus benefícios.

A sofisticação acrescida nos utensílios é representada pela indústria lítica acheuliana, que começou há 1,76 milhões de anos. Os hiatos temporais mencionados são vastíssimos; o período entre a indústria lítica de Lomekwi e a olduvaiense parece sugerir fracos níveis de uso e quase nenhum desenvolvimento, mas o desenvolvimento entre a indústria olduvaiense e a acheuliana não foi mais rápida. Isto não é surpreendente, pois, apesar de os utensílios reduzirem a energia investida nas tarefas, isto só acontece depois da sua existência; o custo de começar por obtê-los é significativo. É preciso encontrar materiais em bruto que sejam adequados para o propósito que se tem em mente, e é preciso desenvolver as competências exigidas para identificar os materiais apropriados, para criar utensílios a partir deles, e depois para usá-los eficientemente. Calcula-se que é preciso centenas de horas de experiência para a manufatura e uso especializado de artefactos ao nível dos acheulianos. A preguiça é a opção mais fácil, encorajando a adesão a uma tecnologia já bem conhecida, se servir mais ou menos satisfatoriamente para o que se pretende. É certo que os utensílios acheulianos, diversificados, elegantes e simétricos, exigiam níveis de competência e de planificação muitíssimo mais elevados do que os utensílios olduvaienses, e isso diz-nos muitíssimo com respeito ao desenvolvimento mental dos seus obreiros.

Os utensílios acheulianos eram feitos a partir de pedras selecionadas em função das propriedades de lascagem desejadas: calcedónia, jaspe e pederneira, e quartzito, em alguns locais. As pedras apropriadas eram transportadas ao longo de distâncias consideráveis, de onde se encontravam para onde os artesãos acampavam, e os instrumentos feitos a partir delas eram transformados em machados de mão bifaces e cutelos. Os utensílios revelam uma elaboração crescente ao longo dos 1,3 milhões de anos em que a indústria floresceu. Os primeiros machados de mão eram produzidos fazendo-os colidir contra uma pedra que servia de bigorna; mais tarde, os martelos de madeira foram usados para dar origem a machados menores e mais delgados, com extremidades mais afiadas e direitas. Há indícios da produção de cabos, na indústria acheuliana; a madeira dos cabos não sobrevive, mas encontra-se traços de materiais adesivos, como betume e resina de conífera em alguns machados e martelos e, juntamente com as marcas de impacto que exibem, isto sugere que eram empunhados como utensílios com cabos.

Há cerca de trezentos mil anos, os artesãos descobriram a técnica de Levallois, que se caracteriza pela cuidadosa preparação dos núcleos.

Isto incluía pegar num nódulo de pedra e afeiçoá-lo até ficar na forma de uma tartaruga, lisa na base e curva na parte superior; isso é o núcleo. Um impacto habilidoso num ponto selecionado para ser atingido produz uma lasca que pode ser mais bem trabalhada, usando osso, a ponta de um chifre ou pedra macia, para chegar ao resultado desejado. O uso desta técnica por parte dos neandertais caracteriza a indústria musteriense da pedra, que tem essa designação devido a Le Moustier, em França, onde se encontraram os primeiros exemplos, apesar de a técnica ser evidente em grande parte da África do mesmo período.

O desenvolvimento das técnicas de Levallois data da mesma altura do aparecimento dos «humanos anatomicamente modernos» em África, por volta da mesma data, há trezentos mil anos. A arte aparece há cerca de cem mil anos, nos registos humanos — as descobertas na caverna de Blombos, na África do Sul, fornecem algumas das provas mais remotas — e depois, tanto em África como noutros locais, há sessenta ou cinquenta mil anos, aproximadamente, começaram as mudanças tecnológicas cada vez mais rápidas, conduzindo à indústria aurignaciana de utensílios, a partir de há quarenta mil anos, tipificada em lâminas, buris, agulhas e raspadores, todos feitos de osso e chifres, assim como de pedra. Dado que o período aurignaciano é também caracterizado pela arte rupestre, pela escultura (como exemplo notável, veja-se a Vénus de Hohle Fels, e o figurino do Homem-Leão de Hohlenstein-Stadel), por itens decorativos como colares, e por instrumentos musicais (como a flauta de osso, encontrada também em Hohle Fels), os utensílios fabricados não se restringiam a atividades de subsistência. Estes desenvolvimentos assinalam outro grande passo da crónica humana.

Antes de há doze mil anos, surgem os utensílios microlíticos — pequenas lascas afiadas, afixadas num cabo para servir como serra ou foice — e os utensílios polidos. Polir pedras esmerilando-as cuidadosamente melhora a força e eficiência tanto enquanto utensílios como enquanto armas, tornando-as menos suscetíveis a fraturas. Também é certo que aumentava as suas qualidades estéticas na opinião de quem as usava, o que é sugerido pelo facto de os machados de pedra polida se encontrarem entre outros bens enterrados juntamente com os seus donos.

Quão avançada se tornara a tecnologia humana ao chegar ao período Neolítico — que começou há doze mil anos — é algo que se pode inferir de Oetzi, *o Homem do Gelo*, cujo corpo preservado por um glaciar foi descoberto nos Alpes em 1991. Apesar de ele ter vivido muito mais tarde, para o fim do quarto milénio AEC, os utensílios e equipamento de Oetzi não eram muito diferentes do que estaria disponível no início do Neolítico, exceto num aspeto: ele tinha um machado com cabeça de cobre. Tanto as pontas das suas flechas como a sua adaga eram feitas de pederneira talhada, usava roupas feitas de diferentes tipos de cabedal, e tinha um gorro feito de pele de urso, com um cordão de couro. A sua capa era feita de erva entretecida, e tinha sapatos à prova de água, com solas de pele de urso e gáspeas de pele de veado cosida. O seu instrumentário incluía uma sovela ou buril para furar o couro, raspadores e lascas de pederneira, e um instrumento possivelmente para afiar flechas. Algumas das flechas que se encontravam na sua aljava tinham penas fixadas na parte de trás, para melhor precisão e estabilidade no voo, mas outras não — o que sugere que fazia e reparava o equipamento à medida que prosseguia. Foi morto numa desordem qualquer: uma flecha estava alojada no seu ombro esquerdo, e ele morreu provavelmente de perda de sangue, pois a ferida encontra-se nas proximidades de uma artéria. A cabeça de cobre do seu machado — o período de Oetzi na história é conhecido como *Calcolítico* ou *Idade do Cobre*, situando-se aproximadamente há 6,5–3,5 mil anos, sendo o período imediatamente anterior à Idade do Bronze — estava montada num cabo de teixo, com correias de couro. Era também deste modo que ele fixava as pontas das suas flechas de pederneira.

Não é assim tão fantasioso imaginar que um dos antepassados de Oetzi, no início do período Neolítico, poderá ter-se vestido e equipado em grande parte como ele; os utensílios de pedra estavam ainda em uso nos matadouros do Próximo Oriente por volta de 1200 AEC, e ao longo da Idade do Bronze as adagas de pederneira imitavam as de bronze e vice-versa, mostrando o que é em qualquer caso plausível esperar: que as tecnologias da pedra e o desenvolvimento da metalurgia se sobrepuseram durante muito tempo.

Tão interessante quanto os próprios utensílios é o que estes dizem sobre quem os fez. As atividades associadas a mais de três milhões de anos de manufatura de utensílios evidenciam que havia planeamento baseado na experiência. Pense-se no que isso significa: recordar, ponderar, dar-se conta de algo, fazer experiências e melhorias repetidamente — estas são aplicações deliberadas e propositadas de inteligência, e, ainda que a maior parte desses três milhões de anos tenham assistido a um desenvolvimento muito lento, o contraste entre as pedras trabalhadas da indústria olduvaiense de há 2,6 milhões de anos e o uso de pedras para partir nozes, por parte de algumas espécies atuais de primatas, é eloquente.

Utensílios melhores permitem ter comida melhor. Para a evolução dos homininos, isso significou conseguir ficar a par das crescentes necessidades de energia de cérebros maiores e mais ativos. Na verdade, a relação é recíproca; é um círculo de realimentação que inclui várias adaptações — a inteligência, para visualizar um utensílio e depois criá-lo, com o desenvolvimento da destreza manual associada, a par da maior quantidade e qualidade de nutrição para alimentar todo o processo, a entrada e a saída estimulando-se entre si. Consequentemente, a crescente inteligência na linhagem humana está intimamente ligada à tecnologia de utensílios e aos avanços sociais e dietéticos que isso tornou possível.

Um desenvolvimento capital em grande parte desta crónica é o controlo do fogo, que forneceu calor, luz e segurança face aos predadores, e que em muito aumentou a disponibilidade de comidas — devido à digestibilidade e à segurança. Tome-se o ponto sobre a segurança: os mais remotos dos nossos antepassados que complementavam as suas dietas de raízes e frutos com comida de origem animal eram quase certamente necrófagos, dando uso às carcaças deixadas pelos predadores, depois de estes estarem saciados. Há muitos indícios de consumo do tutano de ossos, uma comida muitíssimo nutritiva, e — mais importante para o ponto em questão — que é seguro consumir, pois é menos provável que tenha apodrecido. Algumas carnes poderão ter sido submetidas ao processo de secagem por exposição solar, ou até preservadas com sal, antes de ser possível cozinhá-las, e sem dúvida que essas técnicas continuaram depois a ser usadas. Mas cozinhar a carne das carcaças torna-a segura, e também mais agradável ao paladar; isto é o que fazem todos aqueles que atualmente comem carne, com a maior parte das carnes, dado que a carne é o músculo já em decomposição de animais mortos.[2] O fogo também ajudou os nossos antepassados a fazer utensílios, por exemplo, endurecendo as pontas de lanças de madeira, e tornando certos tipos de pedra mais fáceis de lascar.

Sem dúvida que os homininos tiraram vantagem de ocorrências adventícias de fogos florestais sempre que podiam, mas controlar o fogo — conseguir ateá-lo conscientemente, contê-lo num espaço e transportá-lo de local para local — é o que realmente conta. Tirar vantagem do rescaldo de um fogo florestal terá revelado aos nossos antepassados os benefícios que daí advinham — carcaças assadas, tubérculos mais digeríveis, por exemplo — e já se viu os chimpanzés atuais a usar paisagens queimadas dessa maneira. Um processo gradual de tirar vantagem de fogos que ocorrem naturalmente, preservar o fogo durante algum tempo, e finalmente descobrir como se faz fogo — tudo isto assinala observação e domínio de uma fonte de energia que poderia ser perigosa caso fosse mal-usada, mas que era poderosa quando era controlada. Há provas, que datam de há pelo menos 1,7 milhões de anos, de que o *Homo erectus* fez uso sistemático do fogo; certamente que o anatomicamente moderno *Homo* herdou o controlo do fogo ainda antes de há duzentos mil anos, o que é evidenciado pelas descobertas na África do Sul, na caverna de Hearth, na província de Limpopo e nas cavernas da foz do rio Klasies, na província do Cabo Oriental.

Todos os fogos detetados em jazidas anteriores e posteriores poderiam ser aproveitamentos a partir de incêndios florestais — segurando um ramo, por exemplo. É difícil encontrar uma data segura para o primeiro controlo sistemático do fogo. Mas, mesmo antes de isso ter acontecido, a inclusão do fogo entre os recursos dos antepassados humanos fez uma grande diferença para eles e, portanto, para os seus descendentes.

Com o poder obtido com as competências e capacidades, nomeadamente sociais, que a manufatura de utensílios e o controlo do fogo implicam, os seres humanos chegaram à Austrália há quarenta mil anos, e às Américas há quinze ou doze mil anos. Todos os climas foram colonizados, demonstrando não apenas o engenho dos colonizadores, mas também a sua capacidade de adaptação. O conhecimento e as competências exigidas pela vida de caçador-recoletor tinham de ser prodigiosos para conseguirem estabelecer-se e florescer em ambientes tão diferentes quanto o Ártico e o interior do continente australiano. Um ser humano atual inesperadamente teleportado para o mundo de há quarenta mil anos não duraria muito tempo, a menos que tivesse treino de sobrevivência de tipo militar — e mesmo assim seria um neófito, em comparação com os nossos antepassados, que se sentiam em casa naqueles tempos e paragens.

A partir do início do período Neolítico, por volta de há doze mil anos, a crónica da tecnologia entra numa nova fase. A agricultura e a domesticação dos animais, a urbanização, a engenharia, a metalurgia, a roda e a escrita estão entre os desenvolvimentos mais salientes do período que medeia entre há doze mil anos e 1200 AEC. É em si um longo período, mas quase nada em comparação com as centenas de milhares de anos que passaram no decurso dos desenvolvimentos acima descritos.

Uma sugestão é que a escolha que algumas pessoas fizeram de se estabelecer e se dedicar à agricultura num dado local, em vez de continuar a dedicar-se à caça e à recoleção, como nómadas, foi imposta pelas circunstâncias, e em certos aspetos representou um passo atrás. Para começar, os restos ósseos dos camponeses do período Neolítico nascente mostram que eram menos saudáveis do que os caçadores-recoletores seus contemporâneos. Além disso, o aumento da população nos povoados urbanos conduziu a uma divisão do trabalho mais profunda, e a uma organização social mais hierárquica, o que representou uma perda tanto de igualdade como de liberdade, e promoveu doenças contagiosas. A circunstância em questão poderá ter sido que as populações estivessem já em crescimento, de modo que a competição por terrenos de caça e recoleção poderá ter aumentado a frequência dos conflitos entre grupos. O esgotamento dos recursos teria sido uma razão provável para isto, levando alguns seres humanos a apostar, em alternativa, no cultivo de grãos comestíveis e na domesticação de animais.

Mas quando a agricultura e a vida estabelecida começaram, as desvantagens acabaram por ser anuladas, ou até talvez ultrapassadas, por avanços que, há medida que os milénios passaram, aumentaram de ritmo e trouxeram um novo sistema para aqueles que viviam no que se denomina as primeiras civilizações.

A agricultura estabelecida e sistemática começou no «Crescente Fértil», uma curva geográfica que abrange as planícies meridionais da Mesopotâmia, ao longo dos rios Tigre e Eufrates, e em torno da Síria e da costa oriental do Mediterrâneo, até à Palestina. Há quem faça o crescente abranger do delta dos rios Tigre e Eufrates ao vale do Nilo do Egito. À última Idade do Gelo, o último máximo glacial, que ocorre há cerca de vinte mil anos, seguiu-se um aquecimento do clima global e uma retirada correlativa dos lençóis de gelo, até um regresso súbito de tempo frio, que durou 1300 anos, um período conhecido como *Dryas recente* (entre de há 12 900 a 11 600 anos), que mergulhou o mundo — ou, pelo menos, o hemisfério norte — de novo numa condição glacial, talvez provocada por uma inversão de sul para norte dos grandes fluxos de água doce que alimentam o Atlântico, a partir da América do Norte. Quando chegou ao fim, em meados do duodécimo milénio, abriu as portas à retoma do aquecimento global, assinalando o fim da época do Pleistoceno, que começara há 2,8 milhões de anos, e o início da era em que vivemos agora, o Holoceno. Foi nas condições mais quentes, na sequência do Dryas recente, que mais grupos de pessoas começaram a estabelecer-se e a cultivar as terras no Crescente Fértil.

«Mais grupos»: a expressão reconhece a existência de provas de algum grau de sedentarismo no Levante, que ocorria pelo menos em parte do ano, e que datam de há vinte ou vinte e dois mil anos; os estilos de vida de caçador-recoletor não eram *necessariamente* nómadas, se as fontes de alimento a caçar e coletar fossem suficientes e renováveis. Além disso, as pessoas tinham sem dúvida colhido grãos selvagens, que moíam para produzir farinha e cozinhavam, durante muito tempo antes de começarem a cultivá-los deliberadamente. O cultivo, em contraste com a recolha oportunista, implicava reservar algum grão para plantar mais tarde, trazer água para regar e retirar as ervas daninhas. Esta atividade foi a precursora imediata da agricultura propriamente dita. Desenvolver uma capacidade para escolher as variantes de grão que mais crescia, com espigas mais pesadas e, portanto, mais grão, foi uma consequência natural de se combinar a observação com a necessidade. As atividades associadas seguiram-se rapidamente, sobretudo a desobstrução das terras, a fabricação de peças de olaria, ou pelo menos as peças de maiores dimensões, para transportar e guardar o grão, além de protegê-lo dos roedores, a invenção de equipamento para as colheitas e a moagem, a construção de fornos, e a acumulação de reservas de combustível.

Infere-se prontamente que os primeiros colonos começaram a poupar os mais dóceis dos animais jovens que caçavam, domesticando--os desse modo. A carne, as peles, a lã, e mais tarde também o leite, eram assim de mais fácil acesso, ficando tranquilamente à mão, em vez de exigir perseguição e caça — isto muito antes de os cavalos serem domesticados. É também prontamente inferível que foram as mulheres que se encarregaram do cultivo, da colheita, da moagem e de cozinhar, enquanto os homens continuavam a caçar e a pastorear, pois os esqueletos de mulheres que se encontraram em Abu Hureyra, na Síria, e que datam de 9700 AEC, mostram os efeitos nos dedos, joelhos e colunas vertebrais de labores que exigiam ficar de joelhos para limpar os terrenos das ervas daninhas e para fazer a moagem dos grãos. Além disso, as tarefas agrícolas e com estas relacionadas eram mais fáceis de combinar com a gravidez e o cuidado das crianças do que a caça ou, mais tarde, a pastorícia, que tipicamente obrigava a deslocar o gado das pastagens de inverno para as de verão. A transição da recoleção e da caça para a supervisão das plantações e a pastorícia seguiu evidentemente a divisão dos sexos, que, com igual probabilidade, estava desde há muito estabelecida.

A agricultura e a pastorícia, no Crescente Fértil, é anterior ao seu aparecimento em qualquer outro local, e começou pouco depois de 12 000 AEC, espalhando-se então para o Egito, e para partes próximas da Europa que tinham climas semelhantes, como a Grécia, por volta de 6000 AEC. Entre 8000 e 6000 AEC os povos do vale do Indo começaram também a cultivar trigo e cevada, e a domesticar cabras, ovelhas e gado. A partir de cerca de 6500 AEC, os povos que viviam ao longo do rio Amarelo, na China — que tem esse nome devido ao rico sedimento de loesse que é levado pelas suas cheias e lhe dá essa cor — tinham começado a cultivar primeiro painço, e depois sorgo, soja e cânhamo. Mais a sul, na China, e ao longo do Sudeste Asiático, o cultivo do arroz, fava-do-egito e banana começou pouco depois, e os camponeses desses locais domesticaram o búfalo-de-água para ser usado como animal de tiro, além de galinhas e porcos para servirem de alimento.

A agricultura chegou mais tarde à América Central e do Sul. A partir aproximadamente de 5000 AEC, os povos do México começaram a cultivar teosinto (uma forma originária de milho), malaguetas, tomates, feijão e abóboras, como complemento das suas principais fontes de alimentação, que resultavam da caça e recoleção. Não se dedicaram à agricultura sistemática até cerca de 1500 AEC. Os únicos tipos de animais disponíveis para domesticar eram os cães e os porquinhos-da-índia. Na América do Sul cultivava-se batatas, feijão e quinoa, e as alpacas e as lamas foram domesticadas. Estas últimas eram demasiado pequenas para montar ou usar como animais de tiro, de modo que serviam sobretudo como animais de carga e fontes de lã e carne.

Todos estes desenvolvimentos em todas estas regiões dependiam da observação e da experiência, e o conhecimento e as competências daí resultantes eram de ordem avançada. Incluíam organização social, planificação e estrutura. A divisão do trabalho significava que quem produzia comida tinha de assegurar um excesso para sustentar quem se dedicava a outras tarefas, de modo que era preciso um sistema de trocas. O oleiro precisava de farinha e o moleiro de peças de olaria, e podiam chegar a acordo; ambos queriam carne, e o pastor que a fornecia precisava por seu lado de farinha e de peças de olaria para transportá-la — e assim por diante; a situação fala por si, mostrando a necessidade de registos e de sistemas de troca, acabando por conduzir ao dinheiro.

Na Mesopotâmia, as sementes de trigo e cevada foram as sementes da civilização, fornecendo as condições que acabariam por conduzir a humanidade a novas estruturas. Uma das primeiras consequências foi o aparecimento de aldeias e vilas. Entre as primeiras conta-se Jericó, que data talvez de 10 000 AEC. Sinais de ocupações ainda mais antigas daquela área, por parte de caçadores-recoletores natufianos, sugerem que o fornecimento constante de água naquele local fez dele um ponto de reunião, e depois um lugar natural para o crescimento de uma comunidade sedentária. Por volta de meados do oitavo milénio, Jericó tinha uma população de duas mil pessoas; ao longo de todo o Crescente Fértil emergiram povoados semelhantes, ainda que de menores dimensões.

A vida sedentária tornou possível grande parte das novidades tecnológicas. Uma vida em movimento limita a dimensão, peso e número de artefactos que se pode transportar, ao passo que os utensílios necessários para a agricultura são diferentes dos usados na recoleção e na caça. Tanto a invenção como a experimentação florescem em condições mais permanentes. A olaria foi uma das primeiras inovações, surgindo no Próximo Oriente no sétimo milénio AEC (foi uma invenção independente dos povos jomon do Japão, muito antes disso). Construir e operar moinhos para moer o grão, e teares para tecer têxteis a partir de cânhamo, linho, algodão e lã, exigia também uma vida sedentária.

Como a palavra «Neolítico» atesta, vários dos primeiros milhares de anos de vida agrícola decorreram ainda na Idade da Pedra, ainda que fosse *nova*. As afirmações mais enfáticas da cultura deste período são os seus característicos monumentos de pedra, alguns imensos; o mais antigo de que temos conhecimento é o Göbekli Tepe, na Turquia, que data de cerca de 9000 AEC, e o mais bem conhecido é o Stonehenge, na Inglaterra. Este último, ao que agora nos parece, data de cerca de 2500 AEC, mas ocupa um local onde um ou mais menires mais antigos se encontravam. Há monumentos imensos de pedra vertical, *megálitos*, por toda a Europa — trinta e cinco mil, das partes mais remotas da Escócia e da Escandinávia às praias e ilhas do mar Mediterrâneo e da Anatólia.

Os blocos de arenito de Stonehenge, na planície inglesa de Salisbúria, pesam vinte e cinco toneladas, e foram transportados de pedreiras localizadas a 24 quilómetros de distância, em Marlborough Downs. Os megálitos menores de diabásio pesam entre duas a cinco toneladas, e foram extraídos em Pembrokeshire, no País de Gales, a 225 quilómetros de distância, e ao que parece transportados sem o benefício de rodas nem roldanas. Isto é notável. A força muscular humana, arrastando e empurrando, e talvez fazendo os megálitos rebolar em passadeiras de troncos, poderá ter sido o único recurso disponível. Um imenso investimento de tempo e força de trabalho é testemunha da importância que tinha para quem os construiu. O propósito dos monumentos megalíticos é desconhecido, apesar de não faltar especulação, sendo as interpretações religiosas e astronómicas (e habitualmente a combinação de ambas) as favoritas.[3]

Talvez os monumentos megalíticos, ou a sua construção, tenham contribuído de algum modo não apenas para os laços sociais das comunidades que os criaram, mas também para a sua subsistência. Não se sabe. Mas nas comunidades agrícolas da Mesopotâmia havia uma dificuldade diferente de engenharia, desta vez diretamente ligada à produção de comida: a irrigação dos campos. A Mesopotâmia é uma região de pouca chuva; a água provém sobretudo dos grandes rios Tigre e Eufrates, e dos seus tributários. O Tigre corre mais rapidamente do que o Eufrates, que está a oeste, mas ambos tendem a mudar de curso com o tempo, porque atravessam terras baixas; algumas das grandes cidades da Idade do Bronze que se situavam nas suas margens estão-lhes agora distantes.

A necessidade de água poderá parecer que torna óbvio que os camponeses teriam de situar-se perto dos rios, mas o risco de inundação danosa é significativo, a menos que seja regular, previsível e que ocorra depois da época das colheitas — que é o que acontece no Nilo. Os primeiros camponeses do Neolítico não tinham alternativa senão arriscar semear perto dos rios, e porque as inundações mais sérias não ocorriam todos os anos, eram capazes de o fazer. Mas assim que conceberam métodos para controlar as águas, seguiram-se grandes benefícios. Os canais de irrigação, as barreiras contra as inundações, e os sistemas de drenagem permitiam proteger as colheitas ou localizá-las mais longe dos próprios rios — o que trazia mais terra para a produção de alimentos — ao mesmo tempo que asseguravam um fornecimento constante de água. Nestas condições, conseguia-se obter até quarenta grãos de cevada a partir de um único grão, em contraste com os cinco grãos obtidos numa área que dependesse apenas das adventícias chuvas.

A construção de canais e valas, e também de diques, juntamente com a manutenção constante dos três, exigem o trabalho de milhares. A planificação, a logística do fornecimento de comida, habitações e utensílios, assim como o pagamento de grupos de trabalho, e uma organização para supervisionar e fazer a manutenção do sistema de irrigação resultante, são exigências para complementar o feito de engenharia para prevenir inundações, elevar águas acima do nível do rio até às terras mais elevadas, e conseguir um bom equilíbrio que o nível das águas terá nas próprias terras de cultivo. Os mesopotâmios conseguiram tudo isto com um sucesso espetacular.

Mas foi preciso vários milénios. Cultivar nas margens dos rios foi estabelecido no sexto milénio AEC, os primeiros sistemas de irrigação foram construídos no quinto milénio, e por volta do quarto secavam-se pântanos e construíam-se reservatórios, e a rede de canais de irrigação e diques tinha crescido a ponto de as inundações sérias se terem tornado mais uma questão de lenda do que de conhecimento em primeira mão. A primeira crónica de inundações surge no *Épico de Gilgamexe*, redigido nos primeiros séculos do segundo milénio AEC, e repete-se, com variações culturais, na crónica de Noé do Antigo Testamento e em vários mitos gregos, principalmente os de Ogiges e Deucalião.

Aquando da redação do *Épico de Gilgamexe*, os camponeses mesopotâmios aravam os campos com bois e usavam semeadores para garantir a profundidade e o distanciamento necessários a uma boa colheita. Nas encostas dos montes, à distância dos rios, os camponeses elevavam as águas dos canais de irrigação com uma cegonha, um mecanismo constituído por um balde com um contrapeso no lado oposto de um varão apoiado no ponto certo, o que lhes permitia retirar água e lançá-la nos canais cultivados. Além do trigo e da cevada, os camponeses cultivavam ervilhas, feijão, lentilhas, cebolas e tâmaras, e criavam carneiros, cabras, porcos, gado e burros. Colhiam junco dos baixios dos rios e dos pântanos, para construir choupanas e fazer barcos e cestos, e pescavam nos ricos rios e canais. No cômputo geral, a Mesopotâmia tornara-se uma terra de abundância, de maneira que não surpreende encontrar Hamurabi, o rei da Babilónia (reinou entre 1792 e 1750 AEC), a dar a um dos canais o nome «Hamurabi significa Abundância». Os canais mereciam os elogios: com 22 metros de largura, e vários quilómetros, davam testemunho de competências de engenharia que, por essa altura, erguiam também grandes palácios e templos nas cidades que surgiam desta rica abundância.

O Nilo, o Indo e o rio Amarelo, na China, alimentaram também a emergência da agricultura e da urbanização ao longo das suas margens. Ao passo que o Nilo era previsível e fácil de controlar, o rio Amarelo era apropriadamente descrito como o «lamento da China», devido às imensas inundações que tão frequentemente destruíam os altos diques construídos sobre os sedimentos, e engoliam centenas de quilómetros de terras em qualquer das margens, levando pessoas e animais, e soterrando os campos em altas camadas de lama. Mas a fertilidade intensa dessa lama — o macio loesse — ao longo do curso do rio Amarelo sempre atraía de novo as gentes, o que é atestado pelos restos arqueológicos de milhares de povoações que datam da lendária dinastia Xia, no terceiro milénio AEC. Diz-se que o suposto fundador desta dinastia, o rei Yu, construiu as primeiras defesas contra as inundações do rio Amarelo, mas demorou milénios até os lamentos provocados pelo rio se tornarem menos frequentes.

A civilização harapeana do vale do Indo emergiu no quarto milénio AEC e floresceu no terceiro, antes de começar a entrar em colapso, na primeira metade do segundo milénio, por razões que ainda não são claras. As teorias sobre o colapso incluem a invasão dos povos arianos, uma grande cheia, o rio Sarasvati ter secado, terramotos, mudança climática e seca. O mais plausível é que a culpa tenha sido de uma combinação cumulativa de vários destes fatores. Mas o desaparecimento da escrita harapeana (ainda por decifrar) e do sofisticado sistema de pesos e medidas padronizados daquela cultura — o que é necessário tanto para o funcionamento seguro dos mercados e do comércio, como para a cobrança de impostos — era total por volta de 1300 AEC, um presságio da Idade das Trevas que iria cair também sobre o Próximo Oriente e sobre as terras orientais do Mediterrâneo, a partir de 1200 AEC.[4] Contudo, com base no maná que as águas do rio Indo tornavam possível, a civilização harapeana atingiu uma estatura notável: muitas casas tinham casas de banho internas e os seus próprios poços, as cidades tinham sistemas subterrâneos de esgotos e ruas pavimentadas, o comércio entre as cidades era dinâmico e estendia-se do noroeste do atual Afeganistão ao norte da Índia. Harapa e Moenjodaro são as jazidas arqueológicas mais conhecidas, mas identificaram-se milhares de povoados de várias dimensões, sinal do vigor da civilização no seu auge. A tecnologia harapeana de construção, drenagem e comunicações, entre muitas outras coisas, era marcadamente avançada; e o mesmo se pode dizer da elegante arte daquela cultura.

Mas a civilização mais antiga, a primeira, a elevar-se do solo regado pelos rios foi a Suméria, na Mesopotâmia. Por volta de finais do quarto milénio AEC, os sumérios haviam estabelecido uma constelação de cidades-estado ao longo do Tigre e do Eufrates, incluindo Ur, Quixe, Eridu, Lagaxe e Nipur, sendo Uruque a maior. Era quase certamente a maior do mundo, com qualquer coisa como oitenta mil pessoas que viviam no interior da circunferência de mais de nove quilómetros das suas muralhas. Às tecnologias físicas já descritas, os sumérios acrescentaram outra ainda mais grandiosa: a escrita — uma arte que se torna necessária com a complexidade crescente da vida, que exige registos de bens comercializados e de dívidas, além de um meio de comunicação entre pessoas que têm entre si distâncias de dias ou semanas de viagem.

A própria preservação dos textos cuneiformes deve-se a uma circunstância que, noutros aspetos, põe a Mesopotâmia em desvantagem relativamente ao Egito. O Nilo é rodeado de montes de calcário, que forneciam a pedra perdurável para as suas pirâmides, palácios, templos e monumental estatuária. Os mesopotâmios só tinham lama e barro. Com este material, fizeram as suas construções, e usaram-no para escrever os seus textos. Com o tempo, as construções degradavam-se, e os sumérios e os seus sucessores limitavam-se a erigir novas construções de lama em cima das antigas. O resultado é o *tel* — os montes ou colinas artificiais — atualmente espalhados à volta do Iraque e imediações, indicando a existência de camadas de arqueologia que remontam a milhares de anos, cada camada um fragmento da história de uma cidade ou povoado. Mas os artefactos — em especial os blocos de barro onde os textos eram inscritos — eram abandonados, quando já não eram necessários, na camada de lama em que tinham sido lançados, e a próxima camada era construída por cima; e foi assim que foram preservados.

A escrita cuneiforme — do latim *cuneus,* «cunha»; a raiz *cun-* aparece em várias palavras relacionadas com itens em forma de cunha — é um sistema de marcas impressas em barro húmido com um estilete de junco. Os sumérios inventaram-no entre 3500 e 3000 AEC, inicialmente como meio de registar inventários ou pedidos comerciais. Há quem pense que a escrita cuneiforme é anterior aos hieróglifos egípcios, e que influenciaram o desenvolvimento destes. Mas, ao passo que os hieróglifos preservavam elementos pictográficos, a escrita cuneiforme rapidamente transformou os pictogramas em representações abstratas, combinando elementos silábicos, consonantários e logofonéticos.[5]

Dos estimados um a dois milhões de blocos cuneiformes que vieram à luz até agora nas escavações, cerca de cem mil foram lidos pelos especialistas. A maior coleção encontra-se no Museu Britânico; outras coleções substanciais, mas menos de metade desta, encontram-se em Berlim, Paris e Bagdade.

O sistema de escrita cuneiforme suméria foi adotado pelo Império Acádio que lhe sucedeu, e pelas diferentes versões de acádio que aí se falava, incluindo o babilónio antigo e o assírio. Mais tarde, os hititas, cujo império ocupava o planalto anatólio a norte da Mesopotâmia, também o adotaram, provavelmente em resultado da influência dos comerciantes da Assíria. Na sua história posterior, a escrita cuneiforme serviu não apenas o comércio, mas também como veículo de correspondência pessoal e diplomática, e foi usada em tratados de medicina, obras de matemática, registos astronómicos e literatura, sendo *O Épico de Gilgamexe* o primeiro grande exemplo do mundo.

Dificilmente é preciso dizer que, de todas as tecnologias desenvolvidas no período que medeia entre o quarto e o segundo milénio AEC, a escrita foi a mais significativa. Mas não é a única: a pena pode ser mais poderosa do que a espada, mas esta — ou antes, os metais com os quais se faziam espadas, punhais, escudos, couraças, caneleiras, cabeças de lança e de flecha (e também, é claro, arados, machados, sovelas, facas e pás) — tiveram também um grande papel a desempenhar. Pode dizer-se que o desenvolvimento da metalurgia só se fica atrás da escrita em importância, seja como produto da inteligência humana, seja nas suas consequências civilizacionais.

O cobre e o ouro nativos — ou seja, sem mistura e que ocorrem naturalmente — foram os primeiros metais a ser trabalhados em machados, facas, cabeças de flechas e ornamentos. Os metais nativos são incomuns; a maior parte dos metais existe em combinação com outras substâncias, seja em minérios, seja misturados com vários minerais. A desejabilidade do cobre e do ouro, que são facilmente trabalháveis e atraentes, fizeram deles objetos de atenção especial, e as pessoas viviam na esperança constante de os descobrirem, e tinham o cuidado de saber onde era mais provável encontrá-los. Mas depois viu-se que o cobre emerge de certas pedras, como a azurite e a malaquite, quando são aquecidas. Começou então uma indústria do metal, e por volta do quinto milénio AEC os minérios com cobre eram comercializados a partir dos locais onde eram mais abundantes — a península árabe, o Irão e a Anatólia, assim como a ilha de Chipre, cujo nome, *kupros,* é a fonte ou uma derivação do nome do metal — e chegavam ao Egito, ao vale do Indo e à China.

A Idade do Cobre, também denominada Era Calcolítica, que decorreu há 6,5–3,5 milhares de anos, caracteriza-se pelo desenvolvimento de técnicas de mineração, britagem e fundição do minério de cobre. Durante a maior parte deste período, as fornalhas não podiam chegar às temperaturas de fusão do cobre, que é de 1200 graus Celsius, e, portanto, o trabalho de lhe dar forma exigia grande esforço físico, com aquecimento e martelamento constantes. Quando se desenvolveram os altos-fornos, em que as chamas são avivadas por meio de jatos de ar soprados com foles, conseguiu produzir-se cobre fundido para deitar em moldes. Esta tecnologia chegou em finais do segundo milénio, muito depois do início da Idade do Bronze.

Uma indústria do cobre exigia especialistas: engenheiros de minas e mineiros, fundidores e ferreiros, projetistas e artesãos. Inicialmente, os produtos da indústria estavam reservados ao uso das elites, por serem dispendiosos. Tudo vinha da forja do ferreiro do cobre — dos machados às espadas, das canalizações aos talheres. Durante um período considerável, ao longo da Idade do Cobre, as pessoas mais pobres continuavam a usar utensílios de madeira e de pedra.

Porque eram valiosos, os itens de cobre poderiam voltar à fornalha e depois à bigorna do ferreiro para ganhar uma nova forma, mas era desejável um grau superior de resistência. Descobriu-se que misturar um pouco de metal maleável com cobre lhe dava resistência, sendo os metais maleáveis o arsénico ou o latão. Foi o arsénico que começou por ser usado, mas os perigos de o trabalhar fizeram do latão a alternativa preferida. Uma mistura de noventa por cento de cobre e dez por cento de latão é o *bronze.* Este é rígido, resistente, trabalhável e atraente; os utensílios e as armas feitas de bronze eram muito mais eficazes do que as feitas de pedra, madeira ou cobre puro, e a arte e os artefactos de bronze admitiam padrões e desenhos de elevada complexidade. O bronze tornou-se, consequentemente, o material de eleição para quase todas estas finalidades.

O latão não era abundante no Próximo Oriente, e tinha de ser importado de lugares distantes — o nordeste do que é atualmente o Afeganistão era uma das fontes, sendo a Cornualha, na Inglaterra, outra. As formas dos utensílios de bronze foram influenciadas pela sofisticação bem estabelecida da olaria ornamentada, e onde quer que essa manufatura de bronze floresceu, aumentou o seu valor artístico, e também utilitário. Na China, os objetos de bronze com padrões de extraordinária complexidade, e por vezes de dimensões imensas, constituem um dos pontos altos da Idade do Bronze (3500–1200 AEC).

Ao colapso da Idade do Bronze — a queda rápida e simultânea das civilizações do Próximo Oriente e do Mediterrâneo oriental, por volta de 1200 AEC (o Egito sobreviveu, mas muitíssimo enfraquecido) — seguiu-se uma Idade das Trevas de vários séculos. Depois de 900–800 AEC começou um renascimento da literacia, da organização e da cultura; este é o período da Grécia arcaica, que precede imediatamente o período clássico. Roma ainda não existia, e as narrativas do Antigo Testamento de Saul, David e Salomão situam-se em meados da Idade das Trevas (1000–900 AEC), ocupando a captura da Babilónia e a era do Segundo Templo o sexto século AEC. A saída deste período foi acompanhada pela substituição do bronze pelo ferro — a substância que dá o nome ressonante e intimidante à Idade do Ferro.

De facto, o ferro fora forjado e trabalhado por volta de 1500 AEC pelos hititas, mas o processo que usavam era bastante ineficaz devido às temperaturas insuficientes das suas fornalhas. O que delas saia era o ferro maleável, uma misturada de ferro e escória que tinha de ser aquecido uma vez e outra para expelir a escória. Os utensílios e armas feitos do ferro forjado que daí resultava não eram tão rígidos como o bronze, eram quebradiços e enferrujavam facilmente. Os gumes afiados depressa ficavam cegos. A única razão para continuar a usá-lo era que o ferro era abundante e facilmente acessível; não era preciso ter minas profundas porque estava próximo da superfície, e não exigia a dispendiosa importação do latão.

Se o ferro pudesse tornar-se mais útil, teria muito a seu favor. E de facto, sem dúvida porque o latão para fazer o bronze era difícil de obter depois da desestabilização das redes comerciais em resultado do colapso da Idade do Bronze, a tecnologia do ferro avançou dramaticamente. O ferro revelou-se melhor do que o bronze, desde que fosse eficazmente processado: permitia fazer instrumentos mais aguçados e fortes com muito menos despesa do que o bronze. As fornalhas melhoraram, e conseguiu-se chegar às altas temperaturas necessárias. Descobriu-se que o ferro seria menos quebradiço se fosse arrefecido, reaquecido e arrefecido de novo, repetidamente, pela imersão na água. Aquecer o ferro em contacto com o carvão, para obter o efeito do carbono, transformava o ferro em aço. Uma espada de aço admitia um gume fino, e podia cortar facilmente as lâminas das espadas de bronze, e as couraças. Os exércitos com armas de ferro eram, pois, mais formidáveis devido a elas. Os machados de ferro derrubavam árvores com mais eficácia. Porque os produtos de ferro eram mais baratos do que os de bronze, eram acessíveis a toda a gente: camponeses, soldados, carpinteiros, construtores, cozinheiros. Quando a Idade do Ferro sacudiu as sombras que haviam caído com o colapso da Idade do Bronze, existia um conjunto mais vasto e robusto de possibilidades tecnológicas.

*

Duas outras tecnologias, talvez mais importantes do que todas as mencionadas, e especialmente em combinação, são a roda e a domesticação do cavalo.

É um lugar-comum que a roda é uma das maiores invenções do engenho humano. Devemos a Richard Bulliet[6] um salutar corretivo. «Em 1850, a máquina a vapor foi classificada como a maior invenção do mundo. Em 1950, a roda, uma invenção muito mais antiga, ultrapassara-a. O aparecimento do motor elétrico e de combustão interna explica em parte o declínio da máquina a vapor; mas a disseminação de automóveis, camiões e autocarros — para não falar de carrinhos de compras, bicicletas e malas de viagem com rodas — desempenhou um papel mais importante. Pois em 1850 os veículos com rodas que passavam ruidosamente pelas calçadas de pedra das cidades, e que percorriam aos solavancos os caminhos de terra batida da província, não pareciam novos nem especialmente engenhosos».[7]

Apesar de isto mostrar que as modas podem ser ingratas — sem dúvida que as maravilhas que nos pareciam os relógios e a máquina a vapor levarão consigo os computadores para o armário empoeirado da história, quando a tecnologia passar de novo à frente — continua a ser verdadeiro que a roda teve um grande impacto na história, desde os tempos do Neolítico. A história poderia ter avançado, contudo, ainda que a roda nunca tivesse sido inventada; nas Américas a roda não existia — exceto, surpreendentemente, nos brinquedos das crianças — até os conquistadores a terem trazido. Os fardos eram carregados pelas pessoas ou pelas lamas, ou arrastados por *travois,* um par de varas colocadas de modo a divergir uma da outra para formar um trenó. Em África, e no Egito até meados do segundo milénio AEC, a roda era conhecida, mas não era usada. Isto poderá parecer notável, dado que os egípcios estavam em contacto com as civilizações mesopotâmicas, onde as rodas eram muito usadas desde antes de 3000 AEC.

As teorias segundo as quais foi por não existirem animais suficientemente grandes para puxar veículos que as rodas não foram inventadas nem usadas na América Central, nem na do Sul, descuram o facto de os humanos poderem empurrar e puxar carros, desempenhando as rodas o papel de aliviá-los do peso e do atrito da carga em movimento. De modo que os povos da América Central e do Sul poderiam ter usado rodas, se o tivessem querido. Mas não quiseram: as cargas eram carregadas por pessoas ou por animais de carga. Os terrenos da América do Sul, com altas montanhas e florestas densas, não se prestavam ao transporte rodoviário. No Egito, as rodas também não eram consideradas necessárias, porque a maior parte das cargas de peso significativo podiam ser transportadas pelo rio, e podiam ser levadas para o rio, ou dele trazidas, pelo tipo de força de trabalho coordenada que construiu as pirâmides.

Estes pontos põem em causa a perspetiva geralmente aceite de que a roda é um dos avanços tecnológicos mais significativos da humanidade.[8] Bulliet mostra também que o pressuposto de que a roda foi inventada na Mesopotâmia — suscitado pelo facto de tantas outras coisas terem sido aí inventadas — é incorreto. A roda apareceu na Suméria por volta de 3000 AEC, mas já estivera em uso nas minas de cobre dos Cárpatos ao longo de centenas de anos, remontando à primeira metade do quarto milénio AEC.[9] Na estepe norte do mar Negro, a roda e a carroça surgiram juntos como caravanas para os nómadas da região, sendo a sua importância assinalada pelo facto de serem enterradas juntamente com os donos, em túmulos que datam do milénio posterior a 3000 AEC. Tanto provas climáticas como linguísticas, estas últimas inferidas das raízes protoindo-europeias das palavras para *roda, eixo, carroça* e itens do género, sugere que as estepes a norte do Cáucaso foi onde a roda surgiu pela primeira vez. Os povoados móveis dos nómadas chegaram aos tempos modernos, até os nogais — os últimos herdeiros da tradição, se excluirmos os roma, cuja origem é diferente — do século XIX terem sido obrigados pelo governo czarista a estabelecer-se ou fugir para o Império Otomano.

Devido à evolução posterior da carroça, que deu origem à charrete, e devido às descrições de charretes de guerra precipitando-se na batalha puxadas por cavalos, a sua domesticação liga-se muitas vezes à evolução das tecnologias associadas à roda. De facto, os primeiros animais de tiro foram bois ou ónagros (um primo mal-humorado do burro), e a imagem heroica da charrete impetuosa tem de ser complementada pela realidade anterior, retratada numa estela (uma placa ou coluna vertical de pedra com inscrições) do terceiro milénio, de um rei transportado para o campo de batalha numa lenta carruagem puxada por burros. Como Bulliet mostrou, na Mesopotâmia as carruagens transportavam a realeza ou imagens de deuses em procissões; durante a maior parte da sua história — até ao Renascimento — ser transportado em carruagens ou carroças estava reservado aos homens de baixa condição e às mulheres, porque era considerado *infra dignitatem* que um homem de estatuto fosse visto nessas andanças. Durante muito tempo depois de os cavalos terem começado a ser montados, era másculo montá-los, e as mulheres só em poucas culturas o faziam. Foi um ato muitíssimo significativo que Sir Lancelot da Távola Redonda tenha concordado ser transportado, humildemente, como passageiro numa carroça, em troca de informação acerca da sua amada Guinevere.[10]

Os cavalos surgiram nas Américas, emigraram para ocidente através do estreito de Bering, antes de o degelo dos glaciares ter elevado o nível dos mares, povoaram a imensa extensão das estepes da Eurásia… e pouco depois extinguiram-se no seu continente de origem. Foram reintroduzidos nas Américas pelos conquistadores, muitos milénios depois. Os cavalos originais das estepes eram pequenos e resistentes, e mesmo depois de domesticados raramente eram usados como animais de tiro, pois não tinham a força dos bois e nem sequer dos burros, até serem arraçados para competir nesse ponto — como era, milénios depois, o magnífico cavalo Shire. A prática de criar cavalos não parece ter ocorrido antes de 6000 AEC, na melhor das hipóteses. A primeira prova da criação de cavalos está associada ao povo botai das estepes a noroeste do mar Cáspio — o Cazaquistão atual — que começaram por usá-los para dar leite e carne. A partir de cerca de 3500 AEC, como o sugerem os sinais de freio nos dentes dos seus restos fósseis, os cavalos começaram a ser arreados e montados.

Imagens em obras de arte que nos chegaram da Mesopotâmia e do Egito, do período posterior a 2000 AEC, mostram cavalos a puxarem charretes de guerra e, a partir de 1600 AEC, mostram-nos sendo montados. Uma teoria é que a maior parte das raças de cavalos não eram suficientemente fortes para carregar o peso de um homem, a menos que este cavalgasse precisamente nas ancas do cavalo, posição a partir da qual não é fácil controlar o animal ou manter-se sentado em segurança. Quando os cavalos ficaram suficientemente fortes para serem montados da maneira com a qual estamos atualmente familiarizados, tornaram-se parceiros formidáveis da humanidade, dando velocidade e mobilidade superiores às das charretes, razão pela qual — como acabou por acontecer, consideravelmente depois — as charretes deram lugar à cavalaria. Um exemplo memorável da superioridade desta última face à primeira é a derrota das forças de charrete do rei persa Dário levada a cabo pela cavalaria de Alexandre, *o Grande*, na Batalha de Gaugamelos, em 331 AEC.[11]

Os cavalos já eram montados, contudo, muito antes destes acontecimentos. De notar que domar e domesticar cavalos são duas coisas diferentes; alguns estudiosos insistem, muito plausivelmente, que a «domesticação» exige mudanças fisiológicas deliberadas, em resultado do cruzamento seletivo para tornar preponderantes algumas características escolhidas pelos humanos, para produzir — consoante o caso — mais leite, mais lã, mais carne ou mais docilidade para o trabalho de tiro. Os cavalos foram certamente domados antes de serem domesticados neste sentido. Não teria sido possível ao povo botai prender e domar (e eventualmente domesticar) cavalos, a menos que pudessem montá-los, de modo que temos de imaginar que os apanhavam e domavam, para perseguir, apanhar, aprisionar e domar mais cavalos.

Como será discutido na Parte II, a deslocação dos povos de língua indo-europeia em direção à Europa, e para sudeste, na direção da Índia, a partir da sua origem nas estepes — sendo estes povos da cultura yamna — substituindo, segundo estudos genéticos que promovem a controvérsia, as populações de caçadores-recoletores que aí viviam na altura, foi quase certamente ajudada pela mobilidade fornecida pela roda e pelos animais domesticados, tecnologias que distinguiam os imigrantes dos povos que estes faziam deslocar. Por isso, a roda e o controlo de animais têm de ser consideradas tecnologias realmente significativas, nos locais em que a diferença que fizeram foi tão marcada.

Os engenheiros e construtores da Idade do Bronze conseguiram coisas notáveis, contando-se entre as mais impressionantes as pirâmides do Egito dinástico. Os templos e palácios da Mesopotâmia (por exemplo, Uruque e Babilónia) e mais tarde do Levante (por exemplo, Ugarite) evidenciam grande mestria. Quanto à graça, simetria e proporção, dificilmente há seja o que for de superior aos templos dos gregos clássicos. Mas os grandes construtores da Antiguidade foram os romanos. Introduziram a arcada e a sua extensão na abóbada cilíndrica, depois desenvolvida em abóbadas cruzadas, que podiam sustentar uma cúpula de grandes dimensões. Na própria Roma, dois exemplos ímpares de engenharia são o Panteão, construído entre 110 e 125 EC, e cuja cúpula, com um diâmetro de 43,3 metros, é ainda hoje um milagre da engenharia antiga; e o Coliseu, construído entre 70 e 80 EC no local de um lago artificial que fizera parte do parque de recreio do Domus Aurea do imperador Nero. O Coliseu tem 189 metros de comprimento e 156 de largura, na parte mais larga da elipse que forma, abrangendo 24 mil metros quadrados (seis acres) e acolhendo 50 mil espectadores. Os túneis e espaços subterrâneos albergavam a maquinaria para as mudanças de cenário, incluindo elevadores para trazer jaulas de animais selvagens para o piso da arena e (no início da existência do Coliseu) uma maneira de a inundar para dar lugar a cenas de batalhas navais.

Os princípios estruturais que os engenheiros romanos desenvolveram foram de grande valia num dos seus maiores feitos: os aquedutos, que traziam água doce para as cidades, e os sistemas de esgotos, que levavam a água dos dejetos. A altura estonteante de algumas das majestosas filas de arcos transportando água ao longo de vales provoca ainda admiração; basta pensar no aqueduto com arcadas duplas de Segóvia. Um fator significativo no sucesso dos construtores romanos foi o cimento, *pozzolana,* uma mistura de solo vulcânico e cal que era imune às destruições do fogo e da água, o que explica o facto de algumas destas grandes estruturas existirem ainda hoje. A receita do cimento romano, o conhecimento de como montar uma abóbada imensa sobre um grande espaço — e muito mais — contavam-se entre as tecnologias perdidas com a queda do Império Romano do Ocidente, no século V EC. Recuperar o conhecimento de como erguer uma abóbada teve de esperar pela Florença de Brunelleschi, mil anos depois, em meados do século XV. A receita do cimento só foi redescoberta no século XIX.

As vias romanas foram outro triunfo. A engenharia era meticulosa: pedras chatas eram colocadas num leito de areia, depois duas camadas de gravilha fixa com argila ou betão eram dispostas sobre elas, seguindo-se uma superfície final arqueada constituída por pavimento em cima de betão. Estas vias suportavam tão bem o uso de tráfego pesado de carroças e exércitos que algumas das vias romanas, que totalizavam 80 mil quilómetros, são ainda hoje usadas. As vias eram tão retas quanto possível, atravessavam rios em pontes de arcos, tinham postos de apoio a cada 16 ou 19 quilómetros, e estalagens a cada 50 a

60 quilómetros, nas quais se usava a mesma língua oficial e a mesma moeda; uniam o império, desde as fronteiras da Escócia aos desertos do Egito e da Arábia.

Os navios eram meios de transporte óbvios nos rios do Egito e da Mesopotâmia no Período Neolítico e na Idade do Bronze. No Egito, os navios de junco podiam usar as velas retangulares simples para viajar na direção sul, subindo o Nilo, e depois recolhiam as velas e limitavam-se a seguir a corrente para descê-lo. No Eufrates, os primeiros navios eram feitos de couro. Navegar no mar foi durante muito tempo uma atividade perigosa e sempre à vista; o respeito pelo mar evidenciado por Ulisses no épico de Homero, *Odisseia,* é sem dúvida um reflexo fidedigno das atitudes comuns. Mas havia um comércio marítimo estabelecido na Idade do Bronze, ligando intimamente as terras do Mediterrâneo oriental, sendo o produto capital o importantíssimo latão, que tem sido considerado a versão do mundo antigo do petróleo.

Nos séculos depois do colapso da Idade do Bronze, os mestres do mar eram os fenícios. A sua primeira terra natal foi o litoral do Mediterrâneo oriental, até a política da região os levar a deslocar a base das suas operações para a localização mais segura e conveniente do que até então fora simplesmente o seu entreposto comercial, no norte da costa africana. Tratava-se de Cartago, que cresceu a partir dos seus momentos iniciais utilitários e se tornou o centro de um império comercial imensamente rico. A cidade magnífica era em si uma maravilha do seu tempo. Os cartaginenses não eram os únicos nas artes navais: os gregos insulares estavam também bem-adaptados à água. Temístocles de Atenas construiu uma marinha poderosa face à ameaça persa no século V AEC, e foi com ela que conseguiu a famosa vitória contra os navios de Xerxes em Salamina, em setembro de 480.

Mais tarde, no conflito entre o poder nascente de Roma e o poder estabelecido de Cartago, que acabou por ter o perfil de uma série de guerras (as Guerras Púnicas, que começaram no início do terceiro século AEC e acabaram com a obliteração literal de Cartago em 146 AEC), Roma tornou-se também uma nação naval. Uma ideia impressionante é que as batalhas navais dos gregos, persas, romanos e cartaginenses, travadas por trirremes e outros navios a remos semelhantes, estabeleceram um modelo ainda usado dois mil anos depois: a Batalha de Lepanto de 1571 foi travada entre duas marinhas de navios a remos. O autor de *Dom Quixote,* Miguel de Cervantes, perdeu o uso da mão esquerda nessa batalha.

Os fenícios poderão ter tido o domínio do mar Mediterrâneo nos seus dias, mas estes eram dias tardios, e provincianos. Muito antes deles, começando no período que medeia entre 3000 e 1500 AEC, os povos austronésios velejavam ao longo de vastas distâncias no Pacífico, uma região que abrange metade do planeta. Segundo os historiadores marítimos, foi a invenção da canoa polinésia e do catamarã que tornaram possíveis estes feitos — mas nem o mais estável dos navios teria permitido estas migrações extraordinárias, não fosse a observação das estrelas, correntes, ventos prevalecentes e sistemas climáticos. O mundo ocidental nada viu de comparável até o português infante Dom Henrique, *o Navegador*, no século XV, se ter dedicado à descoberta de rotas marítimas meridionais, ao longo do Atlântico e da costa africana. A técnica «volta do mar», que consistia em usar os alísios que sopram para ocidente no equador e para oriente a meio do Atlântico Norte, acabou por encorajar a ideia de navegar mais para ocidente; o primeiro a fazê-lo, partindo da Ibéria, foi Cristóvão Colombo, apesar de os *vikings* terem já chegado à América do Norte, quinhentos anos antes.

Atribui-se a Henrique, *o Navegador*, a inauguração da «Era dos Descobrimentos», que acabou por conduzir, devido às explorações de Bartolomeu Dias e de Vasco da Gama nas imediações do corno de África — até à Índia, no caso de Vasco da Gama, na última década do século XV —, ao estabelecimento de rotas comerciais europeias com as Índias Orientais, e também a sua colonização, ao longo dos séculos seguintes. Um incentivo importante nestas viagens foi a vontade de encontrar uma maneira de boicotar o domínio árabe e veneziano do comércio valioso de especiarias que até então chegavam por via terrestre a partir da Índia, ou atravessando a península Árabe — um comércio que começara com os habitantes austronésios das ilhas do Sudeste Asiático que vendiam canela, cardamomo, pimenta, gengibre, açafrão-da-índia, noz-moscada e cássia ao continente do Sudeste Asiático e à China desde 1500 AEC, de onde — mais tarde — eram então comercializados na direção ocidental. A rota terrestre encarecia as especiarias, o que enriquecia Veneza imensamente, porque era o ponto de distribuição do seu comércio na Europa, e fora-o pelo menos desde o século VIII EC.

Dois desenvolvimentos tecnológicos capitais que tornaram possíveis as viagens oceânicas de longo curso para os exploradores europeus foram a vela latina e o leme axial. A vela latina tem forma triangular; substituiu a vela retangular, usada nos navios do Crescente Fértil e pelos *vikings* nos tempos medievais. Melhorava a capacidade de manobra pois, ao passo que a vela retangular só permite navegar a favor do vento, a latina permite navegar à bolina, contra o vento. No mar alto e nas operações militares o leme axial é mais seguro e mais eficiente do que o sistema mais antigo de uma pá direcional colocada na parte lateral do navio. Em conjunto, as inovações tornaram a navegação mais eficiente e eficaz.

Instrumentos como o astrolábio, a balestilha, a bússola, o quadrante, o octante e o sextante chegaram muito tarde à navegação marítima, comparando com os métodos usados pelos austronésios desde muito antes. Estes instrumentos estão associados a desenvolvimentos nos métodos de determinar as horas — os mais antigos incluindo relógios de sombra (gnómones), as suas versões de Sol, e o relógio de água (clepsidra). Não é difícil determinar as horas numa localização fixa, mas torna-se mais complicado quando mudamos constantemente de posição, no mar alto. E isso, por sua vez, torna difícil determinar a longitude, ainda que determinar a latitude — pela altura do Sol e pela posição das estrelas — seja relativamente fácil. Para determinar a longitude é preciso ter dois relógios a bordo: um acertado pelo horário do ponto de partida e o outro ajustado diariamente de acordo com a posição do Sol. Então, juntamente com o conhecimento da latitude, consegue-se determinar a posição em que se está. Cada hora de diferença entre os dois relógios equivale a quinze graus de longitude; a distância que isto representa depende da latitude. No equador é 1600 quilómetros. No Polo Norte e no Polo Sul é zero quilómetros. Surpreendentemente, foi só no século XVIII que um relojoeiro autodidata, John Harrison, inventou um relógio — o cronómetro marinho — que, com precisão, em qualquer parte do mundo, dizia as horas no porto de origem de qualquer viagem, permitindo assim aos navegadores saber onde estavam.[12] Até então, os relógios eram incertos. Os relógios de pêndulo não funcionavam bem na arfada e balanço dos navios. O ar salgado do mar, a humidade das tempestades e das grandes ondas, e as variações de temperatura dos diferentes climas faziam os relógios adiantar-se, atrasar-se ou parar. Até Harrison, o único complemento ao olhómetro na navegação era a experiência — e, mesmo aí, o olhómetro era o principal recurso.

Uma vara pintada descoberta na China e datando de 2300 AEC é considerada a mais antiga versão conhecida de um gnómon, um dispositivo para dizer as horas com a sombra que projeta. Os gregos inventaram relógios de Sol que dividiam o dia em doze partes iguais. Os relógios de água eram usados à noite e na ausência de luz do Sol, se o tempo não estava abaixo de zero. Mas a tecnologia dos relógios avançou bastante rapidamente a partir do período medieval. Em inícios do século IX, o califa de Bagdade deu a Carlos Magno um relógio que, com a força da água, ativava um carrilhão de sinos e deslocava figuras de cavaleiros. No século XI, o engenheiro chinês Su Sung inventou um relógio de água para o seu imperador que, além de dizer as horas, exibia o movimento dos corpos celestes. Estes relógios exploravam a propriedade da água que é especialmente apropriada para este propósito: o seu fluxo regular e controlável.

Os relógios mecânicos chegaram à boca de cena no século XIII, com a invenção do escape, um dispositivo que interrompe a intervalos regulares um peso em queda ou (mais tarde) uma mola cuja tensão se solta, produzindo desse modo o característico «tiquetaque» dos relógios. Os primeiros relógios mecânicos eram primitivos e só diziam as horas, mas isso era suficiente numa torre de igreja ou no salão nobre dos castelos dos barões. O desenvolvimento da corda dos relógios, no século XVI, permitiu os relógios portáteis precisos. A relojoaria tornou-se uma metáfora para a maquinaria do universo, uma imagem influente no Iluminismo dos séculos XVII e XVIII.

A invenção de todo o tipo de dispositivos úteis ocorreu juntamente com a melhoria e desenvolvimento contínuos de tecnologias já existentes. Considere-se, por exemplo, o efeito que teve no transporte — e por isso na economia — os colares de cavalo. Os romanos impuseram um limite legal no peso das carroças para evitar que os cavalos sufocassem ao puxar a carga. A invenção do colar almofadado de cavalos tornou possível que grupos de cavalos puxassem cargas muitíssimo mais pesadas sem prejuízo, o que reduziu o custo do transporte, no século XII EC, para um terço do que fora no século IV. O efeito no comércio e na deslocação de pessoas na Europa foi significativo.

A China é famosa por ser a origem de várias inovações tecnológicas. Algumas das mais conhecidas são os papagaios de papel, a pólvora, o fogo-de-artifício, os foguetes, a xilografia (que data da dinastia Tang, 618–907 EC), e um domínio do bronze sem paralelo, desde meados do segundo milénio AEC. Muitas outras invenções são ambiciosamente reivindicadas, algumas datando do Período Neolítico; a que oferece mais segurança diz respeito à sericicultura (produção de seda) e às comportas, apesar de já haver maneiras de elevar e baixar o nível das águas na Mesopotâmia anterior à Suméria. Poderá ser verdadeiro que os sinos, caixões, arreios de cavalos, tijolos, cerâmica envidraçada, semeadores, pontes em arco, lemes axiais, ferro fundido, carrinhos de mão, marionetas, vacina contra a varíola, e até helicópteros de brincar, além de muitas mais coisas, foram inventadas na China ao longo de um intervalo de tempo que vai desde antes da algo lendária dinastia Shang (segundo milénio AEC) até pelo menos à dinastia Song (960–1279 EC), mas estas coisas, ou outras funcionalmente semelhantes, foram independentemente inventadas alhures e noutras alturas. O grau limitado de contacto entre a China e o Próximo Oriente e a Europa até bastante tardiamente na história torna difícil dizer, com respeito a muitas destas inovações, que influência ocorreu, ou se ocorreu, e, em caso afirmativo, quem influenciou quem, com respeito à transferência de tecnologia. As Rotas da Seda começaram por ser atravessadas nos dois sentidos muito tarde na crónica que vimos até agora, a partir do segundo século AEC, mas é difícil imaginar que (para usar apenas dois dos muitos exemplos possíveis) a domesticação dos cavalos e a charrete não tenham resultado da transferência tecnológica através das estepes entre leste e oeste, pois as charretes eram usadas na China em 1200 AEC, e os ossos de cavalos tornaram-se frequentes nas jazidas arqueológicas chinesas que datam de 2000–1600 AEC — e tanto a domesticação de cavalos como a roda foram inventadas antes disso nas estepes a norte do Cáucaso.

O conhecimento ocidental da China aumentou significativamente a partir do século VII, altura em que o engenho de que a China deu mostras na história anterior tinha há muito sido abafado pela tradição e pela ossificação. Mas o aparecimento aproximadamente contemporâneo de tecnologias semelhantes em partes do mundo que não parecem ligadas entre si, ou cuja ligação não era fácil, é um fenómeno interessante que sugere que a mobilidade humana e a troca eram mais frequentes, e mais abrangentes, do que conseguiríamos prever olhando apenas para as grandes distâncias e para os meios limitados de transporte na Eurásia de há oito mil anos em diante. Os indivíduos podem levar ideias que, deitadas em solo fértil, ganham vida própria; sem dúvida que os obstáculos que o impedem de acontecer — as inflexibilidades da tradição, a suspeita xenófoba dos costumes estrangeiros, e assim por diante — foram frequentes; mas deverá ter acontecido.

Uma invenção chinesa que avançou até ao Próximo Oriente e à Europa, e que influenciou profundamente o decurso da história em todo o lado daí em diante, foi a pólvora. Diz-se que foi inicialmente descoberta por monges budistas que procuravam uma poção para conferir imortalidade, e que misturaram carvão com enxofre e nitrato de potássio (salitre), criando uma substância efervescente que libertava fumo. Isto aconteceu no século IX EC; intrigados, os alquimistas chineses continuaram a fazer experiências com a mistura, não apenas para entretenimento — ainda que esse tenha sido um dos motivos: daí resultaram os fogos-de-artifício — mas para fazer lança-chamas, flechas lançadas por foguetes e bombas. Em inícios do século XIII era conhecida na Arábia e na Europa a receita da pólvora, assim como as suas propriedades. Os primeiros canhões foram produzidos no século XIV, a artilharia de cerco dos turcos otomanos foi crucial para a captura de Constantinopla em 1453, e aquando da Guerra dos Trinta Anos, no século XVII, a artilharia era uma ciência avançada e sofisticada, tanto em termos militares como de engenharia.[13]

Os canhões acabaram com os castelos e as muralhas citadinas enquanto tecnologias defensivas. As armas de fogo foram também rapidamente desenvolvidas, e depressa puseram fim ao cavaleiro de armadura. Na verdade, a besta já tinha posto em risco esta dispendiosa versão medieval do tanque, porque as flechas das bestas conseguiam penetrar a armadura; mas as armas de fogo, mesmo nas suas primeiras versões nada confiáveis e com limitações, fizeram o mesmo, mas muito melhor.[14] As primeiras armas de fogo eram tubos de bambu chineses recheados com pólvora, cuja ignição lançava um projétil do tubo. Os canos de metal foram desenvolvidos a partir do século XII EC, e os chineses chamaram-lhes «canhões de mão». No século XIII já árabes e mamelucos tinham armas de fogo, e os europeus tinham-nas no século XIV. As primeiras versões eram mosquetes, armas longas de alma lisa que se carregavam pela boca, e este modelo básico sobreviveu até ao século XIX, apesar de uma engenharia melhor das partes, o estriamento do cano e os cartuchos preparados terem, conjuntamente, tornado estas armas mais seguras (para quem as usava: os primeiros mosquetes explodiam por vezes no rosto de quem as disparava) e mais eficazes — um mosqueteiro com treino em Waterloo conseguia disparar seis tiros por minuto. O avanço muitíssimo rápido da tecnologia das armas de fogo nos séculos XIX e XX, que conduziu, por via dos revólveres de seis tiros, das espingardas de repetição e das metralhadoras, às pistolas automáticas, poderosas carabinas, e coisas semelhantes — uma indústria de milhares de milhões de dólares por ano — não teve um efeito positivo na paz e estabilidade do mundo. Uma afirmação surpreendente foi feita nos últimos anos do século XX: no corno de África conseguia adquirir-se uma *kalashnikov* em troca de várias criancinhas.

Desenvolvimentos tecnológicos muito mais agradáveis no mesmo período dizem respeito à impressão, agricultura, manufatura e transporte. Na agricultura, a rotação das culturas e a fertilização dos solos aumentou as colheitas, o que sustentou e alimentou os aumentos populacionais. A força do vapor foi aproveitada — esgotar a água de minas e melhorar a manufatura têxtil foram das primeiras aplicações — e revolucionou o transporte, sendo o caminho-de-ferro o maior desenvolvimento singular entre a invenção da roda e o advento praticamente contemporâneo dos automóveis e do voo mais pesado do que o ar. Estes dois últimos apoiam-se no motor de combustão interna, do qual foram inventados vários protótipos em finais do século XVIII, apesar de as primeiras patentes para o tipo de motor em que os carros e os aviões se baseiam não terem sido publicadas até à década de setenta do século XIX.

O motor de combustão interna é um exemplo notável de uma maneira simples de controlar as forças naturais e de dirigi-las para fazer trabalho, principalmente para permitir a mobilidade, mas fazendo-o em escalas muito mais úteis do que o processo semelhante usando vapor. Quando uma explosão é criada no interior de um cilindro, faz-se mover um pistão. Este está ligado a um sistema de alavancas e engrenagens que transferem a força motriz para as rodas, e ao mesmo tempo reabre uma abertura no cilindro que admite combustível, inflamando momentos depois uma faísca, causando a explosão seguinte — e assim por diante, num ciclo, até acabar o fornecimento de combustível. É terrivelmente simples, e terrivelmente eficaz. Os metais adequados já existiam muito antes da própria técnica.

A maior parte destes desenvolvimentos coincidem com os primeiros passos da história da ciência, com a qual têm cada vez mais conexões, fazendo assim parte de uma herança recente com a qual estamos familiarizados. Por isso, não é preciso aqui qualquer elaboração. Mas todas se ficaram a dever, direta ou indiretamente, à nova tecnologia mencionada no penúltimo parágrafo: a imprensa.

Os egípcios tinham feito papiro de carriço, uma planta semelhante à erva que dá flor e que crescia nas terras baixas do Nilo. Os mesopotâmios usavam placas de barro. Os chineses inventaram o papel, misturando casca de amoreira com bambu e junco para fazer uma membrana com a qual se produzia guarda-chuvas, ventiladores e papel higiénico, e que, quando era tratada com uma cobertura de goma, era boa para nela se escrever. Fabricantes chineses de papel capturados divulgaram o segredo do fabrico aos árabes em meados do século VIII EC, e quando chegamos ao IX e ao X séculos isto havia alimentado o incremento de um comércio florescente de livros no mundo islâmico, centrado em Bagdade, que tinha mais de cem livrarias, um ponto alto no que era então um período aberto, tolerante e intelectual da cultura islâmica.

Na Europa, os livros eram copiados à mão em pergaminho, feito de couro de ovelha. O fabrico de pergaminhos era caro, tal como a cópia à mão. A manufatura do papel começou em inícios do século XII, primeiro em Espanha, devido à influência muçulmana, e ao longo dos dois séculos seguintes espalhou-se cada vez mais rapidamente pelo resto da Europa, alimentada pelo aumento tanto da literacia como da curiosidade características do Renascimento. O papel era mais barato do que o pergaminho, mas os livros eram ainda copiados à mão, impondo limites quantitativos devido ao custo da sua produção. Isto mudou com as invenções de Johannes Gutenberg.

Os produtores europeus de têxteis há muito que imprimiam blocos de padrões nos tecidos, e a mesma técnica foi aplicada à produção de imagens devotas e às cartas de jogar, de modo que a ideia de impressão não era, em si, nova. Mas, entre 1436 e 1453, Gutenberg desenvolveu a ideia do *tipo móvel,* uma inovação perfeitamente adequada para línguas escritas num alfabeto com relativamente poucos símbolos, que podiam ser combinados para representar qualquer palavra. Ao passo que tanto os impressores chineses como os projetistas de padrões têxteis tinham de entalhar carateres individuais em blocos de madeira, que eram então usados para imprimir, o tipo móvel significava que as mesmas letras podiam ser usadas e reusadas repetidamente, porque podem ser dispostas em diferentes combinações, e repetidamente molhadas em tinta e pressionadas contra o papel, deixando impressas cópias repetidas de escrita legível.

As inovações de Gutenberg interferiram em todas as partes do processo. O tipo propriamente dito fê-lo ele de uma liga de chumbo com latão e antimónio, que era tão durável que mesmo depois de repetidos usos continuava a deixar uma impressão clara. O tipo era fundido num molde matricial, tendo como resultado uniformidade e facilidade de produção. Gutenberg inventou uma tinta à base de azeite que era um avanço relativamente às tintas à base de água usadas na reprodução manuscrita de textos. Apesar de ter feito algumas experiências com a impressão a cores, não foi ele que levou esse desenvolvimento a cabo.

A imprensa de Gutenberg localizava-se em Mainz; antes do final do século XV, em menos de cinquenta anos, quase trezentas cidades europeias tinham imprensas, e vinte milhões de cópias de livros haviam sido impressas. Calcula-se que em finais do século seguinte esse número aumentara dez vezes, chegando a duzentos milhões de cópias.

Dois exemplos da diferença que a imprensa trouxe ao mundo são suficientes. Martinho Lutero, a quem se atribui o início da Reforma, não foi o primeiro a dar voz a críticas dirigidas à igreja de Roma; na verdade, eram exatamente as mesmas críticas que Jans Hus, entre outros, haviam formulado antes dele. Mas Martinho viveu na nova era da imprensa, e trezentas mil cópias dos seus folhetos de protesto circularam na Europa, a maior parte deles sendo ainda mais difundidos pela prática da leitura em voz alta, em grupos e congregações, e duzentas mil cópias do seu Novo Testamento alemão estavam em circulação antes da sua morte, também difundidas do mesmo modo. Tanto as possibilidades como os perigos do novo meio foram rapidamente reconhecidos, e o *Index librorum prohibitorum* da igreja surgiu em 1559, mas revelou-se largamente ineficaz contra a difusão de ideias por meio da imprensa, o que alimentou as revoluções filosóficas e científicas dos séculos XVI e XVII, e o Iluminismo subsequente do século XVIII.[15]

O segundo exemplo é que a impressão e disseminação daqueles clássicos filosóficos e científicos da Antiguidade que haviam sobrevivido a mil anos de literacia enfraquecida, negligência e censura religiosa avivaram o renascimento do interesse em ambos. É defensável que este é o exemplo mais importante, como o revela o exame da história da ciência nas páginas seguintes.

A imprensa, a máquina a vapor e as tecnologias digitais atuais (especialmente nas plataformas que fornecem para a comunicação, como nas redes sociais) são exemplos de inovações que foram extremamente rápidas na sua adoção generalizada e no efeito exercido na sociedade e na história. A produção de milhões de livros impressos num período de cinquenta anos que se seguiu às invenções de Gutenberg é um fenómeno paralelo ao dos *smartphones* e às suas potencialidades, tanto positivas como negativas. A impressão destruiu a hegemonia da igreja sobre o pensamento no século XVI, e deu início a uma nova perspetiva do Universo; as redes sociais atuais criaram uma ágora universal cujos efeitos ainda não se fizeram integralmente sentir. Os panfletos de Lutero e as imagens de vídeo voluntariamente partilhadas por todo o mundo de ocorrências como a polícia a matar afro-americanos nos Estados Unidos poderão acabar por ter efeitos revolucionários semelhantes.

Há dois outros avanços tecnológicos a mencionar antes de deixar este esboço dos produtos do engenho humano. Cada um deles teve um papel a desempenhar na emergência da ciência. Um deles é o telescópio; o outro é o microscópio.

A história atribui a um fabricante de óculos chamado Hans Lipperhey (ou Lippershey) da Zelândia, nos Países Baixos, a invenção do telescópio, porque foi o primeiro a patentear uma das suas versões, a que chamou *kijker* («olhador»), em 1608. Consistia num óculo côncavo, alinhado com uma lente convexa, dando uma ampliação de × 3, ou seja, fazia um objeto parecer estar três vezes mais perto. A sua reivindicação de que teria inventado o telescópio foi imediatamente posta em causa por outros fabricantes de óculos, e dizia-se que se não tirou deles a ideia foi porque a tirou da observação de crianças que usavam duas lentes alinhadas para ver à distância o pináculo de uma igreja.

A notícia do dispositivo chegou em 1609 a Galileu a partir de Paris, por meio do seu amigo Jacques Bovedere. Galileu fez imediatamente o seu próprio telescópio, acabando por conseguir ampliações superiores a vinte vezes. Apresentou o seu dispositivo ao senado de Veneza, cujos membros imediatamente reconheceram o seu potencial marítimo e militar, e que, consequentemente, lhe deram uma grande recompensa. Pelo telescópio, em janeiro de 1610, Galileu viu as luas de Júpiter. As suas descrições da superfície da nossa Lua, das fases de Vénus, das manchas solares, e o facto de que o que parecem nuvens na Via Láctea são afinal agrupamentos de estrelas, revolucionaram a astronomia e (por fim) o sentido da humanidade quanto ao seu lugar no Universo.

Inevitavelmente, o microscópio foi uma invenção gémea do telescópio, e o mesmo rol de personagens — incluindo Lipperhey e Galileu — figuram entre os que primeiro o desenvolveram. As propriedades ampliadoras das lentes eram conhecidas na Antiguidade — Aristóteles escreveu sobre elas — e os óculos já tinham sido inventados e estavam em uso no século XIII. Apesar de ser certo que o salto de uma única lente para um par delas, como no telescópio, havia sido dado mais de uma vez anteriormente, é a um fabricante de monóculos holandês chamado Zacarias Janssen, que fez experiências por volta de 1590, a quem é atribuída a descoberta de como se consegue fazer os objetos pequenos ficarem mais visíveis. Antes do final do século seguinte, a obra de Robert Hooke (cujo desenho de uma pulga, no seu *Micrographia* [1665] causou sensação) e Antoine van Leeuwenhoek — o verdadeiro pai do microscópio, com as magníficas lentes singulares que ele polia para chegar à resolução de um milionésimo de polegada — haviam igualado as revelações sobre os céus com revelações sobre os mundos interiores e para lá do alcance do olho nu.

Os exemplos anteriores dão uma amostragem de alguns dos mais importantes avanços tecnológicos da humanidade. São notáveis em si e também como testemunho do espírito engenhoso do *Homo sapiens*. Sabemos que a especulação sobre os princípios que subjazem aos fenómenos naturais, e sobre aqueles princípios que, se forem entendidos, explicam a eficiência das tecnologias que os seres humanos desenvolveram, eram abundantes pelo menos nos estádios tardios da evolução do *Homo sapiens*, porque os indícios da arte e das práticas funerárias indicam que os nossos antepassados já haviam depreendido que havia algum tipo de mecanismo subjacente e para lá da superfície visível das coisas, superfície esta que é o seu efeito ou resultado. Aquilo que aparentemente pensaram que eram estes mecanismos é discutido na próxima secção.

2.

A EMERGÊNCIA DA CIÊNCIA

A origem da palavra «ciência» é instrutiva. Por volta de meados do século XIV, era usada em inglês para denotar «o que é conhecido, o que se descobre pelo estudo, informação», vindo diretamente do francês *science,* que quer dizer o mesmo. Por seu turno, a palavra francesa descendia do latim *scientia,* que queria dizer «conhecimento, perícia», palavra formada a partir de *sciens,* «informado, inteligente», o presente particípio do verbo *scire,* «saber» (*scio,* «sei»). Os etimólogos depreendem que o termo se relaciona com *scindere,* «cindir, dividir» — sugerindo a conotação «distinguir, discernir, separar» — e que a história remota deste termo repousa em si no protoindo-europeu, a fonte comum remota das linguagens da Europa, Irão e Índia, e a raiz *skei–,* «cindir, separar», que aparece no grego *skhizein,* «separar», no inglês arcaico *sceadan,* «dividir, separar» e em palavras derivadas como «cisma», «esquizoide» e «*scatter*» (espalhar).

Mas, como palavra que denota em particular as ciências tal como atualmente as entendemos, «ciência» é com efeito uma invenção do século XIX, tal como a palavra «cientista», inventada pelo historiador da ciência William Whewell (1794–1866) em resposta ao poeta Samuel Taylor Coleridge, que o desafiou a encontrar uma alternativa para o termo «filósofo natural», até então usado como designação de quem investiga a natureza. A invenção de Whewell baseou-se numa analogia com a palavra «artista», e durante muito tempo foi encarada como um barbarismo, só ganhando aceitação para finais do século. Whewell tinha talento para o neologismo: inventou também a palavra «físico» e, com respeito às descobertas elétricas de Michael Faraday, inventou as palavras «ânodo», «cátodo» e «ião».

Assim, «ciência» não denota já conhecimento em geral, mas conhecimento especificamente do mundo físico e da sua base na realidade material, juntamente com os métodos de investigação que dão lugar a esse conhecimento. É um rótulo geral, abrangendo várias investigações que partilham métodos e pressupostos. Os seus ramos principais são a física, a química, a biologia, a astronomia, a geologia e as suas inúmeras subdivisões e interconexões, como a astrofísica e a bioquímica. Os métodos que partilham incluem crucialmente técnicas empíricas de observação e experimentação, juntamente com técnicas matemáticas e estatísticas de descrição e medição. Um procedimento científico comum inclui fazer uma previsão baseada numa hipótese, e depois testá-la experimentalmente. Estas características são próprias da ciência; são elas que tornam uma investigação científica no sentido moderno da palavra.

A ciência distingue-se da tecnologia, que é a aplicação prática de algumas das descobertas da experiência geral — e mais tarde da ciência — por meio de dispositivos, como máquinas, construídas para fins específicos, como elevar águas de um nível para outro, fazer a moagem do milho, aproveitar a energia do Sol (libertando-a, por exemplo, da sua forma armazenada no subsolo em fósseis como o carvão, o petróleo e o gás), deslocar objetos pesados, ou permitir a comunicação entre pessoas que estão à distância (*tele*, em «telefone», «telegrama», «televisão», quer dizer «longe»). Antes da emergência da ciência moderna, nos séculos XVI e XVII, o que agora vemos como duas coisas, a ciência e a tecnologia, eram muitas vezes cultivadas sem distinção entre si e em conexão mútua, sendo em geral a tecnologia a finalidade principal. Foi a metodologia experimental e a aplicação da matemática que deu à ciência moderna o grande ímpeto que conheceu nos séculos XVI e XVII, e posteriormente.

Quais foram os mais antigos sinais de curiosidade científica na humanidade? A pista está no comentário do final da última secção, sobre os nossos antepassados passarem a compreender que há algum género de mecanismos por detrás da superfície visível das coisas, sendo os fenómenos da natureza os seus efeitos ou resultados. Perspetivas deste género são hoje identificadas como «religião» e «espiritualidade», mas isto é um exemplo de uma interpolação enganadora, pois é muito mais informativo entender essas perspetivas como tentativas arcaicas de encontrar enquadramentos explicativos: *protociência*, na verdade.[1] Correlativamente, portanto, temos de ver a observância de preces, rituais e sacrifícios como esforços para lidar com essas forças e para influenciá-las — que é, precisamente, o que qualquer caso de tecnologia faz, seja ela uma cegonha para irrigar as colheitas, uma máquina a vapor ou um avião.

Os esforços para separar a investigação relativa aos princípios da natureza, por um lado, dos acréscimos da mitologia e da superstição, por outro, deverão frequentemente ter sido feitos por parte de indivíduos dados à reflexão, mas os primeiros desses esforços de que temos conhecimento foram feitos pelos gregos nos séculos VI e V AEC. Estes esforços foram os precursores da ciência. Apesar de algum do trabalho matemático e científico do período desde esse tempo até ao século II EC ter sido significativo — de Pitágoras, digamos, até à astronomia de Ptolemeu — foi só no início da era moderna, no século XVI, que se pode dizer que começou realmente a ciência, tal como hoje entendemos a palavra.[2]

Uma reconstrução da história antiga das ideias sugere que o impulso científico nascente fez um desvio religioso, entendendo a religião como hoje o fazemos. Nenhuma exposição do conhecimento e da sua procura pode ignorar a propensão humana para a crença e a superstição, prontamente compreensível em termos psicológicos como o desejo de remate explicativo face à incerteza, nem o facto de os investigadores genuínos serem uma minoria de qualquer população.

Primeiro, é preciso definir «religião». Esta copiosa palavra tem orlas vagas de aplicação, demonstradas pelas primeiras definições encontradas quando as procuramos e que encerram ambiguidades — por exemplo, usando o método hoje em dia mais comum, que é online. Eis dois exemplos: «a crença num poder controlador sobre-humano, e a sua adoração, especialmente um Deus pessoal, ou deuses; um sistema particular de fé e culto»; «um conjunto de crenças sobre a causa, natureza e propósito do Universo, especialmente quando é considerado a criação de uma agência sobre-humana, ou agências».

As partes independentes destas definições são *a*) o lugar central da divindade ou agência sobre-humana de um tipo qualquer; e *b*) um sistema de pensamento sobre a causa e natureza do Universo. Considere-se respetivamente que *a* é a «parte de deus» e *b* a «parte da explicação». O aspeto do «propósito» aludido na segunda definição poderá, em conexão com a parte *a* de deus, relacionar-se com as supostas intenções e objetivos de uma divindade com respeito à humanidade ou, na parte *b* da explicação, pode ser encarada como algo que diz respeito à questão do significado e valor da existência humana, que é bem independente da existência da divindade e, portanto, da crença nela.

Misturar *a* e *b* baralha a distinção entre uma *religião,* centralmente considerada em termos de *a* como algo que se centra no conceito de divindade, e uma *filosofia,* entendida no sentido *b* mais geral de «um sistema de pensamento acerca do universo». É importante darmo-nos conta disto, porque certos sistemas de pensamento, como o budismo, o jainismo e o confucionismo, não dependem da crença na existência e atividades de um deus ou deuses, e são entendidos com mais rigor, consequentemente, em termos de *b,* como filosofias e não religiões. A mundividência sugerida pelas ciências da natureza, tomadas como um todo, também é uma filosofia, *b,* neste sentido. Enquanto mundividências, as religiões podem por isso ser encaradas como um subconjunto de filosofias, mas, dado que a sua marca distintiva é a crença numa agência sobrenatural, ao passo que as filosofias se baseiam em premissas largamente naturalistas, as coisas ficam mais claras se encararmos a religião e a filosofia (e, portanto, a ciência) como espécies diferentes.

O fundamento para esta distinção é captado nas definições dadas em fontes algo mais abalizadas: «Religião: crença num poder sobre-humano, ou poderes (esp. um deus ou deuses), ou o seu reconhecimento» (*Oxford English Dictionary*); «Religião: a atuação externa ou forma pela qual os homens indicam o seu reconhecimento da existência de um deus ou deuses com poder sobre o seu destino [...] o sentimento ou expressão de amor humano, medo ou reverência perante um poder sobre-humano ou dominante» (*Merriam Webster*). Estas identificações do que é *central* no conceito de religião fixa-a no aspeto *a* de deus, a crença na existência de uma divindade, e obriga-nos a ver as maneiras de pensar acerca do mundo que não sejam teístas como *essencialmente* diferentes da religião.

Há quem aponte para os templos, rituais e outras observâncias que se encontra no budismo, jainismo e confucionismo e defenda que isto as marca como «religiões». Dado que quase todas as atividades dotadas de propósito dos seres humanos, como uma rotina de exercício diário, um regime dietético, um padrão de trabalho, fornecem uma estrutura à vida que lhe dá valor, deste ponto de vista tudo é religião; e se tudo o é, nada é, pois a palavra fica tão dilatada que é inútil. Na verdade, os usos metafóricos do termo, como quando se diz que o futebol é uma religião, baseiam-se nesse aspeto da observância religiosa que partilha com qualquer forma de comportamento sistemático que se considere que produz valor, mas que tem especial relevância no caráter intenso da crença religiosa particularmente fervorosa. Contudo, ninguém considera que o uso da palavra «religião» neste contexto é literal.

Nas páginas seguintes, a centralidade da crença numa agência sobrenatural — um deus ou deuses — é crucial para reconstruir a origem e evolução da religião, e para a maneira como a observação humana ancestral de que há mecanismos em ação nos fenómenos naturais deu origem a uma crença que é — digamos — a primeira aproximação da ciência.

As provas da mitologia mostram que os nossos antepassados, sendo os dos períodos do Paleolítico Superior ou do Mesolítico da Idade da Pedra os mais comummente mencionados, procuravam dar sentido ao mundo que os rodeava, projetando neste a sua experiência de *agência*. Ou seja, compreendiam a sua própria responsabilidade pela perturbação das águas quando atiravam uma pedra, ou quando um ramo se destacava de uma árvore porque eles o puxavam com suficiente força. A palavra «agente» vem do latim *ago, agere, egi, actus*, «conduzir, fazer», que aqui se vê que também nos dá a palavra «ator».[3] Ao contemplar o vento, a trovoada, os relâmpagos e outros fenómenos, o passo mais direto para os nossos antepassados era passar do reconhecimento da sua própria agência com respeito a fazer as coisas acontecer ou mudar, para a ideia de haver um agente que está ativo do mesmo modo, subjacente ao vento ou à trovoada, obviamente maior e mais poderoso do que nós, e muitas vezes invisível — apesar de o Sol, a Lua, as estrelas, as neblinas, os redemoinhos, os incêndios florestais e coisas semelhantes poderem facilmente ter sido encarados como agentes visíveis desse género.

Vemos esta ideia representada diretamente nas mitologias dos nossos antecessores mais recentes. Considere-se a mitologia grega, por exemplo — as dríades nas árvores e as ninfas nos ribeiros, Zeus enviando trovões, Poseidon provocando terramotos, o fumo dos vulcões, prova da atividade da forja de Hefesto, o arco-íris, uma via aberta do céu para a Terra, para Íris descer. Imputar agência ao que acontece no mundo é uma forma de explicação — um enquadramento explicativo. Organiza e dá sentido às coisas. Além disso, alarga-se às narrativas sobre a origem e curso do Universo, além de explicar ocorrências individuais muitíssimo individuais, interpretadas como intervenções de uma divindade — Atenas que desvia a lança que Heitor disparou para Aquiles na planície de Troia, por exemplo. Do mais geral ao mais particular, oferece, portanto, um enquadramento explicativo completo.

A mitologia dos gregos não era provavelmente objeto de crença *literal* por parte de toda a gente; muitas pessoas poderão ter considerado as histórias instrumentais, uma maneira figurativa de representar questões que não se compreendiam de outra forma. O papel que desempenha é dar corpo ao tipo de explicação que mais de imediato vinha ao espírito, uma inferência que parte da observação de conexões causais que nos dizem respeito e chega a acontecimentos a que somos alheios. É fácil ver como a especulação sobre os princípios subjacentes se transformou em mitos e religiões, e como o esforço para influenciar a natureza se tornou superstição. Em suma, as forças da natureza foram personificadas, e avolumaram-se histórias sobre elas — um processo conhecido como *mitopeia*; uma leitura dos mitos gregos com vista a compreender as suas fontes demonstra o processo.

Como enquadramento explicativo, a ideia de que o que ocorre no Universo é causado por agentes é em si uma forma de protociência. E isto sugere também de imediato a prototecnologia que a acompanha: nomeadamente, um envolvimento com essas agências, para garantir a sua ajuda ou intervenção, e para evitar que elas se entreguem a atividades danosas para os interesses humanos. A ideia de que pode haver comunicação com as agências poderia facilmente ter sido inferida da experiência dos sonhos, alucinações provocadas pela febre ou exaustão, ou por transes induzidos por movimentos repetitivos, pelos efeitos de substâncias que interferem na perceção, como (por exemplo) cogumelos ingeridos ou alimentos armazenados que fermentaram, e assim por diante. O ritual, o sacrifício, a prece e o encantamento, os tabus, e tratar certos locais numinosos — uma clareira na floresta, o cimo de um monte onde o vento parece ter voz — como lugares onde o contacto poderia ocorrer mais facilmente são os seus adjuntos psicologicamente naturais.

Mas a continuação da observação e da inferência, e experimentar diferentes maneiras de influenciar o que acontece no mundo — desta vez, ao atuar nele diretamente: desviar um curso de água para irrigar um pedaço de terra, plantar sementes para ter colheitas, viver na proximidade dos animais mais jovens para domesticá-los — teria gradualmente começado a provocar uma separação entre as maneiras de pensar sobre a natureza e de interagir com ela, e a perspetiva de que há agentes diretamente envolvidos no processo em questão. Uma pessoa poderia continuar a rezar aos deuses para ter uma boa colheita, mas seria preciso, em qualquer caso, fazer o trabalho propriamente dito de plantar, regar, sachar e colher.

É plausível ver a conjunção de dois processos que acabaram por isolar o aspeto caracteristicamente *religioso* das crenças que constituíram esses primeiros esforços para explicar e interagir. Um deles é que os esforços para influenciar as agências por detrás dos fenómenos assumiam a forma de práticas que agora reconhecemos como tabus, e crenças que agora reconhecemos como incentivos de restrições morais. Para ter as agências do nosso lado, há coisas que temos de fazer e de não fazer, maneiras obrigatórias de ser e de não ser, para garantir a sua boa vontade. Em termos gráficos, o tabu e a moralidade são os análogos de não pisar as fendas do chão para evitar que aconteça algo mau.

O outro processo é que quem tinha a seu cargo a comunicação com as agências — e comunicar as mensagens dessas agências ao resto da tribo: um papel realmente significativo — acabou por ter muito poder na comunidade. Essas figuras combinavam nas suas próprias pessoas a autoridade temporal e religiosa, ou eram vistas pelas autoridades temporais como aliados muitíssimo úteis na manutenção da ordem social e política. De novo em termos gráficos: a ideia de que há uma agência que observa sempre tudo o que as pessoas fazem, mesmo em privado, e que irá recompensá-las ou castigá-las em função do que fizerem — um polícia invisível, ubíquo e omnipotente, vigiando incansavelmente as atividades de todos — é um instrumento útil de gestão social.

Assim, à medida que as explicações naturalistas substituíram cumulativamente as agenciais, estas agências tornaram-se cada vez mais *sobre*naturais, porque já não eram operativas individual e causalmente na natureza — nos ribeiros (ninfas) e nos bosques (dríades) ou na origem dos raios de trovoada (Zeus). As agências separaram-se assim do seu papel explicativo original — exceto, tipicamente, no sentido mais geral e abstrato de lhes ser atribuída a criação do Universo desde o início — apesar de manterem as características que tinham estado implícitas na prototecnologia que visava influenciá-las, como a súplica, a prece e o sacrifício. Como prototecnologia da protociência humana, poder-se-ia esperar que essas atividades conseguissem a manipulação desejada dos acontecimentos naturais; mas quando os nossos antepassados começaram a saber que (por exemplo) as nuvens de tempestade pressagiam trovoada e relâmpagos de uma maneira previsivelmente normal, a prece e a súplica tiveram de passar a ser pedidos de milagres, um atalho para um fim que não aquele a que a natureza acabaria por chegar.

Ao mesmo tempo, damo-nos conta de que o resíduo de protociência dos nossos antepassados continuou a fornecer um recurso em termos de deus das lacunas para explicar o que é inexplicável ou o que não está ainda compreendido, e ainda o faz; persiste, numa forma em geral inexplícita e alusiva, no pano de fundo da compreensão naturalista cada vez mais segura do mundo, porque, ainda que de facto não existam lacunas, a ignorância generalizada da ciência cria-as a partir do nada, e a protociência dos nossos antepassados deita-nos uma boia de salvação.

A ciência moderna começou — segundo a data que a maioria aceita — em 1543, o ano em que Nicolau Copérnico publicou *De revolutionibus orbium coelestium (Da Revolução das Esferas Celestes)*. Esse foi também o ano em que André Vesálio publicou o tratado que corrige os erros anatómicos dos médicos antigos, *De humani corporis fabrica (Da Estrutura do Corpo Humano)*, que revolucionou a compreensão da anatomia. Até então, a maior parte das ideias protocientíficas e pré-científicas sobre a natureza derivavam da autoridade amiúde inexata dos antigos, expressa nas obras de Aristóteles, Galeno, Plínio *o Velho (Naturalis historia [História Natural])*, entre outros. A aplicação dos métodos empíricos e o uso das técnicas quantitativas da matemática permitiu aos investigadores do Renascimento tardio pôr em questão a hegemonia sobre o pensamento exercida tanto por estes pensadores antigos como pela ortodoxia religiosa, e começar o processo de compreender o mundo de maneira mais profunda e sistemática. O sucesso da ciência desses dias até hoje tem sido, como se fez notar e sem hipérbole, o maior dos feitos humanos — e isto apesar de aplicações lamentáveis (armas e bombas) a que a política demasiado frequentemente forçou a ciência por via da tecnologia.

Independentemente do facto de já haver vários milénios de observação astronómica por essa altura, juntamente com muita pré e protociência nos séculos anteriores — alguma da mais importante na Índia, no Próximo Oriente e na China — escolher o ano de 1543 na Europa não é arbitrário, seja como data de início, seja com respeito à localização. Isto porque no tempo e no espaço em que Copérnico e André Vesálio viveram havia finalmente padrões apropriados de medição, usando um sistema numérico derivado da Índia, e havia também papel e imprensa, que tornava a comunicação de ideias mais rápida e geral, além de uma língua comum de investigação e trabalho académico: o latim. Este estado de coisas depressa melhorou ainda mais com a chegada de dispositivos — o telescópio e o microscópio foram os primeiros — a que deitaram a mão os investigadores sérios, como Galileu, reconhecendo o seu potencial como instrumentos de descoberta. A nova ineficácia das proibições religiosas contra a investigação científica, pelo menos nos estados protestantes da Europa, onde as autoridades teológicas não tinham o poder para inibir a investigação e a publicação, não foi dos fatores menos importantes que permitiram estes desenvolvimentos.[4]

Os sistemas de pensamento dos autores clássicos, com a sua autoridade aparente, figuravam entre os obstáculos ao progresso dos seus sucessores, porque estes últimos tinham tido alguma relutância em pô-los em questão. Essa relutância resultava da crença bem enraizada de que a humanidade e a sociedade se haviam deteriorado desde a Idade de Ouro do passado distante, sugerindo que o conhecimento dos antepassados era melhor, e que também eles eram melhores, do que todos os seus descendentes. No novo espírito dos séculos XVI e XVII, esta deferência deixou de ser uma barreira, tal como a deferência perante a religião ortodoxa. A qualidade e quantidade do avanço científico a partir de meados do século XVI pertence a uma ordem diferente de tudo o que ocorreu anteriormente, e os seus resultados estão perante os nossos olhos: a transformação do mundo e da experiência humana. Se há alguma coisa que mereça o nome de «revolução», é isto; e, em harmonia com a natureza da ciência, é uma obra a muitas mãos — não apenas Copérnico, Galileu, Newton, Priestley, Faraday, Maxwell, Marie Curie, Einstein, Bohr, Heisenberg, Rosalind Franklin e Crick, entre outros, cujos nomes são salientes na história da ciência, mas também aquela porção colegial, crítica, colaborativa e competitiva de outros indivíduos talentosos que construíram e continuam a construir a casa da ciência, tijolo a tijolo.[5]

É de reconhecer, porém, que os operários da revolução científica não consideravam que estavam a repudiar completamente os antigos. Pelo contrário, consideravam que estavam a retomar a tarefa que fora interrompida durante mais de um milénio. Quando as novas imprensas começaram a publicar textos de autores antigos, os investigadores do Renascimento consideravam que estavam a retomar os trabalhos no ponto em que os antigos os haviam deixado. Como escreveu o historiador da ciência Benjamin Farrington,

> Os velhos livros gregos, que a invenção da imprensa e o nascimento do trabalho académico moderno punham nas suas mãos, eram os melhores que estavam disponíveis, eram, de facto, os livros mais atualizados nos diversos departamentos do conhecimento. Para Vesálio e Stevin, no século XVI, as obras de Galeno e de Arquimedes não eram curiosidades históricas. Eram os melhores tratados de anatomia e de mecânica que havia. Mesmo no século XVIII, para Ramazzini, o fundador da medicina industrial, a medicina hipocrática era ainda uma tradição viva [...] Na geração anterior, Euclides e a geometria eram ainda sinónimos nas escolas inglesas.[6]

Não muito antes de começar a revolução científica, as nações europeias tinham começado a enviar navios pelos oceanos em viagens de descoberta. Apesar de os motivos serem principalmente económicos, os naturalistas e os artistas acompanharam os aventureiros e regressavam com notícias de maravilhas e tesouros portáteis de flora e fauna de diferentes climas. «Quartos de maravilhas», reunidos por colecionadores, anteciparam os primeiros museus e incentivaram ainda mais a especulação sobre a abrangência e a diversidade da natureza.

Haverá certamente quem ficará surpreendido ao descobrir que uma das raízes próximas da ciência moderna foi a alquimia. Isto porque esta passou a ser identificada, na imaginação popular, com os aspetos menos bem-sucedidos e mais infames da ciência, dado não ser sobretudo uma procura do conhecimento pelo conhecimento, mas antes um esforço prático para transformar os metais vis em ouro, para encontrar o elixir da imortalidade ou da juventude perpétua (ou pelo menos da longevidade), para descobrir maneiras mágicas de obter riqueza, poder, influência, saúde e amor, para envenenar pessoas de maneira indetetável, ou para predizer o futuro.

Apesar de tudo isto ser realmente verdadeiro quanto à alquimia, os seus esforços para compreender a natureza e controlar algumas das suas partes tinham também bons objetivos, como na sua aplicação à medicina. Na ausência do método científico e dos instrumentos matemáticos adequados que o acompanham, a alquimia era casuística e desorganizada, e consequentemente os investigadores sérios não se distinguiam dos charlatões, e não se sabia quem verdadeiramente sabia.

Os dois objetivos mais célebres da alquimia eram transformar os metais comuns em metais preciosos, e encontrar uma cura universal para a doença e até para a morte. Muitas pessoas acreditavam que estes dois objetivos seriam atingidos ao descobrir a «pedra filosofal», uma suposta substância potente que tornaria isto possível.

Os esforços dos alquimistas não eram inteiramente arbitrários, como se pode ver pelo seu pressuposto de os objetos da experiência comum, como as árvores, pessoas e pedras, serem feitos de diferentes misturas de elementos, seguindo na peugada dos antigos, que pensavam haver quatro elementos — a terra, o ar, o fogo e a água — cada um com uma ou mais das quatro propriedades do calor, frio, humidade e secura (dando assim lugar a compostos como o ar quente e seco, o ar frio e húmido, o ar quente e húmido, e assim por diante). Se o chumbo e o ouro diferem apenas na mistura dos elementos que os constituem, por que razão não podemos reorganizar os elementos do chumbo, para o transformar em ouro? Neste aspeto, os alquimistas tinham afinal razão quanto ao princípio básico, apesar de estarem enganados quanto aos elementos constitutivos.

Como se salientou na secção precedente sobre a tecnologia anterior à ciência, o trabalho com as substâncias naturais (incluindo não apenas a pedra, a madeira, a água, o osso, o couro e as peles de animais, os metais e o fogo, mas também as muitas variedades de cada um destes, cada uma com diferentes propriedades — e sem esquecer outras substâncias, como pigmentos, ervas e gemas) tinha sido contínuo desde antes do Período Neolítico, e é daqui que derivavam os vários aspetos da alquimia. O texto alquímico mais antigo que se conhece é o *Physika kai mystika (Sobre Questões Físicas e Místicas),* atribuído ao filósofo grego do século V AEC, Demócrito, ainda que seja mais provável que tenha sido escrito por Bolo de Mendés, no século III AEC. Juntamente com uns poucos papiros egípcios, este registo temporão mostra que já vinham de longe os esforços para fazer ouro ou para transformar pequenas quantidades de ouro em quantidades maiores, e para produzir outras substâncias valiosas, assim como as discussões sobre os utensílios, alambiques e fornalhas necessárias para a tarefa. Também aqui o pensamento não é arbitrário: se se consegue fazer várias plantas proliferar de uma só semente, por que não ver se se consegue fazer muito ouro proliferar de uma única pepita?

À crónica da alquimia como precursora imediata da ciência moderna poder-se-á acrescentar a longa crónica da astrologia, porque a observação dos céus sempre tivera interesse astrológico e astronómico para quem a ela se entregava. No Egito e na Mesopotâmia, um dos usos que não eram astrológicos era a supervisão do calendário para datar o início da mudança de estações; no Egito, dada a regularidade das cheias do Nilo, o ano agrícola era estruturado pela cronometragem. Deduções previsivas como estas, a partir do movimento dos corpos celestes, eram consideradas confirmações de que poderiam ser usadas para prever outras coisas — se uma batalha seria bem-sucedida, por exemplo.

Isto era ainda assim no dealbar dos tempos modernos. Tome-se, por exemplo, em 1572, a ocorrência da «Nova de Tycho», a supernova SN 1572 e, alguns anos depois, em 1577, o aparecimento do Grande Cometa (agora conhecido como C/1577 V1). Em finais de 1572, uma supernova tornou-se visível na constelação da Cassiopeia, brilhando com mais intensidade do que Vénus no céu noturno e, portanto, um espetáculo extraordinário. Foi observado por muitas pessoas por todo o mundo, e registado em pormenor por Tycho Brahe, o que explica o seu nome coloquial.[7] Teve um efeito influente na astronomia e na ciência, nomeadamente por provar que a perspetiva de Aristóteles de que os céus são imutáveis era falsa — se uma estrela nova surge entre as constelações, como poderiam os céus ser imutáveis? Para os astrólogos e astrónomos, isto significava que era preciso um novo modelo do Universo. Mais substancialmente, e mais em geral, as crenças do século XVI defrontaram-se com uma crise devido ao aparecimento de uma nova estrela espantosa: pois, como se acabou de salientar, isso implicava que a cosmologia recebida da religião e dos pensadores antigos estava errada, ou que, se acaso estivesse correta, o aparecimento da nova estrela apontava que uma enormidade impensável, provavelmente desastrosa, estava prestes a acontecer. A opinião popular inclinava-se a aceitar esta última perspetiva — e não só a popular: a rainha Isabel I consultou o astrólogo Thomas Allen com respeito às suas implicações. A nova continuou visível até 1574.

Em 1577, ocorreu um fenómeno mais aterrorizante: não se tratava agora de uma estrela que aparece numa localização e depois desaparece cerca de dezoito meses depois, mas uma estrela deslocando-se no céu com uma cauda de fogo. Tratava-se do Grande Cometa C/1577 V1. O seu aparecimento foi agourento: publicaram-se panfletos imensamente especulativos, dizendo que tinha a forma de uma cimitarra turca, o que queria dizer que as hordas otomanas estavam prestes a devastar a Europa; que tinha transposto a Sétima Casa do casamento e das parcerias, o que sugeria que as faltas de unidade religiosa se aprofundariam; ou que o casamento proposto na altura entre Isabel I e o imperador do Santo Império Romano, Rodolfo II, não teria lugar.

O cometa surgira a ocidente, sugerindo que algo de significativo estava prestes a acontecer no Novo Mundo — ainda que, como Brahe observou, a sua cauda apontasse para oriente, o que sugeria que iria ao invés espalhar veneno, praga e divisão entre os russos e os chineses.

Que nada de extraordinário (no sentido literal da palavra) se tenha seguido a estes portentos faz indubitavelmente parte da impressão crescente entre vários pensadores de que era preciso métodos disciplinados de investigação para separar o que tinha do que não tinha sentido, com o objetivo de conseguir obter uma compreensão genuína do mundo. Dois nomes significativos a este respeito são Francis Bacon e René Descartes. Cada um à sua maneira, reconheceram que, para distinguir o trigo do joio entre os métodos de investigação — o que é dizer: para assegurar que cada membro dos pares de química e alquimia, astronomia e astrologia, medicina e magia não se misturava com o outro — era preciso identificar métodos responsáveis de investigação. Em obras como *O Avanço do Conhecimento* e *A Grande Instauração,* Bacon promoveu os métodos empíricos e indutivos, e incentivou o trabalho colaborativo por ser a maneira de acumular informação e verificá-la em conjunto (até então, os alquimistas, tal como os outros, guardavam ciosamente as suas investigações, para manter os resultados para si próprios). A defesa de Bacon de uma «Casa de Salomão» — um instituto de investigação científica — foi uma das inspirações da Royal Society, que recebeu carta régia de Carlos II, em 1662. No *Discurso do Método,* Descartes considera que a tarefa metodológica tem de começar «pelas fundações», caso se queira «estabelecer algo nas ciências que seja estável e duradouro», e tem de avançar em passos cuidadosos, pequenos e constantemente em revisão, para excluir o erro.

O ponto capital aqui é que à medida que as abordagens mais responsáveis e disciplinadas da investigação da natureza começavam a separar o genuíno do espúrio, e as técnicas e instrumentos progrediam — nomeadamente técnicas empíricas e quantitativas, assim como o aperfeiçoamento dos telescópios e microscópios —, também a separação entre a verdadeira ciência e a espúria permitiu o desenvolvimento da primeira, em termos históricos com extraordinária rapidez, desembocando no conjunto de disciplinas que hoje conhecemos. Não aconteceu de imediato; Isaac Newton dedicou mais tempo à alquimia, numerologia e às tentativas de decifrar o que pensava que era um código secreto na Bíblia do que à ciência que lhe deu a fama. Mas foi a ciência que perdurou; no *Principia mathematica* e em quase toda a

Ótica (com a exceção da última secção), estas outras investigações, mais especulativas, não desempenharam qualquer papel.

Newton é realmente o colosso aos portões da ciência moderna. Kepler e Galileu estavam entre os «gigantes» em cujos ombros ele afirmou que se apoiou ao chegar à teoria da gravitação e às leis do movimento, mas, ao contrário do trabalho destes, que abordava fenómenos particulares, o seu incluía um enquadramento explicativo que juntava os conceitos de gravidade, massa, força e movimento, e isso revelou-se aplicável a outras áreas da ciência — à teoria cinética dos gases, por exemplo.[8]

As três leis do movimento de Newton explicam tudo com respeito à relação entre corpos como maçãs e planetas, e às forças que neles atuam. A primeira lei diz que um objeto irá permanecer em repouso, ou, caso esteja em movimento, assim continuará, a menos que uma força atue sobre ele. A segunda diz que a força que atua num objeto é igual à massa do objeto multiplicada pela sua aceleração.[9] A terceira diz que quando um corpo exerce uma força sobre um segundo, este irá simultaneamente exercer uma força igual e oposta sobre o primeiro. Estas leis, que constituem a «mecânica clássica», aplicam-se rigorosamente a tudo, desde que se desloque devagar, relativamente à velocidade da luz, e desde que seja de grandes dimensões, por comparação com a dimensão dos átomos.

A teoria da gravitação de Newton inspirou-se na reflexão sobre a queda de objetos, considerada à luz das leis do movimento. Por que razão haveria uma maçã de cair, se está estacionária no seu ramo, a menos que alguma força lhe seja aplicada? Ele sabia, pelo trabalho de Galileu, que a queda dos corpos acelera a uma taxa constante, o que implica que a força que os faz cair é também constante. E sabia, pelas leis do movimento planetário de Kepler, que a quantidade de tempo que um planeta demora a orbitar o Sol tem uma relação precisa com a distância do Sol. As leis do movimento de Newton são generalizações das leis do movimento planetário de Kepler; a inspiração para a sua lei da gravitação universal foi a combinação da descoberta das suas leis mais gerais com a teoria da queda dos corpos. A lei da gravitação universal estabelece que a massa atrai a massa com uma força que é proporcional ao seu produto (a massa de um corpo multiplicada pela massa do outro), e inversamente proporcional ao quadrado da distância que as separa (a distância entre elas multiplicada por si própria). A gravidade atrai sempre e nunca repele, atua instantaneamente, e é independente de qualquer outra propriedade dos objetos, como a carga elétrica ou a composição química. A intensidade da força gravitacional enfraquece rapidamente à medida que a distância entre as massas aumenta.

Uma maneira de compreender este último ponto é recordar que Kepler tinha mostrado que as órbitas dos planetas à volta do Sol são elipses, e não círculos. O tormento de Kepler era ter sido incapaz de fazer os dados observacionais harmonizar-se com a suposição de que, dado que os círculos são figuras perfeitas, as órbitas planetárias que percorrem um céu criado por uma divindade deveriam também ser circulares. Mas os dados mostravam que o Sol se situa num ponto focal de uma elipse, e que a linha entre o planeta e o Sol varre áreas iguais em tempos iguais, o que significa que o planeta acelera quando anda à volta do Sol na parte mais próxima da sua órbita (o arco periélio da sua viagem), e viaja tanto mais devagar quanto mais longe está (o arco afélio). Considerando que o Sol e o planeta são um sistema único, vemos que o centro da sua massa não está no centro do Sol, mas num ponto entre o Sol e o planeta, apesar de estar muito mais próximo do Sol, por ser o objeto com mais massa. O Sol e o planeta circulam este centro de massa como um baloiço cujo fulcro tem de estar muito mais perto da ponta mais pesada, para que o todo possa estar em equilíbrio. O ponto «áreas iguais em tempos iguais» é a segunda lei do movimento planetário de Kepler, e conduz à terceira lei: que o tempo que um planeta demora a completar uma órbita relaciona-se com a distância média do Sol nesta proporção — o quadrado do tempo é proporcional ao cubo da distância média. Foi esta lei que conduziu diretamente à descoberta de Newton de que a força gravitacional tem de ser proporcional ao produto das massas dos corpos que se atraem entre si.

Uma experiência mental, concebida pelo próprio Newton, exemplifica a relação entre a gravidade e as leis do movimento. Imagine-se uma bala de canhão disparada do topo de uma montanha. A observação mostra que quanto maior for a força do disparo, mais ela voa. Caso nenhuma força da gravidade atuasse sobre ela, então, segundo a primeira lei do movimento, a bala deveria voar eternamente numa linha reta, na direção contrária à boca do canhão. Na presença da gravidade, a trajetória da bala irá depender do seu ímpeto. Caso se desloque devagar, irá cair ao chão. Caso se desloque demasiado depressa para que o campo gravitacional da Terra a consiga suster, irá escapar para o espaço. Caso o seu ímpeto cancele a gravidade, irá orbitar a Terra.

O trabalho de Newton foi uma síntese brilhante, e instituiu uma imagem de um Universo determinista no qual, caso conhecêssemos todas as posições das coisas e todas as forças que nelas atuam num dado ponto, conseguiríamos inferir todas as suas disposições, do passado e do futuro. Isto era a física, em essência, até ao século XIX, apesar de mesmo então os cientistas terem cada vez mais encontrado inconsistências nesta imagem. Um dos problemas iniciais era que a conceção newtoniana exigia «ação à distância», o que levanta a questão da mediação da força da gravidade. O que a transmite através do espaço entre as massas? O próprio Newton recusou-se a especular; no *Principia* escreveu: «Ainda não consegui descobrir, a partir dos fenómenos, a razão de ser destas propriedades da gravidade; não avanço hipóteses» — as suas palavras foram *hypotheses non fingo*. Mas reconheceu a dificuldade: «É inconcebível que a Matéria inanimada possa, sem a Mediação de outra coisa, que não seja material, operar e afetar outra matéria sem Contacto mútuo[...] a Gravidade tem de ser causada por um Agente que atua constantemente segundo certas leis; mas se este Agente é material ou imaterial, é algo que deixo à consideração dos leitores.»

Tornou-se cada vez mais evidente que a teoria de Newton é inconsistente com a observação. Um exemplo é a órbita de Mercúrio em torno do Sol, que não segue sempre exatamente o mesmo percurso, daí resultando que o ponto em que está mais próximo do Sol — o periélio — é diferente em cada órbita (o «avanço do periélio de Mercúrio»). Isto põe em questão o conceito de invariância, o pressuposto de que as descrições físicas não são afetadas por diferenças no quadro de referência do ponto de vista a partir do qual se fazem. As descobertas de Maxwell sobre o eletromagnetismo, no século XIX, puseram este pressuposto em questão, e a investigação posterior, sobretudo as descobertas de Einstein, mostraram porquê.

Na imagem de Newton do Universo como um quadro de referência de tempo e espaço absolutos, funcionando as leis do movimento e da gravidade no seu seio como um relógio, um problema significativo é que não explica a «direção do tempo»: a passagem aparentemente irreversível do tempo do passado para o futuro. Pois considere-se o seguinte: a mecânica de Newton descreve com igual adequação tanto o que se segue como o que ocorreu antes de uma sequência de acontecimentos. Pense-se no movimento das bolas de bilhar: a bola branca bate num conjunto de bolas coloridas, que fazem ricochete umas contra as outras e também contra a extremidade da mesa, de acordo com as leis do movimento. Inverta-se a sequência e as leis descrevem igualmente bem os movimentos das bolas, à medida que se reúnem num triângulo ordenado. A ideia de que o fluxo do tempo só se dá numa direção teve de esperar por avanços na compreensão dos gases que, na imagem de Newton, são partículas como as bolas de bilhar que batem umas nas outras, e cujas interações explicam as relações entre a pressão e o volume. O químico seiscentista Robert Boyle tinha mostrado que aumentar a pressão num gás lhe diminui o volume. Do ponto de vista newtoniano, o que acontece aqui é que aumentar a pressão é diminuir os espaços entre as partículas de gás, que se juntam mais. Mas isto não dá conta do facto de haver outra maneira de reduzir o volume de um gás, que é arrefecê-lo. A importância da temperatura, que Newton ignorara, foi salientada por Daniel Bernoulli, que propôs que as partículas que constituem os gases se deslocam rapidamente, relacionando-se a temperatura do gás diretamente com a rapidez do movimento: quanto mais rápido, mais alta a temperatura. E, à medida que a temperatura aumenta, a pressão exercida pelo gás — a pressão das partículas colidindo com as paredes do contentor — também aumenta. Num líquido, este efeito assume a forma de um aumento de volume.

O passo seguinte para uma compreensão da direção do tempo foi dado ao correlacionar os conceitos de «trabalho» e calor. «Trabalho» é uma medida da quantidade de força aplicada ao longo de uma dada distância ou, por outras palavras, a quantidade de energia despendida ao fazê-lo — pense-se numa pessoa a empurrar um carrinho de mão, ou num pistão que força um líquido ao longo de um tubo. James Joule mostrou que uma dada quantidade de trabalho irá sempre produzir a mesma quantidade de calor; mostra-se assim que o trabalho e o calor são formas de energia. A primeira lei da termodinâmica capta o facto de, apesar de a energia poder ser transformada tanto em trabalho como em calor, a quantidade total de energia permanece a mesma: é «conservada». Mas há uma assimetria importante entre as transformações: em princípio, o trabalho pode ser transformado integralmente em calor, mas o calor não pode ser transformado em trabalho sem alguma perda. A fricção, ou a dissipação do calor no ambiente circundante, transporta parte da energia que se aplicou. A energia total é a mesma, dividida entre o trabalho e o calor. Isto é captado na segunda lei da termodinâmica.

Que a perda de calor não pode ser invertida é a chave para a direção do tempo. O conceito introduzido para o explicar é a *entropia*.

Em qualquer processo irreversível, o grau de entropia aumenta. Uma maneira de compreender a entropia é como desordem: para impor ordem num sistema, é preciso aplicar trabalho, como acontece com os esforços que temos de fazer continuamente para manter a casa arrumada. A direção do tempo é de mais para menos ordem; a passagem do passado para o futuro é o aumento de desordem em qualquer sistema fechado que não tenha uma fonte de trabalho que contrarie a entropia. A entropia de um sistema assim pode aumentar para o máximo ponto possível da aleatoriedade completa, um estado conhecido como «equilíbrio termodinâmico». O estado oposto de entropia mínima só se consegue à temperatura mais baixa possível, que é zero, na escala de Kelvin (–273 graus Celsius).

Porque o calor fora reconhecido como movimento — quanto mais rápido for o movimento das partículas de um gás, mais quente ele fica — e porque Newton identificara as leis do movimento, o resultado parece uma teoria satisfatória e abrangente da realidade física, ao nível da experiência comum — ao nível dos «bens de tamanho médio», na expressão do filósofo J. L. Austin, referindo-se àquela parte da realidade que está aproximadamente a meio caminho entre a escala das coisas do muito pequeno (a atómica) e do muito grande (a cosmológica). De notar que a física de Newton não precisava de uma teoria do átomo, e não incorpora uma explicação dos fenómenos do magnetismo, nem da eletricidade ou da luz, que no século XIX estavam a começar a ser explorados. Foram estas explorações posteriores que lançaram as fundações para as teorias de Einstein e para a mecânica quântica.

Tanto a eletricidade como o magnetismo eram conhecidos desde há muito; Tales, no século VI AEC, discutiu as propriedades dos ímanes e os fenómenos elétricos produzidos quando se esfrega o âmbar noutra substância como a lã (o *efeito triboelétrico,* que gera estática). O termo grego para «âmbar» é *elektron.* Na exploração oitocentista destes fenómenos, invocou-se o conceito de «campo»; tanto a eletricidade como o magnetismo eram concebidos como campos que medeiam forças associadas a cada um, variando a intensidade das forças exatamente como a gravidade, nomeadamente, no inverso do quadrado da distância entre cargas. A diferença é que, ao passo que a gravidade é sempre uma força de atração, a eletricidade tanto tem um aspeto negativo como positivo. Sabia-se que as cargas iguais se repelem e que as opostas se atraem.

A observação e a experimentação estabeleceram que as correntes elétricas geram campos magnéticos. Michael Faraday viu que os ímanes, conversamente, podem criar campos elétricos, se o íman for acelerado, fazendo-o rodar, por exemplo. Produzir corrente elétrica ao deslocar um íman é conhecido como «indução». James Clerk Maxwell formulou uma teoria que combinava a eletricidade e o magnetismo numa única força de eletromagnetismo, demonstrando ao mesmo tempo que a luz é uma onda no campo eletromagnético. Mostrou-o combinando duas observações. Uma é que as mudanças no campo elétrico produzem mudanças no campo magnético complementar, e vice-versa, de tal modo que se um campo elétrico oscilar, a frequência da oscilação será igualada pela frequência de oscilação do campo magnético. Faraday medira a resistência que um vácuo oferece à taxa de oscilação de campos elétricos e magnéticos; quando esta medição foi inserida nas equações de Maxwell, estas mostraram que a onda eletromagnética se desloca a trezentos mil quilómetros por segundo — a velocidade da luz.

Contudo, há um problema com a teoria de Maxwell. A temperatura de um corpo resulta da vibração dos seus átomos. Quanto mais um corpo aquece, mais os seus átomos constituintes oscilam, subindo a frequência da radiação eletromagnética emitida no espetro das cores para o vermelho, amarelo e, eventualmente, o branco. Na teoria de Maxwell, a intensidade das frequências eletromagnéticas acima do violeta cresce sem limites, independentemente da temperatura. Este problema veio a ser conhecido como a «catástrofe ultravioleta».

A solução foi encontrada por Max Planck, que propôs — exclusivamente como heurística: como Maxwell, ele pensava que a natureza era um contínuo — que a radiação emitida por um corpo quente se dá em saltos discretos, a que chamou *quanta,* o que lhe permitiu escrever a fórmula que descreve a relação entre a intensidade da radiação e a sua temperatura e frequência. Esta relação é uma constante, denotada por *h:* a «constante de Planck».

Mesmo no fim do século XIX, a descoberta do eletrão, por J. J. Thomson, juntou-se à teoria de Maxwell sobre a luz e à introdução de Planck da ideia de *quanta,* o que pôs a física a caminho de uma era de rápido e dramático progresso científico. Numa das grandes ironias da história, alguns cientistas pensavam que os seus trabalhos tinham acabado, e que só restava preencher alguns pormenores; essa perspetiva é atribuída apocrifamente a Lord Kelvin, mas era certamente a do professor de Planck, Philipp von Jolly, que o aconselhou a procurar uma carreira fora da física, porque a física estava acabada. Antes do fim da primeira década do século XX, Einstein publicou a teoria da relatividade especial, e o trabalho experimental e teórico dos trinta anos seguintes produziram a teoria da relatividade geral e a teoria quântica.

Como se vê, a crónica da física do século XX é a crónica da física contemporânea.[10]

3.

A IMAGEM CIENTÍFICA DO MUNDO

A observação diz-nos que os objetos da experiência comum são complexos, feitos de partes menores, e muitos têm estrutura, até a olho nu. Pensar que as partes que constituem um todo complexo podem em si ter partes é uma inferência natural — quando se pega num torrão de terra e o desfazemos, desintegra-se em pedaços cada vez menores — de modo que temos de acabar por chegar a nada ou aos pedaços mais pequenos possíveis. A ideia de que uma coisa sólida no espaço poderá em última análise ser feita de nada parece contrária ao senso comum, de modo que a inferência mais natural é a ideia de que há «coisas mais pequenas possíveis», que constituem as outras coisas.

Ou melhor: essa poderá parecer que é a inferência natural. Mas a ideia de uma estrutura granular última das coisas — de coisas que não podem, elas próprias, ser feitas de partes, nem podem ser menores: coisas «incortáveis» ou «indivisíveis» (cuja palavra grega antiga é *atomos*) — não foi a hipótese formulada por quem tentou pela primeira vez fazer ciência sistemática, nomeadamente, os filósofos gregos da Antiguidade. A primeira inferência deles foi que o Universo tem de ser uma substância única difundida, capaz de assumir uma multiplicidade de formas, que por sua vez eram capazes de uma multiplicidade de efeitos (a «água» de Tales) ou uma combinação de substâncias básicas (ar, terra, fogo e água). Foi a sofisticação dessas perspetivas que levou à ideia de que a realidade física é feita de constituintes últimos que são os *atomos.* É de grande interesse salientar que o arco da investigação científica moderna passou da conceção de natureza no segundo sentido, *atómico,* para uma conceção que faz lembrar a noção anterior de algo difundido ou um jogo de contínuos difundidos, como acontece na física contemporânea, quando se fala de «campos». Esta analogia é grosseira e remota, é claro; mas vale a pena fazer uma pausa por momentos para recordar algumas ideias mais antigas sobre a forma subjacente da realidade física, porque certos pressupostos ainda vivos sobre o que a natureza tem de ser, e sobre o que pode contar como uma boa teoria da natureza — note-se as fortes modalidades das palavras «tem» e «pode» — têm aí a sua fonte, e estão presentes na ciência de hoje.

Três dos primeiros «físicos» (*phusikoi*), Anaxágoras de Clazómenas e um par composto por professor e aluno, Leucipo e Demócrito — estes últimos conhecidos como «atomistas» —, levantaram a hipótese de ser tudo feito de elementos fundamentais, a que Anaxágoras chamou «sementes» e os atomistas chamaram «átomos». Os três foram filósofos pré-socráticos: Anaxágoras viveu na primeira metade do século V AEC, os atomistas na segunda.

Anaxágoras sustentava que «vir a ser» e «deixar de ser» não diz respeito à criação a partir do nada, nem à destruição no nada; trata-se, ao invés, de rearranjos causados pelas misturas e separações de elementos eternamente existentes. O que existe conserva-se; as ocorrências físicas são provocadas pelas interações. Pensava também que as «sementes» de todas as coisas, *panspermia,* estão sempre conjuntamente presentes em tudo, diferenciando-se as coisas individuais apenas pela preponderância de um tipo de semente, em detrimento dos outros, e não pela ausência de outros tipos de sementes.

O que existia originalmente, antes de «os mundos» terem passado a existir, sustentava Anaxágoras, era uma massa de substância indiferenciada e ilimitada, constituída por uma mistura indiscriminada de sementes de coisas. As coisas individuais resultam da agregação de sementes, ao passo que a sua separação as faz perecer. Agregação e separação são provocadas por um princípio ativo, ou força, a que Anaxágoras por analogia chamava *nous,* que, no seu sentido literal, quer dizer «mente», mas o filósofo não queria dizer uma mente pensante, ou deus, antes um poder ativo como o que se observa num íman que atrai o ferro. Não há vazio, ou «nada»; o Universo é tudo o que há, nomeadamente, a totalidade das sementes; e em defesa disto, como Empédocles já o tinha feito, Anaxágoras invocou demonstrações experimentais da existência corpórea real do ar, para mostrar que não é o «nada» que os sentidos aparentemente sugerem.

Não é claro se a ideia de «sementes» da teoria de Anaxágoras teve alguma influência no atomismo de Demócrito e Leucipo, mas há pelo menos uma semelhança superficial na conceção básica. O atomismo é a teoria de que tudo é composto de ínfimos objetos impercetíveis, cada um dos quais é «indivisível». Aristóteles, impressionado, ainda que discordasse da ideia, sentiu-se obrigado a estudar o atomismo em pormenor. Escreveu consequentemente uma obra em vários volumes, todos hoje perdidos, sobre as perspetivas dos atomistas.

O âmago da teoria atomista é que há um número infinito de entidades indivisíveis fundamentais que são eternas e imutáveis quanto a todos os aspetos, exceto a posição. Além disso, há «o vazio», o nada — mas o nada é real; é o espaço que separa os átomos, quando conseguem consequentemente deslocar-se no vazio e colidir entre eles; as suas diferentes formas tornam possível que se liguem entre si quando colidem, formando aglomerados maiores, e também que se desagreguem de novo, posteriormente, dando assim origem a todos os fenómenos das coisas e das suas mudanças no mundo sensível. Isto capta a ideia, que também se encontra em Anaxágoras, de que «vir a ser» e «deixar de ser» são apenas mudanças, e não criações e destruições propriamente ditas do que existe. A totalidade do que existe mantém-se igual.

Os atomistas chamaram *átomos* a «o que é» e *vazio* a «o que não é». Eis como Aristóteles descreve, na *Metafísica*, a explicação dos atomistas de como os átomos constituem as coisas:

> Declaram que são três as diferenças [entre os átomos, «o que é»]: forma, disposição e posição. Dizem que o que é só difere em «ritmo», «contacto» e «viragem» — o «ritmo» é a forma, o «contacto» é a disposição, e a «viragem» é a posição. Assim, A difere de N na forma, AN de NA na disposição e Z de N na posição.[1]

Um fio condutor que atravessa estas ideias tem por fonte o pensamento de Parménides, que é razoável pensar que terá sido o filósofo mais vigoroso e influente da tradição pré-socrática. Parménides defendeu que a realidade tem de ser uma coisa única imutável, porque o que é complexo e mutável é instável e, por consequência, incapaz de continuar a existir no longo prazo. Combine-se as duas ideias de que o conceito de «nada» (não o vácuo do espaço pleno de flutuações quânticas, mas *nada*) não quer dizer seja o que for, porque é impensável, com a observação de que o mundo realmente existe, e ficamos logicamente obrigados a pensar que o mundo é eterno — não pode passar a existir a partir de um nada anterior, nem pode desaparecer num nada posterior, dado que o nada não existe — e tem de ser imune à mudança e à diversidade, porque qualquer uma destas, e em especial as duas em conjunto, têm um pé na sua degradação última. Isto é uma razão para Parménides reduzir tudo a uma só coisa, um Uno, e a sua descrição deste Uno como algo que é *necessariamente* imutável e permanente.

Note-se agora que, ao pensar sobre os constituintes últimos da realidade, Anaxágoras e os atomistas respeitavam a exigência parmenídea de que o que existe tem de ser eterno e em si imutável, mas, ao mesmo tempo, procuram dar conta da pluralidade observada das coisas, e do movimento e mudança a que se se entregam, ao postular que há (na prática) muitos «unos» parmenídeos: as sementes ou átomos.

O impulso reducionista para encontrar uma unidade última no que subjaz à realidade é um tema na ciência que, como vemos aqui, tem raízes antigas. A pergunta a fazer é esta: será a força motriz deste impulso o que a observação e a teoria bem-sucedida nos dizem que tem de ser, ou será uma função profunda da maneira como pensamos que as coisas *têm* de ser, devido a algo que não a observação e a teoria — por exemplo, algo que tenha que ver com a estrutura cognitiva que transportamos para a reflexão acerca do que o mundo tem de ser?

Estas primeiras ideias de uma estrutura subjacente das coisas, cujas combinações e interações dão origem a todos os fenómenos percecionáveis, leva a perguntar por que razão os primeiros cientistas que mais longe foram nas suas investigações não fizeram experiências, dado que já pensavam segundo estas linhas sugestivas. Por que razão permaneceu a ciência neste estado meramente especulativo, e teve de esperar mais dois mil anos — até à era que começa com Copérnico e Galileu — para se desenvolver?

A resposta é complexa. Em parte, estavam a começar do nada, trabalhando numa pequena comunidade de pensadores, dispersos tanto no espaço como no tempo, com pouco que se assemelhasse a um contexto que sustentasse cumulativamente a construção de ideias a partir doutras e a descoberta de maneiras de testá-las. Houve quem observasse que a evolução cultural exige uma densidade mínima de população no seu ambiente para que as ideias e práticas ganhem raízes, fornecendo uma base para o desenvolvimento. Os primeiros cientistas baseavam-se na observação e na razão, mas raramente na experimentação. As condições sociais na Grécia do século VI ao IV AEC eram, apesar disso, propícias à filosofia, e aos primeiros lampejos de ciência, ainda que desta maneira limitada. Mas o grau de robustez e inventividade de ideias, evidente neste período, não continuou com igual intensidade no período romano. Nos primeiros séculos EC, uma das tendências dominantes na filosofia, o neoplatonismo, começara a assumir um perfil religioso; quando o imperador Justiniano fechou a Escola de Atenas, em 529 EC, banindo a filosofia e os filósofos por entrarem em conflito com a doutrina cristã, as circunstâncias intelectuais eram adversas ao prosseguimento da investigação. Só na Reforma do século XVI a investigação teve de novo a liberdade de não se conformar à doutrina religiosa, num grau suficiente que permitisse o retomar da ciência.

Contudo, os pontos de vista de Anaxágoras e dos atomistas revelaram-se sugestões poderosas para uma maneira de conceber a estrutura e as propriedades da realidade física. A teoria «corpuscular» dos filósofos naturais do século XVII («corpúsculo» quer dizer «pequeno corpo») foi um novo ensaio das perspetivas atomistas da Antiguidade, mas não foi senão no século XIX, e especialmente no XX, que se formulou uma teoria do átomo integralmente científica e com base experimental.

Note-se uma coisa: as especulações de Parménides, entre outros, eram suscitadas pela observação empírica e resultavam em inferências cujas conclusões eram as teorias que a explicariam. Parménides via a degradação e a mudança, perguntando-se como poderia um mundo continuar a existir na sua presença, e levantou a hipótese de que o aparato percetivo humano não revela o que a lógica exige quanto à natureza subjacente da realidade. Anaxágoras e os atomistas observaram que os todos têm partes, que nada pode vir do nada (*ex nihilo nihil fit*), e que tem de haver unidades últimas de realidade, cujas relações dão origem aos fenómenos observados. As inferências dos defensores contemporâneos da «teoria das cordas», que partem das anomalias atuais da física fundamental, têm a mesma *forma* destas especulações, ainda que sejam articuladas com base num aparato imensamente mais rico de teoria de fundo e de poder matemático.

Desde finais dos anos sessenta do século XX, a melhor teoria científica sobre a estrutura fundamental da matéria e da radiação, e a mais amplamente aceite, tem sido o «modelo padrão», que descreve as partículas elementares e as forças que as ligam entre si, formando átomos.[2] Foi formulado pelos físicos Steven Weinberg, Abdus Salam e Sheldon Glashow, depois de este último ter proposto uma maneira de unificar a *força eletromagnética* e a *força nuclear fraca* para constituir a *força eletrofraca,* combinando esta unificação, além disso, com uma teoria que explica como as partículas elementares ganham massa (teoria essa associada, sobretudo, ao trabalho de Peter Higgs e de François Englert, que formularam a hipótese do «bosão de Higgs»). Por este influente trabalho, Weinberg, Salam e Glashow ganharam conjuntamente o prémio Nobel de Física, em 1979, e Peter Higgs e François Englert receberam conjuntamente o mesmo prémio em 2013.

O modelo padrão é importante porque oferece uma descrição relativamente simples e económica da constituição básica da matéria. Uma maneira poderosa de pensar na estrutura da matéria é vê-la como algo que é construído de partículas elementares que interagem e se combinam segundo leis exprimíveis em termos matemáticos. A interação das partículas de matéria dá-se pela mediação de partículas detentoras de força. As partículas de matéria são denominadas *fermiões* e consistem em dois grupos: *quarks,* que constituem os protões e os neutrões que formam o núcleo atómico, e *leptões,* que incluem eletrões e neutrinos. Quando os *quarks* se ligam entre si, são denominados *hadrões.*[3] Uma maneira simples (mas atenção: enganadora — veja-se mais abaixo) de imaginar um átomo é pensar num pequeno sistema solar, com o núcleo no centro e os eletrões orbitando à sua volta. Se os átomos fossem mesmo assim, então — para se ter uma perceção da sua escala interior — caso se expandisse para ficar do tamanho do Royal Albert Hall de Londres, o núcleo seria do tamanho de uma mosca no centro desta sala de espetáculos, e a camada mais afastada de eletrões seriam as suas paredes.

As partículas de matéria interagem ao passar partículas de força entre si — os *bosões.* Estes são *fotões, gluões* e as *partículas E* e Z. A força eletromagnética, mediada por fotões, liga as partículas eletricamente carregadas; os imensos bosões W e Z medeiam a força fraca do núcleo; e os gluões sem massa constituem a *força nuclear forte* que liga os *quarks* formando protões e neutrões — os *hadrões* de matéria.

De entre os leptões carregados do modelo, só os eletrões são estáveis, ou seja, só eles retêm a mesma carga; os outros (os leptões *muão* e *tau*) degradam-se extremamente depressa, em frações de segundo.

Um elemento capital de toda a estrutura de matéria que acabámos de descrever é precisar de uma partícula que dê massa às outras, exceção feita aos fotões e gluões. Todas as outras partículas elementares do modelo padrão foram experimentalmente observadas, mas esta partícula, o *bosão de Higgs*, só o foi quando o Grande Colisor de Hadrões do CERN, na Suíça, chegou aos altos níveis de energia exigida para produzir um bosão de Higgs, em condições laboratoriais. Esta descoberta foi anunciada em 2012.

O papel capital que o bosão de Higgs desempenha é dar resposta à questão de saber onde vão os leptões e os *quarks* buscar as suas massas, e como surge a diferença entre os fotões, que não têm massa, e os imensos bosões W e Z, que a têm. Como isto funciona pode ser explicado fazendo notar que falar de «partículas» não descreve adequadamente os fenómenos ao nível subatómico que, para certos propósitos, se descreve melhor como «campos». Assim, um eletrão não orbita um núcleo atómico como um planeta orbita o Sol; ao invés, é um campo na vizinhança de um núcleo. Visualize-se agora um campo de Higgs como uma piscina, para a qual se atiram objetos que representam leptões e *quarks*: a água faz os objetos abrandar ao puxá-los: este puxão é a massa do objeto. Os fotões não têm massa; um objeto que representasse um fotão iria passar pela piscina de Higgs sem qualquer pausa; a passagem não teria qualquer interrupção.

Apesar de a descoberta do bosão de Higgs fornecer mais uma confirmação, o modelo padrão não está ainda completo. Não oferece uma maneira de combinar as forças eletrofracas e as forças fortes com as outras forças fundamentais da natureza, nomeadamente a gravidade; e os parâmetros numéricos da teoria, dos quais há cerca de vinte, não derivam dos princípios físicos, sendo ao invés estabelecidos experimentalmente. O esforço para combinar a gravidade com as forças atómicas (por outras palavras, para encontrar uma teoria quântica da gravidade) ganhou algum apoio da «teoria das cordas», que é ainda controversa: veja-se a seguir.

A esperança de conseguir unificar as forças atómicas que operam ao nível microscópico da natureza com a gravidade, que opera, por sua vez, na grande escala da natureza — na verdade, na escala universal —, depende do pressuposto de que a natureza é simples, no seu nível mais profundo, significando isso que as quatro forças da natureza — a força eletromagnética, a fraca, a forte e a gravidade — são de facto apenas versões de uma única força subjacente que não podemos ainda apreender. O impulso fortemente reducionista de Parménides está integralmente em ação neste pressuposto.

É a teoria quântica que fornece uma compreensão do domínio subatómico. Trata-se de uma teoria poderosa e bem-sucedida, que subjaz a muitas aplicações práticas, apesar de parecer dar uma imagem radicalmente estranha dos níveis profundos da realidade. O sucesso da teoria quântica é demonstrado pela sua grande precisão, que dá lugar a requintadas precisões de muitas casas decimais.

Uma ajuda para compreender a teoria quântica é reafirmar os pontos que acabámos de ver quanto ao desenvolvimento do modelo padrão, mas de uma direção diferente, como se segue.

A teoria quântica emergiu da inadequação da física clássica, que deriva da obra de Newton e da química do século XVIII, tendo ambas sido desenvolvidas em conjunto, para explicar várias anomalias cada vez mais evidentes. Quando, em meados do século XIX, James Clerk Maxwell forneceu uma boa descrição estatística do comportamento dos gases, conseguiu pressupor que o gás é constituído por ínfimos átomos sem características, que interagem como se fossem bolas de bilhar em miniatura. Depois, as descobertas experimentais, mais tarde nesse século, mostraram que os átomos têm estrutura interna, pois observaram-se partículas com menos massa do que o átomo de menor massa, o de hidrogénio, e, além disso, os átomos exibiam o que veio a ser denominado *radioatividade* (a desintegração natural ao longo do tempo dos núcleos atómicos), ganhando e produzindo carga elétrica, e mudando-a para outros átomos. A descoberta crucial foi feita por J. J. Thomson em 1897, ao investigar os raios catódicos: descobriu que os «raios» eram de facto sequências de partículas de carga negativa, a que deu o nome de «eletrões».

Isto levou a especular sobre a distribuição da carga positiva no átomo. Thomson propôs um modelo de «pudim de ameixas», no qual os eletrões com carga negativa eram «ameixas» numa massa de «pudim» com carga positiva. Ernest Rutherford descobriu, com os seus colegas, por meio de experiências de «dispersão», que a maior parte da massa de um átomo, juntamente com a sua carga positiva, se concentram numa ínfima percentagem do seu volume. Rutherford levantou a hipótese de a massa e a carga positiva se concentrarem no centro do volume, constituindo desse modo o núcleo do átomo. O modelo planetário que daí resulta postula três tipos de partículas subatómicas: eletrões, protões e neutrões, «orbitando» os primeiros os protões e sendo o núcleo formado pelos neutrões. (Esta maneira de descrever o modelo deve-se sobretudo a Niels Bohr, no início do século XX.) Os protões são partículas com carga positiva, os neutrões não têm carga, como o nome sugere; juntos, contemplam a maior parte da massa do átomo.

Os eletrões são partículas muito «leves», tendo uma fração da massa de um protão, e têm carga negativa. A diferença de carga entre eletrões e o núcleo é o que faz os primeiros «orbitar» o segundo.

O número de protões é sempre igual ao número de eletrões, num átomo que não esteja ionizado; quando é ionizado, um átomo contém menos eletrões do que protões, ou mais. Os átomos diferem entre si de acordo com o número de protões no núcleo, e isto determina o elemento que são; assim, o hidrogénio é o número 1 na tabela periódica dos elementos porque tem um protão; o oxigénio é o número 8 porque tem oito protões; e assim por diante.

Esta imagem clássica do átomo cedo se revelou inadequada. Uma razão simples é que, segundo os princípios clássicos, os eletrões deveriam perder energia à medida que voam em torno do núcleo, e deveriam, consequentemente, precipitar-se neste, numa rota em espiral. Mas isso não acontece; os átomos são estruturas relativamente estáveis. Além disso, descobriu-se que os átomos de facto absorvem e irradiam energia, mas só em comprimentos de onda específicos. Quebra-cabeças como o problema da radiação de corpo negro e o efeito fotoelétrico mostraram que era preciso conceber de uma maneira nova a estrutura elementar da matéria. Foi o que se fez em 1900, quando Max Planck mostrou que conseguia resolver alguns destes problemas pressupondo que a energia se apresenta em pacotes discretos, a que chamou *quanta* (latim para «quantidade»).

O próprio Planck considerava que isto era uma noção puramente heurística, um malabarismo para resolver um quebra-cabeças, e não aceitou a sua própria sugestão literalmente, até muito tempo depois. Mas no terceiro dos seus famosos e influentes artigos de 1905, Albert Einstein usou a ideia de Planck para explicar o efeito fotoelétrico (a razão pela qual os metais produzem eletricidade quando incide neles luz de uma frequência suficientemente alta). O que era estranho, aos olhos de Einstein e dos seus contemporâneos, é que ao passo que havia boas provas experimentais de que a luz é uma onda — e em finais do século XIX pressupunha-se na física que a luz era de facto uma onda —, ela se comporte como uma partícula na solução de Planck para o problema do corpo negro e na explicação de Einstein do efeito fotoelétrico. Qual delas é? Onda ou partícula? A resposta, que se tornou entretanto bem conhecida, acabou por ser que deve ser tratada como se fosse ambas — ou antes, como uma ou outra, dependendo do que for mais conveniente para um dado propósito.

Ao nível da experiência comum, estamos familiarizados com os fenómenos de ondas e partículas, como as ondas do mar e os seixos individuais numa praia, respetivamente. Quando uma partícula se desloca, transporta consigo tanto massa como energia de uma localização para outra, ao passo que as ondas só transportam energia, e estão espalhadas no espaço. Mas na escala das coisas descritas pela teoria quântica, esta distinção intuitiva entre onda e partícula desagrega-se, e em seu lugar temos a *dualidade onda-partícula,* que faz a teoria quântica parecer tão contraintuitiva.

Louis de Broglie (o único duque — ou, como dizem os franceses, *duc* — a ganhar um prémio Nobel) alargou em 1912 a ideia da dualidade onda-partícula para lá dos fotões, abrangendo também outras partículas, face a muito ceticismo inicial, mas o trabalho de Niels Bohr já confirmara que a interpretação sugerida por Planck está correta — que a energia ocorre em pacotes, em intervalos discretos no gradiente energético, e não continuamente, mas com saltos. Bohr foi consequentemente capaz de explicar como os átomos são estruturalmente estáveis, ao mesmo tempo que conseguem absorver energia e irradiá-la; o que acontece é que o comprimento de onda de um eletrão tem sempre de ter o valor de um número inteiro, de modo que se um eletrão emite ou absorve energia, tem de fazê-lo saltando para outro comprimento de onda de número inteiro, não havendo qualquer lugar de repouso entre ambos.

Na posse destes desenvolvimentos, os físicos (principalmente Erwin Schrödinger e Werner Heisenberg), foram capazes de construir a matemática que a teoria exige. Um dos resultados importantes é uma perspetiva radicalmente diferente dos eletrões — não como partículas, mas, com efeito, como borrões de probabilidade à volta dos núcleos. Quando os eletrões absorvem ou perdem energia, desaparecem de uma «posição» na vizinhança do núcleo e reaparecem instantaneamente noutra.

Heisenberg postulou o «princípio da incerteza», que declara que não se consegue medir simultaneamente a posição e o momento de uma partícula subatómica (em que o «momento» é a massa de uma partícula multiplicada pela velocidade). Isto tem implicações profundas para a causalidade e para as previsões quanto ao comportamento futuro das partículas. Na perspetiva clássica, caso se saiba tudo sobre o estado atual de um sistema físico, juntamente com as leis que o regem, consegue-se prever com precisão quais serão os estados posteriores.

Mas, comentou Heisenberg, «na formulação precisa da lei da causalidade, "se conhecermos o presente exatamente, podemos calcular o futuro", não é a conclusão que está errada: é a premissa».

A teoria quântica tem implicações igualmente profundas para qualquer entendimento da própria realidade. Parece declarar que a maneira como são as coisas no mundo microscópico resulta da medição — ou seja, um estado quântico não tem um caráter definido até ser medido (por exemplo, uma partícula não tem um percurso definido até este ser calculado). Isto porque, antes de se fazer a medição, a situação quântica consiste num domínio de possibilidades, e a medição estabelece qual delas conta como efetiva. Isto levanta uma pergunta irritante: terá de haver alguém que faça uma medição antes de a realidade poder ter um caráter determinado? Como pode a natureza da realidade depender de uma medição? E, em qualquer caso, como «decide» a realidade, quando é medida, qual dos estados determinados irá adotar? Isto é conhecido como o «Problema da Medição», e é o cerne de muita discussão e desacordo quanto à maneira correta de *interpretar* a teoria quântica, ou seja, quanto à maneira de lhe dar sentido enquanto imagem da realidade.

No que ficou conhecido como a «Interpretação de Copenhaga» da teoria quântica (porque foi formulada por Niels Bohr e Werner Heisenberg quando trabalhavam naquela cidade, onde se situava o instituto de Bohr), o facto aparentemente espantoso de os sistemas quânticos serem indeterminados até serem medidos é simplesmente admitido como dado; e, nesse caso, o resto segue-se alegremente. Mas o que a interpretação em si nos pede para aceitar é tão filosófica e cientificamente enigmático que tem persistido como ponto maior de debate, com uma diversidade de teorias, por vezes exóticas, que visam dar sentido ao quebra-cabeças.

Uma delas é a «teoria da multiplicidade dos mundos», que propõe que todas as possibilidades são efetivadas pela cisão, em diferentes mundos, do mundo em que as possibilidades surgiram, cada um dos novos mundos cindindo-se por sua vez em novos mundos efetivos que partem das possibilidades destes outros, nenhum dos novos mundos sendo capaz de comunicar com os outros depois da cisão. A «teoria das histórias consistentes», também conhecida como «histórias decoerentes», afirma essencialmente que o ambiente de um acontecimento quântico atua como seu observador, fazendo todos os acontecimentos assumir um estado clássico efetivado. A própria Interpretação de

Copenhaga é uma versão de *instrumentalismo,* que acaba por se resumir à afirmação de que «a teoria não descreve a realidade, mas afinal funciona, de modo que mais vale usá-la e passar à frente»: como declara a máxima atribuída a Feynman e a vários outros físicos: «Cala-te e faz os cálculos!»

E o que durante muito tempo foi a menos popular das alternativas, e que recentemente voltou à ribalta, é a teoria avançada por David Bohm: que o Universo é uma «ordem entrelaçada», no sentido de haver um «potencial quântico» a ele subjacente, que liga todos os fenómenos quânticos, cujo caráter resulta do desenrolar da estrutura determinista dessa realidade subjacente.

O próprio Einstein nunca se deixou convencer pelas interpretações da teoria quântica que fazem a realidade parecer indeterminada ou probabilística. Na denominada «Experiência Mental de Einstein-Podolsky-Rosen» (EPR), que usou para demonstrar que a teoria quântica é incompleta, acontece o seguinte: suponha-se que o leitor dispara em direções opostas, numa linha reta, um par de partículas que acabaram de interagir em estados de *spin* exatamente opostos, e que depois mede o *spin* de uma delas, fixando desse modo (segundo a Interpretação de Copenhaga) o estado em que se encontra. Segue-se que a outra partícula, instantaneamente, se fixa no estado de *spin* oposto, sem que lhe seja feito coisa alguma. Mas, para que isto aconteça, a informação sobre o estado de *spin* da primeira partícula, que foi fixado por observação, teria por hipótese de ser transmitido à segunda partícula, a uma velocidade superior à da luz («transferência sobreluminal de informação»). Contudo, um compromisso fundamental da física torna isto impossível: nada pode viajar mais depressa do que a velocidade da luz. Logo, há algo de errado na teoria quântica. Einstein considerava que isto vindicava a sua perspetiva de que o Universo obedece ao princípio da localidade.

Infelizmente para Einstein, e para espanto de toda a gente, mostrou-se experimentalmente que o efeito EPR está correto, com o trabalho de Alain Aspect, em experiências conduzidas na Universidade de Paris, em 1982. Isto revelou-se uma das forças motrizes para a continuação do debate sobre teorias como as mencionadas, assim como o seu desenvolvimento, para encontrar outras maneiras de dar conta dos mistérios aparentes da teoria quântica.

Um dos grandes quebra-cabeças é que a outra teoria poderosa da física, a teoria da relatividade geral de Einstein, que descreve a natureza da gravidade, do espaço e do tempo, não parece consistente com a teoria quântica. Isto é realmente importante porque há outro domínio da ciência — a cosmologia — que depende dela.

A expressão «teoria da relatividade» denota duas teorias relacionadas, desenvolvidas por Einstein nas primeiras duas décadas do século XX. Em 1905, Einstein publicou o artigo «*On the Electrodynamics of Moving Bodies*», que estabeleceu os postulados básicos da teoria da relatividade especial, onde «especial» quer dizer «restrita», porque se aplica apenas a objetos que se deslocam a velocidade constante. Em 1916, publicou a teoria da relatividade geral, que dá conta também de corpos em aceleração («aceleração» quer dizer «mudança de velocidade», seja para mais, seja para menos). A teoria da relatividade geral lida, consequentemente, com a gravidade, porque mostra que a aceleração e a gravidade têm efeitos idênticos; isto é conhecido como *princípio da equivalência*.

O trabalho de Einstein emergiu do facto de, por volta de finais do século XIX, ser evidente que havia um problema sério na física clássica que se baseava na obra de Newton. O problema era que a explicação newtoniana das relações entre corpos em movimento não era consistente com as equações do eletromagnetismo descobertas por Maxwell. A perspetiva newtoniana é, com efeito, uma teoria de senso comum sobre o comportamento dos corpos; por exemplo, se o leitor estiver num veículo que se desloca a trinta quilómetros por hora, e lançar uma bola para a frente a dezasseis quilómetros por hora, a velocidade da bola será a soma destas duas velocidades — 46 quilómetros por hora. O pano de fundo destes factos aparentemente óbvios é a ideia de que as leis da física são as mesmas para toda a gente que esteja em movimento uniforme relativamente uns aos outros, uma noção desenvolvida na física do século XVII para fornecer quadros de referência para descrever e aplicar as leis da natureza. No caso do lançamento da bola, a velocidade do veículo é relativa a algo que esteja estacionário no seu exterior, e a da bola é calculada no mesmo quadro de referência quando é acrescentada à velocidade do próprio veículo. Um pressuposto importante aqui é que o tempo é absoluto — decorre regularmente, independentemente seja do que for, o mesmo em todos os quadros de referência.

Mas as equações de Maxwell do eletromagnetismo dão à velocidade da luz, *c*, um valor constante de cerca de 300 mil quilómetros por segundo (mais precisamente, 299 792 458 metros por segundo, no vácuo; um fotão irá orbitar a Terra sete vezes por segundo), independentemente de a fonte de luz estar estacionária ou em movimento, e também independentemente da velocidade de quem observa a luz. Caso uma pessoa esteja num veículo que se desloca a 160 mil quilómetros por hora e ligar um raio de luz na direção frontal, a sua velocidade não será *c* + 160 mil quilómetros por hora, mas antes apenas *c*. Parece paradoxal, mas, ao passo que duas bolas lançadas uma contra a outra se aproximam a uma velocidade que resulta da soma das suas velocidades individuais, dois raios de luz apontados um para o outro aproximam-se à velocidade da luz, e não a duas vezes esta velocidade.

O contributo de Einstein foi mostrar que não é contraditório postular que as leis da física são realmente as mesmas para todos os observadores que estejam no mesmo quadro de referência, ao mesmo tempo que se postula que a velocidade da luz é constante, independentemente do quadro de referência. Aceitar as duas coisas (com um ajuste matemático adequado da primeira[4]) envolve aceitar algumas maneiras novas e espantosas de pensar sobre a natureza. Para começar, o tempo já não parece absoluto e invariante, sendo antes mais lento quando é medido num veículo em movimento do que se o for numa localização estacionária com respeito a esse veículo. Além disso, os objetos ficam mais curtos na direção em que se deslocam, do ponto de vista de um observador. E quanto mais depressa um objeto se deslocar, maior fica a sua massa. É por isso que *c* é um limite de velocidade absoluto para tudo o que tem massa; alcançá-la exige uma quantidade infinita de energia. A simultaneidade absoluta é coisa que já não existe; dois acontecimentos que parecem ocorrer ao mesmo tempo para um observador, podem parecer acontecer em dois momentos diferentes para outro. E, o que é talvez mais famoso, Einstein mostrou que a massa e a energia são equivalentes e que se convertem mutuamente: isto é expresso pela famosa fórmula $E = mc^2$, onde E é a energia, m a massa e c a velocidade da luz.

A Relatividade Especial harmoniza-se com a física newtoniana em velocidades baixas, por comparação com a velocidade da luz, mas diverge cada vez mais dela à medida que as velocidades se tornam frações significativamente maiores da velocidade da luz. Isto foi repetidamente testado e confirmado, e descobriu-se que a sua aplicação experimental e tecnológica dá resultados muitíssimo mais precisos do que se consegue ao aplicar os princípios newtonianos. Os físicos usam o tempo todo a teoria da relatividade especial no seu trabalho, onde é — digamos — o pano de fundo do seu pensamento.

Ao desenvolver a teoria da relatividade geral Einstein contou com a ajuda de algo que a princípio considerava uma irritação: nomeadamente, a demonstração de Hermann Minkowski (que fora o professor de física de Einstein e que o considerava preguiçoso) de que a sua teoria da relatividade especial poderia ser mais bem expressa geometricamente, em termos de um espaço-tempo quadridimensional. Einstein desenvolvera já o «princípio da equivalência», que declara que os efeitos de um campo gravitacional são exatamente os mesmos do que os efeitos da aceleração. Entre outras coisas, isto explica a ausência de peso que ocorre num foguetão tripulado. Quando os motores são desligados e, portanto, o foguetão não está em aceleração, os seus ocupantes flutuam no seu interior em «queda livre».

Uma consequência imediata do princípio da equivalência é que a luz é fletida pela gravidade. Esta ideia não era nova, porque se aceitava na física newtoniana que a luz, que era concebida como um fluxo de partículas — fotões —, iria sentir a força da gravidade. O trabalho de Einstein mostrou que o efeito da gravidade sobre a luz é duas vezes mais forte do que o previsto pela física newtoniana, em resultado do novo modelo de espaço-tempo que decorre da sua teoria. A teoria declara que o próprio espaço-tempo é distorcido pela presença de matéria, tal como um lençol estendido será empurrado para baixo, formando uma depressão, se um objeto pesado for colocado no meio. Considere-se que a luz que se desloca pelo espaço-tempo se comporta como uma bola que se desloca pelo lençol estendido com um peso no meio; a trajetória da bola será afetada pela depressão, sendo atraída na sua direção. Se for lançada com suficiente força, irá de uma ponta a outra do lençol, contornando a depressão, mas sem cair no seu centro — um pouco como uma bola de golfe que é desviada pelo buraco, sem cair. É assim que a luz se desloca pelo espaço, sendo ocasionalmente desviada por objetos imensos, como o Sol (o que foi demonstrado em 1919 numa observação crítica que vindicou a teoria de Einstein). Este fenómeno é conhecido como *lente gravitacional*.

Além de uma nova conceção do espaço-tempo, que o vê como curvo, e da gravidade, que é vista como o efeito desta curvatura, a teoria da relatividade geral prevê também o *desvio gravitacional da luz para o vermelho, as ondas gravitacionais* e a existência de *buracos negros*. A sua eficácia faz dela o modelo cosmológico comum do Universo.

O desvio para o vermelho é o alongamento do comprimento de onda da radiação eletromagnética, à medida que se afasta de um poço gravitacional — sendo este o puxão gravitacional exercido por qualquer corpo imenso. Porque um fotão tem de gastar energia para sair do poço, mas sem desacelerar — a luz, é claro, viaja sempre à velocidade da luz — o decréscimo da sua energia tem de assumir a forma de um decréscimo na sua frequência, aumentando desse modo o seu comprimento de onda, na direção da ponta vermelha do espetro. Esta previsão da teoria da relatividade geral foi experimentalmente confirmada na década de sessenta do século XX.

As ondas gravitacionais são distúrbios na curvatura do espaço-tempo. Como a radiação eletromagnética, as ondas gravitacionais são uma forma de propagação de energia, que foi causada pelo movimento no espaço-tempo de objetos imensos que perturbam a curvatura do espaço-tempo nessa região. Como analogia grosseira, pense-se numa pedra que cai num lago e provoca ondulações. As ondas gravitacionais deslocam-se à velocidade da luz, concentrando e distendendo o espaço-tempo por onde passam, de modo que se alguém estivesse observando os efeitos de uma onda passando (digamos) numa região do espaço ocupada por duas estrelas, veria que oscilam para a frente e para trás, primeiro na direção de cada uma delas e depois afastando-se, alternando, à medida que o espaço-tempo que ocupam se comprime e expande. Quem conseguiu observar diretamente as ondas gravitacionais foram os cientistas do Observatório de Ondas Gravitacionais por Interferómetro Laser (LIGO), em 2015, dando a Kip Thorne e aos colegas o prémio Nobel.

Os buracos negros são entidades astronómicas cujo campo gravitacional é tão forte que nada, nem mesmo a luz (daí a negrura), pode libertar-se deles. Da teoria da relatividade geral de Einstein segue-se que existem, dada a sua descrição da curvatura do espaço-tempo, pois diz-nos que quando este se curva muito sobre si mesmo, o resultado será tão compacto que nada pode fugir da força da gravidade que isso gera. Na verdade, a existência de buracos negros foi antecipada pelo menos desde 1795, com base na explicação de Newton da gravidade; Pierre-Simon Laplace (1749–1827) descobriu que, se um objeto fosse comprimido num raio suficientemente pequeno, a «velocidade de fuga» (a velocidade exigida para ultrapassar a força gravitacional «sentida») teria de ser maior do que a velocidade da luz — o que é impossível.

A explicação comum da cosmologia contemporânea localiza a origem dos buracos negros na morte de estrelas (especificamente, estrelas pelo menos quatro vezes maiores do que o nosso Sol). As estrelas são gigantescos reatores de fusão, que existem enquanto as forças que as alimentam ultrapassam as forças gravitacionais imensas geradas pelas suas dimensões. Quando uma estrela de dimensão apropriada começa a esgotar o seu combustível, a gravidade puxa-a sobre si mesma, fazendo-a cair sobre si própria. A certo ponto, torna-se demasiado elevado o grau de compressão no seu núcleo, assim como o calor que isso gera, e a estrela explode como supernova. O que resta é um resquício muitíssimo denso cujo campo gravitacional é tão elevado que nada consegue atingir a velocidade de fuga suficiente para a abandonar — nem mesmo a luz.

A primeira pessoa a reconhecer o que a explicação da gravidade proposta por Einstein implica, neste aspeto, foi Karl Schwarzschild, que a desenvolveu quando servia na frente russa, na Primeira Guerra Mundial, poucos meses antes de morrer. Formulou uma descrição da geometria do espaço-tempo nas imediações de uma massa esférica, mostrando que para qualquer massa dessas há um raio crítico em que qualquer matéria é comprimida num tal grau que, na prática, a isola do resto do Universo. Ele enviou o seu artigo com estes cálculos a Einstein, que o apresentou na Academia Prussiana das Ciências, em 1916. Esse raio crítico é agora denominado «raio de Schwarzschild».

O que o raio de Schwarzschild mede é o «horizonte de eventos» de um buraco negro, ou seja, a linha de fronteira interior da qual nada pode sair. No centro de um buraco negro está uma «singularidade», o nome que os físicos dão a uma entidade à qual as leis comuns da física não se aplicam.

Há dois tipos de buracos negros, que se distinguem por estarem em rotação ou não. Os que não estão em rotação são denominados «buracos negros de Schwarzschild», e têm uma só singularidade no seu núcleo e um horizonte de eventos. Se o núcleo está em rotação — e a maior parte dos buracos negros são deste tipo, porque as estrelas a partir das quais se formaram estavam em rotação — haverá duas outras características. Uma é uma ergosfera, uma região do espaço, em forma de ovo, fora do horizonte de eventos, e que tem essa forma porque foi distorcida pela gravidade do buraco negro, que arrasta o espaço-tempo envolvente. A segunda característica adicional é o *limite estático,* a fronteira entre a ergosfera e o espaço normal. Se, por erro, uma pessoa fizesse a sua nave espacial passar pela ergosfera, ainda haveria hipótese de sair pelo limite estático, explorando a energia da rotação do buraco negro. Mas depois de passar o horizonte de eventos não poderia voltar para trás.

Apesar de nada se saber sobre a singularidade localizada no núcleo de um buraco negro, a massa deste, assim como a sua carga elétrica e momento angular (a taxa de rotação), pode ser calculada. Isto não se faz diretamente, mas antes por meio do comportamento dos objetos nas proximidades do buraco negro: a oscilação ou rotação de uma estrela próxima; os efeitos da lente gravitacional, que ocorrem quando a luz é desviada pela gravidade do buraco negro, como o prevê a teoria da relatividade geral; emissões de raios X provocados por um buraco negro que atrai matéria de uma estrela próxima e a aquece tanto devido à compressão provocada pelo campo gravitacional («sobreaquecimento») que a matéria emite raios X; entre outros métodos. Julga-se também que os buracos negros com massas supermassivas (massas milhares de milhões de vezes maiores do que o Sol) podem expelir jatos de matéria a grande velocidade, presumivelmente da ergosfera, e podem emitir sinais de rádio poderosos.

Os buracos negros são entidades tão exóticas que sugerem outras ideias. Uma delas foi avançada em 1963 pelo matemático Roy Kerr, que sugeriu uma maneira de os buracos negros se poderem formar sem uma singularidade no núcleo, de modo que, nesse caso, voar para um buraco negro não teria como resultado ser esmagado até um ponto infinitesimal, podendo antes ter como resultado ser lançado para o outro lado, num tempo diferente ou até num Universo diferente, através de um «buraco branco» — o inverso de um buraco negro, ou o seu outro lado, que expele matéria, em vez de sugá-la.

Esta foi uma sugestão para fazer viagens no tempo ou para visitar outros universos (se houver mais de um Universo existindo em paralelo ou como favos de mel). Outras sugestões — por exemplo, a existência de «buracos de minhoca» na tessitura do espaço-tempo curvo permitiria fazer atalhos no tempo — não levantam a hipótese da ausência de singularidades no núcleo dos buracos negros.

O modelo cosmológico padrão do Universo tem na sua base a teoria do *Big Bang* quanto à sua origem. Um resumo compósito desta teoria, combinando a ideia de um Universo em expansão com ideias influentes acerca de como ocorreu o primeiro momento da expansão, dá origem a uma imagem que o faz começar a existir há 13,72 mil milhões de anos, numa «singularidade» que, a partir de uma expansão imensamente rápida nas primeiras frações infinitesimais de segundo, puseram o Universo no caminho que conduziu à condição atual.

A origem da teoria do *Big Bang* está na observação feita em 1929 pelo astrónomo Edwin Hubble de que o Universo está em expansão. Poucos anos antes, Hubble estabelecera que o Universo não se limita à galáxia da Via Láctea, na qual se encontra o nosso sistema solar, e é muitíssimo mais vasto, incluindo mais de muitas galáxias como as nossas — segundo as estimativas atuais, há ao todo *dois biliões* de galáxias. A observação de que esta vastidão se encontra, além disso, em expansão em todas as direções foi uma surpresa ainda maior.

Que o Universo está em expansão implica que, em pontos anteriores da sua história, tudo estava mais próximo; fazer o relógio andar para trás acaba por nos dar tudo esmagado num ponto de partida. Esta ideia foi sugerida em 1927 pelo físico Georges Lemaître (um padre que deu aulas de ciência na Universidade Católica da Lovaina), de modo que quando, dois anos depois, Hubble notou que quanto mais longe estão as galáxias, mais depressa se deslocam — o que é evidenciado pelo facto de a luz que emitem se desviar cada vez mais para a extremidade vermelha do espetro eletromagnético — a ideia decorrente de um acontecimento de nascimento era inevitável.

Na verdade, o nome «*Big Bang*» foi introduzido como piada pelo proponente da então rival «teoria do estado estacionário», segundo a qual o Universo existe eternamente, passando a matéria a existir espontaneamente no vácuo do espaço. Mas o nome ficou, e deixou de ser uma piada.

A investigação posterior das possibilidades sugeridas incluiu, como hipótese atualmente mais cotada, a ideia já mencionada: que o primeiro instante da existência do Universo consistiu numa singularidade que extremamente depressa — em frações infinitesimais do primeiro segundo — «inchou» e deu origem ao estado primordial mais antigo do Universo, a partir do qual tem continuado a expandir-se e a desenvolver-se. Nada surpreendentemente, isto é conhecido como «modelo inflacionário».

Mesmo no início da história do Universo, declara a teoria, o que um momento antes não era coisa alguma é depois um plasma imensamente quente que, à medida que arrefecia depois de 10^{-43} segundos da sua história (o «tempo de Planck»), passou a consistir num número quase igual de partículas de matéria e de antimatéria que se aniquilam mutuamente quando colidem. Devido a uma ínfima assimetria na ordem inicial a favor das partículas de matéria, de cerca de uma parte por mil milhões, o domínio da matéria aumentou à medida que o Universo envelheceu, de modo que as partículas de matéria puderam interagir e decair da maneira como o descrevem as teorias atuais da estrutura da matéria. À medida que a «sopa de *quarks*» inicial arrefeceu, chegando a cerca de três biliões Kelvin, uma «transição de fase» levou à formação de partículas pesadas, os protões e neutrões, e depois as partículas mais leves, os fotões, eletrões e neutrinos. (Um exemplo mais conhecido de uma transição de fase é a transformação da água em gelo quando a temperatura atinge os zero graus Celsius.)

Entre um e três minutos depois do *Big Bang* começou a formação de hidrogénio e hélio, sendo estes os elementos mais comuns do Universo, numa proporção de cerca de um átomo de hélio por cada dez de hidrogénio. Outro elemento que se formou no processo primordial da nucleossíntese foi o lítio. À medida que o Universo continuava a expandir-se, a gravidade começou a operar sobre a matéria nele presente, despoletando o processo de formação de estrelas e galáxias.

A observação de Hubble da expansão do Universo consistiu em reparar que, em todas as direções em que se olhe para o céu, (quase) todas as galáxias se deslocam para longe de nós, e que a taxa de afastamento é proporcional à distância. Esta é a «lei de Hubble»: quanto mais distantes estão as galáxias, mais depressa se afastam de nós. Para compreendê-la, imagine-se que a nossa galáxia é uma passa na massa de um bolo que está a crescer no forno quente; do ponto de vista da nossa passa, todas as outras estão a ficar cada vez mais longe, à medida que a massa se expande em todas as direções, e, quanto mais longe estão, mais depressa se afastam, como o declara a lei de Hubble.

A velocidade e distância das galáxias podem ser calculadas medindo o grau em que a luz que emitem sofre um desvio para a extremidade vermelha do espetro. A luz comporta-se de maneira análoga ao «efeito de Doppler» do som, que é ilustrado pela maneira como o ruído de um carro fica cada vez mais grave à medida que se afasta de um observador. De maneira semelhante, à medida que uma fonte de luz se afasta de um observador, a luz que dele se desprende exibe cada vez mais um desvio para o vermelho. Se uma fonte de luz estiver a vir na direção de um observador, a sua luz sofre um desvio para a extremidade azul do espetro. Logo, quanto maior for o desvio para o vermelho, mais rapidamente a fonte de luz se afasta, e mais longe se encontra.

A teoria do *Big Bang* recebeu um forte apoio da observação da radiação cósmica de fundo de micro-ondas, que foi deixada pela história mais antiga do Universo. Esta observação valeu o prémio Nobel de 1978 da Física aos dois astrónomos que a levaram a cabo, Arno Penzias e Robert Woodrow Wilson — que inicialmente pensou que o fenómeno que estavam a observar era provocado por excrementos de pássaro que teriam caído no equipamento. É também apoiada pela observação de que a maior parte dos elementos abundantes do Universo são o hélio e o hidrogénio, tal como a teoria do *Big Bang* prevê.

A versão comum da teoria do *Big Bang* exige uma justificação matemática consistente das propriedades de grande escala do Universo, e a fundação dessa explicação é uma teoria da gravidade que explica como as grandes estruturas do Universo interagem. Isto é a teoria da relatividade geral de Einstein, que dá uma descrição da geometria curva do espaço-tempo e fornece equações que descrevem como funciona a gravidade.

O modelo cosmológico padrão pressupõe que o Universo é homogéneo e isotrópico, ou seja, que as mesmas leis operam em todo o lado e que nós (os observadores) não ocupamos uma localização espacial especial — donde se segue que o Universo parece o mesmo a quaisquer observadores, seja onde for que estejam. Estes pressupostos, conjuntamente conhecidos como «princípio cosmológico», são apenas isso: pressupostos, e são, é claro, suscetíveis de ser postos em causa — e há realmente questões que se levantam, nomeadamente como as propriedades do Universo tiveram tempo suficiente para evoluir (especialmente na sua história mais remota) de maneira a ser o que hoje são. Isto é conhecido como o «problema do horizonte». O modelo inflacionário é uma resposta a este problema, e tem a vantagem de invocar leis conhecidas da física para explicar a maneira como as propriedades do Universo emergiram depois dos primeiros momentos infinitesimais. Há outras respostas, menos conservadoras, algumas das quais exigem ajustes às equações de Einstein, ou que exigem, mais em geral, que se aceite a ideia de que os valores do que agora pensamos que são as constantes da natureza (como a velocidade da luz) poderiam ser diferentes no início do Universo. Estas respostas menos conservadoras são suscitadas por quebra-cabeças que a teoria atual enfrenta. O maior deles diz respeito à matéria e à energia negras, que será discutido mais à frente. Mas mesmo que estes enigmas não existissem, há outros que têm atormentado a cosmologia desde as observações de Hubble.

Um desses quebra-cabeças é se o Universo irá continuar a expandir-se para sempre, ou se a gravidade irá acabar por desacelerar a sua expansão e depois puxá-lo para um eventual «*Big Crunch*» — que será, talvez, se o ciclo se repetir sem parar, um novo *Big Bang* que dá início a tudo outra vez. A resposta depende da densidade do Universo. Calcula-se esse valor a partir da densidade da nossa galáxia e de outras próximas, e extrapolando o valor para todo o Universo — o que envolve o pressuposto de que ele é homogéneo em todo o lado, algo que poderá haver razão para pôr em dúvida. Isto é a *densidade observada*. A taxa desta densidade com respeito à *densidade crítica* — a densidade do Universo que, tal como se consegue calcular, iria acabar por fazer parar a expansão — é conhecida como *ómega**. Se ómega* for menor ou igual a 1, então o Universo irá expandir-se e arrefecer até ao ponto de extinção (uma *morte fria*). Se for maior do que 1, irá deixar de se expandir e começar a contrair-se, sofrendo uma catastrófica morte explosiva num *Big Crunch*.

Por razões de conveniência teórica, a ómega* atribui-se o valor 1. As medições que se fazem por observação sugerem que é de cerca de 0,1, que, se for correta, prevê a expansão continua até ao cenário da morte fria.

Apesar de a teoria do *Big Bang* ser uma das mais largamente adotadas pelos cosmólogos, e a mais bem atestada observacionalmente, não é alheia a controvérsias. Uma rival histórica da teoria, já mencionada, é a teoria do estado estacionário avançada por Fred Hoyle e Hermann Bondi, entre outros, que levanta a hipótese de o Universo existir infinitamente na mesma densidade média, com a nova matéria a ser espontaneamente gerada nas galáxias, a um ritmo igual ao ritmo em que os objetos distantes ficam inobserváveis nas fronteiras do Universo em expansão. Hoyle e Bondi aceitaram que o Universo deve estar em expansão, porque num Universo estático a energia das estrelas não poderia ser dispersa e acabaria por aquecer, acabando por o destruir. O ritmo de aparecimento da nova matéria exigido pelo estado estacionário só precisa de ser minúsculo — um único nucleão por quilómetro cúbico por ano.

À parte a descoberta da radiação cósmica de fundo, que sustenta fortemente o modelo do *Big Bang*, outra razão para haver ceticismo quanto à teoria do estado estacionário é que o seu pressuposto de que o Universo não muda parece refutado pela existência de *quasares* (objetos quase estelares) e de galáxias de rádio só em regiões distantes dele, mostrando que o Universo remoto era diferente do que é hoje. A distância no espaço é paralela à distância no tempo; olhar para objetos distantes no espaço é vê-los na história do Universo; se no passado era diferente, não é um estado estacionário.

Há inúmeros rivais da teoria do *Big Bang*, na forma de modelos alternativos: a «cosmologia de plasma», o «modelo ecpirótico» e a «cosmologia cinética subquântica», entre outros. Estas alternativas têm diferentes graus de plausibilidade.

A cosmologia de plasma foi sugerida nos anos sessenta do século XX pelo físico Hannes Alfvén, que ganhou o prémio Nobel devido ao seu trabalho com plasmas. Alfvén sugeriu que o eletromagnetismo é tão importante como a gravidade nas escalas cosmológicas, e que as galáxias se formam devido ao seu efeito nos plasmas. Esta ideia tem sido reavivada em conexão com o problema da matéria negra.

O modelo ecpirótico (do grego «fora do fogo») é sugerido pela teoria das cordas e sustenta a ideia de um Universo infinitamente cíclico. Levanta a hipótese de que o início original do Universo quente e em expansão foi provocado pela colisão de dois universos tridimensionais precursores, juntamente com uma dimensão adicional. Os dois universos misturaram-se, e a energia de ambos converteu-se para as partículas (*quarks* e leptões) deste Universo tridimensional. Os dois universos precursores colidiram em todos os pontos quase simultaneamente, mas um ponto de não-simultaneidade ocasional deu origem a variações de temperatura na radiação de micro-ondas de fundo e à formação de galáxias.

A cosmologia cinética subquântica oferece uma teoria de campo unificada, a partir da maneira como sistemas de reação de não-equilíbrio geram padrões de onda auto-organizados que, por hipótese, dão origem continuamente a matéria no Universo — uma versão sofisticada da teoria do estado estacionário.

Estes modelos rivais do *Big Bang* têm a sua força motriz nos esforços para resolver os seus problemas ou responder às críticas que lhe são feitas. Algumas das críticas que enfrenta são as seguintes: para se harmonizar com a observação tem de ajustar parâmetros, como o parâmetro de desaceleração cósmica ou os que dizem respeito à relativa abundância de elementos no Universo. Tem de explicar por que razão a temperatura da radiação cósmica de micro-ondas de fundo é o resíduo do calor do *Big Bang*, e não o aquecimento do espaço devido à radiação das estrelas. Tem de dar conta do facto de o Universo ter uma estrutura demasiado grande para se ter formado há apenas treze ou catorze mil milhões de anos, precisando assim do modelo inflacionário para tornar consistente, de maneira *ad hoc* e que não pode ser testada, a idade aparente do Universo e a idade mais dilatada que é necessária para se dar a formação das suas estruturas. Um exemplo particular é que alguns aglomerados globulares parecem mais antigos do que a idade calculada do Universo. Alguns observadores defendem que as galáxias mais distantes do Universo — e por hipótese, consequentemente, as mais velhas —, que se encontram no «campo profundo de Hubble», mostram um nível de evolução em descompasso com a sua suposta idade.

E talvez o mais enigmático de tudo: a teoria do *Big Bang* exige que aceitemos que não sabemos coisa alguma acerca de 95 por cento do Universo, que tem de assumir a forma de matéria e energia negras; a primeira explica a distribuição e as relações das galáxias observadas e dos seus aglomerados, e o outro misterioso ingrediente — a energia negra — empurra o Universo a um ritmo cada vez maior, aceleração esta que só parece ter começado aproximadamente a meio da sua vida conhecida.

Contudo, como revela o que se viu até agora, tanto a teoria quântica como a cosmologia, individualmente, têm fundamentos poderosos e apoiam-se fortemente na experiência e na aplicação, apesar das questões em aberto e dos quebra-cabeças. De modo que é uma questão irritante o facto de parecem irreconciliáveis, alimentando assim a procura de uma teoria unificadora que combine uma compreensão do fenómeno de larga escala da gravidade, com teorias sobre a estrutura e as propriedades do nível quântico. Isto revelou-se extremamente difícil de fazer, mas uma das maneiras aparentemente mais promissoras é a teoria das cordas, uma primeira versão da qual foi debatida no início dos anos oitenta do século XX.

A teoria das cordas postula a existência de minúsculas linhas e laços vibratórios semelhantes a cordas, de cujas vibrações emergem os fenómenos da gravidade e das partículas elementares. A teoria consegue esta impressionante unificação propondo, primeiro, que há nove dimensões espaciais, seis das quais estão tão minuciosamente enroladas que não são detetáveis; e, em segundo lugar, admitindo a intervenção de certos pressupostos, entre eles que há uma geometria de fundo imutável, e que a constante cosmológica — o grau de energia no Universo que Einstein introduz como hipótese para contrariar o puxão gravitacional da massa do Universo — é zero.

A matemática que descreve as cordas e o seu comportamento é bela e as leis que são necessárias para reger o comportamento das cordas são elegantes e simples. Estes factos, juntamente com o poder da teoria para alcançar o graal da unificação (em versões «supersimétricas» — veja-se abaixo — a teoria unifica todas as partículas de matéria e energia, os fermiões e os bosões), são razões atraentes para pensar, como alguns dos seus proponentes, que «*tem* de ser verdadeira».

Um pouco mais de detalhe explica porquê. A teoria da relatividade oferece ideias sagazes sobre o Universo, e as outras teorias — sobre o *Big Bang*, a evolução das galáxias, as estrelas e planetas, os buracos negros, os efeitos de lente gravitacional, as órbitas planetárias, e muito mais — dependem dela. A teoria quântica não tem aqui qualquer papel a desempenhar; o Universo em larga escala é encarado como um domínio puramente clássico. Mas pela mesma ordem de ideias, a teoria quântica funciona muito bem como descrição do domínio microscópico, onde a gravidade é ignorada. Caso se encontrasse uma maneira de ligar as duas teorias, quase certamente numa terceira teoria que as abrangesse, isso exigiria a existência de uma partícula que transportasse a força gravitacional, um *gravitão,* com uma propriedade particular, nomeadamente, massa zero e duas unidades de *spin*. Esta ideia foi comum na física durante bastante tempo, mas apenas como proposta, com base na ideia de que a matemática de adicionar gravitões à mistura quântica simplesmente não funciona. As partículas podem interagir à distância zero, mas o esforço para obrigar os gravitões a fazê-lo — o que seria preciso que fizessem — não faz matematicamente sentido; aparecem infinitos nos cálculos.

Então, no início dos anos oitenta do século XX, uma coincidência feliz sugeriu uma maneira de avançar. As cordas foram inicialmente propostas num esforço para explicar a relação entre o *spin* e a massa dos hadrões, as partículas compostas elementares — protões e neutrões — que consistem de combinações de *quarks*. A ideia não funcionou bem, e uma alternativa, denominada «cromodinâmica quântica», revelou-se mais bem-sucedida. Mas ver partículas como cordas estimuladas permite a existência de partículas com massa zero e duas unidades de *spin,* e permite também que as interações entre elas possam espalhar-se de maneira a resolver a matemática das interações entre as partículas. Isto foi uma descoberta fenomenal, e a ideia que a acompanhou foi que a teoria das cordas poderia constituir finalmente a teoria da gravidade quântica que se procurava desde há tanto tempo e que tanto se desejava.

Alguns teorizadores, contudo, dão voz a fortes reservas com respeito à teoria das cordas, sobretudo porque não há qualquer formulação completa da teoria, e porque ninguém propôs quais seriam os seus princípios básicos, nem especificou quais seriam as suas equações principais. E o pior para uma teoria científica, dado que a ciência vive e morre com base neste ponto crucial, é que a teoria das cordas não faz quaisquer previsões diretamente testáveis, porque o número das interpretações possíveis é muito vasto. Na verdade, muitos dos seus defensores falam de uma «paisagem» infinitamente vasta de muitas teorias das cordas possíveis. Para desconsolo dos críticos, este último facto levou alguns dos seus proponentes mais antigos a defender que a verificação experimental da teoria não é necessária — a simples elegância da matemática em que se exprime, afirmam, é suficientemente persuasiva.

Outros defensores da teoria das cordas invocam também o «princípio antrópico» — o facto bruto de as constantes fundamentais da física e da química exibirem um ajuste perfeito, precisamente de maneira a produzir e alimentar a existência de vida no nosso planeta — como saída da dificuldade de, se não fosse isso, nenhuma versão específica das muitas interpretações da teoria se apresentar como exclusivamente correta.

Devido à importância da física fundamental e do poder aparente da teoria das cordas no seu seio, é importante que a questão da testabilidade esteja no centro do debate. Para os críticos, é isto o mais preocupante, pois vai além de questões acerca da teoria propriamente dita: atinge a própria base da cultura científica. E isto mesmo que se aceite que não há qualquer método único correto que se aplique a todos os ramos da ciência, pois aquilo que os une a todos, enquanto tal, é que respondem a testes e conformam-se à natureza. Pressupõe-se que estes dois aspetos são o *sine qua non* que tem de observar seja o que for que se descreva apropriadamente como ciência.

É aqui que o problema dos critérios se faz notar. A simplicidade, elegância e beleza são suficientes como critérios para justificar a adoção de uma teoria? Quando duas ou mais teorias empiricamente adequadas entram em conflito, «critérios extrateóricos» desse género podem ser invocados para decidir entre elas. Fazê-lo é suficientemente controverso, nesses casos; mas se a «beleza» e os outros critérios são a única razão para escolher uma teoria, que justificação se pode oferecer? Pois recorde-se que o juízo de beleza será baseado nas reações humanas à aparência que as coisas têm quando são vistas pelo buraco da agulha através do qual tentamos ver a natureza.

Se há algo que possa contar como um teste da teoria das cordas, é a possibilidade de o trabalho empírico poder mostrar que a velocidade da luz terá variado ao longo da história do Universo. Seja o que for que mostre que a teoria da relatividade geral poderá precisar de ajustes irá pôr a teoria das cordas em causa, pois esta pressupõe que a teoria da relatividade geral está correta.

Outra possibilidade é que os aceleradores de partículas de alta energia, como o que se encontra no CERN, na Suíça, possam descobrir os pares *supersimétricos* das partículas atualmente conhecidas, o que forneceria provas experimentais a favor da família de teorias das cordas que levanta a hipótese de todo o bosão ter um fermião como par (sendo este emparelhamento conhecido como *supersimetria*). Os pares supersimétricos propostos de partículas conhecidas não foram ainda detetados pelos meios experimentais atuais; para encontrá-los, caso existam, é preciso ter aceleradores de partículas de alta energia — atingindo energias a que o CERN ainda não pode chegar, e que talvez seja incapaz de gerar.

De modo que a teoria das cordas poderá ser testável indiretamente, afinal, dado que poderia ficar comprometida ou confirmada por estes meios, apesar de, por si própria a teoria pouco diga que possa ser sujeitado ao escrutínio da experiência.

Mas para quem é cético com respeito à teoria das cordas, é também importante que a física acolha e encoraje várias outras abordagens dos cinco problemas fundamentais que esta ciência enfrenta, só um dos quais — o problema da unificação — tem resposta por parte da teoria das cordas. Os outros problemas são os seguintes: primeiro, é preciso dar sentido à própria mecânica quântica, que está cheia de quebra-cabeças e anomalias por resolver; o mundo quântico parece-nos estranho, e a sua estranheza sugere que algo mais fundamental está por descobrir. O segundo problema, relacionado com este, é a necessidade de determinar se todas as partículas e forças do modelo padrão podem ser entendidas em termos de uma teoria mais abrangente que os descreva como manifestações dessa realidade mais profunda que se pensa, por hipótese, que existe. O terceiro é explicar por que razão os valores das constantes livres da natureza — os números que descrevem (por exemplo) as massas dos *quarks* e as intensidades das forças que ligam o átomo — são como são. E o quarto é encontrar uma explicação de dois fenómenos enigmáticos que as observações astronómicas recentes parecem revelar: as já mencionadas matéria e energia negras.

As abordagens que poderão dar uma ajuda em algum destes grandes problemas, ou em todos, incluem a «gravidade quântica em *loop*» (LQG), a «relatividade especial deformada» (DSR) e a «dinâmica newtoniana modificada» (MOND). Ao contrário da teoria das cordas, todas fazem previsões testáveis, e se estiverem erradas, pode mostrar-se que o estão.

A LQG sugere que se quantize os campos gravitacionais (*quantizar* significa restringir o número permissível de valores que uma variável pode assumir) ao nível da escala de Planck em *redes de spin,* reconciliando desse modo a gravidade com o facto de a estrutura da matéria ser, em si, quantizada. Uma vantagem da LQG relativamente à teoria das cordas é que não exige mais dimensões espaciais.

A DSR acrescenta à invariabilidade da velocidade da luz o conceito de invariabilidade dos valores do «comprimento de Planck» e da «energia de Planck». Isto ajuda a lidar com o problema de diferentes observadores que podem discordar acerca do valor da energia de Planck, nos seus respetivos quadros de referência inerciais, o que torna difícil escrever «leis de transformação» entre os seus quadros de referência, e por isso torna também difícil reconciliar a gravidade com a teoria quântica.

A MOND oferece uma explicação alternativa da razão pela qual as estrelas nas galáxias têm velocidades mais elevadas do que a mecânica newtoniana prevê. É uma alternativa à matéria negra, como explicação deste fenómeno, e envolve o ajuste da relação entre uma estrela e o centro de massa da sua galáxia, por exemplo, dizendo que a força gravitacional varia em intensidade com o raio da sua órbita, e não com o quadrado do raio.

A questão da testabilidade é a questão capital para os críticos da teoria das cordas, e é por essa razão que a contrastam desfavoravelmente com estas outras abordagens possíveis, caracterizando-a como metafísica (no sentido pejorativo do termo) e não como física.

Um correlativo da tese de que a experimentação e a observação estão no coração da ciência é que são vazias aquelas ideias consistentes com tudo o que a natureza diz — de positivo e de negativo — acerca delas; ideias que não podem ser testadas contra a natureza estão sob suspeita até se encontrar uma maneira de as sujeitar a um interrogatório empírico. Este compromisso é o fator mais importante da ciência, a sua exigência irrevogável: tem de se ancorar em dados experimentais repetíveis.

Uma breve reflexão faz emergir uma pergunta: o que quer este compromisso realmente dizer? Esta pergunta está presente em toda a secção seguinte.

4.

PELO BURACO DA AGULHA

A pergunta formulada no fim da secção anterior diz respeito ao que dizer quando a investigação científica vai além dos limites atuais da experimentação, e flutua num oceano de possibilidades demasiado profundo para essa ancoragem. A teoria das cordas e a teoria da multiplicidade dos mundos são tipicamente citadas como exemplos de especulação na física, como também as ideias de que o Universo é um holograma, ou é só informação, ou é como é para que seres inteligentes possam existir (o «princípio cosmológico antrópico») — ideias que não podem ser sujeitas a testes experimentais. Um experimentalista intransigente poderia perguntar se estas especulações são sequer ciência. Não serão outra coisa completamente diferente — nomeadamente, metafísica?

Um primeiro passo para abordar esta questão é fazer uma distinção entre hipóteses a favor das quais, em termos práticos, a experimentação não se pode (ainda) levar a cabo, devido a limitações de custos ou de dimensionamento, e aquelas especulações para as quais é em princípio impossível conceber um teste. Em termos de política científica, é questionável se devemos alguma vez dizer que a experimentação é «em princípio impossível»; a engenhosidade humana, as descobertas noutras áreas da ciência, a demolição empírica de algumas partes de teorias que atualmente se aceita e que subjazem às especulações em questão, entre outras coisas, poderão mudar a situação. E, em qualquer caso, dizer que é *em princípio impossível* fazer tal e tal é uma forma de derrotismo, em contraste com o qual a aspiração é uma alternativa muitíssimo melhor.

Um segundo passo é fazer notar que a chave para a especulação vale a pena — usando esta palavra para denotar a formulação de hipóteses aventurosas ou aparentemente extravagantes — que não pode (ou que ainda não pode) ser sujeita a testes experimentais, é a natureza da sua ligação a teorias já testadas. Nesta base, pode-se montar um argumento como se passa a expor.

A inferência disciplinada que parte das teorias atuais e chega à paisagem de possibilidades que aquelas sugerem é mais do que aceitável; é necessária. É assim que se abrem novas linhas de investigação. Quando um campo de investigação chegou ao limite experimental, o número de maneiras possíveis de avançar aumenta, e com elas o papel a desempenhar pela imaginação — que é o que está a acontecer nos campos mencionados. Mas caso se restrinja em alguma medida a especulação por não se perderem de vista as teorias atuais, e se a imaginação for disciplinada, e se tanto quanto possível «salvar as aparências» das teorias atuais, como Aristóteles exigiu há muito tempo a toda a formulação de hipóteses, e se não tiver como premissa noções que não têm plausibilidade do ponto de vista das perspetivas atuais, então merece o nome de ciência.

Um proponente de um argumento deste género reconhecerá que novas propostas poderão acabar por fazer rever a ciência atual, ou poderão chegar a pontos muito distantes das teorias atuais, derrubando-as inteiramente, talvez. A ideia de que deverá haver sempre uma ligação que confira plausibilidade ao entendimento atual não pretende impossibilitar qualquer uma destas coisas; trata-se antes de a jornada conceptual que chega a qualquer ponto para lá das teorias atuais ter de estar conectada a estas últimas por meio de passos suscetíveis de explicação. Vemos (nos casos habituais) como as teorias evoluem e se adaptam, ou por que razão novas provas e melhores razões podem exigir que se substitua um paradigma por outro.

Se as experiências levadas a cabo no CERN não tivessem detetado uma partícula de energia Higgs no nível previsto, completando desse modo o modelo padrão do átomo, teria começado uma nova e emocionante tentativa de compreender como as partículas elementares adquirem massa. Houve várias especulações sobre o tema antes de ocorrer a confirmação empírica do bosão de Higgs. Mas nenhuma envolvia ideias inteiramente desconectadas do que a experimentação revelara até então acerca da estrutura atómica. Ninguém tentou explicar por que razão os eletrões têm muitíssimo menos massa do que as partículas nucleares especulando que (digamos) gnomos de grandes dimensões se sentam nos protões e nos neutrões, ao passo que nos eletrões só se sentam os gnomos de pequenas dimensões.

Uma vez mais, a matemática elegante que sugere uma paisagem vasta de ideias sobre como as quatro forças da natureza poderiam ser redutíveis a uma única — as teorias das cordas — não é uma mera fantasia; as especulações têm as suas raízes (algo distantes, sim) no modelo padrão. Do mesmo modo, os quebra-cabeças acerca da matéria e da energia negras, ou por que razão as constantes da natureza têm os valores que têm, e que sentido dar ao colapso da função de onda que transforma um conjunto de probabilidades num valor definitivo — considere-se a resposta que dá a teoria da multiplicidade dos mundos — emergem, em si, de teorias que foram testadas até níveis aprimorados de precisão, e que estão subjacentes a muitas das tecnologias que usamos constantemente: os transístores nos nossos *smartphones*, os seus ecrãs de LED, a eletricidade que fornece as nossas casas a partir de centrais nucleares, e não só. A maior parte dos proponentes destas perspetivas comprometem-se com a aceitação da ideia de que a experimentação e a observação, ainda que sejam indiretas e que exijam um trabalho de detetive extremamente subtil, não são de excluir *em princípio*. É este facto sobremaneira importante que impede essas ideias de ser mera ficção científica, ou fantasia, fazendo pelo contrário parte legítima da ciência propriamente dita.

Este argumento é muitíssimo recomendável. Mas não acaba com as várias ideias suscitadas pelos problemas que atormentam a aquisição de conhecimento nas suas fronteiras: os problemas de Ptolemeu, do buraco da agulha, da metáfora, do mapa, do critério e da verdade.

O problema de Ptolemeu diz respeito ao facto de a eficácia de uma dada teoria para um dado conjunto de propósitos não ser garantia da sua verdade. A perspetiva ptolemaica do Universo põe a Terra no centro e foi engenhosamente concebida para explicar o movimento dos planetas — *planetoi* quer dizer «vagabundo» em grego — que parecem deambular pela face das estrelas fixas, de maneiras aparentemente inconstantes, andando por vezes para trás (movimento retrógrado) e parecendo por vezes mais próximos e outras mais longe. O modelo de Ptolemeu é um esquema elaborado no qual os planetas se deslocam em epiciclos, ou pequenas órbitas, à volta de um deferente ou órbita mais vasta, que se centra num ponto, o «excêntrico», localizado entre o planeta em questão e a Terra. As estrelas fixas estão agarradas a uma esfera celestial para lá da esfera planetária. Este esquema funciona bastante bem para prever as posições dos planetas e os eclipses, e para navegar nos oceanos; mas é puramente instrumental, no seu limitado domínio, e não fornece o que a astronomia atual consideraria uma descrição das «verdadeiras» posições e movimentos dos planetas e estrelas.

A moral da história é que só porque uma teoria «funciona» isso não significa que seja verdadeira. Geralmente, não o pressupomos: se uma vacina nos protege contra uma infeção, a teoria subjacente da vacinação — que uma versão inerte de um patógeno pode estimular o sistema imunitário para ficar pronto a lidar com a sua versão viva — parece ter sido provada desse modo. Mas continua a ser verdadeiro que, apesar de o apoio empírico da teoria aumentar a probabilidade de ser correta, mesmo uma probabilidade muitíssimo elevada não desaloja a possibilidade de estar errada. Esta é uma das razões pelas quais a ciência é encarada, enquanto princípio metodológico, como refutável, e é por isso que o grau de probabilidade de que os resultados das experiências não sejam o resultado de erros ou de outros fatores tem de ser muitíssimo elevado.

Qual é o estatuto do problema de Ptolemeu enquanto obstáculo potencial às nossas aspirações ao conhecimento? A resposta mais convincente é que, ainda que possa suscitar cautela, não corre o risco de fazer descarrilar a procura do conhecimento. Isto aplica-se sem reservas ao *saber-como*, onde, em qualquer caso, o objetivo é ser prático, e não dar explicações. O grande corpo de conhecimento é indiferente ao problema de Ptolemeu, porque a eficácia de uma técnica ou dispositivo é indiferente do que se escolhe como explicação. Claro que compreender a razão de ser do funcionamento de uma coisa qualquer é tanto interessante em si como uma fonte potencial de aperfeiçoamento e de aplicações análogas; mas a alavanca e o ponto de apoio já eram usados, muito antes de Arquimedes explicar os princípios subjacentes.

Contudo, o significado da consideração de Ptolemeu para a questão em causa — será que nada pode ser ciência, a menos que admita teste experimental? — é que os resultados dos testes experimentais que corroboram hipóteses não *resolvem* as questões, nem para um lado nem para o outro. O filósofo da ciência Karl Popper introduziu a noção de «falsificação», em resposta à observação de que um resultado experimental positivo não é prova de verdade, para defender que o melhor a que podemos almejar é a refutação de uma hipótese, mostrando que o que ela prevê não acontece. Mas, em resposta, houve quem defendesse que um resultado contrário à previsão não refuta mais uma hipótese do que um resultado que com ela se alinhe a confirma. Um caso retira confiança na hipótese e o outro dá-nos mais confiança, sim; mas nenhum dos casos resolve a questão inequivocamente. Acontece amiúde que outros fatores — coerência interna; consistência com teorias prévias; simplicidade; a elegância da matemática em jogo — aumentam o grau de plausibilidade de um resultado, ou, se ao mesmo tempo não tiverem um resultado experimental negativo, militam ainda mais contra a hipótese infeliz.

Que impacto tem isto nas hipóteses a favor das quais nenhuma investigação experimental é possível? Será que o facto de tais investigações não resolverem a questão, em qualquer caso, significa que os outros fatores — simplicidade, coerência, consistência com teorias prévias, matemática elegante — poderão ser suficientes, só por si? Afirmá-lo é separar a ciência da exigência *absoluta* de testes empíricos.

O que está aqui em questão é muitíssimo relevante para o problema do buraco da agulha: nomeadamente, que o ponto de partida de todas as nossas investigações é a natureza limitada e muito circunscrita da informação que temos disponível por perto, no espaço e no tempo, e que parte do nosso ponto de vista finito, permitindo-nos ter uma perspetiva do Universo (e do passado) como se fosse através de um buraco da agulha posicionado precisamente à nossa escala restrita. A pergunta formulada na Introdução é esta: levar-nos-ão os nossos métodos corretamente através do buraco da agulha e para lá dele?

É esclarecedor ter um sentido de escala para compreender a natureza do problema. Uma primeira tentativa para identificar as escalas mais ínfimas do Universo, e as maiores, citaria, respetivamente, o comprimento de Planck, $1{,}6 \times 10^{-35}$ metros, e a distância da Terra ao limite do Universo observável, $4{,}4 \times 10^{26}$ metros (46,5 mil milhões de anos-luz = 14,26 gigaparsec). Algumas pessoas gostam de salientar que isto nos põe no planeta Terra a meio caminho entre a dimensão de um átomo e a dimensão do Universo, e algumas pessoas, dessas algumas, gostam de descobrir um significado especial nessa ideia; mas a consideração mais interessante é especular se estas medidas mais ínfimas e maiores são (digamos) «o máximo a que conseguimos chegar» com teorias e observações, dadas as nossas limitações enquanto espreitamos pelo buraco da agulha. Ou seja, será que o que quer que é verdadeiramente fundamental para a realidade pode ser imensamente menor do que o comprimento de Planck, ou será o conceito de «comprimento» inaplicável e completamente inapropriado a esse respeito? E, por outro lado, poderá o Universo ser muitíssimo mais vasto do que observamos, apesar da matemática da teoria do *Big Bang*, por exemplo, por ser apenas uma bolha num multiverso, operando os outros universos-bolha com outras leis da física?

A razão de ser destas questões repousa em parte no facto de o que procuramos em termos de apoio testável e empírico para uma teoria científica consistir no que conseguimos alcançar ao alargar os nossos poderes de investigação — e, em última análise, isso significa alargar os nossos poderes de observação. Por seu lado, a observação é afetada pelos instrumentos: telescópios de diferentes tipos (de recolha de luz, de ondas de rádio, de raios gama; em montanhas, no espaço), microscópios (óticos e eletrónicos, entre outros), osciloscópios e outros dispositivos de medida e deteção, até ao Grande Acelerador de Hadrões do CERN. Todos estão ligados aos nossos poderes diretos de acesso empírico à natureza — os nossos cinco sentidos, e sobretudo a visão, a audição, e o tato — e aos nossos poderes mentais de inferência, comparação, análise e compreensão, como se fossem, com efeito, os seus ampliadores e potenciadores; mas estão a eles ligados, e isso é, em última análise, inelutável. Será um fator limitador o facto de esta exigência de teste empírico das teorias se ancorar, em última análise, nos nossos poderes cognitivos, porque em princípio só nos permitimos aceitar o que os nossos poderes muitíssimo paroquiais e limitados nos permitem investigar?

Uma ideia poderá ser que a matemática é outro instrumento — desta vez, um instrumento da razão, que alarga o alcance da investigação para abranger domínios a que os instrumentos físicos da observação não conseguem chegar. É precisamente esta ideia que subjaz à ideia de que a elegância da matemática em que a teoria das cordas se exprime (para usar um exemplo significativo) é tal que não se exige verificação experimental que use as outras «maneiras de ver»; deste ponto de vista, a elegância matemática é verdade física.

O esforço para ultrapassar os limites impostos pelo nosso ponto de partida junto do buraco da agulha tem como resultado grande engenhosidade na experimentação e na projeção de instrumentos para as levar a cabo. Isto enfraquece um aspeto do problema, pelo menos, pois apesar de a natureza da experiência e de como esta é conceptualizada serem inelutavelmente constructos humanos — ou seja, funções das capacidades cognitivas humanas — não se segue que a ciência é uma questão de mera subjetividade, porque o trabalho intersubjetivo e cooperativo elimina o *meramente* subjetivo, como se fosse por triangulação. A marca da investigação bem-sucedida e a sua potenciação teórica e experimental é a convergência: sempre que uma experiência pode ser reproduzida, a hipótese que está a ser testada — como se reconheceu já — ganha desse modo apoio. Mas uma linha de ideias acerca disto insiste que se trata ainda, no fim de contas, de um resultado do espírito humano que se aplica à compreensão do que encontra, e o espírito humano transporta para essa tarefa o seu caráter e os seus limites.

Para dramatizar o caso, considere-se os seguintes dois conjuntos de considerações, postas lado a lado: como se chega às quantidades de Planck, e a questão da relação entre a cognição e os seus objetos.

O comprimento de Planck (*Pl*) determina-se multiplicando a constante da gravitação (G) pela constante reduzida de Planck ($\hbar$), dividindo o resultado pelo cubo da velocidade da luz. Este último valor é muito elevado, razão pela qual *Pl* é muito pequeno — o menor comprimento que pode ser determinado combinando as constantes da natureza da maneira que acabámos de ver. Note-se que «constante» quer realmente dizer o que diz: a velocidade da luz, c, é fixa em todas as circunstâncias. Porque c é constante, as outras quantidades têm de mudar em relação a c: o espaço contrai-se e o tempo expande-se para quem viaja a uma fração elevada da velocidade da luz; quanto mais depressa a pessoa viaja, mais ela encolhe e mais devagar anda o seu relógio. Isto é a teoria da relatividade em ação.

Divida-se *Pl* por c e obtém-se o tempo de Planck, $5{,}4 \times 10^{-44}$ segundos. Há também a massa de Planck, que pelo mesmo tipo de álgebra se revela muito elevada, 10^{19} vezes mais elevada do que a massa de um protão. Para fazer um paralelo, recorde-se a famosa fórmula de Einstein, $E = mc^2$; caso se multiplique a massa aparentemente ínfima de uma partícula subatómica por c^2, o resultado é uma quantidade imensa de energia. Daí as bombas atómicas.[1]

Ora, o nosso cético quanto aos conceitos que usamos para fazer entrar a nossa compreensão pelo buraco da agulha poderá perguntar: «As dimensões de Planck derivam das constantes da natureza; o que acontece ao comprimento e ao tempo de Planck quando se viaja a grandes frações da velocidade da luz — contraem-se e dilatam, respetivamente? Se, como produtos da inter-relação das constantes, não o fizerem, em que medida é isto consistente com o que ocorre nas grandes escalas?» Estamos muito longe, de facto, de conseguir observar efeitos das dimensões de Planck por meios experimentais, mas uma questão, em qualquer caso, é se os conceitos em jogo fazem sequer sentido, nas escalas terrivelmente extremas aqui envolvidas. A estas escalas, a teoria quântica e a teoria da relatividade geral encontram-se (um fator a favor da gravidade quântica em laços [LQG], como se mencionou). Um ponto a salientar é que os valores das constantes, como parâmetros de descrições das propriedades de partículas elementares, dão resultados muito precisos na teoria conhecida como «eletrodinâmica quântica» (QED). O grau de precisão foi ilustrado por Richard Feynman, quando comentou que se lhe perguntassem a que distância está da Lua, ele poderia responder: «A partir da minha cabeça, ou dos meus pés?». E no seu livro *QED: A Estranha Teoria da Luz e da Matéria*, observa que por meio dela se poderia chegar a uma medição da distância entre Nova Iorque e Los Angeles que «teria uma precisão na escala da espessura de um cabelo humano». Feynman ganhou o prémio Nobel pelo seu trabalho na eletrodinâmica quântica.[2]

Ora bem, junte-se a estes pontos as considerações que se seguem acerca das capacidades cognitivas humanas. Para uma clarificação inicial intuitiva das questões acerca da relação entre a cognição e os seus objetos, repare-se em algo que é instrutivo quanto à investigação nas ciências sociais. A investigação nestes campos tem de ter consciência de dificuldades como o «efeito de Hawthorne», no qual os sujeitos que são objeto de estudo mudam os seus comportamentos por saberem que estão sendo estudados, ou o «efeito da expetativa do observador», no qual o investigador, habitualmente sem se dar conta disso, influencia o comportamento dos sujeitos que são objeto de estudo. O problema com o qual estamos mais familiarizados é o das distorções inconscientes do próprio investigador ao interpretar o que vê nos dados. Aqui, o investigador, ou a situação em que se encontra, interfere no que está sendo estudado, de modo que os fenómenos não estão a ser vistos pelo que são em si: antes são os fenómenos que emergem quando são estudados. Pense-se na observação de chimpanzés na selva: estamos observando chimpanzés, ou observando chimpanzés sob observação? Comportar-se-iam eles dessa maneira, caso não estivéssemos a olhar?

Nas ciências da natureza podem ocorrer fenómenos análogos. O ato de observar, e a presença e uso de equipamento de observação, não podem ser excluídos da consideração dos fenómenos observados. Estes são, respetivamente, os efeitos do observador e da sonda. Em que medida a preparação de um espécime para análise microscópica —

congelar, seccionar, fixar, colorir, montar, esmagar, manchar, ou quaisquer outros métodos — interfere no que se vê? Admite a diferença entre uma célula e uma célula preparada para a microscopia uma desconsideração bem-sucedida? A resposta é, no seu todo, «sim», ainda que, sem dúvida, os céticos militantes procurão persistir no seu ceticismo.

Na teoria do conhecimento, a questão da natureza e estrutura da cognição e da sua relação com os seus alvos é uma questão importante e muito discutida. Tome-se o caso mais simples: olhar à volta da nossa sala. Podemos descrever esta atividade comum invocando a neurologia da perceção visual — a luz refletida pelas superfícies dos objetos incide na lente do olho, que a foca na retina, cujos bastonetes e cones constitutivos são ativados e estimulam impulsos ao longo dos nervos óticos, até ao córtex visual primário, na região occipital do cérebro. Pode-se também descrevê-lo em termos de psicologia da perceção, na qual não nos limitamos simplesmente a ver: trata-se sempre de *vermos como* — ou seja, o ato de ver é intrinsecamente interpretativo porque o estímulo sensorial de entrada é, no próprio momento da chegada, subsumido sob categorias conceptuais que dizem à pessoa que vê (seja consciente, seja inconscientemente) o que ela está vendo, ou que pelo menos oferece uma teoria do que está vendo. Isto envolve memória, uma rede de conceitos organizadores sobre os tipos de coisas que se encontra na experiência visual e dos quais se seleciona algumas para classificar a coisa em questão, e uma quantidade significativa de computação sobre (variadamente) o estatuto, comportamento, qualidades e a sua importância, intenções e motivos, se a coisa vista for um agente de um tipo qualquer — e assim por diante. Deste modo, um ato comum de ver é, desde logo, muito complexo, e envolve muita atividade mental, consistindo na aplicação de um rico aparato de conceitos e de capacidades computacionais. «Ver» é assim algo que vai muito além da mera irradiação da retina e do estímulo das vias visuais.

A perceção não é apenas intrinsecamente interpretativa; é também seletiva no que se centra. É este o ganha-pão dos mágicos. Funciona para fornecer dados úteis nas circunstâncias em questão (no fundo rochoso deste aglomerado explicativo, dir-se-ia: «é útil para propósitos de sobrevivência e reprodução»). Pode-se considerar que as interpretações que se fazem dos dados escolhidos como significativos, excluindo outros dados possíveis, pertencem a dois grandes tipos. Um deles é a dotação evolutiva de *software* para os sistemas percetivos e de raciocínio;

o outro é o *software* adquirido culturalmente e por via da experiência. Os dois têm uma função *constitutiva:* constroem um mundo com o agente da perceção no seu ponto de origem espacial e temporal, ponto de origem esse que dá significado a esse mundo. Na verdade, é literalmente correto dizer que constroem uma *realidade virtual* com o agente percetivo no seu ponto de origem. Isto é fácil de demonstrar. A visão é uma questão de padrões eletroquímicos de atividade em partes das regiões occipitais e temporais do cérebro. Estas ativações dão ao agente da perceção a ilusão de olhar através dos olhos para um mundo disposto num espaço tridimensional para lá da sua cabeça. Correlacionar isto com as experiências propriocetivas e táteis geradas quando estendemos um braço para tocar num objeto que está nesse espaço reforça a ilusão. Mas noutro sentido não é uma ilusão: *é* a realidade do espaço e do movimento percecionados. Uma boa analogia poderia ser a relação entre os ícones no ecrã do *notebook* e a atividade no seu interior que efetivamente dá corpo ao padrão de informação que o ícone representa. O mundo da experiência percetiva é, digamos, icónico.

Faça-se variar só um pouco a linguagem desta explicação — que é atualmente comum na neurociência cognitiva — e temos quase exatamente a perspetiva expressa por Kant na *Crítica da Razão Pura* acerca da nossa experiência do mundo aparente. O seu argumento era também que o que o mundo nos parece a nós é um constructo das nossas capacidades cognitivas.[3] Apesar de isto ser agora um lugar-comum do pensamento sobre a cognição percetiva, esta perspetiva encerra outro murro filosófico no estômago — que é a ideia de que o mundo que percecionamos é indissociavelmente condicionado pela nossa maneira de percecioná-lo. Isto é ainda assim mesmo que alarguemos o poder e alcance dos dados de entrada por meio de instrumentos: o destino último dos *inputs* reunidos pelos instrumentos é a receção cognitiva que lhes damos. A informação que nos chega ativa estruturas cognitivas que organizam e interpretam o que — segundo estas estruturas — estes dados de entrada nos dizem sobre o que está lá fora, seja na sala, no espaço intergaláctico ou na estrutura interior do átomo.

Claro que as estruturas em questão não são apenas o *software* visual básico de uma criança. Longe disso: há um sofisticado aparato adquirido de estruturas cognitivas, que agora consistem também nas teorias da física e na competência matemática. Um físico experimental na experiência do solenoide de muão compacto do CERN «vê» muito mais do que uma sequência de traços num ecrã, porque o seu equipamento interpretativo está ricamente adaptado para reconhecer o que querem eles dizer. Mas note-se: *o que querem dizer*. Interpretação *é* experiência. No caso do físico do CERN, a dotação inata de estruturas cognitivas é ampliada pela estrutura adquirida.

O aspeto mais profundo do murro filosófico da perspetiva de Kant é que, caso não estivéssemos equipados com o aparato cognitivo que nos faz interpretar os dados de entrada como coisas dispostas no espaço e organizadas no tempo — sendo o espaço e o tempo implicitamente encarados, na experiência quotidiana, como absolutos newtonianos —, não teríamos simplesmente experiência do tipo comum e quotidiano. Nos termos de Kant, a posse desta arquitetura cognitiva é algo que se exige para a própria possibilidade da experiência, porque é o seu quadro de referência estrutural constitutivo. E isto por sua vez significa que o mundo das nossas expetativas sem preparação prévia é clássico, e é muito difícil fugir dele — um fator da perplexidade levantada pelo problema da medição.

Esta perplexidade pode ser resumida como a dificuldade aparentemente inultrapassável de interpretar a realidade quântica em termos da realidade clássica. Os esforços para dar sentido à realidade quântica — múltiplos mundos, variáveis ocultas, o instrumentalismo de Copenhaga — têm como força motriz, em parte ou no todo, o desejo de fazer a teoria quântica fazer sentido para o pensamento classicamente condicionado. O pressuposto de que o mundo da experiência comum, o mundo clássico, é o *real* — ou a superfície superior, digamos, do mundo real, em continuidade com a sua microestrutura subjacente, seja ela qual for — revela-se cognitivamente inelutável, dadas as implicações ao estilo de Kant da psicologia da perceção. E nisto repousa o que poderá ser uma importante pista.

É de mencionar que a teoria da multiplicidade dos mundos é uma solução para o problema da medição da física quântica, e que não se deve confundi-la com a ideia de «multiverso», que denota a proposta em cosmologia de que o Universo inclui muitas regiões, talvez em número infinito, com diferentes leis da física. As teorias do multiverso são desenvolvimentos do modelo inflacionista de Alan Guth da história muito remota do Universo, postulada para dar conta do «problema do horizonte» na cosmologia: o problema de como o Universo poderia conter o que contém, dado que parece ter tido pouco tempo, desde o *Big Bang*, para ficar como tal.

A dificuldade sentida nos esforços para interpretar a teoria quântica do ponto de vista do que faz classicamente sentido para nós poderá ser — sugiro eu — o resultado de ver as coisas de pés para o ar. Não é o mundo sugerido pelos esforços da ciência para ver através do buraco da agulha que é «meramente teórico»; é o mundo clássico que ocupamos que é o mundo teórico — um mundo configurado por nós para nossa própria conveniência, de acordo com a escala em que existimos, numa faixa muito estreita num ponto do gradiente de escalas entre o muito pequeno e o muito grande. Organizamos os dados que os nossos sistemas sensoriais estão equipados para detetar — uma secção do espetro eletromagnético — num mundo de objetos causalmente interativos, como maçãs e árvores, corpos humanos e camiões. Estes são coleções de acontecimentos quânticos que interagem com os acontecimentos quânticos que constituem o que descrevemos como sistemas nervosos (os nossos), e estes organizam o que lhes acontece numa experiência de um mundo, segundo os princípios inatos e adquiridos que fazemos intervir na interpretação das excitações dos nossos sistemas nervosos.[4]

Uma boa analogia é fornecida pelas instituições que são construções sociais, como «o governo», «o parlamento», «o serviço de saúde», «o exército». Apesar de haver entidades físicas associadas a cada uma destas construções, como pessoas e edifícios, armários e plataformas para lançar foguetões, em si mesmas são entidades ideais («feitas de ideias») que resultam de acordos, de modo que se a grande maioria decidisse deixar de pensar e agir como se houvesse algo como (digamos) o parlamento, este deixaria simplesmente de existir. Enquanto existe, é tão «real» como uma montanha e pode afetar as nossas vidas; não podemos individualmente desejar que desapareça ou mudá-lo, sem levar a cabo atividades significativas; mas, apesar disso, é um constructo, baseado nos nossos acordos, tanto tácitos como explícitos, para tratá-lo como algo que existe e que tem eficácia causal.

É claro que há uma diferença entre uma montanha e uma instituição social, ainda que ambas sejam ideais — ou seja, constructos — no sentido visado. Mas uma montanha é construída organizando dados de entrada, ao passo que uma instituição social é uma projeção, tão ficcional, em essência, ainda que não na prática, como uma personagem de um romance.

Outra maneira de formular o ponto é dizer que talhamos os dados fundamentais, concebidos nos termos mais gerais como acontecimentos ou interações entre acontecimentos, segundo as nossas necessidades e interesses, à nossa escala. Imagine-se uma pessoa que cresceu numa selva, e que nunca esteve numa biblioteca, teletransportada para o meio das estantes da Biblioteca do Congresso. Por que haveria ela de ver os livros como entidades individuais, em vez de ver uma prateleira inteira de livros como uma coisa única, multicolorida, como uma cobra? A maneira como ela talha o domínio poderá mudar à medida que interage com ele, descobrindo que é mais conveniente tratar os livros como coisas individuais, em vez de tratar todas as prateleiras cheias de livros como uma coisa individual. Mas até as necessidades e interesses terem introduzido aprimoramentos na maneira como ela determina o grau ótimo de pluralismo da sua ontologia (a teoria do que existe), os acontecimentos que concebemos como interações entre o que constitui o seu sistema nervoso e o que o afeta não têm qualquer divisão *necessária* em livros e estantes; na verdade, não têm qualquer divisão *necessária* entre ela e o que não é ela. O princípio de organização, do ponto de vista de um dado sistema de acontecimentos, capaz de representar outros acontecimentos para si é, em suma, a *utilidade* — a conveniência de criaturas da nossa dimensão e com a nossa constituição. A questão do que é em si o sistema de representação — fundamentalmente, um cérebro com as suas funções — é outra questão complementar: veja-se a Parte III.

Esta sugestão equivale a dizer que a perplexidade induzida pelo problema da medição é uma ilusão que resulta do problema do buraco da agulha — o facto de sermos o tipo de criaturas que somos, constituídas para lidar com a existência à escala que ocupamos, relativa ao resto do Universo. Não somos nativamente dotados com as estruturas cognitivas para que as sobreposições e os estados quânticos pareçam naturais. As nossas capacidades cognitivas organizam o mundo em indivíduos espácio-temporais causalmente interativos, que determinam as suas propriedades. Pensar que *este* mundo comum que vemos à nossa volta *é a realidade,* que *este* é o parâmetro de referência do que a realidade é realmente em si, é a fonte do mistério. Claro que este mundo faz parte, de facto, da realidade, ou pelo menos tem com ela uma ligação causal; em alguns casos, é um aspeto ou fragmento da realidade, como uma molécula individual de H_2O faz parte do oceano, e noutros casos são os constructos ideais que concebemos para nos ajudar a gerir a nossa relação com a realidade, um pouco como usamos as linhas idealizadas de latitude e longitude para cartografar e navegar no planeta.

Há duas grandes maneiras de o facto de estarmos limitados a espreitar pelo buraco da agulha poder fazer os fenómenos quânticos parecer estranhos, dado que os nossos preconceitos clássicos nos calibram de modo a considerá-los estranhos. Ou não estamos nem perto de apreender realmente qual é a natureza fundamental da realidade — as nossas teorias são incompletas, talvez até estejam erradas; implausível, dado o sucesso das suas aplicações, apesar do problema de Ptolemeu — ou a arquitetura cognitiva do nosso pensamento impõe conceções de ordem, causalidade, linearidade, consistência, monotonicidade, uniformidade, previsibilidade, e assim por diante, apesar de serem tão úteis para conceptualizar os fenómenos quânticos como o seria aplicar técnicas de escovagem de cães para tentar resolver equações do segundo grau.

Isto difere de uma perspetiva instrumentalista, na medida em que esta última é, com efeito, uma versão de «cala-te e calcula», deixando de lado a questão de o que é real. O problema do buraco da agulha identifica algo definido e factual: ocupamos uma faixa muito estreita na escala das coisas, e o nosso equipamento cognitivo evoluiu para lidar eficazmente com essa faixa; e que, consequentemente, o nosso equipamento cognitivo — por via do que nos força a pensar e nos faz querer acreditar — interfere com a nossa receção dos dados que a ele se conformam, e com a nossa capacidade para organizá-los. É por isso que o problema da medição parece tão problemático: não estamos configurados para pensar naturalmente dessa maneira.

Mas *somos* capazes de pensar matematicamente. Isto traz à ribalta outra grande e interessante questão: o que Eugene Wigner chamou «a nada razoável eficácia da matemática»: «o milagre da adequação da linguagem da matemática para formular as leis da física».[5] A matemática da física teórica e da cosmologia prevê amiúde a existência e natureza de fenómenos que a experimentação passa então a tentar encontrar. Um caso clássico é o postulado de Paul Dirac da existência de partículas de antimatéria (veja-se de seguida). Um exemplo bem conhecido de propriedades matemáticas evidentes na natureza é a «sequência de Fibonacci» e os fenómenos relacionados da «proporção áurea», da «espiral áurea» e do «ângulo áureo», que se vê, por exemplo, na disposição das flores, folhas e frutos de muitas plantas. A sequência tem o nome de Leonardo Fibonacci — «filho de Bonacci» de Pisa, que introduziu na Europa os numerais indo-árabes, no livro *Liber abaci* (Livro de Cálculo, 1202), escrito para mercadores para ajudá-los quanto aos lucros, preços e conversão de moedas. Nesse livro, mostrou que o padrão exemplificado pela maneira como as populações de coelhos aumentam é uma sequência em que os números sucessivos são somas dos dois números anteriores: 1, 1, 2, 3, 5, 8, 13, 21, 34, 55, etc., deste modo: 1 + 1 = 2, 1 + 2 = 3, 2 + 3 = 5, 3 + 5 = 8, etc.

As flores dos girassóis, margaridas, couves-flor e brócolos exemplificam padrões de Fibonacci; o número de pétalas em vários tipos de flores segue padrões de Fibonacci: lírios e íris 3, algumas margaridas 13, chicória 21, *Asteraceae* (girassóis, outras margaridas, ásteres, e muitas outras) 34, 55 ou 89. Mais em geral, as formas naturais das plantas, animais e minerais exibem simetrias e padrões, muitos dos quais estão próximo de exemplificar a proporção áurea ou as geometrias e espirais que encontramos nas conchas dos caracóis, nas colmeias, na casca dos ananases, e até na investida de uma ave de rapina. No caso do caracol e das conchas marinhas, as formas em espiral não são espirais áureas puras, mas perto disso; encontram-se simetrias em cristais, como os flocos de neve, e as formas de estrelas com cinco pontas abundam na natureza (o pericarpo do caroço da maçã, os braços da maior parte das estrelas-do-mar), construídas pela natureza segundo o modelo do pentágono regular, que exemplifica a proporção áurea na intersecção das suas diagonais. A biomatemática, a geologia, a física e a astrofísica disponibilizam muitos mais exemplos destes.

A proporção áurea, simbolizada como φ (fi), encontra-se ao cortar uma linha em duas de dimensões desiguais, de modo que o resultado de dividir o segmento mais longo pelo outro é o mesmo que dividir a linha inteira pelo segmento mais longo. Assim, na linha *AB* há um ponto *Z* mais perto de *B* tal que, quando *AZ* é dividido por *ZB*, o resultado é igual a *AB* dividido por *AZ*. A proporção de *AZ* : *ZB* é 1,61803398874... (os pontos mostram que é um número irracional, como pi; não termina, nem se repete). A aritmética subjacente a esta proporção e a outras semelhantes — as figuras áureas mencionadas — ou versões ou aproximações, está promiscuamente espalhada pela natureza, e as suas manifestações são por nós amiúde consideradas muito belas.

As equações da física parecem representar uma matemática no coração secreto da natureza que é ainda mais precisa e fundamental do que muitos destes exemplos óbvios da biologia e da mineralogia. É por isso que parece «nada razoavelmente eficaz» ou até «milagrosa» por ser tão apropriada para descrever a natureza e para prever as suas propriedades e comportamento. Haverá maneiras de responder a esta aparente «eficácia nada razoável», sem recorrer a alguma forma de pensamento mágico — ou seja, sem fazer talvez a jogada nada explicativa de invocar uma divindade que seria autora matemática da natureza (nada explicativa porque fazê-lo limita-se a empurrar o «mistério», se é que disso que se trata, para as trevas mais profundas de outro «mistério» ainda menos bem definido)? Foram propostas várias, bem resumidas por R. W. Hamming.[6]

Uma proposta é o ponto bem conhecido que se capta ao dizer «se a tua ferramenta é um martelo, tudo parece um prego». Hamming formula-o dizendo que «vemos o que procuramos». A sugestão é que o uso de técnicas matemáticas dá forma ao que pensamos que é a natureza, em vez de refleti-la, dando como exemplos a lei do inverso do quadrado — «caso se acredite em algo como a conservação da energia e se pense que vivemos num espaço euclidiano tridimensional, de que outra maneira poderia um campo de forças central simétrico cair?» — e o princípio da incerteza, que suscita a pergunta «por que razão hei de fazer toda a análise em termos dos integrais de Fourier? Por que razão são eles as ferramentas naturais para o problema?».[7] Ele cita também a distribuição das constantes físicas, sessenta por cento das quais têm os números 1, 2 e 3 como dígito principal, todos os outros, até 9, ocorrendo apenas quarenta por cento das vezes, um fenómeno descrito na «lei de Benford», que se aplica mais precisamente quando os dados abrangem várias ordens de magnitude.[8]

A segunda razão por ele identificada é que «selecionamos o tipo de matemática que usamos. A matemática não faz o trabalho todo. Quando descobrimos que os escalares não funcionavam para as forças, inventámos uma nova matemática, os vetores. E depois inventámos os tensores [...] selecionamos a matemática para se adaptar à situação, e não é simplesmente verdadeiro que a mesma matemática funcione em todo o lado».[9] Um *escalar* é um número que identifica um ponto numa escala, como a temperatura. Um *vetor* é uma magnitude combinada com uma direção, por exemplo, a velocidade, que é a rapidez mais a direção. Os *tensores* são generalizações de vetores; grosseiramente falando, descrevem transformações que ocorrem quando as bases do vetor mudam.

A terceira razão considerada por Hamming é que a matemática não é uma varinha mágica para explicar tudo, pois há muitas coisas que não explica, e quase certamente não pode explicar; ele dá como exemplos «verdade», «beleza» e «justiça». Por fim, menciona a ideia de que talvez existam coisas que simplesmente sejamos incapazes de compreender, dados os limites das nossas capacidades cognitivas: «Tal como há odores que os cães conseguem sentir e nós não, e tal como há sons que os cães conseguem ouvir e nós não, também há comprimentos de onda de luz que não conseguimos ver e sabores que não conseguimos sentir. Mas então por que razão, dado que os nossos cérebros estão adaptados como estão, observa ele, é surpreendente que «talvez existam pensamentos que não somos capazes de pensar»?[10]

Mas, de facto, estas considerações não o convencem. «Sou obrigado a concluir quer que a matemática é razoavelmente pouco eficaz, quer que todas as explicações que dei, tomadas em conjunto, simplesmente não são suficientes para explicar o que me dediquei a explicar [...] O lado lógico da natureza exige mais exploração.»[11]

Sem dúvida que a eficácia da matemática na ciência é um fenómeno surpreendente. Para lhe dar sentido, saliente-se primeiro algumas das razões pelas quais a própria natureza exemplifica tão frequentemente simetrias e regularidades, pois esconde-se aqui uma pista.

Uma estrutura simétrica é estável, repetitiva, reproduzível, homogénea, e as suas partes são intersubstituíveis. Algumas geometrias têm muita utilidade: nos organismos, uma forma esférica promove a conservação da temperatura do corpo, dado que a perda de calor varia com a relação entre o volume do corpo e a área da sua superfície. No embrião humano, o desenvolvimento ocorre uniformemente em todas as direções até a simetria bilateral ser quebrada para permitir o desenvolvimento de órgãos que não têm pares, como o fígado e o coração; mas mesmo neste caso o desenvolvimento é ordenado, assumindo esses órgãos posições laterais relativamente ao eixo central do torso, para poupar espaço. Os padrões, em suma, são económicos e eficazes. Não surpreende que, à medida que as estruturas naturais se tornam mais complexas, assumam frequentemente padrões construídos em cima de outros padrões. Considere-se o desenho feito por um pêndulo com um lápis anexado na sua extremidade, de maneira que, à medida que se desloca, deixe marcas num pedaço de papel que esteja afixado num disco que rode lentamente. À medida que o papel roda, o padrão resultante será maravilhoso de ver. E isto é, em essência, a maneira como os padrões são construídos na natureza. É defensável que a simetria é o ponto de partida da natureza, e quando se afasta é por haver razões suficientes — no caso das entidades biológicas são sobretudo razões adaptativas, incluindo, por vezes, os efeitos de *tímpano de arco,* o resultado de conjunções acidentais de outras adaptações.

Considere-se agora a matemática. Esta diz respeito a padrões, dimensões e relações. Estas duas últimas são em si, de facto, padrões, desvios mapeáveis de padrões, ou aproximáveis por meio de padrões. Como maneira de os captar e organizar, a matemática permite longas cadeias de investigação ao seguir o desenrolar de padrões e ao discernir as suas relações com outros. Uma genealogia simplificada de um conceito bem conhecido como o número poderá ser como o seguinte: apreendemos intuitivamente que certas coleções ou conjuntos de coisas são maiores do que outras; algumas parecem iguais.[12] Não importa o que são as coisas; queremos compará-las; quero ver se o leitor tem mais dessas coisas do que eu. Colocamo-las lado a lado numa linha, até um de nós ficar sem coisas que correspondam às coisas restantes que o outro tem. Ao fazê-lo com diferentes tipos de coisas, damo-nos conta de que o número, como adjetivo de coleções, pode ser considerado independentemente das coleções, e as relações que os números têm entre si podem ser investigadas. Podemos então, por fim, abstrair do número, e considerar apenas as relações; e os padrões e relações exploradas podem não ter relação seja com o que for que tenha a ver com a experiência empírica — pense-se na topologia ou em espaços com mais de três dimensões. As entidades da matemática são estruturas abstratas. A maior parte da matemática não é aritmética, mas mesmo aqui se trata, em essência, de padrões. Na exploração de padrões pode-se gerar mais padrões ainda ao manipular e combinar os anteriores: na física quântica, os *números complexos* (combinações de números reais com números multiplicados pelo número imaginário *i*, que é a raiz quadrada de –1) são proveitosos.

Destas ideias emerge um (sim!) padrão. A matemática é a investigação e manipulação de padrões. A natureza está cheia de padrões. Considerem-se algumas analogias sobre como se pode fazer a conexão entre ambas.

É razoável pressupor que o peso de um pedaço de ferro varia com a sua dimensão. Quanto maior ele for, mais pesado será. Suponha-se agora que, além desse facto, o leitor sabe quais são as dimensões de dois pedaços de ferro de diferentes envergaduras, e sabe qual é o peso de um deles. Obviamente, será capaz de deduzir o peso do outro. Suponha-se agora que os dois pedaços de ferro estão escondidos numa estrutura complicada, cuja atividade está a ser perturbada por um desequilíbrio entre os seus pesos. O leitor sabe quais são as dimensões de um, e sabe qual é o grau de distúrbio, de modo que pode calcular as dimensões do outro — pode dizer a um investigador o que há que procurar. Suponha-se que os seus cálculos dizem que o pedaço é do tamanho de uma bala de canhão, com doze centímetros de diâmetro. Quando o investigador encontra precisamente um pedaço assim na maquinaria, parece-lhe espantoso que se ajuste tão precisamente à matemática que o descreve.

Neste caso, não há surpresa para o matemático. Mas suponha-se agora que os vários valores do sistema estão a vir à luz em parte por meio da experimentação e em parte por se tentar usar diferentes valores para alguns dos casos em que não se consegue medir. Com respeito à faixa que poderão ocupar, alguns dos valores que não foram medidos poderão ser limitados pelos valores que foram. Os valores são inseridos nas equações e aciona-se o manípulo — e emerge a sugestão de que há uma entidade ainda por detetar com tais e tais propriedades que tem de estar ali, caso os valores medidos estejam corretos. Projeta-se uma experiência tal que, se a entidade existe, será detetada — e a experiência ou a deteta ou não. Caso não a detete isso poderá dever-se a vários fatores, só um dos quais é a inexistência dessa entidade. Mas se for encontrada, a matemática que a descrevia fica vindicada. Foi assim que o planeta Neptuno foi descoberto em 1846: partindo dos valores conhecidos da gravidade, juntamente com a órbita e as excentricidades de Úrano. Foi assim que o bosão de Higgs foi formulado como hipótese, e depois procurado e encontrado. A realidade parece ser matemática, ou obedecer à matemática, ao passo que o que a matemática está a fazer é identificar um lugar para procurar, no pressuposto de que alguns valores já estabelecidos ou dados estão corretos. Nestes exemplos, trata-se de identificar um hiato no padrão, e depois preenchê-lo. É muito apropriada para fazer isso. Suponha-se que tanto o leitor como uma pessoa distante têm a mesma fotografia aérea de uma dada paisagem, e quer identificar um ponto para essa pessoa. Ambos põem sobre ela uma transparência marcada com uma grelha numerada; o leitor localiza o ponto para a outra dando as coordenadas. A matemática serve figurativamente como uma grelha, exceto que a fotografia de fundo tem brancas, e a grelha dirige a atenção para o que poderá possivelmente preenchê-las.

Uma analogia próxima disto é o jogo infantil da batalha naval. O leitor e o seu oponente desenham uma grelha cada, com quadrados, e dispõem os vossos couraçados na grelha, em diferentes configurações contíguas. Suponha-se que a grelha tem 12 × 12, cada quadrado identificado por uma combinação de números e letras; cada couraçado ocupa quatro quadrados, e o leitor tem três deles. Quem afundar primeiro todos os couraçados do outro, ganha. O leitor dispara os seus tiros à vez, registando quando acerta ou não, e vai gradualmente aprimorando a sua procura, segundo o padrão que começa a emergir. Cada acerto restringe imediatamente as possibilidades com respeito aos quadrados adjacentes; pelo menos um dos oito tem de ter mais pedaços do couraçado. No início, os seus tiros serão aleatórios; o leitor está a trabalhar às cegas; mas mesmo os quadrados vazios são informação. Agora acrescente uma característica: quando fica perto de acertar num quadrado ocupado, ganha um valor — digamos, metade no caso de um quadrado contíguo, um quarto para um quadrado colado a um que seja contíguo. Agora a matemática pode reduzir consideravelmente o grau de tentativas na procura. Um padrão de valores de uns, metades e quartos irá aumentar muito a probabilidade de um dado quadrado conter parte de um couraçado; poderá identificar o quadrado. Também isto é uma analogia com a maneira de a realidade parecer matemática na sua natureza, ao passo que o que a matemática está a fazer é a disciplinar e a aprimorar o alvo da investigação. Está a ajudar a sugerir onde se poderá encontrar o pedaço que falta de um padrão.

Se o leitor vir a sequência 1 3 5 7 9 13 15... e se perguntar o que falta, tem de ser o «11». Aqui trata-se apenas de discernir um padrão. Em essência, procurar equações na física — procurar maneiras de os fenómenos poderem ser representados em termos de outros fenómenos, ou como funções deles, ou combinações — é análogo a procurar o padrão. A famosa equação de Dirac é uma imagem do padrão de comportamento de um eletrão num campo eletromagnético. O padrão matemático era tal que implicava que o eletrão poderia existir numa forma com carga positiva ou igualmente na sua forma negativamente carregada já conhecida. Para começar, Dirac pensou que havia algo de errado com o padrão sugerido pela matemática, mas acabou por aceitar que era convincente, apesar de implicar a existência de antimatéria, que seria aniquilada ao interagir com a matéria. O antieletrão — o positrão (denominado dessa maneira devido à sua carga positiva) — foi experimentalmente observado em 1932, numa experiência com uma câmara de nuvens, no Caltech, por Carl Anderson, duplicando de imediato o número de partículas conhecidas — e criando por tabela o quebra-cabeças do porquê da própria existência do Universo, dado que se uma consequência do *Big Bang* foi a produção de iguais quantidades de matéria e antimatéria, não deveria haver Universo, de todo.

O exemplo de Neptuno ilumina por que razão temos a hipótese da «matéria negra». A velocidade de rotação das estrelas nos braços exteriores de uma galáxia em disco deveria ser maior do que a das estrelas mais próximas do centro galáctico, mas a observação — feita pela astrónoma Vera Rubin — mostrou que não há grande diferença. Combine-se isto com o valor conhecido da gravidade, e a conclusão é que, tanto quanto parece, há uma vasta quantidade de massa por detetar na galáxia visível, e à sua volta. Outras observações — por exemplo, agregados de galáxias que deveriam afastar-se, a menos que algo as mantenha juntas, e os efeitos de lente gravitacional, em que a luz vinda de mais longe do que uma dada galáxia se curva num grau maior do que aquele que se explicaria com base na sua massa visível — fazem pesar a sugestão de que uma imensidade de 95 por cento da matéria do universo é energia e matéria negra, uma substância que não interage com o campo eletromagnético e, portanto, não pode ser vista nem detetada de qualquer outra maneira.

Considere-se agora uma desanalogia entre a eficácia da matemática enquanto linguagem para descrever a natureza, e uma língua como o português. As categorias de uma língua como o português, nomeadamente, substantivos, verbos, adjetivos e advérbios, permitem — respetivamente — referir coisas e descrever as suas atividades, incluindo-se nas propriedades as relacionais, e também modos, em resposta à forma como as nossas capacidades cognitivas organizam a experiência em coisas com propriedades envolvidas em acontecimentos que também têm, eles próprios, propriedades. Assim, em «a bola vermelha desloca-se devagar» falamos da bola (substantivo: coisa) vermelha (adjetivo: propriedade) que se desloca (verbo: ação, acontecimento) devagar (advérbio: maneira ou modo da ação ou acontecimento) — e podemos pensar, consequentemente, que as linguagens naturais refletem a maneira como o mundo nos surge. Mas a ontologia dos domínios matemáticos — coisas como conjuntos e funções — não se encontra na experiência comum; são abstrações, e a linguagem construída para falar deles, a linguagem da matemática, é concebida por nós para fazê-lo.[13] Recorde-se a Alice do País das Maravilhas a verificar se ainda é ela própria, em vez de ser outra pessoa, depois de comer o bolo que a fez ficar muito alta, recitando a tabuada: «Quatro vezes cinco é doze, e quatro vezes seis é treze, e quatro vezes sete — oh, meu Deus! A este ritmo nunca vou chegar ao vinte», diz ela — corretamente, se multiplicar nas bases 18, 21 (e depois 24, 27...); e nesta sequência, ela nunca chegará ao 20 porque, apesar de 4 × 12 = 19 na base 39, o próximo passo — 4 × 13 na base 42 — não nos leva até ao 20.[14] Mude-se a base — mude-se as definições, os axiomas, as regras — de qualquer sistema formal e obtemos resultados diferentes.[15]

Contudo, como Sundar Sarukkai observa, «a surpresa é ainda mais aprofundada quando se descobre que os objetos matemáticos, que presumivelmente existem independentemente do nosso mundo físico, são muito adequados para descrever o nosso mundo físico [...] E, ironicamente, parece que o fazem "melhor" do que a linguagem natural.»[16] O «melhor» explica-se pela precisão e poder previsivo da matemática na física. Ele atribui-o à utilidade da matemática para representar a *forma* na natureza, uma maneira de representar pictoricamente a estrutura, ou de fazer uma analogia. Isto é, na sua essência, a ideia que veio à baila anteriormente acerca dos padrões: a natureza tem muitíssimos padrões e estruturas relacionadas, e a matemática, enquanto sistema de padrões abstratos, é muito apropriada para descrevê-los. A arquitetura cognitiva de alguns espíritos — os espíritos de quem acha a matemática fácil, atraente, ou as duas coisas — poderá considerar que reconhecer e manipular padrões é tão agradável quanto útil.

Deste ponto de vista, há uma harmonia natural entre a matemática e o mundo, que torna a primeira um poderoso instrumento para ir além do buraco da agulha, chegando a regiões onde a perceção e a imaginação não podem alcançar. É, com efeito, outro olho — o olho que consegue ver os padrões presentes na natureza, e que lhe estão subjacentes.

Caso se levasse esta ideia a sério, daria apoio a quem diz que é muito restritivo tentar encontrar verificação experimental de teorias geradas matematicamente, como a teoria das cordas, porque fazê-lo é pedir que os recursos primitivos disponíveis no buraco da agulha verifiquem o que só se pode ver com a matemática. Mas, uma vez mais: tal rutura com o princípio do controlo *empírico* das teorias seria muito radical. O princípio empírico parece ter muito que se recomende; pensamos que certamente não é arbitrário deixar a decisão à própria natureza com respeito à correção de uma hipótese. Mas é então que nos lembramos que a natureza empiricamente acessível é em si uma realidade ideal — uma realidade virtual — baseada nas capacidades cognitivas que temos para lidar com a escala muitíssimo paroquial em que existimos; e a questão levanta-se, consequentemente: pode a relação entre esta realidade virtual ideal ser suficiente para servir como critério de verificação sobre o que quer que digamos acerca de todas as outras escalas da realidade?

Ensaia-se de novo aqui um antigo e persistente debate filosófico entre as perspetivas do empirismo e do «racionalismo», usando esta última designação para denotar a perspetiva epistemológica de que, ao passo que a investigação empírica só pode chegar a opiniões paroquiais, parciais e temporárias acerca do mundo, devido aos limites das nossas capacidades percetivas, o pensamento racional pode chegar a verdades eternas e imutáveis, como as da matemática. Parménides e Platão são os grandes antepassados da tradição racionalista, entre cujos distintos membros se contam, mais tarde, Descartes, Espinosa e Leibniz. Enquanto perspetiva filosófica, o racionalismo é um aliado natural do realismo com respeito a entidades abstratas — por exemplo, o platonismo na matemática, que sustenta que as entidades matemáticas são coisas que existem genuinamente num domínio que não é espácio-temporal. A eternidade e imutabilidade das suas verdades são encaradas como uma marca de uma realidade maior do que as coisas perenes e imperfeitas que se encontram na experiência empírica. Por extensão, um compromisso com o platonismo matemático estimula o realismo quanto às entidades teóricas; empiristas como o físico Ernst Mach inclinavam-se mais para o instrumentalismo (a que se chama por vezes «antirrealismo») acerca das entidades postuladas na física. A sua perspetiva não resistiu à observação experimental de entidades que ele julgava que eram meras expediências teóricas: no CERN, os protões em colisão, nas experiências de altas energias, são bem reais.

Como se fez notar, Kant tentou reconciliar os pontos de vista empirista e racionalista, defendendo que ambos têm razão em parte: o mundo faz pressão sobre as nossas superfícies sensoriais (a parte empírica) e a mente (a parte racional) organiza estes estímulos numa versão do mundo adequada à nossa atividade. Ele pensava que a barreira da aparência do mundo — os fenómenos — é demasiado formidável para que possamos penetrá-la, e que, consequentemente, nunca podemos saber seja o que for acerca do mundo para lá da nossa experiência, as «coisas tal como são em si», a que chamou *realidade numénica*. De notar que, deste ponto de vista, tanto a realidade fenoménica como a numénica são *realidade*, a cara e coroa da mesma moeda; trata-se apenas, pensava ele, de não podermos virar a moeda. A ciência procura mostrar que ele está enganado quanto a isto. A ciência é a atividade de olhar pelo buraco da agulha na barreira entre os fenómenos e os númenos com a expetativa de vir a ligar as duas realidades; a realidade fenoménica não irá apenas servir, por via da experimentação, para verificar o que descobrimos ou dizemos acerca da realidade numénica: as duas realidades são contínuas. A maneira como são as coisas no numénico irá explicar por que razão têm a aparência que têm no fenoménico.

Mas é aqui que encontramos o problema do conflito de compreensão com respeito às realidades quântica e clássica. Será que estas ideias mostram que misturamos esperanças e pressupostos, de maneira a explicar por que razão o mundo quântico parece tão enigmático? O pensamento anterior era que o enigma emerge porque tentamos encontrar uma *interpretação* da teoria quântica que faça sentido em termos clássicos. Isto, numa linguagem alternativa, é o que significa a expetativa de que haverá um mapeamento da realidade numénica para a fenoménica. Afinal, a expetativa é levada a cabo em alguns casos significativos — a perceção das cores explica-se bem pela nossa sensibilidade a certas faixas de frequências do espetro eletromagnético; na verdade, em toda a visão e audição é disso que se trata. É isto que torna credível pensar que espreitar pelo buraco da agulha e atravessá-lo com as nossas sondas — incluindo a matemática, que é a sonda que vai mais longe — irá acabar por revelar o padrão subjacente de todas as coisas.

Mas, por seu lado, isto dá credibilidade à ideia de que quando *só* conseguimos ver com a matemática, porque nenhuma experiência empírica consegue ir assim tão longe para lá do buraco da agulha, então a matemática deve contar, por si, como teste. Se é uma extensão do que tem apoio empírico, ou daí deriva — como a teoria das cordas é uma inferência que parte do modelo padrão mas vai além dele e oferece maneiras de resolver alguns dos seus problemas — então, deste ponto de vista, a teoria tem tanta legitimidade científica quanto os resultados num laboratório.

O que poderá decidir entre a restrição empírica de que nenhuma teoria científica é considerada como tal a menos que seja mapeada através do buraco da agulha de volta à nossa experiência clássica, e a afirmação, que é afinal a do racionalista, de que a matemática é uma maneira de ver que consegue confirmar-se a si própria?

Neste ponto, poderá parecer que este mesmo conflito irá sempre emergir na fronteira do conhecimento, desdobrando-se à medida que a própria fronteira avança, e territórios mais vastos de ignorância se tornam visíveis: pois a fronteira é definida como o ponto em que o alcance da razão ultrapassa a experiência como meio para procurar novas revelações.

Duas ideias laterais surgem neste ponto. Uma é que não há maneira de dispensar a imaginação, especulação e conjetura na fronteira do conhecimento. A outra é que seria um erro pensar que os cientistas experimentais não conseguem pensar em maneiras de testar até a mais aparentemente remota dessas conjeturas. Já o fizeram vezes sem conta. Quem iria pensar que a radiação deixada pelo *Big Bang* poderia ser detetada hoje, zunindo tenuemente ao longo do Universo; que poderia ser cartografada com grande precisão, e que da sua configuração tanto se conseguiria deduzir acerca da história do Universo? E isto é só um exemplo.

Uma aplicação diferente do problema do buraco da agulha, desta vez acoplado ao problema da interpolação, procura encontrar alguma importância ou relevância *para nós,* seres humanos que por aí espreitam, do que através dele vemos. Um bom exemplo é o princípio antrópico. Declara este princípio que se o Universo fosse diferente do que é, não poderia haver vida — e, em particular, não existiríamos para o observar e estudar. Por outras palavras, declara que as «constantes» da natureza (a velocidade da luz, a carga elétrica, a constante de Planck) estão perfeitamente ajustadas para a produção de vida, dando a impressão de que ocupamos um tempo e espaço preferencial, num Universo também preferencial.

As implicações desta perspetiva, se forem grosseiramente traçadas, são agradáveis para quem pensa que o Universo existe para que possamos nós existir — na verdade, que foi expressamente projetado para esse propósito. Esta foi a perspetiva prevalecente durante muitos séculos, antes de Copérnico ter mostrado que o planeta Terra não é o centro do sistema solar, de onde se segue que o sistema solar não é o centro do Universo, mas antes algo relativamente insignificante no esquema geral das coisas — um agregado de corpos rodeando uma estrela comum, que é, ela própria, só uma entre um número imenso de outras estrelas. Menos de quatro séculos depois, Hubble mostrou que a dimensão dessa insignificância é muitíssimo mais vasta ainda, porque ocupamos um canto de uma galáxia entre milhares de milhões de galáxias.

Mas o impulso para a admiração presunçosa do modo como o Universo parece organizado para o propósito expresso de produzir a humanidade (que, recorde-se, inclui entre os seus membros Adolf Hitler e Pol Pot, tal como Leonardo da Vinci, Johannes Brahms e Albert Einstein) foi estimulado pela observação de que as constantes básicas da física e da química parecem aprimoradamente ajustadas para dar origem exatamente a um Universo que possa produzir e suster vida e, portanto, nós, e que não existiria caso as constantes não tivesse exatamente os valores que têm, porque não poderia existir.

Por exemplo, se os eletrões e os protões não tivessem cargas iguais e opostas, a química seria radicalmente diferente, e a vida, tal como a conhecemos, seria improvável, se não impossível. Do mesmo modo, não haveria água se a força nuclear fraca fosse mais fraca do que é, pois então todo o hidrogénio do Universo se transformaria em hélio, e não pode haver água sem hidrogénio. Em qualquer caso, as propriedades da água são também milagrosamente adequadas: é uma molécula única, devido às propriedades do átomo de hidrogénio, porque é mais leve no estado sólido do que no líquido, o que significa que flutua. Caso contrário, os oceanos ficariam congelados e o planeta Terra seria uma bola de gelo, hostil à vida.

Igualmente maravilhoso é a maneira como ocorre a síntese do carbono. Este é uma componente capital de todas as moléculas orgânicas e, portanto, está na base da própria possibilidade da vida — pelo menos, de novo, da vida tal como a entendemos. Se a proporção entre a força nuclear forte e a força eletromagnética (que mantém os eletrões em «órbita» nuclear, nos átomos) fosse diferente, o processo no coração das estrelas que sintetiza o carbono não poderia ocorrer. Além disso, a janela de oportunidade para que a síntese do carbono ocorra é muito pequena, exigindo níveis precisos de energia e temperatura e ínfimas escalas de tempo. A idade do Universo é também crucial: com 13,72 mil milhões de anos, o Universo está no ponto certo para a produção de carbono. Caso fosse dez vezes mais novo, não teria havido tempo suficiente para ocorrer a síntese do carbono; e se fosse dez vezes mais velho, as estrelas da sequência principal, nas quais o carbono é produzido, já estariam fora de prazo para realizar o processo.

De maneira que isto tem de ser o que já se denominou a «era de ouro» do Universo para a vida. Acrescente-se-lhe o facto de a gravidade ser 10^{39} vezes mais fraca do que o eletromagnetismo; caso não o fosse, caso não fosse tão mais fraca, as estrelas seriam muito maiores e, consequentemente, iriam consumir-se mais depressa. O valor da força nuclear forte é também crucial, pois caso fosse ainda que apenas um pouco mais forte, os átomos não poderiam formar-se, e se fosse apenas um pouco mais fraca, seriam as estrelas que não poderiam formar-se.

O termo «princípio antrópico» foi introduzido pelo astrofísico Brandon Carter no seu contributo de 1973 para um simpósio em honra do quinto centenário do nascimento de Nicolau Copérnico. Para corrigir a perspetiva de Copérnico que mostrara que não ocupamos qualquer lugar especial no Universo, Carter procurou mostrar que há uma relação entre as constantes da natureza e a nossa existência. Definiu duas formas do princípio antrópico: a «fraca», que explica as relações surpreendentes entre algumas das constantes da natureza ao definir «aqui e agora» como o ponto e o lugar na história do Universo que permite a existência de vida do nosso tipo; e uma «forte», sugerindo que podemos inferir o que as constantes deveriam ser a partir de factos acerca da vida do nosso tipo, baseada no carbono, ou, alternativamente, que ocupamos um de vários Universos nos quais as constantes são como as observamos.

John Barrow e Frank Tipler fornecem a seguinte formulação do que está respetivamente envolvido nas versões fraca e forte do princípio antrópico:

1) Os valores observados de todas as quantidades físicas e cosmológicas não têm a mesma probabilidade, mas assumem valores dentro de restrições impostas pela exigência de haver lugares onde a vida baseada no carbono possa evoluir, e pela exigência de o Universo ser suficientemente velho para que isso já tenha acontecido.
2) O Universo tem de ter essas propriedades que permitem que a vida se desenvolva no seu seio em algum ponto da sua história, seja porque i) há um Universo possível «projetado» com o objetivo de gerar e sustentar observadores; ou ii) os observadores são necessários para que o Universo passe a existir; ou iii) um conjunto de outros universos é necessário para que o nosso exista (uma multiplicidade de universos, como se contempla na teoria do «multiverso»).[17]

A formulação 1 descreve um «princípio antrópico fraco», e 2 um «princípio antrópico forte». Com efeito, 1 pode ser visto como uma reiteração do ponto de que as constantes são o que são porque nós, que somos possíveis por serem o que são, por acaso estamos agora a observá-las e a medi-las. A 2 é mais controversa, em qualquer das suas leituras, a primeira das quais é que o Universo é uma entidade conscientemente projetada, a segunda que a sua existência depende da nossa observação, e a terceira que há muitos universos cujos parâmetros diferem entre si, ocupando nós aquele, ou um daqueles, que é apropriado à vida.

Não é de estranhar que haja quem escolha a versão segundo a qual o Universo existe expressamente, por desígnio, para que nós existamos. Mas qualquer versão que faça parecer surpreendente, ou maravilhoso, ou improvável que o Universo seja tão adequado para a nossa existência repousa num erro simples. Como acontece com a descoberta de que a natureza da realidade quântica é enigmática do ponto de vista clássico, o erro é pôr as coisas de pés para o ar. Pois o facto de existirmos significa que é claro que as constantes físicas do Universo têm de ser tais que possamos existir, pois caso não o fossem, não estaríamos aqui para medi-las. É como pensar que a nossa própria existência tem de ser milagrosa, dados os acasos sucessivos de todos os nossos antepassados se terem conhecido e reproduzido. De maneira que entender os valores das constantes como prova de que eram adequadas para nos produzir é pôr o carro à frente dos bois — ou melhor: é concordar com o Dr. Pangloss, de Voltaire, segundo o qual é porque algumas pessoas usam óculos que os narizes passaram a existir especificamente para lhes servir de apoio. Uma perspetiva mais precisa sobre a questão é reconhecer que, sendo o valor das constantes o que são, nas condições existentes neste planeta ao longo dos últimos quatro mil milhões de anos, teria sido muito mais surpreendente que a vida *não* tivesse evoluído. Essa perspetiva irá ganhar muito mais plausibilidade se acaso se encontrar vida alhures no sistema solar ou no espaço.

Será que se irá descobrir vida alhures? A física e a química da matéria deste planeta são comuns às do Universo observável, o que elimina qualquer barreira inicial a uma resposta afirmativa. Só por si, as estatísticas sugerem que a vida é abundante na nossa galáxia e, nesse caso, superabundante no Universo observável. «Vida» é uma coisa, «vida inteligente» é outra; muitas pessoas estão naturalmente interessadas na possibilidade da última, mas ambas são perspetivas fascinantes. Além disso, não há razão para esperar que essa vida será como a vida que conhecemos — a que exige água, a presença da qual é tomada como um sinal capital da sua possibilidade pelos astrobiólogos — pois é preciso um grande pressuposto para pensar que o único tipo de vida que pode existir é a que se baseia no carbono, ou que diferentes universos não poderiam gerar vida e até inteligência com base em arranjos físicos que não os do Universo observável. Restringir a vida para lá da Terra a possibilidades que incluem a água é mais uma manifestação do problema do buraco da agulha, tomando o que sabemos para limitar o que podemos imaginar, ou até o que nos é conceptualmente permitido.

Uma ambição na física fundamental é chegar a uma teoria de tudo que seja abrangente e unificadora. Um pressuposto que acompanha esta ambição é que uma teoria destas iria mostrar que há em última análise apenas um tipo de coisa, a partir da qual emerge a diversidade aparente das coisas menos fundamentais. Unificar as quatro forças conhecidas da natureza — as forças nucleares forte e fraca, a força eletromagnética e a gravidade — e mostrar que os *quarks*, leptões e bosões do modelo padrão são, no fundamental, um tipo de coisa — na verdade, mostrar que há apenas *uma* coisa subjacente a todas as forças, campos e partículas — é o graal da física.

O pressuposto reducionista de que a realidade tem, em última análise, de ser uma coisa única (ou pelo menos um único tipo de coisa) remonta aos filósofos gregos mais antigos, os pensadores «pré-socráticos» que levantaram a hipótese de haver uma única realidade subjacente, a partir da qual emerge a aparente diversidade da natureza. Como se salientou na Introdução, o pensador milésio Tales, que viveu em meados do século VI AEC, assumiu a perspetiva de que a substância subjacente, ou *arche,* é a água. O seu aluno Anaximandro chamou *apeiron* à realidade subjacente, querendo dizer algo de indiferenciado, infinito e primordial, a partir do qual a diversidade de coisas emerge sem fim e se renova. Só ele entre os pensadores pré-socráticos mencionou um substrato desconhecido subjacente; o seu sucessor Anaxímenes escolheu o ar, e Heraclito, posteriormente, escolheu o fogo como *arche.*

Recorde-se que o argumento mais significativo a favor da unidade, eternidade e imutabilidade *necessárias* da natureza fundamental do Universo foi apresentado por Parménides, que afirmou que se a base subjacente da realidade fosse plural, mutável e temporária, seria instável e, portanto, incapaz de permanecer em existência. Não é este o argumento, é claro, na procura atual de unificação, ainda que um dos seus aspetos possa sê-lo: a ideia de que é mais intelectualmente satisfatório chegar a um só *x* simples e unitário cuja própria explicação reflita a simplicidade e abrangência do que explica. O pressuposto de que a realidade fundamental e a verdade acerca dela têm de ser simples, racionais e abrangentes desempenhou um papel de charneira na orientação da direção da investigação na filosofia da natureza e na sua herdeira, a ciência, desde o início. O que pensar deste pressuposto?

Suponha-se que o leitor pergunta por que não poderia haver sete forças e meia, e oito entidades fundamentais (ou tipos de entidades) e três quartos, ou qualquer outro número — porquê a fixação aparente num de cada, ou até de apenas um que é as duas coisas? Porquê procurar a unicidade e a simplicidade últimas? Uma ideia poderia ser que ao procurar a explicação última, ainda que não a encontremos, excluiremos o *ad hoc* e o conceptualmente adventício das nossas teorias, aproximando-nos assim da verdade. Este ponto é persuasivo. Está aliado a outra ideia: que a teoria mais simples é a mais provavelmente verdadeira (tudo o resto sendo igual). Este ponto já não é tão bom, contudo; certamente que não o é na sua aplicação na investigação de outras áreas, por exemplo, no estudo da história, da moral ou da política. Esta consideração deveria gerar um grau de desconforto, porque, ao sugerir que a verdade poderá ser complicada e não simples, insinua que, na viagem em direção às explicações reducionistas, a razão da «aparência» de complexidade poderá ser negligenciada.

Grande parte da ambição de uma teoria de tudo repousa na história da própria ciência, em que avanços sucessivos tiveram tendência para abranger e incluir avanços anteriores como casos especiais, e exibindo o que o físico David Deutsch chama «alcance», ou seja, a aplicabilidade a mais coisas do que o alvo original de investigação.[18] A teoria da gravitação de Newton está incluída e é ultrapassada pela teoria de Einstein da gravidade, e as teorias de Einstein explicam outras coisas além da gravidade: «alcançam» outras coisas e geram ou dão forma a teorias sobre os buracos negros e a lente gravitacional, entre outros. Maxwell unificara os fenómenos da eletricidade e do magnetismo; Einstein unificara o espaço, o tempo e a gravidade; os fenómenos atómicos (ou seja, acima do nível do núcleo e da sua estrutura interna) foram unificados na teoria do átomo de Schrödinger, Heisenberg e Dirac; o modelo padrão, com a cromodinâmica quântica, a eletrodinâmica e o campo de Higgs, fornece uma explicação unificada do nível subatómico. O modelo padrão, com as suas múltiplas partículas de massas muito diferentes (ou sem massa, como no caso dos fotões e dos gluões) e as suas forças de diferentes intensidades, parece — dada a extrema precisão que permite e o apoio experimental inequívoco que tem — desarrumado e inacabado. Funciona: o que faz pensar no problema de Ptolemeu. Não se consegue torná-lo consistente com a teoria geral da relatividade sem levantar muitas hipóteses especulativas. Os esforços para arrumá-lo e para sugerir entidades e mecanismos subjacentes mais simples e unitários — como na «teoria das cordas» — vão além do alcance da experimentação, de modo que outro aspeto do problema do buraco da agulha se levanta, discutido anteriormente. A dificuldade aparentemente irresolúvel de pôr os fenómenos quânticos e a gravidade num só quadro de referência faz pensar que se ambas são expressões de algo muito mais fundamental, todos os conceitos bem conhecidos, incluindo os próprios espaço e tempo, poderão ter de ser abandonados.

Há um movimento em tesoura, digamos, a operar na ciência atual; há questões suscitadas pelo modelo padrão e há questões na outra ponta da escala, na cosmologia, que dizem respeito aos fenómenos da matéria e energia negras. A quantidade de matéria observável no Universo é demasiado pequena para dar conta da gravidade que nele opera; esse é o enigma da matéria negra. A taxa de expansão do Universo tem aumentado ao longo da última metade da sua existência desde o *Big Bang*; este é o enigma da energia negra. Como se salientou, antes de o Telescópio Espacial Hubble ter revelado o aumento da taxa de expansão do Universo a partir da observação de supernovas muito distantes e, portanto, muito antigas (no Universo, a distância é tempo), pensava-se que o Universo poderia ter densidade energética para acabar por parar de se expandir e começar a contrair-se. Se o Universo tivesse demasiado pouca densidade energética, continuaria a expandir-se, mas cada vez mais lentamente, devido ao efeito de resistência da gravidade. As observações do Telescópio Espacial Hubble sugerem duas possibilidades alternativas: uma é que um aspeto anteriormente abandonado da teoria da gravidade de Einstein poderá afinal ter estado correto, ou que a própria teoria está errada; a outra é que está em operação no Universo uma forma de energia que não compreendemos, apesar de se saber qual é a quantidade dela que terá de haver, dada a taxa de expansão do Universo — nomeadamente, terá de ser cerca de 70 por cento do Universo. Dado que outros 25 por cento do Universo são constituídos por matéria negra, segue-se que 95 por cento é feito de uma substância desconhecida. A ciência espetacularmente bem-sucedida que temos abrange apenas 5 por cento do Universo.

Recorde-se que Georges Lamaître mostrou, em 1927, que na teoria de Einstein o Universo tem de estar em expansão. Dado que a perspetiva daquele tempo era que o Universo era estático, Einstein invocou uma ideia que avançara num artigo de 1917: que o Universo tem uma densidade de energia de vácuo que atua de modo a contrariar o efeito da gravidade, e cujo valor é dado pela «constante cosmológica», ou lambda (λ), que tem de ser exatamente certa para conseguir o seu efeito; pois se fosse ainda que só um pouco maior ou menor, o Universo expandir-se-ia ou contrair-se-ia, consoante o caso. Quando Hubble mostrou que o Universo está em expansão, Einstein ficou muito satisfeito; isso significava que podia abandonar o seu dispositivo *ad hoc*, inventado para manter o Universo parado. Na verdade, ele descreveu a introdução da constante cosmológica como a «grande asneira» da sua vida.

Abandonar a constante cosmológica é o mesmo que dizer que o seu valor é zero. No seu esforço inicial para manter o Universo estático, Einstein propusera que o seu valor é pequeno, mas negativo. As observações do Telescópio Espacial Hubble sugerem que o valor da constante não é zero, mas antes positivo. A teoria geral da relatividade, juntamente com uma constante cosmológica com um pequeno valor positivo, acomoda a energia negra, de maneira que esta, em si, não obriga a abandonar a teoria geral da relatividade; mas não ajuda a resolver o problema de como torná-la consistente com a teoria quântica. Se faz alguma coisa, é tornar mais difícil ver como conseguir uma teoria quântica da gravidade. Isto porque as propriedades de uma partícula hipotética sem massa que deverá arcar com a força gravitacional, o gravitão, produz infinitos na matemática que descreve as suas propriedades e interações. No caso das partículas de força descritas na cromodinâmica quântica, que explica a atividade dos gluões que ligam os *quarks* de modo a formar partículas nucleares, os infinitos também podem ocorrer, mas ser eliminados por «renormalização», porque os gluões (como os fotões) são bosões de «*spin* 1». O gravitão tem de ser uma partícula de «*spin* 2», caso exista. A diferença é significativa: os bosões de *spin* 1 são entidades de uma teoria quântica para um campo de vetores, mas uma teoria quântica da gravidade é uma teoria para uma coisa muito mais complicada, nomeadamente, um campo de tensores, e é isto que exige bosões sem massa de *spin* 2, e bloqueia a renormalização da matemática que descreve as suas interações. Quando os infinitos aparecem nas equações, algo de errado aconteceu.

Além disso, o paradoxo resulta do esforço para conceber os efeitos da gravidade sobre os pares de partículas e antipartículas que entram e saem da existência como flutuações quânticas no vácuo do espaço. Isto porque tais flutuações, na escala de Planck, geram energias imensas, fazendo que também os buracos negros entrem e saiam da existência, engolindo todos os intervalos de espaço no comprimento de Planck. O resultado seria o que o físico John Wheeler descreveu como uma «espuma» espácio-temporal a borbulhar constantemente, na qual a energia, a distância e o tempo ficariam sujeitos ao princípio da incerteza. A quantidade de energia do vácuo na escala de Planck é demasiado elevada para que seja a energia negra a empurrar o Universo para a sua desagregação; isto tem de ser explicado de alguma outra maneira. Para que se consiga chegar ao graal da unificação entre as teorias quânticas e a relatividade, é preciso encontrar uma solução para este problema, entre outros — e, contudo, parece insuperável, sem as propostas mais aventurosas que atualmente excedem a possibilidade de testes experimentais.[19]

O problema do buraco da agulha parece estar aqui presente. O esforço para observar e descrever os fenómenos da natureza até onde vai atualmente o alcance da ciência nas escalas mais ínfimas e mais vastas, respetivamente — oferecendo imagens precisas até à sexta casa decimal, e até mais, e aplicável, de maneiras impressionantes, por via de tecnologias avançadas — acaba em paradoxo quando se tenta combiná-las. Seja qual for a inferência que se trace — que os poderes cognitivos humanos são insuficientes (demasiado pessimista), que nos limitamos ao exigir que tudo o que se deteta para lá do buraco da agulha seja trazido de volta para que possamos compreendê-lo em termos clássicos, que a natureza é intrinsecamente inconsistente ou incoerente (improvável), que estamos ainda num estágio primitivo da ciência (esta e a segunda sugestão são as mais plausíveis) — há ainda a questão de saber por que razão haveria o objetivo de ser uma explicação única, simples e abrangente, e se é adequado procurá-la. Perguntar isto é perguntar se estamos sujeitos a um feitiço parmenídeo, e como seria pensar fora do paradigma que isso implicitamente representa.

PARTE II

HISTÓRIA

Na Introdução fez-se notar que, até ao século XIX, a história — no sentido de um passado que se conhece com algum grau de confiança — abrangia menos de três mil anos em direção ao passado, até um período de algum modo aproximada e lacunarmente recordado na bíblia hebraica e até ao período arcaico da Grécia. Heródoto, ainda que aluda a Min, o deus priápico da fertilidade do Egito, como «primeiro rei» daquele país, começa a sua narrativa da história egípcia com um faraó a que chama *Sesostris*, um nome partilhado por vários soberanos, nenhum dos quais fez o que Heródoto lhe atribui, e que é provavelmente uma figura composta a partir de vários faraós que datam da décima nona dinastia do Egito (século XII AEC).[1] A maior parte do que Heródoto aprendeu com os sacerdotes e escribas, aquando da sua visita ao Egito, está misturado com lendas e cheio de referências concebidas para uma audiência grega, além de não indicar datas; mas ele sabe dos grandes monumentos, e compara-os, juntamente com as cidades egípcias, a Nínive e à Babilónia.

A helenização do Egito depois das conquistas de Alexandre, *o Grande*, e a sua inclusão posterior no Império Romano, apressaram a anemia de interesse histórico e de memória, de modo que os autores gregos e latinos que escreveram sobre o Egito pouco mais sabiam do que Heródoto. Uma perda de influência paralela por parte da Pérsia e dos estados da Mesopotâmia teve um efeito semelhante: os historiadores gregos sabiam de Xerxes e, antes disso, de Dário e de Círio, devido à luta pela sobrevivência das suas culturas contra o poderoso Império Persa, tal como os editores dos primeiros cinco livros da bíblia hebraica — a Torá ou Pentateuco — se recordavam do rei Nabucodonosor porque foi ele que levou os seus líderes para o exílio, na Babilónia. A Torá fala do Egito faraónico, da Babilónia e Nínive, Quixe e Ur dos caldeus onde Abraão nasceu, porque, relativamente ao pedaço do Levante dos seus próprios autores, estes eram locais dignos de nota.

Até recentemente, pois, a história relativamente segura (vista a partir da Europa) só recuava até à primeira metade do primeiro milénio AEC — digamos, não muito antes de 750 AEC — e o que se sabia dele, e ainda mais dos períodos anteriores, era só vagamente recordado. O início da globalização no período moderno inicial da EC trouxe os monumentos do Egito e as tradições de outros povos e lugares, nomeadamente da China, para a luz da ribalta do ponto de vista eurocêntrico; nos *Registos do Grande Historiador (Shiji)*, de Sima Tan e Sima Qian, escrito nos finais do século II AEC e início do I, a história da China chega supostamente até ao Imperador Amarelo, em meados do terceiro milénio AEC, apesar de a escola de historiadores da China denominada «Antiguidade em Dúvida», na segunda década do século XX, ter defendido que o Imperador Amarelo foi apenas uma figura lendária, e que tudo o que é anterior ao Período Shang do segundo milénio tem de se atribuir ao mito — os registos escritos mais antigos da China datam do reinado do rei Wu Ding, que se diz ser o vigésimo primeiro rei da Dinastia Shang, em meados do século XIII AEC — mas que tudo o que era anterior ao Período da «Primavera e Outono» (*c.* 770–465 AEC) era, sobretudo, espúrio.

O que não era conhecido sobre as origens era afinal geralmente suprido pelo mito, por todo o lado, e no caso europeu e do Próximo Oriente, os monumentos de tempos muito anteriores que sobreviveram até ao período clássico serviam sobretudo como cabides nos quais se podia pendurar mitos e lendas.

E foi assim que a história dos tempos anteriores à composição dos poemas homéricos e do Pentateuco — ocorrendo ambos, aproximadamente, entre os séculos XIX e VII AEC — só era vagamente conhecida até muito recentemente: de facto, até ao século XIX EC.

1.

O COMEÇO DA HISTÓRIA

O mundo perdido recuperado pelos arqueólogos e historiadores do século XIX é o mundo das primeiras civilizações, que emergiram no Crescente Fértil do Próximo Oriente.[1] As descobertas acerca da Idade do Bronze nesse lugar e na Europa, *c.* 3000–1200 AEC, suscitaram necessariamente interesse no que o terá antecedido — o Calcolítico, ou Idade do Cobre, aproximadamente entre 6,5 a 3,5 mil de anos antes de nós, e o período do final da mudança climática do Dryas recente, por volta de há doze mil anos, considerado o início do Período Neolítico. Estas datas e designações temporais dão a impressão errada de uma ortodoxia na arqueologia, baseada na ideia de uma «revolução neolítica», para usar a expressão do arqueólogo Gordon Childe, na qual houve uma passagem da caça e recoleção nómada para o sedentarismo, acompanhada pela agricultura, e seguindo-se, milhares de anos depois, a emergência de vilas e cidades — o que marca uma rutura nítida com os cinquenta mil anos anteriores de ocupação do Próximo Oriente e da Eurásia ocidental por parte de seres humanos anatomicamente modernos, o *Homo sapiens.* Além disso, esta ortodoxia faz parte da ideia de que o desenvolvimento de novas tecnologias e estilos de vida foi linear e progressiva — «progressiva» no sentido de um desenvolvimento da menor para a maior sofisticação nos meios de vida e nas maneiras de viver — salvo os períodos em que uma catástrofe de algum tipo interrompeu esse desenvolvimento como, por exemplo, seja o que for que provocou o colapso da Idade do Bronze, por volta de 1200 AEC.

Mas o asseio desta imagem é fortemente posto em causa. Há provas de que algumas pessoas viviam em casas desde pelo menos 20 000 AEC;

que alguns caçadores-recoletores não eram nómadas; que colher e cozinhar grãos, e talvez até plantá-los e cultivá-los, começou antes do Neolítico; que o pastoreio é muito anterior à agricultura; e até que a vida sedentária pode em alguns casos ter sido substituída pelo regresso à vida nómada, depois de mudanças climáticas ou de outros acontecimentos desestabilizadores. A arte rupestre, os ornamentos e as práticas funerárias, remontando em alguns casos a mais de cem mil anos, sugerem uma imagem mais complicada da pré-história do que a apresentada pela crónica linear.

É preciso não esquecer estes pontos. Ao mesmo tempo, é verdadeiro que as descobertas muito recentes na história do Neolítico e especialmente do Calcolítico e da Idade do Bronze, mostram uma mudança assinalável nas condições de vida social e económica dos seres humanos. Dado que o que acerca do passado se sabe, ou o que dele se julga, tem efeito em nós e dado que as nossas conceções e interesses atuais distorcem as nossas interpretações do passado, é um facto notável que este elaborado naco da história tenha emergido tão recente e subitamente, como uma imensa ilha populosa emergindo do mar — o mar do tempo — perante os nossos olhos espantados. Deixando as controvérsias historiográficas de lado por momentos, eis um esboço possível da crónica deste mundo recuperado, juntamente com a crónica da sua recuperação.

A curiosidade dos colecionadores no início dos tempos modernos foi um primeiro esgaravatar na superfície de um passado mais remoto. Houvera surpreendentemente pouco interesse na história pré-clássica até então. Os muitos e complexos efeitos na Europa do que as cruzadas medievais trouxeram do Próximo Oriente, a partir de finais do século XI, não incluíam a história remota; para quem nelas participava, como para toda a gente, o passado era o que o Antigo Testamento dizia. Os mercadores europeus tinham estado ativos no Levante desde os dias do Império Romano, mas um grande aumento de procura de especiarias no início do Renascimento enriqueceu os mercadores de Veneza e Génova. Na verdade, a riqueza crescente que advinha do comércio a partir de finais do período medieval foi uma das causas do Renascimento, pondo em mãos seculares oportunidades de lazer e apoios das artes. A isto seguiu-se, por seu lado, a competição entre os mercadores franceses e ingleses por uma parte do comércio do Levante, a partir do século XVI.[2] Mas nada disto levou à descoberta de um passado muito anterior ao clássico.

As coisas começaram a mudar em finais do século XVI. Os «quartos das maravilhas» ficaram na moda e, apesar de consistirem a princípio em meras miscelâneas de maravilhas — incluindo objetos erradamente tidos como caudas de sereias e cornos de unicórnios, sendo os ossos de dinossauros interpretados como ossos das coxas de gigantes —, foram as origens dos museus e espicaçaram a investigação científica.[3] Os participantes ricos do *Grand Tour* que iam além do mundo romano e até ao grego, e os poucos que penetravam ainda mais longe até ao Levante — cuja designação diz respeito ao *nascer* do Sol — interessavam-se sobretudo, frequentemente, pelas antiguidades cristãs e pela compra de *souvenirs* a elas associadas ou, como Johann Wansleben antes deles, na década de setenta do século XVII, por encontrar manuscritos.[4] Outros houve que, tão cedo quanto Wansleben ou Jean Chardin (cujo livro de 1686 sobre as suas viagens na Pérsia inclui a primeira sugestão de que as marcas em forma de cunha das placas de barro eram uma escrita, e não uma decoração arbitrária), entreviram que havia uma história muito mais antiga. Também no século XVII EC o jesuíta e erudito Athanasius Kircher publicou uma gramática da língua copta, e John Greaves, um matemático e linguista de Oxford, viajou no Levante e no Egito e mediu a altura da Grande Pirâmide de Gizé. No século XVIII, quem estimulou o interesse na Antiguidade pré-clássica em geral, e no Egito em particular, foi o académico francês Charles Rollin, com a obra em doze volumes intitulada *História Antiga dos Egípcios, Cartagineses, Assírios, Babilónios, Medos e Persas, Macedónios e Gregos* (1730–1738).[5] Muito mais popular do que preciso, esta obra foi a faísca que acabou por conduzir um exército académico que acompanhou o exército combatente na invasão napoleónica do Egito, em 1798. Por sua vez, isto desencadeou o interesse do século XIX pela possibilidade da história remota, e pela sua procura. Quando aconteceu, a Assíria e a Babilónia foram as primeiras a ser descobertas, alargando desse modo o alcance da história até finais do terceiro milénio AEC. A primeira metade do século XX (depois de alguns vislumbres de meados do século XIX) viu o alcance da história chegar ainda mais longe, até à Suméria no quarto milénio AEC.

Estas descobertas estão ainda longe de estar completas, no momento em que escrevo. Milhões de textos desses períodos foram recuperados, mas não muito mais do que um décimo foram lidos, e há muitas centenas de jazidas ainda por explorar — são os *tel,* ou montes, espalhados por toda a paisagem do que é hoje o Iraque e as regiões adjacentes, e que são estratos de ruínas e resíduos de ocupação acumulados ao longo de milhares de anos (*tel* é árabe; as variantes são *tell, tall, tal;* as jazidas são denominadas *tepe* em persa e *huyuk* em turco). Enquanto escrevo, os *tel* estão inacessíveis devido ao conflito e à guerra civil, política e tensões diplomáticas, mas a imensa coleção de blocos de barro inscritos com informação sobre questões económicas e militares, atividade governativa, construções, comércio, dinheiros devidos e recebidos, medicina e ciência, obras literárias e atividades dos templos, entre outras coisas, estão disponíveis nos acervos dos museus, constituindo uma profícua fonte de informação sobre um mundo completamente perdido até recentemente.[6]

Chamamos «Antiguidade» à época de há dois mil e quinhentos anos que contemplamos na Grécia do período clássico do século V AEC — ou seja, a meio do primeiro milénio AEC. Um grego daquele tempo teria olhado para o passado, caso o conhecesse, chegando ainda mais longe: até três mil anos antes do seu próprio tempo, com o aparecimento da Suméria de meados do quarto milénio. Por volta da idade clássica da Grécia, já se esquecera até a história do seu passado relativamente recente da Idade do Bronze, captado como lenda e não como história pelo âmbar do épico homérico; se houve um cerco de Troia levado a cabo pelos «aqueus» e «argivos» em finais do século XIII AEC, por volta do período do colapso da Idade do Bronze, tornara-se uma memória muito embelezada quando Pisístrato, o tirano de Atenas do século VI, mandou escrever os poemas até então transmitidos oralmente. A versão grega mitificada da história mal chegava a quinhentos anos antes do seu tempo. Contudo, persistiram temas e crenças de um passado muito mais remoto: a crónica de um grande dilúvio, contada na mitologia grega como o dilúvio de Deucalião, e na bíblia hebraica como o dilúvio de Noé, foi relatada no *Épico de Gilgamexe,* que data, no máximo, do terceiro milénio AEC. A Vénus dos romanos era a Afrodite dos gregos, que era a Istar dos babilónios, que era a Inana dos sumérios — a mesma deusa, com os mesmos atributos, que regem o mesmo conjunto de questões humanas respeitantes ao amor, sexo, beleza, fertilidade e conflito, recuando mais de quatro mil anos antes de Augusto se ter tornado o primeiro imperador de Roma.

Quando Napoleão comissionou pela primeira vez o estudo científico do Egito, isso foi em parte o resultado do bem antigo interesse francês pelo Mediterrâneo oriental e pelo Levante, tendo os franceses estabelecido relações comerciais com a Porta Otomana, no século XVI, antes dos ingleses, mas depois dos venezianos e dos genoveses. Também foi resultado, como se mencionou, do interesse suscitado pela história popular da região, da autoria de Charles Rollin. Tendo como força motriz a celebridade das investigações napoleónicas do Egito, começou uma forma de turismo de troféus. Na verdade, a arqueologia começou como uma procura de pilhagens, tanto por parte dos turistas de troféus, como por parte dos habitantes da região, ansiosos por responder aos desejos dos turistas por recordações e itens colecionáveis.

O desejo de pilhagem, ainda que com roupagens ligeiramente mais sóbrias e académicas, foi também sentido por instituições tão augustas como o Museu Britânico e os museus de Berlim e Paris. Juntamente com isso veio um sentido nascente de responsabilidade académica; mas o desejo de exibir maravilhas antigas foi a princípio o principal motivo. Em 1854, o Museu Britânico pediu ao cônsul britânico de Baçorá, J. G. Taylor, que investigasse alguns dos *tel* no sul da Mesopotâmia. Ele escolheu o *tel* de Pitch, cuja importância foi pela primeira vez reconhecida por um funcionário britânico que estava de passagem, William Kennett Loftus. Taylor encontrou inscrições que identificavam a jazida como a «Ur dos caldeus». Escavou apenas durante dois períodos, a que se seguiu, no final do século XIX, uma expedição da Universidade da Pensilvânia. Foi só quando o Museu Britânico e a Universidade da Pensilvânia juntaram esforços sérios, na década de trinta do século XX, sob a direção de Leonard Woolley, que a Suméria veio propriamente à tona.

À parte a conexão de Abraão com Ur, a única referência bíblica à Suméria ocorre no Génesis: «a terra de Chinear».[7] No século XIX, arqueólogos franceses, alemães, britânicos e alguns americanos, procurando jazidas bíblicas — na peugada dos colecionadores de curiosidades e saqueadores mencionados — haviam investigado alguns *tel* assírios que escondiam Nínive e Assur, na parte norte da Mesopotâmia, e jazidas babilónicas no centro da Mesopotâmia. Em resultado, floresceu a assiriologia, o nome geral do estudo da região. A descoberta de Nínive por Austen Layard, na década de quarenta do século XIX, foi um momento de charneira para o seu desenvolvimento. Foi um assiriólogo, o franco-alemão Jules Oppert, que se deu conta de que a referência a «Sinar» no Génesis dizia respeito à Suméria, no sul da Mesopotâmia, tendo ele também reconhecido, além disso, que a escrita cuneiforme tivera aí a sua origem.

A arqueologia da Mesopotâmia desenvolveu-se cada vez mais rapidamente, depois das descobertas de meados do século. Ao mencionado

William Loftus, um jovem geólogo que trabalhava para a Comissão Fronteiriça Turco-Persa do governo britânico, seguiram-se as investigações do Museu Britânico na Mesopotâmia, e Loftus foi uma das pessoas que trabalhou em Nínive e Nimrude, tendo nesta última jazida descoberto o palácio do rei assírio Assurnasirpal II, e uma valiosa coleção de mármores esculpidos, datados do século IX AEC. Mas foram as suas escavações anteriores no sul da Mesopotâmia que se revelaram mais significativas para a história da Suméria. Descobriu Uruque e o zigurate de Ur em 1850, cujos achados levaram o Museu Britânico a enviar Taylor para essas paradas. Entretanto, Sir Henry Rawlinson e George Smith, do Museu Britânico, desenvolviam um trabalho brilhante nos textos cuneiformes, e um dos seus grandes resultados foi a descoberta pelo segundo do *Épico de Gilgamexe* entre as dezenas de milhares de blocos e fragmentos de barro levados para Londres depois de recuperados das escavações assírias.

A crónica de Smith é em si edificante. Nascido em 1840 numa família das classes trabalhadoras londrinas, abandonou a escola aos catorze anos para trabalhar como aprendiz de impressão. A sua paixão privada era a assiriologia; as novas e emocionantes descobertas do Médio Oriente alimentavam-lhe a imaginação. Passava as horas de almoço no Museu Britânico, lendo relatos sobre o que se estava a encontrar nas escavações, e aprendendo sozinho a ler cuneiforme. Acabou por chamar a atenção das autoridades do museu que, impressionados com o seu conhecimento, o convidaram a ajudar a limpar e organizar blocos, o que ele passou a fazer ao serão. Ao desempenhar a sua tarefa, identificou um registo de um pagamento por parte de Jeú, rei de Israel, a Salmanaser III, rei da Assíria, no século IX AEC. Contudo, o mais importante é que identificou registos de um eclipse solar que se sabia, de maneira independente, a partir de registos astronómicos, ter ocorrido em 763 AEC — o que se revelou importante para estabelecer a cronologia da história do Próximo Oriente — e de uma invasão da Babilónia pelos elamitas, em 2280 AEC. Estas descobertas impressionantes levaram os administradores do museu, encorajados pelo próprio Rawlinson, a nomear Smith para o posto de assistente superior no Departamento de Assiriologia. Isto foi em 1870. A sua descoberta, vários anos depois, da narrativa do dilúvio no que veio a ser conhecido como *O Épico de Gilgamexe* tornou-o mundialmente famoso. O museu enviou-o depois disso em três expedições para Nínive, onde escavou a biblioteca de Assurbanípal, descobrindo mais fragmentos do *Épico de Gilgamexe* e um valioso conjunto de registos das dinastias babilónicas. Na terceira dessas expedições, morreu de diarreia; a rainha Vitória deu à sua mulher e filhos uma pensão de 150 libras por ano.

Investigadores como este e outros haviam começado a pôr a descoberto — tanto literal como figurativamente — as camadas do tempo de uma crónica imensa. O período sumério, e acadiano e assírio que se lhe seguiram, são agora conhecidos em profundidade, ainda que muito ainda falte descobrir, tanto no solo como nos textos.

Uma perspetiva de conjunto da Mesopotâmia mostra hoje o Tigre e o Eufrates a fluir para sul, encontrando-se no ponto em que começa o Chate Alárabe, infiltrando-se e dispersando-se as suas águas nos pântanos da região, e acabando por escoar para o golfo Pérsico, 193 quilómetros mais abaixo. Até recentemente, havia, ao longo do curso do Chate Alárabe, pântanos imensos e florestas de tamareiras, criando em conjunto um ambiente único. A guerra e o «desenvolvimento económico» reduziram tanto as florestas de tamareiras como os pântanos a uma fração do que eram.[8] Há seis mil anos, os cursos dos rios eram diferentes, e na verdade mudaram várias vezes, em resultado de grandes cheias e da erosão das planícies aluviais por onde passam. No quarto milénio AEC, as cidades cujos *tel* estão agora a quilómetros dos rios, situavam-se nas suas margens: Nipur, Uruque e Ur situavam-se em ramos do Eufrates; Guirsu, do Tigre. Naquelas épocas, os braços dos rios rodeavam ilhas de fertilidade, e nestas surgiram as cidades da primeira grande civilização do mundo: a Suméria.

Seis mil anos antes da Suméria, a norte da Mesopotâmia, as pessoas tinham começado a cultivar farro e pequeno farro — ambos formas antigas de trigo — e a criar colónias permanentes junto dos locais do cultivo. O que levou alguns caçadores-recoletores a estabelecer-se — dado que a mudança não foi inicialmente benéfica para a sua saúde — é ainda uma questão em aberto, ainda que a vantagem de um fornecimento de comida que pode ser armazenada durante semanas ou meses, e não apenas por alguns dias, como acontece com a carne, faz sem dúvida parte da razão. A sedentarização foi um corolário necessário da dependência dessa fonte de comida que eram os cereais: a sementeira e a colheita ocorrem em momentos predeterminados; a armazenagem do grão exige que seja protegido do clima e das pestes numa construção qualquer — uma razão possível para o desenvolvimento de peças de barro maiores; e, depois de colhido o cereal, é difícil transportá-lo para longe em grandes quantidades. Ao longo do tempo, a prática da sedentarização alargou-se ao longo dos rios, à medida que a população crescia. Perto da jazida de Ur, Leonard Woolley encontrou precisamente um desses primeiros povoados, em al-Ubaide, que empresta o nome à cultura pré-suméria da região.

«Primeiros» pode ser um termo enganador. As pedras talhadas de Göbekli Tepe, no sudeste da Anatólia, datam de um período entre o décimo e o oitavo milénio AEC. O comércio de longa distância, evidenciado pela presença de obsidiana e conchas encontradas em Jarmo, nos contrafortes da cordilheira de Zagros, ocorria já por volta do sétimo milénio. O primeiro sistema de irrigação conhecido, descoberto em Choga Mami, surgira antes de 6000. A região era evidentemente animada e cada vez mais populosa, e a organização e desenvolvimento tecnológico já era considerável quando a Suméria emergiu desta atividade no quarto milénio — ou quando os seus fundadores nela entraram.

Perto do fim do terceiro milénio, foi elaborada uma lista dos reis sumérios por um escriba de Lagas, provavelmente a pedido de um monarca de então, para dar à sua linhagem uma ascendência, estabelecendo desse modo as suas credenciais. Diz que o primeiro governante sumério foi um tal Etana, da cidade de Quixe, descrito como «aquele que estabilizou todas as terras». Foi uma figura heroica, que voou para o céu às costas de uma águia, para procurar uma planta mágica que lhe permitiria ter um filho. Quixe, juntamente com Eridu, Uruque, Ur, Lagas e Nipur, foi uma das principais cidades da Suméria, aliando-se por vezes, e outras rivalizando, com uma ou mais das outras, no que os escribas de Lagas — que parece ter sido a cidade principal, para os historiadores, no final do terceiro milénio — descreveram em termos de frequentes disputas fronteiriças.

Os sumérios não davam a si próprios essa designação; o nome foi dado pelos sucessores como principal poder da Mesopotâmia, os acádios. Os sumérios chamavam *Kiengir* à sua terra, «o país dos nobres lordes», e descreviam-se como «o povo da cabeça preta». Não eram um povo semítico, como os acádios. Quando surgiu o Império Acádio, em meados do terceiro milénio, falava-se aí acádio e sumério, e os acádios adotaram o sistema cuneiforme de escrita que os sumérios tinham inventado. Gradualmente, o sumério foi cada vez menos falado, ainda que no período babilónio, na primeira metade do segundo milénio, fosse uma das línguas oficiais, juntamente com o acádio e o aramaico, reservado sobretudo para os rituais religiosos, como foi o caso do latim nos rituais católicos romanos até ao século XX.

As origens dos sumérios são obscuras. Uma teoria é que estavam na linha de continuidade do povo de al-Ubaide, que vieram do norte da Mesopotâmia para se estabelecer nas suas terras a sul, drenando os seus pântanos para fazer plantações e comercializar os têxteis, trabalhos em cabedal, olaria e metalurgia que manufaturavam. Isto sugere uma base já avançada, da qual a civilização suméria pôde emergir. Outras teorias apontam a Índia como origem dos sumérios, relacionando-se com os drávidas, ou o Norte da África. Sugere-se que vieram das costas ocidentais do golfo Pérsico, e que foram para aí levados no fim da Idade do Gelo, quando as inundações invadiram os litorais que ocupavam. Outra teoria ainda encontra a sua fonte na «Ásia ocidental», um lugar-comum para atribuir a origem desconhecida deste ou daquele grupo, porque é suficientemente obscuro.

Talvez o mais plausível seja a ideia de vários grupos combinados: camponeses de al-Ubaide, pastores nómadas com rebanhos de ovelhas e cabras, e pescadores dos labirintos pantanosos do delta do Eufrates e do Tigre, aí se juntando e, ao longo de vários séculos, misturando-se na criativa e altamente organizada civilização que foi a Suméria. A cidade de Eridu, no golfo Pérsico, foi apontada como um ponto focal para esta mistura de povos, tradições e saberes; os seus descendentes espalharam-se ao longo da Mesopotâmia, e fundaram as cidades-estado de Larsa, Sipar, Churupaque, Uruque, Quixe, Nipur, Lagas, Guirsu e Uma, entre outras.[9] As cidades-estado da Suméria eram por vezes independentes, por vezes mutuamente hostis, e uniam-se por vezes; mas só aquando do Império Acádio de finais do terceiro milénio (2300–2000), e especialmente com o rei Sargão, o Grande (2270–2215), é que a região se tornou um só império.

O lapso de tempo entre 4000 e aproximadamente 3000 AEC é conhecido como Período Uruque. Algumas estimativas dizem que no seu auge, a cidade de Uruque tinha uma população de quase oitenta mil pessoas, e a sua área de seis quilómetros quadrados estava cercada de muralhas imponentes, que se dizia terem sido construídas pelo seu mais famoso rei, ou *lugal* («grande homem»), o herói Gilgamexe. Uruque tinha relações comerciais com outras cidades sumérias a jusante e a montante dos rios, sendo estes os principais meios de transporte, e o seu estilo arquitetónico, a cerâmica e os utensílios encontram-se em centros urbanos distantes, chegando à Síria e Anatólia atuais, o que sugere colónias ou, pelo menos, uma grande influência. No início do Período Uruque, a cidade e os povoados próximos não eram protegidas por muralhas, e eram provavelmente governadas por um sacerdote principal, *ensi* ou *en,* aconselhado por um concílio de anciões que incluíam mulheres e homens. A mudança posterior para uma governação mais secular, por um *lugal,* e o aparecimento de muralhas defensivas, sugerem uma competição e conflito crescentes entre as cidades sumérias, e talvez as primeiras ameaças militares de Elão, situada a leste do Tigre, no sudeste do Irão atual, que começara a alçar-se à proeminência em inícios do terceiro milénio.

A escrita cuneiforme desenvolveu-se a partir de uma forma pictográfica de registo, em finais do quarto milénio, durante os períodos Uruque e Iemdet Nasr da história da Suméria. Alguns séculos depois de ter começado o terceiro milénio, algumas das cidades-estado tinham começado a dominar outras; o *lugal* Eanatum de Lagas conquistou a cidade rival de longa data, Uma, registando a sua enfática vitória na vívida Estela dos Abutres.[10] Uma teve a sua vingança: depois da morte de Eanatum, derrubou Lagas, e conquistou também Uruque, e o governante de Uma, Lugalzaguesi, fez de Uruque a sua capital e alargou a sua influência para montante dos rios, até à Mesopotâmia central e talvez até mais além.

Esta unificação das cidades da Suméria foi uma oportunidade para os seus vizinhos semíticos da Mesopotâmia central não muito distante, os acádios. O primeiro homem que se sabe ter governado um império no verdadeiro sentido da palavra foi o rei acádio Sargão, *o Grande*, que parece ter começado as suas conquistas por capturar a cidade de Quixe, atacando depois Uruque, onde destronou Lugalzaguesi, levando-o do campo de batalha «numa coleira». As inscrições dizem que destruiu as cidades de Uma e Lagas, e devastou os seus territórios, e que o seu deus Enlil lhe deu depois disso todas as terras entre o mar de Cima e o mar de Baixo (o Mediterrâneo e o golfo Persa, respetivamente), tornando assim sua toda a Mesopotâmia. Fez da cidade de Acádia, na Mesopotâmia central, a capital do império, e a partir daí, num reinado que poderá ter durado mais de cinquenta anos, levou a guerra com sucesso a Elão, no leste, e aos hurritas da Anatólia, a norte. As referências nas inscrições à anexação das florestas de Cedros e das montanhas de Prata sugerem que os seus territórios abrangiam desde o Levante, no Mediterrâneo, até à cordilheira de Aladagh, perto do mar Cáspio. Em caso afirmativo, quando se gabava de ser

«Rei do Mundo», isso tem o seu quê de apropriado, dado o período em causa.

A cidade de Sargão, a própria Acádia, ainda não foi encontrada; encontrá-la e pô-la a descoberto será uma das grandes joias da arqueologia do Próximo Oriente, quando ocorrer.

Como era inevitável, as lendas acumularam-se em torno de uma figura tão notável como Sargão. Diz-se que teve origens humildes, sendo filho de um jardineiro do palácio do rei de Quixe. Uma lenda diz que este rei fez de Sargão o seu copeiro; outra diz que era um filho ilegítimo de uma sumo sacerdotisa, uma *entu,* que o pôs num cesto de junco, que flutuou para jusante pelo Eufrates até ser encontrado por um jardineiro, que o criou.[11] Mas, porque viveu na era da escrita e porque foi uma figura tão significativa, parte do que se escreveu sobre ele e a sua família pertence ao registo e não à lenda. Os nomes e carreiras da sua mulher são conhecidos, assim como parte da sua progénie, incluindo os filhos Rimus e Manistusu, e o neto Narã-Sim, que foram todos reis depois dele. Na verdade, todos os reis da Assíria e da Babilónia que se lhe seguiram, durante quinhentos anos, consideravam-se seus herdeiros, em algum sentido.

Sargão alimentou um corpo de elite de cinco mil homens que, dizem os registos, «comiam diariamente o seu pão na presença dele», cimentando assim o vínculo de lealdade. Consultava-os antes das expedições militares, algumas das quais levou a cabo para salvaguardar os interesses dos mercadores acádios das terras vizinhas. Mas no final do seu longo reinado houve dificuldades no império: um período de fome resultou em insurreições, que ele foi obrigado a rechaçar pela força, ainda que até à sua morte os protestos surdos e as rebeliões tenham persistido ao longo do império. Contudo, nas mãos dos seus herdeiros, o império durou vários séculos ainda, atingindo o zénite entre 2400 e 2200 AEC. Ao longo deste período, o acádio tornou-se a língua dominante da região, ainda que fosse registada usando a escrita suméria. A própria língua suméria manteve-se como patoá dos súbditos de «cabeça negra» do império, e também como língua dos rituais dos templos. Depois da queda do Império Acádio, os seus territórios dividiram-se em duas partes principais: Assíria, no norte, e Babilónia, no centro da Mesopotâmia, de onde o sul, o coração sumério original, era governado — sendo nessa altura uma região cada vez mais despovoada, devido às mudanças climáticas.

A história — o período dos registos escritos que perduraram desde essa altura até agora — começa, pois, na Suméria, e com ela a literatura. *O Épico de Gilgamexe* foi na sua própria época e nas que se lhe seguiram o que Homero foi para os gregos e o que os textos bíblicos foram para o milénio que medeia entre a queda de Roma no Ocidente e o Renascimento, que anunciou o começo dos tempos modernos. Ou seja, foi a crónica, o texto, *o livro,* que foi capital para a maneira como uma civilização se vê a si própria. Em sumério, o nome «Gilgamexe» surge como «Bilgamesh», o herói de um conjunto de poemas que datam de cerca de 2100 AEC sobre um rei de Uruque. Estes poemas foram combinados e embelezados ao longo dos séculos seguintes em acádio, dando origem às versões de *O Épico de Gilgamexe* que foram recuperadas e reconstruídas a partir de vários blocos de barro e fragmentos dos *tel* da Mesopotâmia. A melhor cópia do *Épico* que até agora se encontrou foi descoberta na biblioteca do rei assírio Assurbanípal, em Nínive, datando do século VII AEC. A história do *Épico* é contada no Apêndice II.

Há tantos temas das mitologias e crónicas posteriores presentes na lenda de Gilgamexe que se lhes poderia dedicar um livro inteiro, de Deucalião a Noé, passando por todos os lendários heróis e tomba-gigantes, pelas crianças selvagens como Tarzan e Mogli, e incluindo ainda monstros que cospem fogo, mortos-vivos, visitas ao mundo dos mortos ou do passado em busca de conhecimento, alusões à psicologia dos sonhos e ao poder da sexualidade, fazendo a ligação dos temas da amizade entre Gilgamexe e Enquidu com Aquiles e Pátroclo, Jónatas e David, Niso e Euríalo — e assim ricamente por diante.[12] *O Épico de Gilgamexe* é a fonte da literatura, e até as suas técnicas são discerníveis em obras posteriores. É de capital interesse especular sobre a questão de este épico ter existido desde muito cedo como texto escrito, ao contrário dos épicos de Homero, cujo estilo e estrutura dão corpo à sua origem oral no uso de epítetos que são lugares-comuns e de repetições exigidas pela memorização e improvisação. No caso de *O Épico de Gilgamexe,* parece que as repetições estão ao serviço de outro propósito; por exemplo, na jornada para a floresta de Humbaba, a duração de cada dia de marcha e as pausas para descansar e comer são repetidas antes de cada sonho de Gilgamexe, e nos mesmos termos, mas, ao que parece, para dar ao leitor (e a quem ouvia o texto quando era lido em voz alta, o que acontecia, sem dúvida, em maior número) um sentido de quão longa e difícil era a viagem. Noutras partes do texto, a narrativa e as descrições não têm o caráter homérico da declamação.

Isto é apenas especulação; o que é inegável é o caráter influente da natureza dos seus temas, e a prova que representa do grau de elaboração e maturidade da civilização da qual emergiu. Combine-se isto com a arte requintada e com a sofisticação arquitetónica dos mundos sumério e acádio, com as suas economias avançadas, e com a tecnologia e agricultura subjacentes, e é espantoso que o contacto com estes milhares de anos de história superior se tenha perdido até tão recentemente.

Outro texto espantoso destes milénios resgatados é o *Código de Hamurabi*. Se há um nome que mais entrou na consciência geral do passado remoto é o deste rei da Babilónia, cujo reinado data do século XVIII AEC. Foi o sexto e o maior dos reis da dinastia que se sucedeu ao Império Acádio. Pôs sob o controlo da Babilónia o território de Elão e as cidades de Larsa, Mari e Esnuna, e fez da Assíria, a norte da Mesopotâmia, um estado tributário. A sua fama deve-se sobretudo ao seu Código Legal. Não foi o primeiro a ser promulgado — os sumérios tinham um registo das restituições e compensações que resultavam dos crimes — mas a inovação de Hamurabi foi decretar castigos para os prevaricadores, assim como restituições. Mandou gravar as leis numa estela de pedra erigida numa praça pública, onde toda a gente podia lê-las ou ouvir alguém ler-lhas. Os conquistadores elamitas da Babilónia, mais tarde, levaram a estela como troféu para a sua capital de Susa, onde foi encontrada por arqueólogos franceses em 1901. Está agora no Louvre de Paris. Um esboço de algumas das suas principais disposições é oferecido no Apêndice III.

O *Código* é uma leitura educativa por várias razões, nomeadamente por abrir uma janela para a vida da Babilónia na primeira metade do segundo milénio AEC. Quando o texto foi combinado com a cultura material posta a descoberto por arqueólogos, tornou-se evidente que a dinastia babilónica era amorrita, um povo nómada que entrara no Império Acádio provavelmente a partir do Levante, no decurso do terceiro milénio, tendo-se estabelecido na região central mesopotâmica. A cidade deste povo, Babilónia, era inicialmente insignificante, e a ascendência sob as dinastias que deram origem a Hamurabi foi breve, pois em meados do segundo milénio fora conquistada pelos hititas da Anatólia, e depois pelos cassitas da cordilheira de Zagros, no que é hoje o Irão. A Babilónia da Bíblia é um lugar muito mais tardio: mil anos depois, na verdade. Era então a capital do Império Neobabilónico (por vezes denominado *Império Caldeu*), que data de finais do século VII AEC e cujo rei mais bem conhecido foi Nabucodonosor II, que destruiu Jerusalém em 587 AEC e prendeu os líderes dos israelitas.

No século VI AEC estamos em terreno histórico que já era bem conhecido antes das descobertas do século XIX. Uma descrição completa do Crescente Fértil incluiria o Egito dinástico a partir de finais do terceiro milénio, quando Menés, segundo a tradição, se tornou o primeiro rei de um Egito unificado, depois de ter unificado os reinos superior e inferior. A história do Egito a partir deste ponto é brilhante, em termos de cultura material e de organização; a diferença, em comparação com a Mesopotâmia é que a ocupação de uma faixa estreita ao longo do Nilo, e a separação da Mesopotâmia e da Anatólia até muito mais tarde na história, não fazia tanto do Egito uma encruzilhada cultural, sendo por isso menos suscetível às mudanças que viram a ascensão dos centros sumérios e acádios de civilização, assim como dos centros seguintes. Para se expandir, os egípcios tinham uma direção — sul, para a Núbia, que era o seu limite meridional. A própria Núbia fora o lugar próprio da civilização querma antes da conquista de Tutemés I, no século XVI AEC. Muito mais tarde, no século VIII AEC, surgiu um poder cuxita na Núbia que derrotou o Egito, governando-o durante um século — um ciclo dinástico completo, o vigésimo quinto — antes de ser substituído por uma dinastia egípcia nativa. O Reino de Cuxe conheceu mil anos de independência, antes de ser conquistado pela Etiópia.

Também tudo isto é conhecimento recente: o projetor da história não incidiu só na Mesopotâmia no decurso dos últimos dois séculos.

A história redescoberta do Próximo Oriente inclui um grande mistério: o colapso das suas civilizações por volta do ano 1200 AEC, pondo fim à Idade do Bronze e dando lugar a uma Idade das Trevas de vários séculos, da qual emergiu a Idade do Ferro.

Comércio, alianças e conflitos, e mais tarde a ascensão e queda de reinos e impérios, espalharam pelo mundo do Próximo Oriente uma rede de relações pelo menos desde inícios do quarto milénio, se não desde antes. No segundo milénio, aproximadamente até ao ano 1200, o Próximo Oriente e o Mediterrâneo oriental era uma região intensamente interconectada com um padrão complexo de comércio, tanto de matérias-primas como de bens finais. Capital para as economias daquele tempo era o comércio de cobre e latão, os ingredientes do bronze. Como afirmou um historiador, o cobre e o latão representavam, naquela época, o que o petróleo era na economia mundial do século XX.

Mas não eram essas as únicas matérias-primas comercializadas. Como o revela a carga encontrada num navio naufragado de Uluburun, a vida comercial e industrial daquele tempo era amplamente variada.

Em 1982, um mergulhador turco, em busca de esponjas, descobriu os restos de um navio perto de Grand Cape, Uluburun, na costa da Anatólia, perto de Kaş. Seguiram-se dez anos de arqueologia marítima, abrindo uma janela extraordinária sobre os finais da Idade do Bronze. Quando o navio afundou, transportava dez toneladas de cobre em bruto, na forma de lingotes couro de boi, retângulos com alças proeminentes que tornam mais fácil o transporte. Cerca de um décimo dos lingotes tinham uma forma especial para serem transportados por animais de carga em transporte terrestre de longa distância. O navio transportava também uma tonelada de latão — uma parte de latão por dez de cobre é aproximadamente a proporção do bronze. De cento e cinquenta potes cananeus, um tipo muito usado no Egeu e no Próximo Oriente, descobriu-se que a maioria tinha terebinto, uma substância resinosa usada como uma espécie de aguarrás, contendo outros azeitonas e gotas de vidro. Havia perto de duas centenas de lingotes de vidro, tingidos de turquesa, lilás e azul-cobalto. Havia cepos de ébano africano, marfim de dentes de elefante e dentes de hipopótamo, conchas de tartaruga e ovos de avestruz, olaria e lâmpadas de azeite do Chipre, tigelas de bronze e de cobre, ouro, prata e pedras semipreciosas, tanto em bruto como trabalhadas em ornamentos, um conjunto de espadas, punhais e pontas de lança, inúmeros utensílios, incluindo machados, foices e enchós, e comidas como pinhões, amêndoas, uvas, figos, azeitonas, romãs e especiarias. O navio transportava âncoras de 64 quilos, e a carga estava acomodada com cobros do porão — coisas diversas usadas tanto como lastro como para não a deixar deslocar-se.

Deste rol de transporte pode imaginar-se o mundo sofisticado que representa. Para dar um exemplo especialmente ilustrativo, explica a riqueza e a arquitetura elaborada de uma cidade que estava num ponto nevrálgico das rotas do comércio terrestre e marítimo que ligavam a Mesopotâmia e o Levante ao Egito e à Grécia micénica: a cidade portuária de Ugarite.

Esta era uma cidade antiga — as suas muralhas mais velhas datavam de 6000 AEC — mas o ápice do seu desenvolvimento ocorreu a meio do segundo milénio, altura em que se tornara o entreposto perfeito entre as cidades do Tigre e do Eufrates, o Egito e o Império Hitita no Planalto da Anatólia, com capital em Hatusa, e as rotas marítimas do Mediterrâneo para Creta e Micenas, entre outros destinos. Era o principal porto internacional do seu tempo, e o seu grandioso palácio era de pedra, tendo os seus avatares anteriores sido feitos de barro.

A jazida de Ugarite situa-se num cabo, nos arredores da atual Lataquia, no norte da Síria. Foi redescoberta na segunda década do século XX, por um camponês cujo arado abriu uma sepultura da necrópole da cidade antiga. As escavações puseram a descoberto um imenso complexo de palácios, mansões de cidadãos ricos e templos aos deuses Baal e Dagom. O melhor foi a descoberta de mil e quinhentos textos sobretudo cuneiformes que datam dos séculos XIII e XII, entre eles quase cinquenta poemas épicos, sendo o mais famoso *A Lenda de Keret, A História de Aqhat* e *O Ciclo de Baal.* A primeira fala do rei Keret de Hubur, uma figura mais ou menos como Jó, cujas muitas desgraças são agravadas por não manter uma promessa a um deus. *A História de Aqhat* conta como o herói epónimo desdenha das investidas da deusa Ânate, mesmo depois de esta lhe oferecer a imortalidade e a oportunidade de dormir com ela, e acaba por ser morto por sua vingança; o pai de Aqhat, Danel, um homem honesto, que passou muitas dificuldades para conseguir ter um filho, recolhe os «ossos e o unto» do estômago da rainha dos abutres, para poder enterrá-lo apropriadamente. *O Ciclo de Baal* volta a contar a vitória sobre Yam, que tinha a ambição de ser o rei dos deuses; segue-se uma série de conflitos, nos quais Baal e o seu principal rival, Mot, são respetivamente mortos e desfeitos em fragmentos, mas ressuscitam, acabando Baal por triunfar. Como acontece com *O Épico de Gilgamexe,* os temas fazem fortemente lembrar histórias que são recorrentes nos mitos e nas escrituras de séculos posteriores, incluindo a Bíblia.

Os textos ugaríticos são significativos, à parte a literatura que incluem, porque estão escritos na língua suméria, hurriana e acádia, em cuneiforme, apresentando-se alguns em hieróglifos egípcios e em cipro-minoico. Tal como o sumério sobrevivera como língua de rituais sagrados, o acádio sobreviveu como língua do direito. Nos textos, encontram-se listas alfabéticas cuneiformes, e sinais embrionários do alfabeto fenício.

Ugarite esteve sob controlo egípcio durante parte da sua história — o Império Egípcio, no segundo milénio, abrangia a costa mediterrânica dos atuais Israel, Líbano e Síria, para lá de Ugarite, uma região que disputava com o Império Hitita, que era governado a parir de Hatusa. Em resultado da guerra entre os dois impérios, Ugarite mudou de mãos, e ficou vassala dos hititas, e era nessa condição que se encontrava aquando do grande colapso que ocorreu por volta de 1200 AEC. Entre os textos recuperados da jazida de Ugarite encontra-se uma carta do seu último rei, Amurapi, ao rei do Chipre, informando-o de que estava sob ameaça dos invasores, e pedindo ajuda; pouco depois, relata-se que a cidade foi saqueada e as suas reservas de comida destruídas, assim como as suas vinhas.[13]

Este foi um acontecimento numa devastação difundida, abrangendo as cidades da Grécia, o Levante, a Anatólia e o Egito, e afetando também os reinos mais a oriente. Aconteceu subitamente nas décadas imediatamente antes e após o ano 1200. Uma referência a um misterioso invasor denominado «povos do mar» num texto egípcio, levou os historiadores a perguntar-se quem seriam estas forças em magotes, e de onde viriam. O Egito foi o único centro na parte ocidental do Próximo Oriente que sobreviveu em parte aos ataques, numa condição muito enfraquecida e amputada; a Assíria e o Elão, mais a oriente, foram menos afetados e sobreviveram, ainda que também tenham ficado diminuídos, nomeadamente porque acabou o comércio com os centros ocidentais da civilização.

O colapso foi dramático. Na Anatólia, a capital hitita, Hatusa, foi completamente destruída pelo fogo e permanentemente abandonada. O mesmo aconteceu com a cidade de Karaoğlan; os mortos ficaram por sepultar. Troia foi destruída e permaneceu em ruínas durante mil anos. Os povoados de Encomi, Sinda e Citio, no Chipre, foram saqueados, destruídos pelo fogo e abandonados. Ugarite foi apenas um de vários centros levantinos a cair; Cadexe — lugar de uma importante batalha entre egípcios e hititas, no século XIII — Catna, Alepo e Emar contam-se entre as outras. Mais a sul, os povoados de Gaza, Asdode, Acre, Jafa e Ascalão, na costa, e os povoados do interior, Betel, Eglom, Debir e Hazor, foram destruídos. Micenas, na Grécia, desapareceu, e com ela as colónias do Peloponeso, nas suas imediações. Tebas, Tirinto e Pilos foram também destruídas.

Em 1855 EC, um egiptólogo francês do Louvre encontrou uma inscrição de Medinet Habu que descreve uma invasão dos «povos do mar», ocorrida no reinado de Ramsés III. Esse texto, entre outros, indica que os «povos do mar» eram constituídos por «*denyen, ecues, pelesetes, seceles, serdéns*», entre outros, que muito mais tarde os académicos associaram respetivamente aos dânaos, aqueus, filistinos, sicilianos e sardenhos — «*pelesetes*» sugere Palestina, daí os filistinos; «*denyen*» e «*ecues*» lembram os dânaos e aqueus de Homero, e a quase homofonia entre «*serdén*» e «Sardenha» é considerada sugestiva — e assim por diante. Algumas das identificações são plausíveis, mas a inferência de que uma federação de povos do Mediterrâneo e da Eurásia ocidental se combinaram para levar a cabo uma invasão do Próximo Oriente não é apoiada por quaisquer outras provas. Ao invés, tem-se solidificado o consenso de que uma combinação de fatores resultou no colapso da Idade do Bronze: terramotos, falta de comida em resultado de mudanças climáticas, com a consequente migração de refugiados, instabilidade e insurreições, teriam enfraquecido de tal modo as unidades políticas da região que os atacantes, ainda que em números relativamente menores do que uma hipotética invasão maciça dos «povos do mar», poderia ter desencadeado um colapso — porque o grau de interdependência da região, por via do comércio, era tal que a sua rutura derrubaria rapidamente todas as cidades e estados envolvidos. Basta imaginar o que seria hoje, no nosso mundo muitíssimo interdependente, se as cadeias de fornecimento de energia e de comida fossem cortadas, o que teria como resultado prateleiras vazias nos supermercados, carros e camiões parados, e o corte da energia elétrica, para ver quão diáfano é o verniz da civilização sem os elementos básicos que a fazem funcionar. Os habitantes da Idade Tardia do Bronze eram provavelmente mais resistentes do que nós hoje, do ponto de vista de serem capazes de se alimentar e sobreviver; mas a Idade das Trevas que se seguiu ao colapso indica a sua severidade.

Para começar, a escrita desapareceu do mundo micénico. A linear B, a única escrita micénica da Idade do Bronze que até agora foi decifrada, deixou de ser usada, as decorações na olaria tornaram-se mais simples, as construções de pedra praticamente desapareceram, e as casas maiores dos povoados, que se presume serem dos chefes, não eram já imensos complexos de palácios de pedra, mas barracas de lama e colmo, como as outras. As diferenças entre os povoados aumentaram, indiciando que as viagens e a interconectividade regional estavam ausentes ou eram muito raras. As primeiríssimas indicações de recuperação são algumas das práticas funerárias do século X AEC, nas ilhas gregas, mas é principalmente no século VIII, quando os sistemas alfabéticos de escrita, com origem na escrita fenícia, se espalharam ao longo do Mediterrâneo oriental, que os rebentos do regresso da civilização são mais claros. As práticas funerárias que incluíam ornamentos, cavalos e armas, colocadas na campa ao lado do corpo, mostrando que a pessoa fora um indivíduo significativo, falam de uma sociedade na qual há hierarquia e suficiente saldo positivo de riqueza para permitir que alguma se perdesse num enterro. Na ilha de Eubeia encontrou-se uma sepultura dessas, em Lefkandi, datando de cerca de 950 AEC, e as sepulturas escavadas dos séculos seguintes mostram a persistência da prática.

A perda da escrita é um indicador significativo de declínio. Onde há comércio, é preciso haver registos. Onde há governo centralizado e uma cultura palaciana, é preciso não apenas manter registos, mas também leis e comunicação diplomática e comercial. Isto exige literacia, que exige escolas. Onde há educação para produzir escribas, a literatura é possível. As provas da Idade do Bronze mostram que a organização social, política e económica cada vez mais sofisticada foi acompanhada pela literacia e pela literatura, pela comunicação, e pela troca de ideias e conhecimento, num circuito de realimentação que levou a ainda mais sofisticação.[14] O colapso da Idade do Bronze pôs cobro a tudo isso, durante séculos.

Fosse qual fosse a causa original, ou combinação de causas, o fim da civilização da Idade do Bronze foi um «colapso de sistemas», como o antropólogo Joseph Tainter apropriadamente lhe chamou, no qual a rutura do elevado grau de interdependências mútuas que a sustentavam fez ruir todo o edifício.[15] Eric Cline, entre outros, salientou as semelhanças inquietantes entre o mundo da Idade do Bronze Tardia e o nosso: sociedades centralizadas, administradas de maneiras demasiado complexas, ultraespecialização em quase todos os aspetos da vida e da economia, dependências frágeis de recursos essenciais como comida e energia — tudo isto caracteriza o nosso mundo de hoje, e a rutura deste tecido de conexões, seja na forma de um ciberataque, grande desastre climático, conflito em larga escala ou doença pandémica, poderá fazer rapidamente em pedaços toda a estrutura.

Como se fez notar, o que emergiu depois do colapso da Idade das Trevas foi — para continuar a usar estas designações simplistas, mas que dão jeito — a Idade do Ferro. E, como a designação sugere, uma característica significativa da nova prática emergente foi a utilização do ferro para fazer armas e utensílios. Foi esse o agente de várias mudanças importantes.

O ferro começara já a ser trabalhado, principalmente na região do sudeste da Europa adjacente ao mar Negro. Apesar de exigir temperaturas mais elevadas para fundir, eram muitas as vantagens do ferro sobre o bronze, além das estéticas: era mais fácil de trabalhar e muito menos dispendioso, o que significava que mais pessoas podiam adquirir armas afiadas, e podiam fazer-se muitas mais armas. Talvez um aspeto do colapso da Idade do Bronze tenha sido uma migração dos povos para o interior, levados pela fome e armados com espadas e lanças de ferro — talvez os dórios, ou os citas, entre outros; povos a norte e oeste do mundo da Idade do Bronze. Os guerreiros que se encontravam entre eles teriam sido em maior número, porque o fornecimento das suas armas mais baratas, melhores e em maior número, era mais completo do que o fornecimento de armas de bronze aos que se lhes opunham, e que eles derrotaram.

Essa vantagem cedo seria cancelada pela adoção mais generalizada do ferro para fazer armas. Consequentemente, o que terá talvez sido mais significativo foi o uso do ferro para fazer utensílios, especialmente na agricultura, ajudando o aumento da produtividade daí resultante a repovoar regiões que, na sequência do colapso, ficaram desertas. Mas isso demorou séculos.

Na discussão da evolução da tecnologia, na Parte I, Secção 1, o nascimento da domesticação do cavalo e da invenção da roda foi atribuído à estepe pôntica, no século IV AEC. Dada a importância da muito maior mobilidade que os cavalos tornam possível, e depois a combinação destes com a roda, nomeadamente em relação a questões relacionadas com a difusão de tecnologia, cultura e línguas, o *onde* e o *como* dessa difusão são ambas questões importantes. E tem sido o ponto focal de um debate considerável, não apenas entre historiadores e arqueólogos, mas cada vez mais, na década anterior à redação deste livro, entre geneticistas.

Eis um esboço da questão. As provas arqueológicas e linguísticas — estas últimas quanto às relações entre as línguas indo-europeias e à sua difusão a partir de uma fonte numa língua original protoindo-europeia (PIE) — sugeriram hipóteses rivais sobre a fonte da difusão tecnológica e cultural, e sobre a maneira como terá ocorrido. Uma hipótese, formulada com base em provas linguísticas, é que as línguas derivadas da PIE se difundiram devido à migração dos seus nativos, na sequência da viragem para a agricultura sedentária da revolução neolítica, um processo em que as pessoas que falavam pré-PIE começaram a espalhar-se tanto para noroeste como para sudeste, a partir da Anatólia, em direção, respetivamente, à Europa central e ocidental e à Índia (regiões essas que, até então, eram ocupadas por caçadores-recoletores). Isto pensa-se que terá acontecido a partir de 7000 AEC. O principal proponente desta perspetiva é o arqueólogo e paleolinguista Colin Renfrew.[16]

A hipótese rival, mais amplamente aceite, foi avançada pela arqueóloga Marija Gimbutas que, na peugada de sugestões equivalentes anteriores por parte de Gordon Childe, defendeu que a terra natal dos nativos de PIE era a estepe pôntica, entre os povos de cultura curgã (*kurgans* são montículos fúnebres).[17] Mais tarde, David Anthony desenvolveu a teoria centrando-se num grupo curgã fúnebre particular, os yamna, localizando-os nas costas setentrionais do mar Negro, onde evoluíram culturalmente, passando da caça e da recoleção para a pastorícia, nisto desenvolvendo competências para lidar com cavalos. Então, quando em finais do quarto milénio o clima das estepes ficou mais seco e frio, usaram as suas habilidades equestres e a roda para se tornarem móveis, deslocando-se primeiro pelas estepes e depois na direção da Europa, num dos casos, e na direção da Ásia Central e Meridional, no outro, levando com eles a raiz das línguas indo-europeias.[18]

As provas linguísticas de línguas derivadas de PIE indicam que a difusão partiu de uma única fonte original. Antes de a genética ter aparecido com algumas respostas, a questão era: como se difundiu? Os arqueólogos, examinando os restos *materiais* das culturas neolíticas, tinham procurado saber se a difusão ocorrera em resultado de migrações de pessoas ou por difusão cultural. Os camponeses anatólios deslocaram as suas famílias para a Europa, ou foram os seus vizinhos dos Balcãs que se apoderaram da ideia de agricultura a partir deles, de maneira que os seus vizinhos ainda mais afastados fizeram depois o mesmo, e assim sucessivamente, por uma cadeia de imitações? Esta última perspetiva foi resumida como «potes, e não povos» — ou seja, foram os estilos de olaria, e não os oleiros, que fizeram a difusão por via da imitação. No período que se seguiu à Segunda Guerra Mundial queria pensar-se — graças aos incentivos da psicologia, no fim de uma guerra pavorosa — que se as culturas se difundiram realmente por meio de movimentos físicos de pessoas, então tinha sido uma «difusão démica» pacífica, e não uma conquista violenta. A base para esta perspetiva era que, ao passo que os estilos de olaria e os tipos de utensílios poderão difundir-se por imitação, parece menos plausível pensar que as línguas o façam; emerge uma certa tensão, consequentemente, entre o que se pode inferir das provas linguísticas, por um lado, e das provas materiais, por outro. Uma maneira que alguns arqueólogos usaram para evitar a dificuldade foi evitar as hipóteses muito abrangentes sobre os modelos rivais de difusão, centrando-se no que se desenterra em jazidas específicas: o que se poderia chamar uma versão arqueológica da «história local».

Porém, quando a sequenciação do ADN antigo se tornou possível, as grandes hipóteses gerais reemergiram, mas com um resultado surpreendente. Não só mostrou que as pessoas se deslocavam, mas também que substituíam significativamente — por vezes na sua totalidade — as populações que já lá estavam quando chegaram. Na Europa central e setentrional, o aparecimento de uma cultura da cerâmica cordada (tem essa designação porque os vasos eram decorados pressionando corda ou amarras no barro, para deixar padrões) correlaciona-se com a migração dos yamna para a região. O genoma de setenta e cinco por cento do resto da população deriva dos imigrantes yamna. Na Grã-Bretanha, os povos que construíram Stonehenge foram quase completamente substituídos por imigrantes poucos séculos depois de se completar a última versão do grande monumento, ou seja, por volta de 2000 AEC: «níveis elevados de ancestralidade relacionada com as estepes [...] estava associada com a substituição de aproximadamente noventa por cento do património genético britânico poucos séculos depois [da conclusão de Stonehenge], dando continuidade à expansão de leste para oeste que trouxe a ascendência das estepes para a Europa central e setentrional ao longo dos séculos anteriores».[19] Em Espanha, as provas genéticas mostram que, na sequência da migração, os homens que chegavam tinham acesso exclusivo às mulheres indígenas, de maneira que dos genes anteriores à migração o que persistiu no património genético misto era transmitido exclusivamente pelas mulheres.

Os dados genéticos falam de duas ondas migratórias que entraram na Europa, o que apoia fortemente a origem nas estepes da língua protoindo-europeia.[20] A partir aproximadamente do sétimo milénio, os camponeses deslocaram-se para a Europa vindos do leste, ocupando a Hungria, a Alemanha e a Espanha, tendo anteriormente chegado à Anatólia. Camponeses pioneiros desta última deslocaram-se para a Grécia, e alguns continuaram ao longo da costa mediterrânica, até chegar à Ibéria, tendo alguns subido o Danúbio e entrado na Alemanha. Os descendentes retiveram noventa por cento do seu ADN, mostrando que não se misturaram com as populações de caçadores-recoletores que encontraram. Mas ao longo do tempo — depois de cerca de dois mil anos — os genes dos caçadores-recoletores começaram a regressar à população, atingindo um adicional de vinte por cento do genoma.[21] Um fator aqui foi a difusão da agricultura ter parado no limite de uma região com várias centenas de quilómetros ao longo da costa do Báltico, cujo clima e solo eram menos apropriados para o cultivo. A área era habitada por caçadores-recoletores megalíticos — denominada *cultura das taças afuniladas* devido ao seu estilo de olaria — e a sua adoção das práticas e tecnologia dos imigrantes foi lenta, demorando mais de mil anos.

O equilíbrio predominantemente camponês do genoma da população da Europa permaneceu estável durante dois mil anos, até 3000 AEC. Os grupos de caçadores-recoletores sem mistura de genes de camponeses tornaram-se cada vez mais raros, e viviam em áreas remotas e mutuamente isoladas. As populações camponesas, especialmente no Sul da Europa, desenvolveram sofisticadas estruturas sociais que Marija Gimbutas descreveu, com base nas provas de elegantes figuras femininas, entre outras provas arqueológicas, como matrilocais.[22] Depois, deu-se uma mudança dramática. «Na remota Grã-Bretanha, os construtores de megálitos trabalhavam arduamente no que veio a ser o maior monumento feito pela mão humana que o mundo vira até então: os penedos eretos de Stonehenge», escreve o geneticista David Reich. «Pessoas como as de Stonehenge estavam construindo grandes templos aos deuses, e túmulos para os mortos, e não poderiam saber que alguns séculos depois os seus descendentes teriam desaparecido, nem que as suas terras seriam invadidas. O facto extraordinário que emerge do ADN antigo é que, há pouco mais de cinco mil anos, os povos que são agora os antepassados principais de todos os europeus do norte atuais ainda não tinham chegado».[23] Estes «antepassados principais» são os yamna, cuja migração em massa para a Europa substituiu a população que aí encontraram e veio a dominar 75 por cento do genoma sucessor.

No caminho que permitiu chegar a estas conclusões, as provas genéticas reservaram algumas surpresas adicionais. Uma é que os europeus de hoje não só têm genes dos yamna, e uma mistura dos seus predecessores caçadores-recoletores e camponeses, mas também de um terceiro gene «fantasma» ligado — surpreendentemente — aos nativos americanos. Por ser abundantemente improvável que os antepassados dos apaches e dos sioux tenham atravessado o Atlântico para se misturar com os habitantes europeus da Idade do Bronze, houve quem propusesse que tenha existido uma população siberiana ancestral, alguns dos quais se tenham deslocado para leste, atravessando a ponte terrestre de Bering em direção às Américas, tendo outros preferido deslocar-se para ocidente, onde se misturaram com os caçadores--recoletores europeus. Aos fantasmas foi dado o nome «eurasiáticos setentrionais antigos», e os investigadores ficaram à espera de que a arqueologia pudesse fornecer alguma confirmação. Esta apresentou-se na forma do ADN do «rapaz de Malta», encontrado na Sibéria, e que viveu há 24 mil anos.[24]

Outra surpresa oferecida pela genética diz respeito à ancestralidade dos cavalos modernos. A primeira indicação de uma relação entre seres humanos e cavalos que fosse além de caçar e comer equídeos encontra--se na cultura botai do quarto milénio, situada no antigo Cazaquistão. Os botai, que geneticamente estão mais próximos dos eurasiáticos setentrionais antigos do que dos yamna, faziam currais, ordenhavam e abatiam cavalos, havendo também provas de que os arreavam e montavam, o que é provável porque esta é a melhor maneira de os pastorear. Mas a análise genética dos restos de cavalos botai revela que não são os antepassados diretos dos cavalos modernos, contribuindo apenas com cerca de três por cento do genoma do equídeo moderno. Ao invés, estão relacionados com o cavalo-de-przewalski, também conhecido como *takhi,* ou cavalo selvagem da Mongólia. Isto sugere que a cultura equina dos yamna é no máximo o resultado de terem aprendido com grupos adjacentes; os yamna capturavam e criavam cavalos independentemente dos botai.[25]

Outra coisa estranha diz respeito à cultura do vaso campaniforme do terceiro milénio, que tem esse nome devido à forma em sino da sua olaria, e que substituiu a cultura da cerâmica cordada, não uniformemente por toda a Europa, mas antes em áreas aleatórias. Parece ter começado na Ibéria, difundindo-se de maneira irregular por várias partes da Europa central e setentrional, e pelas ilhas ocidentais (*i.e.*, britânicas), existindo inicialmente lado a lado com a cerâmica cordada, que depois substituiu.

Nos estágios posteriores do fenómeno campaniforme, produziu uma riqueza regionalmente diversificada de artesanato, não apenas na olaria, mas também em ornamentos de ouro e cobre, estilos de construção de casas, e práticas funerárias (sepultando, em alguns casos, e noutros cremando), sugerindo apesar disso que também os modos de vida eram partilhados.

O quebra-cabeças é que a natureza esporádica do aparecimento do campaniforme na paisagem arqueológica faz reavivar a questão de saber se era difundida culturalmente, ou devido às deslocações dos povos. Uma sugestão é que se difundiu devido a *algumas* pessoas — artesãos, viajantes, muitíssimo especializados e por isso bem-vindos e imitados nos lugares que visitavam. Isto combina os modelos de difusão cultural e démica de maneira plausível.[26]

Os dois pontos de apoio seguros nos quebra-cabeças deste período são a genética e a linguística. O que a primeira revela foi já esboçado; as provas linguísticas merecem mais atenção, tanto pelo seu interesse como pela sua importância. Relacionam-se com o facto de os idiomas falados na Europa, Irão e no subcontinente indiano serem membros de uma família de línguas, as indo-europeias, que descendem da PIE.

Quem reparou pela primeira vez na relação entre as línguas da Europa e da Índia foi um juiz britânico, Sir William Jones. Como todos os homens do seu tempo e da sua classe, fora educado nas línguas clássicas do grego e latim, e aprendeu sânscrito sozinho, depois de ter chegado à Índia. Não demorou muito a dar-se conta das semelhanças espantosas entre o sânscrito e o grego e latim antigos. Na sua terceira comunicação presidencial à Sociedade Asiática de Bengala, em 1786, fez uma afirmação muito citada:

> A língua do sânscrito, seja qual for a sua antiguidade, é de uma estrutura maravilhosa; mais perfeita do que o grego, mais copiosa do que o latim, e mais cuidadosamente aprimorada do que as duas, mas mantendo com ambas uma afinidade mais forte, tanto nas raízes dos verbos como nas formas da gramática, do que poderia ter sido produzido por acidente; tão forte, na verdade, que nenhum filósofo poderia examinar as três, sem acreditar que emergiram da mesma fonte comum, que talvez já não exista.[27]

Mesmo o olhar nada especializado consegue ver afinidades. A palavra «pai» em sânscrito é *pitar,* em grego *pater,* em latim *pater.* «Dois», em sânscrito, é *dva,* em latim *duo,* em grego *duo.* (Tente o leitor dizer a palavra inglesa «*two*» pronunciando o *w*, e com o *t* forte, como o *t* americano de «*butter*» — *budder.*) «Sete» é *sapta* em sânscrito, *septem* em latim, *hepta* em grego. «Pé» é *pad* em sânscrito, *ped* em latim, *pod* em grego. Os irmãos Grimm, famosos devido às suas histórias de fadas, eram linguistas que se deram conta de como certos sons consoantes mudam entre línguas, em particular como *p* se torna *f*, *t* torna-se *th*, e *k* torna-se *ch*.[28] Consegue-se intuitivamente ver como a transformação funciona. Diga o leitor *t* e repare na posição da língua: pressiona-se contra a parte anterior dos dentes, e desloca-se então para fazer uma pequena explosão de ar. Faça-o agora preguiçosamente, aproximando muito suavemente a língua da parte anterior dos dentes. O resultado é *th*. Experimente-o com *p* ou *b*: os lábios pressionam-se, e depois relaxam-se para que o ar transporte um som oclusivo. Faça-o agora preguiçosamente, aproximando os lábios, mas deixando-os ligeiramente afastados. O resultado é *f*. Aplique-se estas mudanças à palavra de sânscrito para «pai», *pitar*, e obtém-se a palavra inglesa: «*father*». Nem todas as consoantes mudam ao mesmo tempo: em sânscrito, *brhata* é o «*brother*» inglês, graças à mudança de *t* para *th*, e sem mexer no *b*, ao passo que no latim e no grego é o *t* que fica como estava, e o *b* torna-se *f*: respetivamente, *frater*, *phrater*. Entre as línguas contemporâneas vê-se semelhanças entre *p*, *b*, *f* e *v*; pense-se como um anglófono tem de se adaptar à pronúncia de certas palavras espanholas, em que *d* e *th* são praticamente iguais: «Madrid» soa a *Mathrith* na boca de um espanhol. As variações entre *k* e *ch* são comuns entre as descendentes germânicas e românicas do indo-europeu: o segundo ora é pronunciado como quem aclara suavemente a garganta, como no grego *xi*, ora mais enfaticamente, como no inglês «*church*» — os sons variam consoante a língua é pressionada no palato para *k* ou é mantida afastada para *ch*; o inglês arcaico *kirk* (alemão *kirche*) torna-se assim o inglês «*church*».

A diferença de pronúncia de certas consoantes ajuda a construir uma árvore genealógica das línguas indo-europeias. Os ramos ocidentais da família são denominados «línguas *centum*», do latim para «cem», ao passo que os ramos orientais são denominados «línguas *satem*», da palavra avéstica para «cem». (Uma diferença *c/s* surge em português na maneira como se diz, por exemplo, «candeia» e «centro».) As línguas *centum* incluem o grego, latim, celta e as línguas germânicas (holandês, dinamarquês, norueguês, inglês, sueco e iídiche), juntamente com algumas interessantes línguas extintas, como a hitita e a tocariana. As línguas *satem* incluem as línguas do Irão e da Índia — farsi, bengalês, guzerate, hindi, urdu, marata, sindi, panjabi, e assim por diante — e as línguas eslavas, incluindo o letão, o lituano, o polaco, o checo, o russo, o esloveno, o búlgaro, o servo-croata, o sorábio; e, num ramo próprio, também o albanês e o arménio.

Só quando surgem as formas escritas, preservadas em materiais que possam ser datados juntamente com outros artefactos, é que as suas cronologias podem ser determinadas. Um ponto importante é que uma língua falada ou escrita numa dada área não é em si prova de que as pessoas que a falavam se deslocaram em grandes números para essa área, e ainda menos que substituíram uma população indígena anterior que aí se encontrava. Veja-se o exemplo do francês como língua do direito, governo e aristocracia na Inglaterra, depois da conquista dos normandos. Estes não eram em si franceses, mas sim de ascendência escandinava, e tinham adotado o francês, de modo que esta se tornou a língua de prestígio na Inglaterra durante um par de séculos depois de 1066, reafirmando-se depois o inglês porque era a língua quotidiana da maioria. O mesmo aconteceu com o inglês na Irlanda e na Escócia, e na Índia e em todas as outras regiões do Império Britânico. Do século XVII ao XIX, na Europa, o francês era a língua da diplomacia, e na Polónia e na Rússia era a língua preferida das classes altas e da nobreza. Muitas pessoas terão esquecido que houve um debate nos recentemente formados Estados Unidos sobre se a língua oficial do país deveria ser a do inimigo acabado de derrotar, o inglês, ou o alemão — dado o número de colonos de origem alemã então na Pensilvânia e em Nova Iorque (a «cintura alemã» vai agora em grandes números até ao Orégão, por via dos estados setentrionais).[29] Como tudo isto mostra, a língua e a população não andam necessariamente de mãos dadas.

Ao mesmo tempo, questões acerca das *origens* desta grande família de línguas e da sua primeira difusão são análogas às questões sobre o *Big Bang* e às origens do Universo: extrapolando retrospetivamente, digamos, a família diminui mais e mais até chegar a um ponto progenitor. A combinação de dados genéticos e linguísticos é uma prova muito forte de que a história subsequente das línguas indo-europeias é em grande parte uma questão de deslocações de quem as falava e dos seus descendentes, da maneira que descrevemos. À PIE — protoindo-europeia — é assim atribuído uma *Urheimat* na estepe pôntico-cáspia entre os povos da cultura yamna, e foi transportada a partir daí por eles e pelos seus descendentes, na direção oriental e ocidental — e depois pelos seus descendentes ocidentais, muitíssimo mais tarde, no tempo do colonialismo e dos impérios europeus dos séculos recentes, por todo o mundo. Não é de somenos fazer remontar sucessivamente a um ponto no mapa e uma data no tempo uma série de desenvolvimentos que mudaram o mundo.[30]

2.

O APARECIMENTO DA HUMANIDADE

O que vimos até agora diz respeito ao passado recentemente redescoberto da humanidade, desde há cerca de doze mil anos, a época conhecida como *Holoceno.* Isto é pré-história e — com o advento da escrita — história. Outro aspeto do passado que veio à luz ainda mais recentemente é a evolução da própria humanidade, nas dezenas de milhares, centenas de milhares e milhões de anos que conduzem ao presente — uma crónica inscrita nos ossos e pedras, e não tantos assim no total: uma nova crónica fascinante, ambígua, enigmática e surpreendente, descoberta ainda mais recentemente do que a crónica da história anterior aos tempos clássicos.[1]

Ainda que quanto mais se saiba acerca da evolução da humanidade mais enigmática se torne — o paradoxo do conhecimento em ação — o esboço geral da crónica não é estranho. A linhagem hominídea que deu o *Homo sapiens* divergiu do seu antepassado comum ao do chimpanzé há cerca de seis a sete milhões de anos. Há mais de cinquenta mil anos, os seres humanos anatomicamente modernos, o *Homo sapiens,* começaram o que acabou por ser uma emigração de grande alcance, a partir de África. Há cerca de quinze mil anos, o *Homo sapiens* existia em todos os cantos e climas do planeta, e era a única espécie de *Homo* que subsistia, de entre várias outras.[2] Na fase inicial da investigação acerca da evolução humana, pressupunha-se que era uma crónica linear, ilustrada pela conhecida sequência que começa com um símio e termina no homem moderno, passando pelo homem-macaco («homem» *in sensu* masculino da espécie é o ícone nestas descrições), cada vez mais ereto e alto. Mas as ciências detalhadas e impressionantes da paleoantropologia e da genética contam uma crónica muito mais complicada.

A pré-história *imediata* da humanidade poderá ser encarada como o período da emigração de humanos anatomicamente modernos, o *Homo sapiens,* a partir de África, desde há cerca de 60 a 50 mil anos. Não foi esta a primeira vez que seres humanos anatomicamente modernos saíram de África e foram para o Próximo Oriente, ou por ele passaram, chegando até aos Balcãs; na verdade, poderá ter havido previamente mais de uma dessas iniciativas. Encontraram-se restos de humanos anatomicamente modernos em jazidas do Israel atual, Mugharet-es-Skhūl e Jebel Qafzeh, que datam de há 90 a 120 mil anos — um período de clima moderado — que partilhavam tecnologias de utensílios semelhantes às dos neandertais. Estes pioneiros estavam extintos nessa região há 75 mil anos. Outras formas arcaicas de *Homo,* nomeadamente, entre outros, o *Homo erectus,* aparecera desde há muito por toda a Eurásia, começando há pelo menos 1,8 milhões de anos.

Estas observações relacionam-se com uma das questões capitais acerca da evolução humana: a dificuldade de determinar qual das várias espécies de hominínos é de identificar como aquela que está na linha de ascendência direta do *sapiens.* À medida que a caça paleoantropológica de fósseis aumentou em intensidade e exatidão científica, mais e mais hominínos — hominínos ou espécies deles — se descobriram, com pelo menos um caso de misturas ambíguas de características mais e menos modernas, apesar de datarem de tempos relativamente recentes, neste caso o *Homo naledi,* do complexo de cavernas de Rising Star, na África do Sul. Contudo, esta diversidade não deveria ser uma surpresa; hoje há pelo menos 78 espécies (há quem diga que há 132, e até 148) de macacos do Velho Mundo, em duas subfamílias, a *Cercopithecinae* e a *Colobinae,* difundidas pela África subsariana e pela Ásia meridional e oriental, com um grupo isolado dos dois lados do estreito de Gibraltar. O seu número e diversidade evidenciam a especialização e separação entre grupos ancestrais. Para compreender a especialização, pense-se nos bicos dos tentilhões das Galápagos de Darwin, uma das treze ou mais espécies com bicos fortes e curtos para partir cascas, outros com bicos mais finos e longos para chegar ao coração das flores, e outros ainda adaptados para apanhar insetos, e assim por diante.[3] A variação permite explorar diferentes nichos alimentares na mesma área. A divergência evolutiva devida à separação geográfica é ilustrada pelos chimpanzés, os *panins.* Há dois tipos, o maior, *Pan troglodytes,* conhecido como chimpanzé «comum» ou «robusto», e o mais grácil bonobo, *Pan paniscus*. A diferença entre eles explica-se em parte pelo facto de os seus territórios se encontrarem a norte e a sul do rio Congo, respetivamente, e os paninas não nadam muito bem.

Por isso, seria uma surpresa se o *sapiens* tivesse uma só linha ancestral; a natureza não parece trabalhar assim. Hoje, entre os grandes símios e os inferiores (*Hominidae* e *Hylobatidae*, respetivamente), há populações separadas de gorilas, chimpanzés, orangotangos e gibões que diferem mais entre si do que quaisquer *sapiens* individuais. Os símios inferiores têm quatro géneros e dezasseis espécies de gibão; os grandes símios têm também quatro géneros, compostos por três espécies de orangotangos (um que foi descoberto muito recentemente e que estava quase extinto), dois de gorilas com quatro ou cinco espécies, dois de chimpanzés (também os *Pan troglodytes* têm quatro ou cinco subespécies) e uma de humanos. Estas são as espécies atuais de cada género; cada uma tem vários ramos extintos na sua árvore genealógica. Em comparação com os sete mil milhões de membros do *Homo sapiens* no planeta atual, os outros géneros de grandes símios são em número diminuto.

A paleoantropologia enfrenta muitos desafios. Apesar de no último século e meio se terem encontrado milhares de fósseis hominianos, a um ritmo crescente tanto com respeito aos achados como aos desenvolvimentos de técnicas para os analisar, e apesar de as descobertas remontarem a seis milhões de anos, até ao ponto em que os homininos começaram a divergir de outros hominídeos, a maior parte deles datam de partes mais recentes deste período. Além disso, todos são oriundos de jazidas onde é mais fácil encontrá-los — em cavernas ou em localizações onde os acontecimentos geológicos puseram a nu estratos e camadas sedimentares, como no vale da Fenda de Afundamento africano oriental. Dado que se procurou fósseis de homininos em menos de três por cento das áreas terrestres de África, a crónica da evolução humana é por necessidade muito lacunar. O vale da Fenda de Afundamento resulta (e continua a resultar) da separação de três placas tectónicas, que expõem camadas de geologia que remontam a milhões de anos; é o arco de luz sob o poste de iluminação, onde as chaves perdidas do carro do passado evolutivo são mais procuradas, porque a maior parte das outras localizações são simplesmente demasiado escuras.

A atenção não incide só em África, contudo; a Ásia meridional e oriental, o Próximo Oriente e a Eurásia ocidental figuram também na crónica. Em *A Ascendência do Homem*, Darwin identificou África como o lar provável da humanidade, com base nas comparações de T. H. Huxley de seres humanos com gorilas, chimpanzés e orangotangos, mostrando que os seres humanos estão mais próximos dos grandes símios africanos, dos gorilas e dos chimpanzés, do que os orangotangos das Índias Orientais. A paleoantropologia, e especialmente a genética, fornecem fortes provas de que isto está correto. A dispersão dos primeiros *Homo erectus* que abandonaram África há 1,8 milhões de anos foi seguida consideravelmente mais tarde pelo *Homo heidelbergensis* — os antepassados prováveis dos neandertais, dos denisovanos e do *sapiens* — há cerca de 0,7 milhões de anos. Outros homininos poderão ter-se também dispersado na Eurásia, como o parecem indicar traços genéticos ambíguos, mas sugestivos, que neles se detetaram.

A localização não é o único desafio. Os restos pós-cranianos — o esqueleto abaixo do pescoço — são muito mais raros do que os crânios (e em especial as mandíbulas) e os dentes, por duas razões principais. Uma é que os crânios e os dentes são mais pesados, mais densos e duram mais tempo do que os ossos das vértebras, das costelas e dos membros. Os crânios e os dentes têm menos probabilidade de serem esmagados por predadores e necrófagos e, ao contrário do que sobra destes últimos, é menos provável que seja levado pelas chuvas, espalhando-se. Há mais probabilidades de os homininos maiores deixarem rastos do que os menores; e a natureza do ambiente em que morreram irá afetar a sua preservação — alguns ambientes promovem a fossilização, outros a dissolução, devido à acidez dos solos. No primeiro tipo de ambiente poderá haver quantidades significativas de restos de homininos, no outro menos ou nenhuns — em algumas jazidas encontram-se inúmeros utensílios de pedra feitos por homininos, mas nenhuns ossos —, não se podendo inferir muito, por isso, da ausência de ossos. A datação dos despojos, apesar de ser agora uma ciência bastante precisa, não pode excluir a possibilidade de terem sido deslocados do local onde a morte ocorreu, tendo penetrado em estratos geológicos anteriores ou posteriores, devido a terramotos e cheias ou à atividade dos animais.

Todos estes fatores põem pontos de interrogação nas margens de qualquer asserção sobre a evolução dos homininos. Contudo, a imagem que surge não é completamente opaca. Por volta da altura em que esses antepassados hominianos começaram a divergir dos antepassados chimpanzés, há seis milhões de anos ou mais, o planeta como um todo estava lentamente a ficar mais frio e seco. Em África, o efeito foi a substituição das florestas e das matas pela savana coberta de erva. Comparar os fósseis hominianos com provas dos seus *habitat* de então sugere que viviam inicialmente nos limites dos terrenos abertos e com mata, explorando os recursos de ambos. Poderão ter deitado mão às árvores para recolher frutos e fazer ninhos para passar a noite, longe dos predadores; a deslocação bípede teria sido mais apropriada para as suas investidas nas pradarias. Aquando da divisão entre o ancestral hominini e o panina poderá ter havido outros antepassados pré-hominini e pré-panina — recorde-se a quantidade de espécies de macacos que há hoje no Novo e no Velho Mundo. Com base nas melhores provas até agora disponíveis, a imagem evolutiva tem o seguinte aspeto.

Visualize-se uma letra maiúscula «Y», com um ramo menor à direita. Começando pela base do Y, e datando-a de há sete milhões de anos, escreva-se *Sahelanthropus tchadensis.* (Cada um deles será depois explicado.) Um pouco acima, no tronco principal, entre 6 a 5 milhões de anos antes de nós, escreva-se *Orrorin tugenensis* e, uma fração acima, *Ardipithecus kadabba.* Há 4,5 milhões de anos, no tronco principal, escreva-se *Ardipithecus ramidus.*

Acima disto é o ponto em que o tronco se divide em dois, há quatro milhões de anos e posteriormente. Na região da separação há qualquer coisa como uma balbúrdia. Desenhe-se um círculo à volta do ponto de separação e ponha-se nele uma escala que vai de 4 a 2,5 milhões de anos antes de nós, escrevendo-se em sucessão *Australopithecus anamensis, Australopithecus bahrelghazali, Australopithecus deyiremeda,* e de 3,5 a 3 milhões de anos antes de nós, *Australopithecus afarensis.* Por volta de 3 a 2,7 milhões de anos antes de nós, o mundo encontrava-se a arrefecer de um longo período morno, no qual os níveis do mar foram até seis metros mais altos do que hoje. A glaciação alargada estava a ocorrer no hemisfério norte, os níveis do mar estavam a baixar, e o interior de África estava a ficar mais seco. O início dos desenvolvimentos que levou ao *sapiens* poderá muito bem encontrar-se aqui: daí a ramificação do Y.

Podemos agora subir os dois ramos do Y. No ramo mais curto da direita, há 2,5 milhões de anos, escreva-se *Australopithecus africanus,* e a seu lado, *Paranthropus aethiopicus.* Há 1,8 milhões de anos escreva-se *Australopithecus sediba,* e ao lado *Paranthropus boisei.* E há 2–1 milhões de anos escreva-se *Paranthropus robustus.*

Como a sequência de nomes sugere, do *Australopithecus* ao *Paranthropus,* o ramo da direita está a divergir da parte do Y que conduz ao *sapiens,* que está no topo do ramo da esquerda.

Mas lá em cima, no ramo da esquerda, há tanta balbúrdia como no ponto em que o ramo se divide. Pois aqui vemos o seguinte: há 2,3–1,65 milhões de anos, o *Homo habilis,* há cerca de 1,9 milhões de anos os fósseis Dmanisi, há 1,9–1,5 milhões de anos, *Homo ergaster,* há 1,8 milhões de anos, o início de uma espécie muito longeva e bem-sucedida, o *Homo erectus* — há quem tenha sugerido que o *erectus* sobreviveu na Ásia até há apenas trinta mil anos, o que significa que há 40–30 mil anos poderia haver quatro espécies de *Homo: erectus, neanderthalensis, floresiensis* e *sapiens.* Isso seria notável. Com a sua longevidade, o *erectus* ainda não se havia extinguido quando o *Homo antecessor* e o *Homo heidelbergensis* surgiram, há 1,2 milhões e oitocentos mil anos, respetivamente, seguidos pelo *Homo neanderthalensis,* há cerca de setecentos a quinhentos mil anos, o *Homo naledi,* há cerca de 3,5 mil anos, e o *sapiens,* que surge inequivocamente à boca de cena há cerca de trezentos mil anos. Os denisovanos são contemporâneos dos neandertais tardios e dos humanos modernos.

Esta é uma imagem sobrepovoada, mas, consoante se for um *açambarcador* ou um *separatista,* pode-se torná-la mais ou menos sobrepovoada, respetivamente. O problema diz respeito à variação individual: crânios e dentes com diferentes aparências vieram de membros de diferentes espécies de *Homo,* ou serão da mesma espécie, mas apenas diferentes entre si da maneira como as pessoas hoje são diferentes, porque umas são baixas ou altas, com rosto largo ou estreito, sem queixo ou com uma grande mandíbula, testa alta ou baixa, e cabeça redonda ou alongada? Clique na ligação desta nota[4] para ver uma sequência de cinco crânios recuperados em Dmanisi; quem não é especialista pensaria quase certamente que se trata de diferentes espécies de *Homo.* A análise minuciosa dos crânios — craniometria — e a morfologia óssea indicam fortemente a maneira de os classificar, mas subsiste o dilema do açambarcador e do separatista, ainda que os estudos detalhados da anatomia craniana, e de como diferentes aspetos dela evoluem de maneiras diferentes, restrinja o leque de variação que pode haver no seio de uma população.[5] Os dentes e os pés podem ser indicadores ainda mais significativos quanto a isto, porque há pouco espaço para variações individuais na organização básica da dentição e da estrutura da mandíbula numa dada espécie, e o mesmo acontece com a estrutura básica de um pé bípede.

O *Sahelanthropus tchadensis,* como o nome o sugere, foi descoberto no Chade, longe das jazidas orientais e meridionais africanas da maior parte dos fósseis que se encontraram e que são relevantes para a ancestralidade humana. Um grupo francês e chadiano recuperou restos de nove indivíduos, incluindo um esqueleto quase completo. A datação é incerta, mas o ambiente fóssil em que os restos foram encontrados — os ossos de outras espécies de animais — sugere uma data de sete a seis milhões de anos antes de nós. É aqui que a genética localiza a divergência hominini-panini. Os dentes do *Sahelanthropus tchadensis* são relativamente achatados, o rosto pequeno mostra sugestões de homininos, ainda que o crânio no seu todo não o faça.

Há um candidato a primeiro hominino bípede, que se encontrou em Cheboit, no Quénia. Trata-se do *Orrorin tugenensis,* que conquistou a sua posição significativa graças aos dentes e à robustez do fémur — ossos robustos da coxa são um dos requisitos da locomoção ereta. Não muito distante na linha do tempo está o *Ardipithecus kadabba,* cujos pedaços se encontraram no vale do rio Awash e que de início se pensou tratar-se de um australopitecíneo, até o exame da sua dentição e do ambiente fóssil sugerir uma data demasiado remota para isso.

De há 4,5 a 4,3 milhões de anos, o *Ardipithecus ramidus* oferece a imagem mais completa de um hominino remoto até então; mais de dezassete indivíduos, incluindo um esqueleto completo — o mais antigo esqueleto de hominino que até agora se encontrou —, foram resgatados no meio do vale do rio Awash. Comparando com um ser humano anatomicamente moderno com 1,8 metros de altura e com cerca de setenta quilos, o «Ardi» tinha 1,2 metros e pesava cinquenta quilos. Um cérebro humano moderno tem um volume de cerca de 1,400 centímetros cúbicos; o de Ardi 300–375 centímetros cúbicos. Os indícios dos dentes, mãos, pés e ambiente fóssil sugerem que Ardi viveu em parte nas árvores e em parte no solo florestado. Os pés tinham um dedo grande oponível, bom para agarrar ramos, mas também um forte arco do pé apropriado à locomoção bípede e uma pélvis apropriada à posição ereta. As mãos não estavam adaptadas para caminhar sobre as articulações, como fazem os gorilas e chimpanzés.

Depois de Ardi, os ramos do «Y» começam a subir a partir do tronco principal. É aqui que surgem os australopitecíneos; há 4,2 milhões de anos surge o *Australopithecus anamensis;* há 3,6 milhões de anos o *Australopithecus bahrelghazali;* há 3,5–3,3 milhões de anos surge o *Au. deyiremeda.* O primeiro destes baseia-se sem grande segurança nos fragmentos que se encontrou no Lago Turcana e em Kanapoi, no Quénia. O *Australopithecus bahrelghazali* também não está solidamente atestado, mas é importante devido ao local em que foi encontrado: bastante a oeste do vale da Fenda de Afundamento de África, no sul do Sudão. O *Australopithecus deyiremeda* é o mais recente deste grupo a ganhar o seu nome, depois da descoberta dos seus restos em Woranso-Mille, na região de Afar da Etiópia, em 2015. É importante porque confirma o que os paleoantropólogos começaram a suspeitar duas décadas antes: que coexistiram várias espécies de homininos, e que a linhagem do *Homo sapiens* é menos direta do que se supunha. Um grande indicador disto foi a descoberta, no início deste século, do *Kenyanthropus platyops* em Lomekwi, próximo do Lago Turcana, no Quénia, datando de há 3,5 milhões de anos.

Mas o australopitecíneo que se pensa estar mais provavelmente na linha direta de ancestralidade dos humanos modernos é o *Australopithecus afarensis,* que viveu há 3,5–3 milhões de anos. Encontra-se abundantemente no «Triângulo de Afar» da Etiópia, e também em Laetoli, na Tanzânia, e no Lago Turcana, no Quénia; o *afarensis* é conhecido com base em várias centenas de indivíduos dos dois sexos e de todas as idades, incluindo o famoso esqueleto de «Lucy», que está quarenta por cento completo, e a que mais recentemente se juntou o «Homem Grande», que está 25 por cento completo, também denominado «Kadanuumuu», de Korsi Dora, na Etiópia. Os *Afarensis* do sexo masculino tinham cerca de 1,5 metros de altura e pesavam mais de quarenta quilos, com um volume craniano de 400–500 centímetros cúbicos. As pegadas de Laetoli mostram que o *afarensis* era completamente bípede. As pegadas são uma descoberta impressionante: três indivíduos atravessaram um campo de cinza vulcânica depositada por uma erupção recente, deixando as suas marcas claramente no solo; a chuva, seguida de sol forte, solidificou as marcas. Depois novas camadas de cinza foram espalhadas sobre elas, devido a mais erupções, enterrando as pegadas até três milhões de anos de erosão as trazerem de novo à luz. Outras marcas — um conjunto de um cavalo de três dedos, o *Hipparion* — são também visíveis no estrato. Comparou-se imagens de 3D dos contornos das pegadas com pegadas de humanos modernos com diferentes portes, um com joelhos dobrados e outro com pernas direitas. A diferença de profundidade entre os dedos e o calcanhar das pegadas de Laetoli indicam que caminhava com as pernas direitas (ereto). Uma curiosidade aqui é que, até pelo menos ao início do século XX, muitos chineses tinham um porte com joelhos dobrados; no *Ah Q* de Lu Xun lê-se que o anti-herói epónimo critica fortemente um contemporâneo com ideias modernas, que fora educado no Japão, e que imita o passo de pernas direitas dos ocidentais. (Ele leva uma tareia por isso.)[6] Se as pegadas dos caminhantes do Laetoli tivessem indicado uma maneira de andar com joelhos dobrados, poderia erradamente ter sido considerada uma característica primitiva. Isto é uma indicação de como os pressupostos podem ser tão profundos que passam despercebidos.

O primeiro australopitecíneo a que se atribuiu uma designação foi o *Australopithecus africanus,* descoberto por Raymond Dart, na África do Sul, em 1924. Encontrou o crânio de uma criança — a «criança Taung» — com todos os dentes de leite. Primeiro, Dart foi ridicularizado por afirmar ter identificado uma criatura «intermédia entre os antropoides atuais e o homem», mas foi vindicado por outras descobertas de *africanus,* por comparações com australopitecíneos da África oriental descobertos mais tarde, e pelos ambientes fósseis que datam de há 3,5–3,0 milhões de anos. A importância especial desta descoberta foi o peso que deu à perspetiva de Darwin de que a África era a terra natal provável da humanidade. Até então, pressupunha-se que a origem da humanidade se encontrava na Europa, o que a descoberta dos neandertais sugeria, ou a Ásia oriental, devido ao «homem de Java» (*Homo erectus*).

Desta tropa de australopitecíneos, e não só, o ramo direito do Y leva aos seus familiares e descendentes mais robustos, designados *Paranthropus,* para sugerir divergência da linha hominiana. O ramo da esquerda daí em diante ganha uma importância ancestral adicional, começando com o *Homo habilis,* «homem hábil», devido à sua associação com utensílios, e que viveu há 2,3–1,65 milhões de anos. Foi descoberto na garganta de Olduvai, na Tanzânia, complementado por outros fósseis de Koobi Fora, no Quénia, e do rio Omo, na Etiópia. Menores do que os australopitecíneos, mas com um cérebro marcadamente maior, um pé como o dos humanos e um polegar capaz de segurar nas coisas com precisão, o *habilis* deu azo a um debate sobre se era caçador ou necrófago, pois a caça exige um grau mais elevado de coordenação social, planificação e comunicação. Dado ser o precursor imediato, pelo menos na linha do tempo, dos grupos *Homo,* que quase certamente tinha essas capacidades, é plausível atribuir-lhas também a ele. Pois o hominino seguinte na sequência temporal que se descobriu é a coleção enigmática de Dmanisi, na Geórgia, de há 1,9 milhões de anos, representando os fósseis hominianos mais antigos inequivocamente datados fora de África.

Os fósseis de Dmanisi, a que há quem chame *Homo georgicus,* representam vários indivíduos de ambos os sexos e de várias idades. Os membros têm as proporções dos seres humanos modernos, mas os crânios não são maiores do que os do *habilis.* Uma característica intrigante é que um dos crânios pertencia a um indivíduo velho e sem dentes, que teria precisado de cuidados e apoio por parte dos outros para sobreviver durante tantos anos.

O primeiro hominino que mais de perto se parece com um ser humano anatomicamente moderno é o *Homo ergaster,* querendo o seu nome dizer «trabalhador», devido à sua avançada tecnologia de utensílios, e que data de há 1,9–1,5 milhões de anos. Os seus fósseis mais conhecidos são os da região do Lago Turcana, com um espécime famoso, o «rapaz de Turcana», quase completo, exceto as suas extremidades e a clavícula esquerda. Outros fósseis *ergaster* mostram um pé humano e, em alguns espécimes, um volume craniano de até 900 centímetros cúbicos, apesar de outros serem menores: 500 centímetros cúbicos.

Considerar que o *ergaster* é uma espécie própria é dizer que não é uma versão africana do *Homo erectus,* como alguns académicos pensam. O *Erectus* foi descoberto inicialmente em Java, mas os seus restos encontram-se por toda a Eurásia, de Espanha à China e às Índias Orientais. É provavelmente o primeiro do grupo *Homo* a deixar África, e a sua longa sobrevivência é impressionante — há quem diga que viveu até há trinta mil anos; mas mesmo que tenha vivido até há 110 mil anos, surgiu antes de há dois milhões de anos. Falar de 110 mil anos não é arbitrário; é a data de alguns fósseis atribuídos ao *erectus* que foram encontrados no vale do rio Solo, em Java.

Numa perspetiva dominante, o *erectus* é o antepassado direto tanto do *Homo heidelbergensis* como do *Homo antecessor,* sendo por sua vez o primeiro destes o antepassado direto dos neandertais, dos denisovanos e dos humanos modernos, que surgiram na Europa, na Ásia e em África, respetivamente. Com respeito à sua aparência, com um volume craniano de até 1200 centímetros cúbicos, utensílios acheulianos sofisticados, capacidade para fazer viagens marítimas, organização social, talvez a fala, e talvez a manufatura de ornamentos ou até de arte, o *erectus* ou é um antepassado direto do *sapiens,* ou tem uma relação próxima com um antepassado direto do *sapiens.* Se foi para efeitos decorativos que o *erectus* fez padrões de rabiscos nas conchas encontradas em Java e que datam de há quinhentos mil anos, então o *erectus* fez arte;

e a presença de representação simbólica é um indicador significativo de muito mais do que isso. De facto, sabe-se que o *erectus* europeu recolheu ocre, que só pode ser usado como pigmento.

Quem descobriu o *erectus* foi Eugène Dubois, um médico que era oficial no exército holandês, nas Índias Orientais. A sua especialidade era a anatomia, e a sua ambição devoradora era encontrar os antepassados da humanidade. Teve como recompensa encontrar o primeiro fóssil do *erectus,* em 1891. Descobertas substanciais posteriores, na China (o «homem de Pequim»; foram encontrados quarenta espécimes em Zhoukoudian), estavam relacionadas com o homem de Java de Dubois e encorajaram a ideia de ser a Ásia oriental a origem da humanidade. Os indivíduos *erectus* mostram uma diversidade considerável, tanto no espaço como no tempo, mas o tipo dos espécimes tem um sobrolho pronunciado, uma estrutura óssea baixa, mas robusta ao longo da linha média do crânio, e dentes maiores do que os dos humanos modernos. Tendo entre 1,6 metros e 1,8 metros de altura, e pesando entre 40 e 65 quilos, o *erectus* tinha quase as dimensões de um ser humano moderno, e alguns espécimes tinham um volume craniano de 1300 centímetros cúbicos, comparável ao dos seres humanos modernos. São considerados os inventores da indústria acheuliana de utensílios, os primeiros *Homo* a controlar o fogo, e talvez os primeiros a fazer choupanas.

Há quem levante a hipótese de o *Homo heidelbergensis* ser, como se fez notar, o último antepassado comum dos neandertais e dos seres humanos modernos. Foi inicialmente descoberto — na forma de uma mandíbula — numa caverna em Mauer, perto de Heidelberga, em 1907, e pensava-se que era um neandertal. Quando se chegou aos anos setenta desse século, apesar de muita incerteza e controvérsia, acabara por ser considerado por alguns paleoantropólogos um representante de todos os fósseis *Homo* de África e da Europa que datam de há 700–300 mil de anos. Outros académicos pensam que estes fósseis representam uma subespécie diferente do *Homo,* seja do *erectus* — na verdade, durante muito tempo, o *heidelbergensis* foi classificado como *Homo erectus heidelbergensis* — seja do *Homo rhodesiensis* («homem de Broken Hill», de Kabwe, na Zâmbia), havendo quem considere que este último é *o* antepassado direto do *sapiens.* As provas genéticas dos restos de mais de trinta indivíduos encontrados na caverna de Sima de los Huesos («abismo dos ossos»), na serra de Atapuerca, no norte de Espanha, sugerem que o *heidelbergensis* deve ser classificado como um pré-neandertal ou um neandertal arcaico, e que se deve considerar que a divergência entre os neandertais e os seres humanos modernos correu há cerca de oitocentos mil anos. Segundo uma perspetiva, o *heidelbergensis* é uma «cronoespécie», uma forma intermediária e em desenvolvimento, que indica uma linhagem em mudança ao longo do tempo, a partir de uma forma anterior agora extinta, e em direção a formas posteriores reconhecidamente descendentes, constituindo a possível ligação entre o *antecessor* e o *ergaster,* antes dele, e os neandertais, os denisovanos e o *sapiens,* depois.

As relações entre os tipos de *Homo* no período que começa há um milhão de anos são exacerbadas pela relativa raridade de provas fósseis que datem de há 400–250 mil anos, confundindo-se ainda mais as coisas com a descoberta surpreendente de uma espécie *Homo* que mistura formas primitivas e modernas — o *Homo naledi,* que foi descoberto em 2013 no complexo de cavernas de Rising Star, na África do Sul. Mais de setecentas partes de esqueletos, que representam quase vinte indivíduos, foram recuperados num feito extraordinário de espeleologia (a arte, pois é disso que se trata, de exploração de cavernas), que exigiu que paleoantropólogos pequenos, muito magros e nada claustrofóbicos se enfiassem por uma série de pequenas aberturas numa caverna profunda, onde se encontram os ossos.[7] Os *naledi* têm um pequeno cérebro, 450–600 centímetros cúbicos, uma altura de 1,4 metros e pesam menos de quarenta quilos, à semelhança dos *Australopithecus afarensis* do sexo masculino e, apesar de serem bípedes, tinham os ombros elevados, uma adaptação típica para viver nas árvores e pendurar-se nos ramos. De início, pareciam australopitecíneos aos olhos de quem os descobriu. Nenhuns utensílios se encontraram com eles, mas tinham mãos ágeis e apropriadas para os fazer e usar. A presença dos seus restos numa caverna inacessível tão profunda, que exige luz artificial para nos orientarmos, sugere que os mortos foram propositadamente aí escondidos, uma prática fúnebre consciente que implica um grau de desenvolvimento social, ainda que fosse só para proteger os restos dos necrófagos.

Só com base na aparência, quem descobriu os *naledi* calculou que poderão ter vivido há 1–2 milhões de anos. Uma série de testes, incluindo a datação por urânio-tório (U-Th) e ressonância de *spin* eletrónico (ESR) dos dentes e sedimentos onde se encontravam, mostrou que de facto viveram há 335–236 milhares de anos. Isto foi uma enorme surpresa. Significa que havia *Homo* com pequenos cérebros e características anatómicas primitivas a viver em África, lado a lado com primos de cérebros maiores e mais modernos anatomicamente, confundindo ainda mais a questão das linhagens e relações do *Homo.* A possibilidade de os primeiros *Homo* terem procriado com australopitecíneos, a probabilidade de indivíduos de diferentes linhagens *Homo* procriarem, e a prova genética de que, muito mais tarde, os neandertais e os humanos modernos procriaram, sugere que a mistura de linhagens do *Homo* foi tão frequente que explica a ambiguidade das linhagens exibidas pelos registos fósseis. Com o progresso da investigação genética, emergiram provas de que a introgressão do genoma de um *Homo* para outro é mais comum e mais complexa do que se pensava; os africanos modernos, por exemplo, têm alguns genes neandertais, o que mostra que estes migraram de novo para África, há menos de 150 mil anos; e os neandertais mostram que houve entrada de genes de múltiplas linhas de antepassados africanos. Há igualmente fortes provas de uma movimentação de volta a África, por parte do *sapiens* da Eurásia, há menos de cinquenta mil anos, e de movimentos migratórios da Eurásia para a África meridional a partir de há cinco mil anos.

O pequeno *Homo floresiensis,* que os herdeiros de Tolkien proíbem que se chame «hobbit», viveu até há cinquenta mil anos (quando os seres humanos modernos chegaram a Flores) e talvez até mais tarde. É mais uma indicação da complexidade da imagem *Homo.* Se esta pequena criatura é uma espécie anã genuína de *Homo,* é um exemplo da miniaturização que pode ocorrer em *habitat* insulares — Flores também tem elefantes em miniatura. (Infelizmente, a insularidade parece também promover o gigantismo em algumas criaturas: Flores tinha ratazanas gigantes.) Os *floresiensis* viveram certamente o suficiente para permitir a ocorrência de «nanismo»; a análise craniométrica mostra que é mais semelhante ao *Homo* que vivia há quase dois milhões de anos do que dos humanos modernos. Apesar de o volume cranial de cerca de 400 centímetros cúbicos ser como o de um australopitecíneo, a morfologia do corpo do *floresiensis* lembra o *habilis,* mas é como se tivesse sido amputado, como se faz com o bonsai, para ficar só com um metro de altura e um peso de 25 quilos. Os utensílios de pedra datados de há 190 mil anos são prova da ocupação mais remota das Flores pelo hipotético antepassado do *floresiensis,* o *erectus,* que terá incrivelmente navegado para a ilha, porque nunca houve uma ponte de terra firme ou glaciar que a ligasse ao continente indonésio, no período da evolução *Homo.*

Como acontece com muitas outras coisas na esfera paleoantropológica, há controvérsia quanto ao *floresiensis*. Descobriu-se os restos de nove indivíduos, sendo o espécime mais completo LB1 (designado deste modo devido à «caverna fresca» Liang Bua em que se encontrou este esqueleto do sexo feminino, enterrado em cinza vulcânica). É possível que não tenham sido de modo algum uma forma de humanos em miniatura, mas que fossem pequenos por outras razões — por exemplo: poderia uma doença endémica ser a razão da sua dimensão? Sugeriu-se microcefalia e cretinismo; a primeira é uma patologia rara, que ocorre em apenas um de vários milhares de nascimentos, mas o cretinismo pode chegar aos dez por cento de populações isoladas, amiúde em resultado de hipotiroidismo congénito. Outra possibilidade é que os restos resgatados fossem de indivíduos que sofriam da síndrome de Laron, que é a insensibilidade à hormona do crescimento; é hereditária, e é concebível que se tenha espalhado pela população das Flores, tornando-se endémica. Quem tem esta síndrome é menos suscetível ao cancro e à diabetes de tipo 2 do que a população em geral. Subjetivamente, as reconstruções dos rostos dos *floresiensis* fazem lembrar a fronte saliente e o nariz de sela característicos dos indivíduos afetados pela síndrome de Laron.

Os mais famosos dos nossos primos *Homo* são os neandertais. Foram também os primeiros que se descobriu, em 1856, no vale Neander, na Alemanha — daí o nome. Um crânio neandertal fora anteriormente encontrado na pedreira de Forbes, em Gibraltar, em 1848, mas a sua importância não foi imediatamente reconhecida. Saliente-se a data da descoberta do Neander: foi três anos antes da publicação de *A Origem das Espécies*, de Darwin, e quinze anos antes de *A Ascendência do Homem*. Quando este último foi publicado, não deu origem a grandes controvérsias, porque nessa altura já a ideia de que tudo, incluindo os humanos, tinham evoluído, estava prestes a tornar-se bem conhecida, mesmo entre os que não queriam aceitá-la. Charles Lyell mostrou o crânio de Gibraltar a Darwin em 1864, imediatamente antes de ser apresentado numa reunião da Associação Britânica para o Avanço da Ciência; na *Ascendência*, Darwin menciona brevemente o neandertal.

A data mais antiga atribuída aos fósseis neandertais é de 430 mil anos antes de nós (pensa-se que a divergência da linhagem *sapiens* terá ocorrido há cerca de oitocentos mil anos), mas há alguma incerteza acerca da atribuição. A partir de há 130 mil anos há muitos restos de neandertais e, como se fez notar, a conjetura dominante é que descendem do *heidelbergensis*, o que dá aos fósseis de Sima de los Huesos a data de 430 mil anos antes de nós, sendo assim neandertais arcaicos, e um fóssil *heidelbergensis* ligeiramente posterior, de Aroeira, em Portugal, é um exemplo de transição. Isto harmoniza-se com a imagem emergente de vários tipos de *Homo* que coexistiram e por vezes se misturaram durante um longo período. Pensa-se que a divergência neandertal-*sapiens* terá começado há oitocentos mil anos, mas, como se fez notar, a procriação cruzada ocorria ainda depois de os seres humanos modernos terem deixado África, antes de há cinquenta mil anos. Há trinta mil anos aproximadamente já os neandertais se tinham extinguido, exceto um remanescente no genoma do *sapiens* — cerca de três por cento —, e um pouco mais nos denisovanos.

O bem conhecido sobrolho avantajado dos neandertais, e a constituição poderosa e maciça, fez deles as caricaturas fáceis da imaginação popular, estúpidos homens das cavernas aos grunhidos, uma reputação que demorou muito tempo a ser abandonada. Mas a sua avançada indústria lítica musteriense, possível pintura do corpo, grande cérebro (1300 centímetros cúbicos no caso do sexo feminino e 1600 centímetros cúbicos — maior do que no *sapiens* — no masculino), cabelos ruivos, trazendo ou comercializando recursos que chegavam a encontrar-se a trezentos quilómetros de distância dos seus acampamentos, a divisão destes em zonas para diferentes propósitos, o uso do fogo para cozinhar e defumar carnes, alguns indícios de música (o que é sugerido pela flauta de Divje Babe, que data de há 140 mil anos) e possivelmente arte (gravação aparente de objetos de pedra, formas pigmentadas e estênceis de mão que datam de há 66 mil anos, que é 20 mil anos antes de o *sapiens* ter chegado à Europa ocidental) dão uma imagem diferente, contradizendo as indicações culturais a sua reputação abrutalhada.

Será que falavam? Tinham o osso hioide na garganta, a morfologia do ouvido e o gene FOXP2, fatores associados no *sapiens* à capacidade para usar uma linguagem; e a divisão dos seus acampamentos em zonas — aqui cozinha-se, ali trabalha-se a pedra — sugere níveis de organização social de um tipo que dependia, é de pensar, do uso da linguagem. Numa reconstrução do trato respiratório superior dos neandertais, parece que poderão não ter sido bons a produzir sons nasais, mas é questionável se isto é um obstáculo à linguagem articulada. Pelo contrário, as provas apontam mais, e não menos, para o uso da linguagem, sendo uma consideração adicional que a reprodução cruzada com o *sapiens* poderá ter sido menos provável caso não falassem.

Contudo, há algumas provas de conflito e canibalismo, também entre os neandertais, de modo que a imagem de um ser que, como o Monstro de *A Bela e o Monstro,* é distorcida devido à sua aparência não deve ser pintada com tons demasiado cor-de-rosa. A verdadeira pungência da crónica dos neandertais é que parece ter havido bastante poucos, no total; o pequeno número fez deles uma população frágil, e fosse o que fosse que causou a sua extinção depois da chegada do *sapiens* aos seus territórios — quer tenha sido a violência do *sapiens,* a falta de imunidade a doenças transmitidas por estes, uma melhor captação de recursos por parte do *sapiens,* ou simplesmente o facto de terem em qualquer caso chegado ao fim do caminho, em termos de população e adaptação (a extinção é a norma de todas as espécies de tudo) — parece que não eram suficientemente numerosos para resistir, competir ou sobreviver. A condição em que se encontravam era dura, em qualquer caso: oitenta por cento dos restos de neandertais são de indivíduos que não sobreviveram até aos quarenta anos, e os seus esqueletos mostram muitas lesões e forte desgaste.

Não há uma resposta simples ou clara à pergunta «qual é *a* crónica da evolução do *Homo sapiens?*». O que há é uma imagem intrigante, complicada e a que faltam muitas provas, de múltiplas espécies de homininos e de *Homo,* provavelmente separando-se, depois misturando--se, para de novo se separarem, mas com um desenlace dramático que aguarda ainda muita clarificação — nomeadamente, o aparecimento não apenas do *Homo* anatomicamente moderno, mas também do *Homo comportamentalmente* moderno, que ocorre ao mesmo tempo que se dá o desaparecimento final de todas as outras espécies com ele relacionadas, e com uma rápida difusão por todo o planeta, a que se seguiu uma rápida expansão do seu número. À primeira vista, isto não é apenas uma crónica notável; de uma certa perspetiva, com aspetos sinistros, retrata o *sapiens* como uma espécie predatória e exploradora que está realmente muito longe dos vários tipos que eram necrófagos de carcaças das matanças de outros animais e que esgaravatavam no pó à procura de alimento.

A genética do século XXI, e em particular os desenvolvimentos engenhosos de técnicas para recuperar e sequenciar material genético antigo, introduzidos por investigadores como Svante Pääbo, do Instituto Max Planck de Leipzig, lançam uma luz intrigante e por vezes conceptualmente revolucionária sobre a crónica das origens humanas. Mas foram os trabalhos bem anteriores, dos anos oitenta do século passado, que conseguiram identificar o ponto em que viveu a antecessora comum mais recente de todos os seres humanos atuais: há cerca de 150 mil anos, em África. Trata-se da «Eva mitocondrial», nome dado porque o ADN mitocondrial só é transmitido na linha feminina, e a cadeia de antecessores por via das nossas mães, avós, bisavós, e assim por diante, converge numa única mulher que viveu por volta daquela altura. O que em quase todos os casos distingue os seres humanos do sexo masculino e feminino é a posse de um cromossoma Y (os seres humanos têm habitualmente 46 cromossomas em 23 pares, um dos quais é XX nas mulheres, e XY nos homens[8]). Fazer recuar a linha patrilinear até ao «Adão do cromossoma Y» revelou-se mais difícil, dando uma amplitude imensa nada esclarecedora de entre 180 e 580 mil anos antes de nós, sendo as melhores estimativas 120 a 156 mil anos. Esta última alinha melhor o Adão com a Eva.

Há pelo menos duas implicações interessantes nestas descobertas. Uma é que apoiam a «teoria da saída de África» com origem única, em oposição à hipótese multirregional, segundo a qual a humanidade se desenvolveu de linhagens do *Homo erectus* separadamente na Ásia, em África, na Europa e na Austrália. Apoiam também a perspetiva de que a emergência de seres humanos comportamentalmente modernos (e não apenas anatomicamente) poderá estar ligada a um estrangulamento populacional, um pequeno subconjunto de humanos anatomicamente modernos, a partir dos quais emergiu a modernidade comportamental, em resultado — há quem o defenda — de um desenvolvimento de características genéticas próprias desse subconjunto. Esta ideia é complicada pelo facto de, como se fez notar, os genomas humanos modernos incluírem genes herdados de populações *Homo* mais antigas do que a Eva e o Adão, e que já não viviam em África — por exemplo, genes de neandertal e, no caso dos melanésios e australianos, genes denisovanos. Mas estes factos não contrariam a ideia de que a modificação genética numa dada subpopulação foi o que levou ao desenvolvimento de traços comportamentalmente modernos.

A questão da modernidade comportamental na evolução do *sapiens* — a questão da própria fonte da *sapiência* em si, na verdade — é muito debatida; discuto-a na Secção 3. Humanos «comportamentalmente modernos» são os que têm linguagem, arte, pensamento simbólico, práticas de transferência de capital cognitivo de uma geração para a seguinte, de forma a que possa acumular-se, capacidade para a flexibilidade e inovação que desenvolve e faz variar este capital em harmonia com novos desafios e circunstâncias, e o uso de pensamento analógico para se dar conta de semelhanças e paralelos, e para transferir práticas de uma esfera para outra. Entre o processo evolutivo que teve como resultado humanos anatomicamente modernos, há cerca de trezentos mil anos e (usando a expressão como uma abreviatura, mas com reservas) a «revolução neolítica» de Gordon Childe, há cerca de doze mil anos — e, sobretudo, o período da saída do *sapiens* de África (uma vez mais, mas desta vez permanentemente), entre sessenta a cinquenta mil anos antes de nós, aproximadamente, para se encontrar espalhado por todo o planeta por volta de há quinze mil anos — há uma crónica que vale por si. Esta difusão foi acompanhada pelo desaparecimento de todas as outras espécies de *Homo* e de muitas espécies de animais — o efeito que a dispersão mundial do *sapiens* teve nas outras espécies é desconfortavelmente semelhante ao que resultaria de uma doença pandémica indiscriminada.

A paleoantropologia aplica métodos arqueológicos escrupulosos e ciência forense avançada para dar sentido a vários milhões de anos de mistério. É uma crónica de detetives na maior escala que há. Talvez seja inevitável que a confusão cresça à medida que mais provas são recolhidas, até as peças do *puzzle* de ossos e artefactos começarem a juntar-se para formar uma imagem clara. Contemplar os crânios dos nossos vários antepassados, que nos olham com um silêncio enigmático que atravessa éones, é uma experiência vertiginosa. A história humana tem sido uma correria nos últimos vinte mil anos, aproximadamente, mas o caminho até esse ponto foi longo.

A crónica evolutiva que resulta no *sapiens* coincide quase exatamente com a época geológica conhecida como o *Pleistoceno,* que começou há 2,8 milhões de anos e acabou há doze mil anos. Em termos evolutivos, do hominino para o humano, chama-se *Paleolítico* a este período, ou *Idade da Pedra Lascada,* que se subdivide em Paleolítico Superior (Idade Tardia da Pedra, a partir de há cerca de cinquenta mil anos) e o Mesolítico (a partir de há cerca de vinte mil anos, começando há doze mil anos a transição para o Neolítico ou Nova Idade da Pedra). Estas designações referem-se às tecnologias de utensílios de pedra que se desenvolveram durante este período, mostrando lentamente maior sofisticação à medida que o tempo passava, e sugerindo em cada estágio muitas outras coisas acerca dos seres que os faziam e usavam. Mas, como se vê, quando chegamos ao Paleolítico Superior, a crónica passa a ser menos acerca da evolução biológica e mais da cultural; o interesse agora centra-se na emergência de seres humanos comportamentalmente modernos. Apesar de se tratar de um termo contestado, é sugestivo e útil, e é o último capítulo a escrever do passado que era desconhecido até ao século XIX.

3.

O PROBLEMA DO PASSADO

Passámos em revista o que se descobriu sobre o passado desde o século XIX, grande parte apenas no último meio século, e até apenas nas últimas décadas. A humanidade passou do conhecimento de uma mera fração da sua história e chegou a milhões de anos antes disso. Do ponto de vista psicológico, o salto é imenso: um salto do quadro de referência bíblico, em que o início do mundo ocorreu há seis mil anos, para um quadro de referência em que o Universo começou há 13,72 mil milhões de anos, o planeta Terra há 4,5 mil milhões de anos, a vida há quatro mil milhões, os homininos há seis milhões de anos, o *Homo* há dois milhões, os seres humanos anatomicamente modernos há trezentos mil anos, os seres humanos comportamentalmente modernos há (digamos) cem mil anos, a agricultura sedentária há dez mil, as cidades há cinco mil — e nada disto se sabia anteriormente, ou sequer se adivinhava. Dessa perspetiva, o avanço é — no sentido literal do termo — estupendo. Ao mesmo tempo e, na verdade, o que em parte explica o sucesso da própria empresa, tornámo-nos imensamente mais críticos e escrupulosos na maneira de pensar acerca de como sabemos tudo isto. Alguns dos pontos que, em resultado, emergem para consideração são como se segue.

Quem quisesse começar com um floreado dramático, na sequência das observações do início da Secção 1 desta Parte, poderia dizer que a história começou na Grécia clássica, no século V AEC — ou seja, a história *enquanto investigação histórica,* enquanto atividade de investigação do que aconteceu no passado, e sua descrição. Afirmá-lo é dizer que a história, enquanto iniciativa autoconsciente começou aí e nessa altura, nos escritos de Heródoto. Mas isto é um floreado excessivo; se contarmos como história o que sabemos agora sobre registos como listas de reis, historietas acerca de grandes figuras que não são lendárias, e registos de batalhas e conquistas gravadas em monumentos, então a história é pelo menos tão antiga quanto a própria escrita, pois isso é o que encontramos inscrito em cuneiforme nas estelas e tábuas de barro mesopotâmicas. E sem dúvida que a história preservada e transmitida oralmente é anterior, na ordem dos milhares de anos, a estas formas de registos.

A história, enquanto *período do tempo do passado* acessível, seja pela arqueologia seja pelos registos escritos, começa no quarto milénio AEC, revelando-se na descoberta recente da Mesopotâmia suméria. Antes disso, a história é «pré-história», dizendo respeito ao que os seres humanos fizeram, onde o fizeram e como o fizeram, remontando ao Período Neolítico, antes da escrita, 10 000–3000 AEC. Com respeito a tudo o que é anterior a isso na trama ambígua e fragmentária da evolução da humanidade, remontando ao que são talvez os primeiros utensílios de pedra identificáveis de há 3,3 milhões de anos, não estamos já na história no mesmo sentido em que o termo se aplica ao que aconteceu no passado a partir da Suméria.

Assim se vê imediatamente que a palavra «história» é ambígua. Tanto pode denotar *o estudo dos acontecimentos do passado,* como *os próprios acontecimentos e circunstâncias do passado.* Neste segundo sentido, «história» refere-se de modo abrangente a tudo o que aconteceu nos milénios que decorreram antes do nosso próprio momento no tempo, e sobre os quais podemos lançar luz por meio de todos os recursos da investigação, incluindo a arqueologia — ou seja: por meio da «história» no primeiro sentido. Quanto mais remoto for o passado investigado, maior será a diferença de técnicas de investigação que temos de ter. A «história registada» só nos transporta até finais do quarto milénio AEC, quando a escrita e, portanto, os registos documentais, se tornaram pela primeira vez disponíveis. Neste caso, textos e arqueologia complementam-se mutuamente. A «pré-história», enquanto período indeterminado de tempo antes disso, diz respeito ao aparecimento da vida agrícola sedentária e ao crescimento da urbanização que teve lugar naquela região do mundo onde se encontram provas dos primeiros povoados relacionados com a agricultura.[1] A arqueologia está aqui sozinha. Isso faz-nos remontar até há cerca de dez ou doze mil anos. Antes disso, a crónica da humanidade e dos seus antecedentes evolutivos constituem a província da paleoantropologia, na qual intervêm outros conjuntos de técnicas arqueológicas.

Como veremos, qualquer afirmação deste tipo está sujeita a ressalvas e, na verdade, a contestação: um belíssimo exemplo é a tese de que os seres humanos se entregavam a formas de agricultura e à vida sedentária mais de dez mil anos antes de há doze mil anos, e que é incorreto ver a passagem dos estilos de vida de caçadores-recoletores para a agricultura sedentária como um movimento linear, unidirecional, e ainda menos como «progresso». No que se segue, esta ressalva tem de ser dada como adquirida, e algumas das principais razões da sua existência serão discutidas de seguida.

Uma questão crucial acerca da história é esta: é a história no segundo sentido (nomeadamente, *o que aconteceu no passado*) a criação da história no primeiro sentido (nomeadamente, *a atividade de investigação histórica*), ou podemos ter a certeza de que somos capazes de descobrir o que aconteceu no passado — uma questão que pode alternativamente ser formulada como «podemos descobrir a verdade objetiva sobre o que aconteceu no passado?». A razão para levantar esta questão é que a maneira como o passado persiste no presente — documentos, monumentos, ruínas acima e debaixo da terra, tradições, memórias — é incompleta, pouco clara, equívoca e, amiúde, críptica. Descobrimos esses restos vivos no presente, e à volta deles construímos interpretações. Tanto os restos como as nossas interpretações são nossos contemporâneos. Porque a história no primeiro sentido — investigação do passado — é constituída, como bem se sabe, por narrativas e explicações forjadas no presente, não admira que os historiadores discordem muitas vezes entre eles sobre o que aconteceu outrora. Pense-se nas testemunhas de um acidente de trânsito e nas diferentes versões que podem contar, as interpretações contrastantes que oferecem, a maneira como o choque, ou o interesse, ou a simpatia, ou a antipatia pode afetar a memória e o ponto de vista. Se as testemunhas oculares de um acontecimento que acaba de se dar podem diferir entre elas, podendo até, na verdade, contradizer-se, qual é a probabilidade de encontrar uma explicação de algo que se deu há tanto tempo e que seja «a correta»?

É atraente pensar que a história — o domínio dos acontecimentos do passado — é um lugar espraiado «atrás» de nós, e que poderíamos visitar e explorar, se tivéssemos uma máquina do tempo. Esta metáfora domina as nossas imaginações, porque está associada a uma crença irrefletida na objetividade da história: consideramos que há factos da questão acerca do que teve lugar no passado, e a tarefa da história (como investigação) é descobri-los. O nosso sentido de realismo é ofendido pela ideia de que o passado é uma criação do presente, em particular quando encontramos certos tipos de revisionismo sobre a história e, mais em especial, quando é obviamente tendencioso, como quando, por exemplo, se nega que ocorreu o Holocausto nazi da população judia da Europa. Como este exemplo mostra, a questão de a história ser uma arte que cria ou uma ciência que descobre não é ociosa. Equivale a perguntar se a verdade histórica é coisa que exista e, se é, até que ponto podemos conhecê-la.

O alcance deste último ponto não pode ser exagerado. A história está perfeitamente viva no presente, como o testemunham as tensões internacionais, as rivalidades étnicas, as tradições e mundividências que entram em conflito, identidades nacionais e ressentimentos persistentes. O que aconteceu no comércio atlântico de escravos no período entre os séculos XVI e XIX; o que aconteceu aos arménios nas últimas décadas do Império Otomano, mais em especial no genocídio que começou em 1915 e ao qual os arménios chamam *Medz Yeghern* («grande crime»); o que aconteceu aos judeus da Europa na década de trinta do século XX e a «solução final» da década de quarenta; o que aconteceu no «ano zero» de 1975 de Pol Pot, e depois disso, nos campos de morte cambojanos — estas coisas importam. A história geme com o fardo da tragédia e do sofrimento, e não só estas coisas não se esquecem, mas é defensável que não devem ser esquecidas, porque fazem muita diferença no nosso presente e futuro.

Contudo, isto intensifica o dilema historiográfico, o problema de determinar a verdade sobre o passado. Houve quem dissesse, e bem, que o estudo da história nos diz mais acerca de nós do que acerca do passado. Cada geração e cada sociedade olha para o passado pelas suas próprias lentes — na verdade, por uma multiplicidade de lentes rivais, cujos índices de refração dependem de uma diversidade de posicionamentos políticos e sociais — que ampliam algumas coisas e abafam outras; e a receita médica para essas lentes muda com o tempo e as circunstâncias.

A ambiguidade problemática na palavra «história» é de longa data. A palavra deriva do grego antigo *istoria,* que significa «investigação». Mas quando chegamos ao século IV AEC, a palavra *historikos,* que quer dizer «recitador de crónicas», estava em uso, a par de *historeon,* «investigador». Isto levanta a questão da categoria a que pertencem os primeiros grandes historiadores, que foram Heródoto, Tucídides, Políbio, Lívio, Salústio e Tácito, escrevendo os primeiros três em grego e os outros em latim. E, na verdade, esta é uma questão que persiste ainda, embora hoje em dia exista uma divisão reconhecida entre historiadores narrativos populares (como Arthur Bryant e John Julius Norwich), que são *historikos*, e historiadores de mangas arregaçadas que pesquisam arquivos (quase todos os historiadores académicos), que mereceriam a designação de *historeon*.

Acontece que os historiadores da Antiguidade compreendiam muito bem o problema. Tucídides (que se considerava inequivocamente um *historeon*) criticou abertamente Heródoto (do seu ponto de vista, um *historikos*) devido à sua história assistemática, que mistura fábulas, factos, lendas e especulações sobre o grande conflito entre a Pérsia e a Grécia, e sobre as suas origens. Tucídides afirma, no início da sua apresentação da guerra do Peloponeso, que a investigação histórica deverá restringir-se aos acontecimentos contemporâneos que possam ser verificados pela observação direta. Em grande parte, praticava o que pregava: serviu nas forças armadas atenienses, e escreveu sobre as suas experiências ou sobre o que podia verificar com quem teve as experiências que descreve. Contudo, tinha interesses inconfessados, e inventou — ou talvez devamos dizer, mais precisamente, que «reconstruiu criativamente» — discursos inteiros que pôs nas bocas de figuras de proa, sendo a famosa «Oração Fúnebre de Péricles» um dos casos capitais; de modo que até ele, um *historeon* confesso, usou as artes do *historikos*.

Até ao Renascimento, a história foi muito mais a província do *historikos* do que do *historeon*. Mas a partir do século XVII, inspirando-se nos desenvolvimentos da ciência e da filosofia, e no espírito intelectual que estava por detrás delas, emergiu a ideia de uma forma mais científica de investigação histórica. Foi motivada em grande medida pelo trabalho sobre as fontes documentais, nomeadamente porque se estabeleceram princípios para autenticar manuscritos. Na primeira metade do século XIX, num período de florescimento de trabalhos eruditos na Alemanha, foi possível acreditar que se conseguia chegar a um conhecimento completamente objetivo do passado — o passado «tal como efetivamente aconteceu», nas palavras de Leopold von Ranke, o decano dos historiadores do século XIX.

Ranke é descrito como «positivista» na história, não só porque acreditava na sua objetividade, mas porque pensava que se rege por leis discerníveis. John Stuart Mill concordava com esta perspetiva, acrescentando a ideia de que as leis psicológicas se contam entre as leis da história, e dão acesso a uma compreensão das ações e escolhas das pessoas do passado. Esta perspetiva da história trata-a como uma ciência, sendo as suas leis comparáveis às leis da natureza, e sendo as suas verdades suscetíveis de serem descobertas por investigação empírica.

Quem se opôs vigorosamente à perspetiva positivista da história foi um grupo que veio a ser conhecido como «idealista», destacando-se Wilhelm Dilthey entre eles. Estes pensadores foram influenciados pelos filósofos Kant e Hegel, cujas perspetivas levaram os idealistas a defender que a história não é como as ciências da natureza, que estuda fenómenos de uma perspetiva externa, mas antes uma ciência social que estuda os seus fenómenos da perspetiva interna do pensamento, desejo, intenção e experiência humanos. Ao passo que os positivistas pensavam que a investigação histórica é um estudo empírico de factos objetivos, os idealistas viam-na como um exercício de «empatia intelectual», projetada para conseguir uma compreensão do que as pessoas do passado sentiam e pensavam, para que possamos saber por que razão fizeram o que fizeram. Pensavam, além disso, que isto é uma via rumo ao conhecimento (em contraste com a opinião) porque, como Vico defendeu, as intenções e as construções sociais são transparentes para nós, enquanto agentes que também somos; a natureza humana é uma constante suficiente.

Isto quer dizer, portanto, que nem todos os idealistas consideravam que a história era *meramente* subjetiva; Dilthey defendeu que continua a ser objetivamente circunscrita pelos livros, cartas, arte, construções e outros produtos da experiência humana que existem no domínio público e servem para tornar possível a «empatia intelectual». Contudo, alguns dos mais notáveis dos outros idealistas discordavam; Benedetto Croce defendeu que a história é sempre mais subjetiva do que o contrário, porque não há maneira de o próprio historiador estar ausente da sua construção.

As perspetivas acabadas de esboçar constituem a *filosofia da história.* Está é uma grande aliada da *historiografia,* que é a discussão das técnicas históricas e dos seus métodos. Mas tem de ser distinguida da *história filosófica,* uma designação para teorias grandiosas da importância metafísica da história, tal como foram avançadas por Hegel, Marx, Spengler, Toynbee e alguns teólogos. Como Ranke, estes pensadores consideravam que a história manifesta leis, mas acrescentam a tese muito diferente de que essas leis estão a levar as questões humanas em direção a um clímax ou finalidade, que a história se desenrola teleologicamente, com um propósito ou, em qualquer caso, em direção a um tipo de destino ou ápice — por exemplo, em Hegel, o fim da história é a completa autorrealização do *Geist,* ou espírito do mundo; para Marx, é o desaparecimento do estado, numa condição de comunalismo pacífico e mutualista. As versões religiosas da perspetiva antecipam um fim do mundo tal como é agora — um «tempo final», um dia do juízo, um desfecho escatológico do Universo, seguido de uma nova dispensação. Para os judeus, trata-se da vinda do messias; para os cristãos, do seu regresso; para aqueles que prestam culto às divindades mitológicas escandinavas — se ainda existem — é a ressurreição de Balder, *o Belo*; e em todos os casos, segue-se uma existência maravilhosa para os fiéis. Estas perspetivas não fazem parte da história, nem da filosofia da história.

A inspiração de Ranke para a sua abordagem científica da história veio de um grupo de académicos da Universidade de Göttingen, no século XVIII, na altura uma instituição acabada de fundar e que dava marcadamente corpo ao espírito do racionalismo iluminista. Por seu lado, a força motriz dos académicos de Göttingen foram duas influências mais antigas. Uma era a ideia de exatidão crítica nos estudos documentais, exigida pelo monge beneditino francês Jean Mabillon (1632–1707), e que, por si próprio, inventou a ciência da paleografia. A outra foi o âmbito universalista dos escritos históricos de Gibbon e Voltaire. Os académicos de Göttingen combinaram estas influências, e ficou aberta a porta para o positivismo histórico.[2]

Sem dúvida que a investigação histórica muito ganhou com isto. Mas um aspeto nefasto da influência da escola de Göttingen persiste na teoria racial que inventou, ao dar uma dimensão antropológica à investigação histórica. Dois dos seus professores, Johann Friedrich Blumenbach e Christoph Meiners, postularam um conjunto de cinco «raças» humanas baseadas na cor, e inventaram-lhes nomes: *caucasiano* para as pessoas «brancas», *mongol* para as pessoas «amarelas», *malaio* para as pessoas «castanhas», *etíope* para as pessoas «negras» e *americano* para as pessoas «vermelhas». A Lista dos Povos do décimo livro bíblico do Génesis havia sugerido aos seus colegas mais velhos Johann Christoph Gatterer e August von Schlözer uma classificação tripartida dos descendentes dos filhos de Noé, Cam, Sem e Jafé — como se segue: a raça camita ou negra, a semítica ou judia/árabe e a jafetita ou branca.

A teoria racial é um fundamento óbvio do racismo, e não é por acaso que a formalização do conceito de raça ocorra neste ponto. O que hoje consideramos que é a globalização começou no século XV EC, com a exploração de maneiras de encontrar rotas marítimas para comercializar as especiarias exóticas do Oriente. Em resultado de navegar para ocidente para chegar ao Oriente, a conquista e a escravização das populações nativas começou no «Novo Mundo», às mãos dos invasores espanhóis e portugueses, não muito depois; seguiu-se a colonização de partes do litoral oriental da América do Norte. Um novo e abrangente comércio de escravos ao longo do Atlântico, sem comparação com a escravização árabe da África oriental, lançou as bases da imensa riqueza britânica, e mais tarde americana, mas também das primeiras inquietações morais: a oposição quacre à escravatura começou no século XVIII, acabando com o comércio de escravos em inícios do século XIX e com a própria escravatura, na segunda metade do mesmo século.[3]

Mas os traficantes de escravos, e mais tarde os colonizadores, precisavam de justificação para as suas atividades, e encontraram-nas nas doutrinas da diferença racial, especialmente na ideia de raças «superiores» e «inferiores». Uma parte significativa desta antropologia tendenciosa era a base supostamente histórica invocada. A autoridade bíblica já mencionada decretava que os filhos de Cam continuariam para sempre a «rachar lenha e carregar água» — ou seja, continuariam para sempre a ser servos e escravos; isto harmonizava-se com as perspetivas de Aristóteles sobre a inferioridade dos «bárbaros» e a existência de «escravos naturais», e permitiu a elisão impensada dos conceitos de etnia e raça, pois ao longo do caminho ideias próximas juntaram-se à refrega: na Espanha da reconquista, a noção de «sangue puro», limpeza de sangue, era invocada para excluir os mouros e judeus de ter lugar nos territórios — tendo-se os judeus já tornado, nos tempos medievais, o «Outro» da Europa cristã.

Estas considerações desempenharam um papel de relevo nas longas raízes dos debates sobre os significados históricos e as culpabilidades. Considere-se, por exemplo, as «guerras da história» que atormentaram a Austrália sobre a questão dos seus povos indígenas. Em finais da década de sessenta do século XX, a questão de a Austrália ter sido *descoberta e colonizada* pelos britânicos no século XVIII, ou *invadida* por eles, foi levantada pelo historiador Henry Reynolds, desencadeando uma disputa furiosa que desde então nunca se abateu. Reynolds era membro do corpo docente da Universidade James Cook, em Queensland, e fez amizade com um dos jardineiros da universidade, Eddie Koiki Mabo, um ilhéu do estreito de Torres. Quando Mabo descobriu, por intermédio de Reynolds e do seu colega Noel Loos, que o lote de terra de que ele pensava ser proprietário na sua Mer nativa (ilha de Murray) era legalmente Terra da Coroa, e que ele não era o proprietário, apesar de pensar que o era, levou o governo a tribunal com respeito aos direitos de propriedade dos indígenas, e ganhou a causa — postumamente; morreu antes de o Supremo Tribunal Australiano ter decidido, em 1992, a favor da proposição de que a Austrália nunca deveria ter sido considerada *terra nullius* — «terra de ninguém» — e que os povos indígenas do país tinham e mantiveram direitos sobre as suas terras.

Esta decisão levou à aprovação do Título de Propriedade Nativo de 1993, que reconhece o direito dos ilhéus aborígenes e do estreito de Torres a ter acesso a terras para viver, caçar, pescar, ensinar os seus costumes e observar as suas tradições — ainda que seja importante fazer notar que se trata de ter acesso a *algumas* terras, que totalizam cerca de quinze por cento da área total de terras australianas, na forma de Acordos para o Uso das Terras que são registados, e que os grupos com direitos a essas terras aceitam voluntariamente.

O Título de Propriedade Nativo foi aprovado pelo governo do Partido Trabalhista do primeiro-ministro Paul Keating. Quando o conservador Partido Liberal ganhou as eleições de 1996, o seu sucessor, John Howard, disse que estava farto da versão «braçadeira negra» da história do país e que queria ver uma reafirmação da «ética judaico-cristã, do espírito progressista do Iluminismo, e das instituições e valores da cultura britânica».[4] As chamas da controvérsia foram atiçadas por estas palavras, porque, à luz da ênfase que Keating dava ao respeito pela história indígena e aos seus direitos, estas palavras pressupunham diretamente a superioridade dos valores eurocêntricos, e a sugestão racista implícita não podia esconder-se com o argumento de que reabrir as feridas iria impedir a formação de uma identidade nacional unificada e que, em qualquer caso, os australianos atuais não eram culpados do que aconteceu no passado.

Para piorar ainda mais as coisas, a controvérsia ocorreu precisamente na altura em que o relatório sobre a «geração roubada» foi publicado — referindo-se às crianças de ascendência aborígene e do estreito de Torres, a maior parte delas classificadas, com um termo agora inaceitável, como «meia casta» — querendo-se dizer que eram de etnia mista — e que foram removidas das suas famílias e transferidas para instituições estatais e da igreja para serem aí criadas. A política, que durou de 1905 até à década de sessenta do século XX, dependia da crença de que os povos aborígenes estavam a desaparecer e que as crianças, especialmente as raparigas, estavam em risco de serem vítimas de abuso nas suas comunidades. Foram removidas qualquer coisa como uma em cada três crianças; o relatório afirmava que totalizavam pelo menos cem mil.

Henry Reynolds pensava, como a maioria dos seus colegas, que as questões levantadas por estes assuntos teriam de ser apropriadamente inseridas no seu contexto histórico, e por isso dedicou-se às suas investigações, distinguindo a questão de a Austrália ter sido «invadida ou povoada» pelos britânicos em finais do século XVIII da questão de terem ocorrido ou não conflitos violentos entre os colonos e os aborígenes, tanto naquela altura, como por mais de um século depois disso. Pois, mesmo que a invasão não tivesse envolvido violência, teria mesmo assim sido uma invasão, defendia ele; e é disso que depende a questão dos direitos e dos direitos de propriedade. Mas mesmo que a Austrália tivesse sido uma *terra nullius*, de maneira que tenha ocorrido povoamento e não invasão, continua a ser verdadeiro que houve um século de conflito em resultado disso. O argumento de Reynolds é que o que ocorreu foi uma invasão, e que foi violenta.[5]

A reação conservadora ao argumento de Reynolds foi o que era de prever, e assumiu uma de duas formas, ou ambas: ou que o argumento punha em dúvida a perspetiva, desde há muito ortodoxa, de um povoamento heroico de um novo mundo, acarretando o domínio de uma terra selvagem e a exploração de fronteiras difíceis e por vezes perigosas; ou (uma vez mais) que era fraturante e destrutivo, reavivando animosidades, e virando aborígenes e australianos uns contra os outros, impedindo o esforço para passar à frente em unidade. Para quem se alinha com a iniciativa de Reynolds, as questões dependem também de dois pontos principais, desta vez em combinação: a verdade acerca do que aconteceu, e a restauração dos direitos aborígenes.

Decidir a questão entre Reynolds e os seus críticos é uma ilustração perfeita de como se consegue dar uma aparência tão diferente às mesmas coisas quando as vemos de diferentes lados do telescópio histórico. O historiador descrito como «líder dos guerreiros da história conservadora», Keith Windschuttle, defendeu que o que Reynolds considerava que era a resistência aborígene da Tasmânia à expropriação da sua terra por parte dos colonos era apenas atividade criminosa. Considere-se, pois, o incidente com o qual Reynolds abre o seu livro, *Forgotten War,* acerca dos conflitos entre colonos e aborígenes.

Em setembro de 1831, uma importante figura entre os colonos da Tasmânia, o capitão Bartholomew Boyle Thomas, e o gerente das suas propriedades, James Parker, foram mortos por três aborígenes. Um dos jornais locais, *Launceston Advertiser,* clamou que Boyle Thomas e Parker tinham sido «barbaramente assassinados por selvagens desumanos [...] Assim, mais dois indivíduos respeitáveis e muitíssimo respeitados foram acrescentados à lista dos que caíram vítimas do barbarismo de uma raça que nenhuma bondade pode moderar, e nada exceto a completa aniquilação pode conter».[6] Um ano antes de isto acontecer, tentara-se deslocar bandos de aborígenes hostis para longe dos territórios colonizados; um cordão de mais de dois mil soldados e colonos foi formado para deslocar os bandos à sua frente, um acontecimento conhecido como «linha negra» e que foi uma das ocorrências cimeiras da guerra negra, 1803–1832, entre colonos e aborígenes da Tasmânia, e na qual mais de duzentos colonos, e possivelmente qualquer coisa como oito mil aborígenes, morreram direta ou indiretamente.[7]

A ira dos colonos perante a morte de Boyle Thomas e Parker foi exacerbada pelo facto de o primeiro ter sido uma espécie de herói nas guerras napoleónicas e nos movimentos de independência da América do Sul, e, depois de se ter estabelecido na Tasmânia, ser um dos que queria chegar a um acordo amigável com os aborígenes. Sem se deixar influenciar pela sua atitude, outro jornal local exigiu vingança pela sua morte, aplicada não apenas aos perpetradores, «mas a toda a raça».[8]

Os aborígenes que mataram Boyle Thomas e Parker foram apanhados e levados para Launceston. A culpa dos três foi claramente estabelecida pelo tribunal criminal. A questão seguinte era o que fazer com eles. Deste debate emanou um documento singular e espantoso, uma carta enviada à imprensa local por um correspondente anónimo. Merece ser citada.[9] Depois de reconhecer que a sua primeira reação foi desejar o «extermínio dos Negros», o correspondente escreveu que, ao pensar realmente melhor, esse sentimento foi posto em dúvida, perguntando-se:

> É este povo infeliz *súbdito* do nosso rei, num estado de rebelião? Ou é um povo magoado, que invadimos e com quem estamos em

> guerra? Estão sob a alçada das nossas leis, ou devem ser julgados pela lei das nações? São de ver à luz de homicidas, ou como prisioneiros de guerra? São culpados de algum crime segundo a lei das nações, que seja punível com a morte, ou limitaram-se a prosseguir uma guerra *à sua maneira?* [...] Estamos em guerra com eles: eles olham-nos como inimigos — como invasores — como quem oprime e persegue — e resistem à nossa invasão [...] O que dizemos que é o crime deles é o que num homem branco diríamos que é patriotismo.[10]

Reynolds defende que a guerra fronteiriça foi constante e ubíqua, e que todos os anos, durante 140 anos, desde o início da colonização até à década de vinte do século XX, as pessoas morriam de mortes violentas em partes remotas da Austrália — mudando o significado de «remoto» com o tempo — na sua maioria aborígenes, ainda que um número significativo de colonos também tivesse morrido. A sua estimativa original fora que vinte mil aborígenes foram mortos nestes conflitos, mas afirmou mais tarde que pecou por falta, «mesmo que fale apenas de Queensland». Os jornais, cartas e outros documentos mostram que havia um conhecimento generalizado do conflito até ao início do século XX, mas quando Reynolds era um jovem assistente de história em Queensland, nos anos sessenta, o manual por onde dava aulas não incluía coisa alguma sobre os aborígenes — a palavra nem sequer ocorria no índice remissivo. Contudo, na Queensland daquele tempo, era comum haver relações raciais tensas e conflitos entre brancos e aborígenes.

Um ponto capital para Reynolds é que o conflito entre colonos e aborígenes era uma guerra no pleno sentido do termo, uma guerra cuja luta era *na Austrália* e que era uma guerra *acerca da Austrália*. Era uma guerra sobre a posse e controlo da melhor terra do país; era uma guerra sobre a soberania. Escreve Reynolds: «Esta foi a nossa grande guerra. O que poderia ser mais importante do que a posse, o controlo, de todo um continente? Foi uma guerra de importância global, porque foi uma guerra sobre a posse de um dos continentes do mundo.»[11]

O argumento de Reynolds acerca da Austrália poderia, *mutatis mutandis,* aplicar-se aos Estados Unidos, mas multiplicado vezes sem conta. A guerra mais longa dos Estados Unidos foi contra as nações nativas americanas, à medida que se dava a expansão para oeste, alimentada por repetidas corridas ao ouro e pela chegada dos caminhos-de-ferro, que invadiram os territórios dos povos shoshone, cheyenne e sioux, entre outros, nas grandes planícies e nas montanhas Rochosas. No sudoeste, no Novo México, Texas e Nevada, as tribos comanche e apache resistiram aos colonos; quando os Estados Unidos adquiriram a Florida a Espanha, o resultado foi uma série de amargos conflitos com o povo seminola.

Segundo Dee Brown, um dos principais historiadores dos nativos americanos, o período entre 1860 e 1890 foi quando

> a cultura e a civilização do índio americano foi destruída, e é desse tempo que emanam praticamente todos os grandes mitos do oeste americano — historietas de comerciantes de peles, montanheses, pilotos de navios a vapor, prospetores, jogadores, pistoleiros, pessoal da cavalaria, vaqueiros, meretrizes, missionários, professoras e colonos. Só ocasionalmente se ouve a voz do índio, e mesmo então o mais frequente é que seja registada pela pena de um branco. O índio era a ameaça tenebrosa dos mitos, e mesmo que tivesse sabido escrever inglês, onde encontraria uma tipografia ou quem o publicasse?[12]

Mas os conflitos do século XIX não eram novos. Os nativos americanos resistiram primeiro aos colonos, em inícios do século XVII, na Virgínia, nas guerras Powhatan (1610–1614, 1622–1632 e 1644–1646), e na Nova Inglaterra, na guerra Pequot (1636–1638). Ao longo de todo o século XVII, e do XVIII, ocorreram vários conflitos — pelo menos uma dúzia — de Nova Iorque à Carolina do Norte e do Sul, da Nova Escócia a Kentucky e à Virgínia Ocidental, à medida que as tribos americanas nativas combatiam os invasores das suas terras. O exército norte-americano ainda combatia nativos no primeiro quarto do século XX, mesmo depois de tratados e deportações forçadas, e depois de se completar o sequestro de quase todas as nações nativas americanas para «reservas»; as guerras Apache só acabaram oficialmente em 1924.

Esta é uma história notável de resistência e expropriação, e cometeram-se atrocidades dos dois lados. Um exemplo basta como indicação dos três séculos de conflito envolvidos. Em 1851 foi assinado um tratado em Fort Laramie entre o governo dos Estados Unidos e sete «nações índias», incluindo os arapaho e os cheyennes, reconhecendo-lhes o direito a uma vasta extensão de terras entre o rio Platte Norte, no limite setentrional, do rio Arcansas, no meridional, e entre o Kansas ocidental, para leste, e as montanhas Rochosas, para oeste. O território sobrepõe-se a partes do que são agora os estados de Wyoming,

Nebrasca, Colorado e Kansas. Em 1858 descobriu-se ouro na área do pico Pikes das montanhas Rochosas, no Colorado, o que despoletou uma enchente de prospetores e colonos no território. O governo federal foi pressionado para rever o tratado de Fort Laramie, para redefinir a extensão do território nativo americano. No Tratado de Fort Wise, em 1861, quatro chefes arapaho e seis cheyenne aceitaram ficar sem onze de doze avos da terra que lhes tinha sido dada no Tratado de Fort Laramie. Os seus próprios povos, furiosos com eles devido a isto, e considerando que teriam sido subornados ou enganados, recusaram-se a reconhecer o tratado, e continuaram a viver e a caçar nas terras do tratado de 1851. Alguns dos bandos de guerreiros militantes dos cheyenne, os «cães-soldados», eram especialmente hostis para com os colonos, e as tensões aumentaram nas proximidades do percurso dos campos auríferos na região do rio Smoky Hill do Kansas.

Um regimento de voluntários do Colorado fora criado para ajudar o partido da União, na guerra civil que começou em 1861, sob o comando de um pregador metodista que se tornou coronel do exército norte-americano, John Chivington. Depois de conseguir uma vitória sobre uma força texana na batalha de Glorieta Pass, no Novo México, em março de 1862, o regimento regressou ao Colorado, onde Chivington, em colaboração com o governador territorial do Colorado, John Evans, decidiu usá-lo para lidar com os cheyenne.

A animosidade de Chivington para com os nativos americanos cresceu. «Raios partam qualquer homem que simpatize com os índios!» terá ele dito, quando um dos seus oficiais se opôs ao seu plano para massacrar os cheyenne em Sand Creek. «Vim para matar índios, e acredito que é correto e honrado usar quaisquer meios debaixo do Céu do Senhor para matar índios.» Incitou as suas tropas: «Matem e escalpem todos, grandes e pequenos; as lêndeas criam piolhos.»[13]

Na primavera e início do verão de 1864 os soldados norte-americanos atacaram, sem aviso, vários grandes povoados cheyenne e, numa ocasião, quando um grupo de chefes cheyenne se aproximou do regimento para abrir discussões, foram mortos à bala pelos soldados. À parte os bandos de militantes, a maior parte dos cheyenne queriam ardentemente evitar o conflito, e quando lhes ofereceram paz e a proteção do exército dos Estados Unidos caso fossem realojados em Fort Wise (também conhecido como Fort Lyon), no sudeste do Colorado, concordaram. Aí chegados, o grupo de cheyenne e arapaho, sob a liderança do chefe Black Kettle, foi informado de que deviam acampar a cerca de sessenta quilómetros do forte, na curva de um rio chamado Sand Creek.

Foi aqui que Chivington e as suas forças de quase setecentos tropas os atacaram, no dia 29 de novembro de 1864. Pensando que estariam seguros sob a proteção das autoridades, os cheyenne não tinham montado guarda. Muitos dos homens encontravam-se fora, caçando, e cerca de dois terços dos cerca de seiscentos habitantes do campo eram mulheres e crianças. Chivington lançou o seu ataque de madrugada; os habitantes do campo só souberam do ataque quando ouviram o trovejar de cascos dos cavalos das tropas que atacavam. Black Kettle erguera a bandeira americana num mastro porque um oficial do exército norte-americano, um tal coronel Greenwood, lhe dissera que desde que a bandeira americana esvoaçasse acima dele, nenhum soldado dispararia contra si.[14] Mas a bandeira revelou-se inútil; as tropas foram em frente e levaram a cabo uma matança indiscriminada.

Uma das pessoas que testemunhou no inquérito que se seguiu, um comerciante e mediador chamado Robert Bent, que era casado com uma cheyenne e que, contra a sua vontade, havia integrado as forças de Chivington, descreveu o que viu:

> Quando as tropas dispararam, os índios correram, alguns dos homens para os seus alojamentos, provavelmente para pegar em armas [...] Vi cinco índias debaixo de um banco para se protegerem. Quando as tropas chegaram até elas, fugiram e mostraram-se para os soldados verem que eram mulheres, e pediram misericórdia, mas os soldados mataram-nas todas. Vi uma índia deitada num banco, com uma perna despedaçada por uma bala; um soldado chegou-se a ela de sabre em punho; ela levantou o braço para se proteger, quando ele atacou, e partiu-lhe o braço; ela virou-se e ergueu o outro braço, quando ele atacou de novo, braço que também ele partiu. Depois, ele afastou-se sem a matar. Parecia haver uma matança indiscriminada de homens, mulheres e crianças. Havia umas trinta ou quarenta índias amontoadas num buraco para se protegerem; enviaram uma menina de uns seis anos com uma bandeira branca num pau; mal tinha andado uns poucos de passos quando foi morta por um tiro. Todas as índias do buraco foram depois mortas, e quatro ou cinco crianças em seu redor. As índias não ofereceram resistência. Todas as índias que vi mortas tinham sido escalpadas. Vi uma índia com o ventre aberto, e com um bebé por nascer, ao que me pareceu, a seu lado. O capitão Soule disse-me depois que tinha sido mesmo isso

> que acontecera. Vi o corpo de White Antelope [um dos chefes] com as suas partes íntimas cortadas, e ouvi um soldado dizer que ia fazer uma bolsa para tabaco com elas. Vi uma índia cujas partes íntimas tinham sido cortadas [...] Vi uma menina de uns cinco anos que se tinha escondido na areia; dois soldados descobriram-na, tiraram as pistolas e mataram-na, e depois puxaram-na da areia pelo braço. Vi vários bebés de colo mortos com as suas mães.[15]

O relato de Bent foi corroborado por outras testemunhas uma das quais foi o tenente James Connor: «Percorro o campo de batalha no dia seguinte e não vi um corpo de homem, mulher ou crianças que não tivesse sido escalpado, e em muitos casos os seus corpos estavam mutilados da maneira mais horrível — homens, mulheres e crianças com as suas partes íntimas removidas, etc. [...] Ouvi um homem dizer que cortou os dedos de um índio para lhe ficar com os anéis». Depois de descrever outras profanações de corpos ainda mais explícitas e repugnantes, Connor disse que «tanto quanto sei e acredito, estas atrocidades que foram cometidas foi com o conhecimento de J. M. Chivington, e não tenho conhecimento de medidas da parte dele para evitá-las».[16]

As tropas de Chivington eram uma milícia, indisciplinada e mal treinada; tinham estado a beber uísque na cavalgada noturna para Sand Creek, e algumas das baixas sofridas na rixa diz-se que resultaram da falta de pontaria ao disparar. Segundo algumas estimativas, morreram cerca de 130 cheyenne e arapaho, quase todos mulheres e crianças, e o resto fugiu; Chivington afirmou que matara 500–600. Ele teria conseguido fazer uma estimativa mais precisa, pois tanto ele como os seus homens voltaram ao local do massacre no dia seguinte para tirar mais escalpes e outras partes de corpos, incluindo órgãos genitais masculinos e femininos, com os quais decoraram as selas e chapéus, e que exibiram nos *saloons* e até no Teatro Apolo de Denver.

As famílias das vítimas do massacre, juntamente com muitos arapaho e cheyenne de outras áreas, juntaram-se aos «cães-soldados» em ataques retaliatórios ao longo de vários anos no Colorado e no Nebrasca. Como quase toda a resistência dos nativos americanos, os números superiores, poder militar e organização dos conquistadores brancos eram demais para eles. Exceções, como a vitória dos guerreiros sioux (Dacota), cheyenne e arapaho na batalha de Little Bighorn, a «última batalha de Custer», em junho de 1876, foram apenas isso: exceções.

Mas a consequência imediata do massacre de Sand Creek foi diferente. A princípio saudada como uma vitória sobre um inimigo numeroso e perigoso, a verdadeira natureza dos acontecimentos de Sand Creek depressa ficou conhecida, devido aos relatos de testemunhas oculares de algumas das tropas envolvidas — oficiais de dois dos esquadrões recusaram tomar parte, e havia civis como Robert Bent que faziam parte das forças armadas. Dois inquéritos militares e um do Congresso foram levados a cabo, concluindo o segundo que Chivington «planeou e executou deliberadamente um massacre imundo e cobarde que teria feito cair em desgraça o mais selvagem de entre as vítimas da sua crueldade. Tendo integral conhecimento do seu caráter amigável, tendo ele mesmo sido instrumental em alguma medida para os colocar na posição de imaginária segurança, aproveitou-se da sua incompreensão e condição indefesa para gratificar as piores paixões que jamais atormentaram o coração do homem».[17] Surpreendentemente, foi só esse o castigo de Chivington: foi criticado.

O governo federal fez um novo acordo com os cheyenne e arapaho, o Tratado de Little Arcansas de 1865, prometendo reparações aos sobreviventes do massacre de Sand Creek e dando às tribos acesso aberto às terras a sul do rio Arcansas (mas excluindo-os das terras a norte do rio). Dois anos depois, o governo federal recuou, substituindo estas medidas por uma nova resolução, o Tratado de Medicine Lodge de 1867, reduzindo em noventa por cento a área de terras da reserva. Não foi a última das reduções de área que foram impostas.

*

Quando se vê toda a diversidade de conflitos entre os habitantes nativos da América do Norte, Central e do Sul contra os europeus que invadiram e tomaram posse das suas terras, vê-se como depressa são interpretadas como Reynolds descreve os acontecimentos na Austrália. As atividades imperialistas dos poderes europeus na Índia, nas Índias Orientais e em África caracterizaram-se pela mesma opressão e exploração, ainda que o recurso ao poder tenha assumido a forma *explícita* da expropriação armada só quando a resistência foi análoga aos esforços aborígenes e dos nativos americanos — como aconteceu, por exemplo, com os zulus da África do Sul, os afegãos da Fronteira do Noroeste, e os boxers da china.

Estes aspetos da história do império e do colonialismo só tocam na questão do seu início. O que se seguiu, nos horrores do comércio de escravos do Atlântico, nos próprios séculos de escravatura, e na subjugação de populações inteiras em quase qualquer canto do mundo, é realmente uma crónica trágica. Mas reconfigurar o início desta crónica não como uma realização gloriosa da civilização sobre povos ou lugares selvagens ou primitivos, mas como invasões, e invasões que enfrentaram resistências amargas, é um imenso passo para recentrar a maneira de compreender o passado.

A história da América, a história do Império Britânico, a história da Austrália, tal como foram ensinadas e aprendidas quando o autor destas palavras andava na escola, não incluía fosse o que fosse sobre estes terríveis conflitos, concentrando-se ao invés no que era oferecido como os aspetos positivos, em harmonia com um dado conjunto de juízos de valor: o heroísmo dos colonos, os efeitos «civilizadores» da educação, os cuidados de saúde, a religião, a ordem civil e a governação.[18] O cinema retratava o homem branco da América do Norte como uma figura heroica, e os nativos americanos como selvagens; nada nos guerreiros pintados que ululavam e gritavam ao atacar os comboios de vagões ou as tropas de cavalaria mostrava o seu desespero, ou a luta para proteger a sua independência contra o roubo organizado das suas terras e dos seus meios de subsistência, das suas tradições e da sua segurança.[19] Além da expropriação violenta destas coisas, houve também a traição repetida de tratados violados e promessas que não foram cumpridas, a perfídia perpetrada contra o suposto selvagem que a fome pelas terras e pelo ouro tornou honrosas para as pessoas supostamente civilizadas.

Vê-se assim de novo que a história, como estudo e recuperação do passado, importa para o presente e para o futuro, e vê-se uma vez mais que é crucial o grau de honestidade com que é feita. Grande parte da história é polémica — pretende avançar uma ideia — e parcial, no sentido de tomar partido. Mas há um grau tanto de polémica como de parcialidade que é concebida não apenas para persuadir e ilustrar, mas para mudar o passado, para fazê-lo parecer muito diferente. No caso das histórias escritas da perspetiva do vencedor, consegue-se fazê-lo deixando coisas de fora: deixando de fora o ponto de vista do outro lado, deixando de fora factos e culpas inconvenientes. Ou pode-se fazê-lo com uma intenção ainda mais perigosa: pela introdução deliberada de falsidades e distorções. Nada o demonstra mais dramaticamente do que quando a revisão da história toma a forma de — nos casos mais inquietantes — *negação* e tentativa de inverter a memória das vítimas e as descobertas convergentes de investigadores responsáveis. A negação do Holocausto dos judeus europeus na Segunda Guerra Mundial e a negação do genocídio otomano dos arménios na Primeira Guerra Mundial são exemplos capitais.

Quem nega o Holocausto afirma ou que a «solução final» não era um plano para matar judeus, mas apenas para deportá-los, e que não houve extermínio nos campos e câmaras de gás, ou que, se houve, o número de judeus que aí foram mortos foi um décimo ou menos dos seis milhões registados nas históricas oficiais dominantes. Ao tentar defender as suas ideias, quem nega o Holocausto tem de lidar com uma montanha de provas do contrário.

Na maneira como a história entra tipicamente na consciência popular numa forma simplificada, o Holocausto é encarado como algo que foi despoletado no dia 20 de janeiro de 1942, na Conferência de Wannsee, presidida por Reinhard Heydrich, que era diretor da Reichssicherheitshauptamt («Departamento Central de Segurança do Reich», «RSHA»). De facto, o Holocausto estava já em curso; o objetivo da Conferência de Wannsee era intensificá-lo, instituindo a transportação em massa de judeus para campos de morte especialmente construídos para isso em Treblinka, Chelmno, Bełżec, Sobibor e Auschwitz-Birkenau. Este ponto importa porque o Holocausto tem um contexto maior e mais diversificado do que Wannsee e o seu resultado, que torna mais difícil a quem nega o Holocausto fazê-lo.

Desde que chegaram ao poder em 1933, os nazis (Nationalsozialistische Deutsche Arbeiterpartei, «NSDAP») dedicaram-se a uma política de intimidação, expropriação e «encorajamento emigratório» contra os judeus, que eram oficialmente classificados como «estrangeiros», em conjunto com os ciganos, não apenas na Alemanha, mas na Europa como um todo. Em 1937, uma «solução final para a questão cigana» foi levada a cabo, incluindo prisões, deportações e confinamento do povo *rom* em campos de concentração em Ravensbrück, Mauthausen, Buchenwald e Dachau. Na sequência da anexação da Áustria por parte da Alemanha, estabeleceu-se departamentos em Viena e Berlim para «facilitar» a emigração dos judeus; em 1940, depois de França ter caído nas mãos da Alemanha, Adolf Eichmann propôs que os judeus fossem deportados para a colónia francesa de Madagáscar. Contudo, foi sobretudo as invasões da Polónia, e dois anos depois da Rússia, que levou a liderança nazi a pensar em termos mais ambiciosos, pois estes acontecimentos fizeram vários milhões de novos judeus entrar naquele contexto, piorando o problema, do ponto de vista nazi. As comunidades judias foram forçadas a ir viver para guetos na Polónia ocupada, mas, à medida que os combates na frente oriental se intensificavam, também aumentou a necessidade de lidar mais rigorosamente com as populações judias nessas áreas. A política de uma «solução final para a questão judaica» foi por isso adotada segundo a conceção de Heinrich Himmler, Reichsführer da Schutzstaffel («SS»). A 31 de julho de 1941, Hermann Goering instruiu Heydrich para «preparar o que for necessário para a solução total da questão judaica».[20] Isto foi seis meses antes da Conferência de Wannsee.

O ímpeto para a intensificação dos esforços veio do reconhecimento de que os meios então usados para levar a cabo uma «solução» eram insuficientes. Quando Hitler invadiu a União Soviética (a operação Barba-Ruiva começou em junho de 1941), foram enviados esquadrões de morte de SS Einsatzgruppen («grupos de ação») e Ordnungspolizei («Polícia da Ordem») para a retaguarda da linha da frente dos territórios ocupados para matar judeus, que Himmler classificara «como uma questão de princípio [...] como facciosos» e, portanto, combatentes inimigos. Os judeus eram reunidos e mortos com armas de fogo; uma das ocorrências mais emblemáticas foi o massacre de Babi Yar, nos dias 29 e 30 de setembro de 1941, quando aproximadamente 33 700 judeus, homens, mulheres e crianças, foram assassinados por pelotões de fuzilamento das SS, da Polícia da Ordem e da Polícia Auxiliar ucraniana, numa ravina nos arredores de Kiev. Em Odessa, em outubro de 1941, mais de 35 mil judeus foram mortos por tropas alemãs e romenas. Estes foram os massacres de maior escala; ocorreram atrocidades semelhantes por todo lado, nas zonas ocupadas.

Como justificação acrescida para o caos que isso provocou, os nazis declararam que o ataque à União Soviética visava extirpar o bolchevismo, e que os judeus eram todos bolcheviques; de modo que «todos os judeus e comunistas» eram os alvos da atividade. Contando as duas forças, os SS e a Polícia da Ordem tinham quinze mil homens dedicados a esta tarefa no leste, e estes números eram complementados por voluntários na Polónia e na Ucrânia, seja entre as forças policiais prévias, seja em esquadrões especialmente recrutados para o efeito. Os esquadrões começaram as suas atividades aquando do lançamento da operação Barba-Ruiva; 5500 judeus foram massacrados em Białystok, na Polónia, em junho de 1941, incluindo-se entre eles centenas que tinham ficado presos na Grande Sinagoga, a que depois se deitou fogo. Mas Heydrich criticou os esquadrões por terem feito um trabalho de fraca qualidade; não estavam a matar judeus em número suficiente, de modo que lhes ordenou que matassem também todas as mulheres e crianças.[21]

Pelo final de 1941, cerca de 440 mil judeus tinham sido mortos nas zonas ocupadas de leste. As mortes por fuzilamento tinham duplicado no final do ano seguinte, atingindo 800 mil.[22] Contudo, à luz do facto de haver milhões de judeus nos territórios controlados pelos nazis, este ritmo era insuficiente. As tentativas de acelerar o esforço de extermínio com camiões cujos tubos de escape levavam os gases para um interior fechado, ou deixando vagões de comboio trancados nos ramais secundários dos caminhos-de-ferro para que os judeus neles encerrados morressem de frio, de desidratação ou de fome, eram demasiado lentas e desajeitadas.[23] Além disso, para controlar os números elevados destinados à morte, e com uma estranha consciência da possibilidade de um ajuste de contas da história, procurou-se métodos que tornassem a matança mais fácil de administrar e invisível para a posteridade. Havia quatro desideratos: que as pessoas destinadas à morte não tivessem consciência de que isso estava prestes a acontecer; que quem os matasse idealmente não tivesse de vê-los, tocar-lhes ou sequer ouvi-los; que a morte fosse instantânea ou pelo menos rápida; e, por fim, que nenhuma marca visível de agressão fosse visível nos seus corpos.[24]

As autoridades nazis começaram, pois, a edificar centros de extermínio concebidos especialmente para isso. O primeiro foi Bełżec, na Polónia; as suas fundações foram lançadas em outubro de 1941 e ficou operacional em março de 1942. Sobibor e Treblinka ficaram operacionais em maio e julho de 1942, respetivamente. «Ficar operacional» significava que os transportes estavam a chegar e a chacina estava em operação. Esta era a operação Reinhard, o programa para eliminar todos os judeus da polónia. As vítimas eram gaseadas em *bunkers* especialmente construídos para o efeito, com gases emanados de motores de tanques, e enterradas em valas comuns, que eram abertas por meios mecânicos. Em Auschwitz-Birkenau, os métodos usados eram o gaseamento com veneno ciânico, Zyklon B, e cremados em fornos especialmente construídos para o efeito. Em finais de 1943, Sobibor, Bełżec e Treblinka foram fechados, destruídos com buldózeres e escondidos com relvados, depois de tirarem a vida de 2,7 milhões de judeus; Auschwitz-Birkenau foi daí em diante o destino principal dos comboios oriundos de toda a Europa.

Auschwitz-Birkenau estivera a funcionar desde junho de 1942, mês no qual dezasseis mil judeus franceses, mais de dez mil judeus silesianos e 7700 judeus eslovacos foram gaseados no Bunker I, que acabara de ser concluído. Este foi o início de um maior nível de eficiência no assassínio industrial. No decurso dos dois anos seguintes, introduziram-se várias «melhorias» no campo, acrescentando-se novos desvios no caminho-de-ferro e rampas alargadas de desembarque e ordenação. O aumento da eficiência que assim se tornou possível é ilustrado pelo facto de, em menos de oito semanas, em junho e julho de 1944, um total de 320 mil judeus húngaros foram mortos por gaseamento nos *bunkers* do campo, e transformados em cinzas nos fornos. Em apenas seis meses, da primavera ao outono de 1944, Auschwitz-Birkenau viu o assassínio de cerca de 585 mil judeus oriundos de toda a Europa.[25]

Os factos do Holocausto estão em documentos oficiais mantidos pelas próprias autoridades nazis — que registavam tudo meticulosamente — e nos discursos registados, assim como em cartas, diários e memórias dos principais intervenientes do regime nazi, incluindo Hitler, Himmler e Goering; e ainda mais nas memórias e testemunhos dos sobreviventes. Estas provas esmagadoras de um conjunto tão recente de acontecimentos tão abrasivos faz a «negação do Holocausto» parecer incompreensível. Quem se lhe opõe considera que é suscitada por antissemitismo, atitudes racistas e por sentimentos favoráveis ao nazismo e à extrema-direita — e, na verdade, a maior parte das negações do Holocausto, mas nem todas, têm estas raízes. Consequentemente, é uma questão muito emocional.

Os primeiros a negar o Holocausto foram os próprios nazis. Quando a derrota começou a tornar-se uma possibilidade, Himmler mandou destruir as provas. Além dos campos de morte de Sobibor, Treblinka e Bełżec, os campos de Majdanek, Poniatowa e Trawniki foram também fechados em finais de 1943. Para se livrarem dos detidos destes últimos três campos, esquadrões das SS, da Polícia da Ordem, dos Sonderdienst («serviços especiais») ucranianos e da polícia auxiliar mataram 42 mil judeus na amargamente denominada Aktion Erntefest («operação festival das colheitas»). Em finais de 1944, com as forças avançadas dos soviéticos não muito longe, os crematórios de Auschwitz-Birkenau foram demolidos. Em Rumbula, perto de Riga, na Letónia, os corpos de 25 mil judeus que foram mortos à bala no outono de 1941 foram exumados e queimados, e o mesmo aconteceu noutras valas comuns, como as de Bełżec e Treblinka. Em alguns dos campos de morte instalaram-se máquinas que esmagam ossos para lidar com os esqueletos dos mortos — chegaram-nos fotografias de funcionários da Sonderkommando («unidade especial») fazendo pose a seu lado.[26] Estes esforços para apagar os sinais do Holocausto foram díspares, devido à situação, que rapidamente estava a entrar em colapso; só os campos que haviam sido fechados e demolidos anteriormente se considerava estarem a salvo de ser descobertos. Não estavam.

Os primeiros a negar o Holocausto, logo depois dos próprios nazis, atuaram nos anos imediatamente depois da guerra, quando um ceticismo generalizado acerca dos relatos de atrocidades — uma ressaca da Primeira Guerra Mundial, na qual a propaganda sobre o «mal inimigo» se revelou falsa — e o facto de muitos dos documentos do Holocausto não estarem ainda publicados, encorajou algumas pessoas a pôr em dúvida o que diziam as testemunhas militares dos campos libertados, e os sobreviventes dos campos.

A pessoa que merece certamente o título que lhe foi dado de «pai da negação do Holocausto», o político e escritor francês Paul Rassinier, estava numa posição de dar credibilidade a quem seguiu nas peugadas dessa tradição: fora membro da Resistência, e sobrevivera ao encarceramento nos campos de Buchenwald e de Mittelbau-Dora (a fábrica dos foguetões V2). Afirmou que ler o estudo de Jean Norton Cru sobre as afirmações dos testemunhos dos soldados franceses da Primeira Guerra Mundial fora uma inspiração, mostrando-lhe como os testemunhos podem ser indignos de confiança, distorcidos, exagerados e contraditórios.[27] Apesar de a negação dominante do Holocausto ter estado associada a orientações racistas, neofascistas e em geral da extrema-direita, Rassinier fora comunista, anarquista e pacifista. Depois da guerra, estabeleceu-se como deputado no parlamento francês. Foi uma inspiração para um grupo de pessoas de esquerda que negavam o Holocausto, centrado na livraria parisiense La Vieille Taupe, que também publicava negações do Holocausto, dirigida por Pierre Guillaume.[28] Este grupo distanciou-se mais tarde de Guillaume, quando este se deslocou para a direita; mas o seu legado foi uma tradição de negações do Holocausto em algumas secções da esquerda francesa.

Os argumentos de Rassinier incluíam a afirmação de que os campos de concentrações alemães não diferiam das prisões francesas nem dos campos russos; em todos esses casos, tratava-se de expressões «mais graves ou menos, segundo as circunstâncias, da essência do estado enquanto tal e não apenas do estado SS nazi [...] a lógica subjacente da essência do estado é a lógica de guerra e escravização», de modo que ele considerava que o seu argumento era uma advertência contra o «maniqueísmo que põe toda a culpa num lado, provocando por isso a guerra [...] É a própria guerra que é o mal absoluto, e não um ou outro partido belicista».[29] Aceitava a existência de câmaras de gás em alguns campos, mas disse que poderão ter tido outros propósitos que não matar pessoas — desinfetá-las, talvez; localizavam-se, afirmou, próximo das instalações sanitárias e não dos crematórios. Contudo, «não se pode rejeitar completamente que as câmaras de gás tenham sido usadas para fins de exterminação», mas poderá muito bem ter sido «o trabalho de um ou dois loucos das SS ou de burocratas dos campos».[30] A sua tese principal era que não houve qualquer chacina sistemática de judeus no regime nazi.

Mas, como se fez notar, a maior parte da negação do Holocausto é oriunda da direita política. Um dos primeiros foi Maurice Bardèche, um antissemita confesso e cunhado de uma importante figura dos fascistas franceses que apoiavam Vichy, Robert Brasillach, que no ajuste de contas do pós-guerra de França fora executado por ser um *collabo.* Foi Maurice Bardèche que deu proeminência a Rassinier, apesar de se encontrarem inicialmente em oposição política, ao dar publicidade à sua obra e ao usar a sua reputação enquanto ex-prisioneiro de um campo de concentração.

Outro partidário e promotor de Rassinier foi o historiador americano Harry Elmer Barnes, que trabalhara com um instituto fundado em 1921 e financiado pelo governo alemão, o Zentralstelle zur Erforschung der Kriegsursachen («Centro para o Estudo das Causas da Guerra» — *i.e.*, da Primeira Guerra Mundial), que pretendia provar que a Alemanha tinha sido alvo da agressão britânica e francesa de 1914, e que os artigos 231–248 do Tratado de Versalhes, que forçavam a Alemanha a aceitar a culpa da guerra, a ceder território e a pagar pesadas reparações, eram moralmente inválidos.

Depois da Segunda Guerra Mundial, Barnes estava apostado em argumentar que as crónicas do Holocausto eram falsas e que a Alemanha era a vítima, e não a transgressora, do colapso que conduziu à guerra em 1939, tal como em 1914.[31] A sua tese era que a propaganda do Holocausto tinha sido forjada como justificação da entrada americana na guerra e que «difamava o caráter nacional alemão, e a sua conduta».[32] Num artigo de 1964, intitulado «Fraude Sionista», Barnes — mencionando Rassinier como uma autoridade «corajosa» na matéria — afirmou que o Holocausto era uma ficção criada por «aqueles a quem temos de chamar vigaristas dos crematórios, os políticos de Israel que obtêm milhares de milhões de marcos [dólares] de cadáveres inexistentes, míticos e imaginários, cujos números foram calculados de uma maneira inusitadamente distorcida e desonesta».[33] Pode-se dizer de passagem que uma técnica para detetar o tendenciosismo de tais afirmações é fazer notar que se os cadáveres são inexistentes, então os números deles não podem ser «distorcidos»; afirmar tal coisa é admitir tacitamente que havia realmente cadáveres para contar.

Rassinier, Bardèche e Barnes são exemplos de pessoas que negam o Holocausto sem peias; há muitos mais. Outros que posteriormente o negaram apoiaram-se neles, em pessoas que quase o negavam e naqueles cujas observações poderiam ser invocadas para apoiar a causa da negação do Holocausto, como o historiador alemão Ernest Nolte e o historiador americano A. J. Mayer. Nolte exprimiu simpatia por aqueles cuja motivação para negar o Holocausto era a hostilidade por Israel devido à questão palestina. Sustentou que não existira qualquer Conferência de Wannsee e que as suas minutas eram falsificações do pós-guerra, forjadas por historiadores judeus, que culpava de promover um «mito negativo» do Terceiro Reich. Sem negar a existência dos campos de morte e das câmaras de gás, defendia, apesar disso, que algumas das teses de quem negava o Holocausto não eram «vazias de fundamento».[34] Isto era uma tese menos comprometida que a de Arno Meyer de que a maior parte das vítimas mortais de Auschwitz resultaram de doenças, e não porque alguém matou aquelas pessoas, e que, porque os SS destruíram todas as provas documentais relacionadas com as câmaras de gás, tem de se considerar que as bases a favor das teses acerca delas são «raras e indignas de confiança».[35]

Já se vê como uma afirmação destas pode ser um petisco para quem nega entusiasticamente o Holocausto. Um dos mais visíveis publicamente foi David Irving. Uma historiadora do Holocausto que o pôs em questão, Deborah Lipstadt, foi por ele levada a tribunal por dizer no seu livro, *Denying the Holocaust*, publicado em 1993, que ele era «um dos mais perigosos porta-vozes da negação do Holocausto», acusando-o de distorcer e até falsificar provas, para fazê-las conformar-se com «tendências ideológicas e objetivos políticos», que ela descreveu como sectários. Os advogados de Lipstadt convidaram duas autoridades para examinar as publicações de Irving e gravaram várias elocuções *viva voce;* tratava-se do historiador do Terceiro Reich, Professor Richard Evans, da Universidade de Cambridge, e do professor Christopher Browning, da Universidade da Carolina do Norte de Chapel Hill, historiador do Holocausto. Convidaram também o historiador de arquitetura Robert Jan van Pelt para fazer um relatório sobre as provas a favor da existência de câmaras de gás em Auschwitz-Birkenau. Irving defendeu-se a si próprio em tribunal, interrogando as testemunhas de defesa. O resultado foi um juízo de 350 páginas do Sr. Juiz Gray, esmiuçando exaustivamente as provas apresentadas em tribunal e, com base nisso, concluindo que «nenhum historiador objetivo e imparcial teria razões sérias para duvidar que existiram câmaras de gás em Auschwitz e que foram postas a funcionar numa escala substancial para matar centenas de milhares de judeus».[36] Irving perdeu a causa.

A controvérsia da negação do Holocausto levanta a importante questão da distinção entre *negação* e *revisão.* Trazer à luz a perspetiva dos aborígenes australianos e dos nativos americanos são exemplos de revisão, uma retificação essencial das explicações unilaterais e triunfalistas da «história dos vencedores», que distorceram a compreensão do passado, muitíssimas vezes deliberadamente. Outro exemplo é a «nova história da conquista» da América Central e do Sul, que se baseia em trabalhos eruditos que põem em causa a exclusividade da narrativa acerca dos sucessos militares dos conquistadores, a «conquista espiritual» da conversão e o processo de colonização. Usando novos trabalhos de arquivo e a ressurreição paleográfica de vozes e perspetivas mesoamericanas com base na «nova filologia» aplicada à etno-história americana, o lado anteriormente omitido da crónica dos homens e mulheres indígenas e negros está a ser apresentado, expondo o período da conquista a uma nova luz.[37]

O mesmo se aplica ao colonialismo em geral. Um grande incentivo para revelar verdades por todo o lado suprimidas acerca do passado foi a indignação que se seguiu à morte de George Floyd às mãos da polícia, em Mineápolis, em maio de 2020. Este incidente trágico não era nada de novo nuns Estados Unidos onde o racismo e a injustiça racial são endémicos e muitíssimas pessoas sofreram como George Floyd; mas o incidente ocorreu completamente à luz da transmissão viral rápida das redes sociais de notícias e imagens, um fenómeno relativamente novo, e a onda de choque que se espalhou pelo mundo inspirou uma determinação entre muitas pessoas para pôr em causa o silêncio ou a distorção que contribui para a perpetuação de problemas das comunidades historicamente em desvantagem — sendo os afro-americanos um dos exemplos principais. No Reino Unido, uma reação foi pôr em causa a perspetiva complacente do passado, na qual as estátuas de traficantes de escravos se encontravam em espaços públicos de cidades como Bristol, que beneficiou imenso da escravatura nas plantações das Índias Ocidentais, e do próprio comércio de escravos. Seria um choque salutar para muitas pessoas descobrir que os seus antepassados não muito distantes eram pagos o equivalente a milhões de dólares para dar alforria aos seus escravos, ao mesmo tempo que os próprios escravos nada recebiam. Contudo, mais significativo é o efeito educativo de compreender o legado do racismo e desvantagem deixado pela história que as narrativas dos vencedores, até então com muito sucesso, branqueou (um termo com mais de uma ressonância apropriada).

Quem nega coisas como o Holocausto descreve-se como revisionista, e repudia que se diga que as nega. Uma maneira de marcar a diferença entre as duas categorias foi oferecida pelos docentes de história da Universidade de Duke, em resposta a esforços por parte de alguém que nega o Holocausto e que repetidamente colocou anúncios nos jornais do *campus* pedindo o que descrevia como um «debate aberto sobre o Holocausto». Os historiadores de Duke escreveram que é verdadeiro que os historiadores reveem a história, mas que a revisão «não diz respeito à realidade desses acontecimentos; ao invés, diz respeito à sua interpretação histórica — as suas causas e consequências, em geral».[38] Uma visão mais completa incluirá a recuperação de vozes e perspetivas perdidas, a avaliação de interpretações oferecidas e das escolhas de ênfase e de lacunas. Quem nega acontecimentos, por outro lado, pode não só suprimir material como, além disso, distorcê-lo ativamente, falsificá-lo, incorporar falsidades e rejeições explícitas da ocorrência de certos acontecimentos. No seu estudo da negação de acontecimentos históricos, Michael Shermer e Alex Grobman descreveram a revisão como um aprimoramento do conhecimento sobre um acontecimento, em resultado de novas provas ou da reavaliação de provas já existentes; o próprio acontecimento, onde há uma convergência de dados bem atestados acerca da sua ocorrência, não é posto em questão.[39] A negação é a tese de que tal ocorrência não existiu, ou que tinha um caráter muito diferente, um caráter que se conforme aos objetivos pessoais, e amiúde políticos, de quem defende a negação.

A complexidade do debate sobre a natureza da história e do conhecimento histórico vai além da questão do contraste entre a negação e a revisão, dado que esta última é um elemento do facto, já salientado, de que a história é importante para o presente e para o futuro e, portanto, inclui amiúde um ângulo polémico que tem por alvo uma preocupação coetânea do historiador. Qual é a distinção entre os propósitos *polémicos* de quem nega acontecimentos e de quem é revisionista? A essência da resposta é se a tese é «X não aconteceu» (a tese de quem nega um acontecimento), ou se é a tese revisionista de que «apesar de X ter acontecido, não é só isso que conta; a crónica tem outros aspetos; repare-se nestes aspetos que são importantes para a nossa compreensão; isto é o que nos pode dizer sobre o que está agora a acontecer»; e coisas semelhantes. A negação de acontecimentos é o que por vezes tem sido designado «negacionismo»; a revisão é o esforço para persuadir a favor de uma reinterpretação.

Um exemplo clássico é o trabalho de Christopher Hill sobre o que acabou por se descrever como «a revolução puritana» inglesa de meados do século XVII. Num conjunto de palestras proferidas em 1962, e depois publicadas como *The Intellectual Origins of the English Revolution* (1965), Hill defendeu que esta revolução não foi sobretudo um acontecimento religioso, como se pensara, mas a primeira grande revolução política e social dos tempos modernos, definindo o padrão das revoluções americana, francesa e russa que ocorreram nos três séculos seguintes. Trinta e cinco anos depois, Hill publicou uma versão muito expandida de *Intellectual Origins,* em resposta ao vigoroso debate que as suas afirmações suscitaram.[40] O estudo posterior confirmara a sua perspetiva de que a revolução inglesa trouxe uma mudança significativa não apenas na Inglaterra mas — devido ao que a Inglaterra se tornou — também no mundo; não apenas por fornecer um modelo aos revolucionários posteriores, mas por criar as condições da expansão imperial da Inglaterra dos séculos XVIII e XIX, no decorrer da qual exportou as suas instituições, ideias e práticas económicas, e a sua língua, por todo o planeta.

A importância da revolução foi a combinação de mudanças que envolveu: regicídio, mudanças radicais na posse das terras, movimentos democráticos de massas, e pôr os impostos mais firmemente sob a alçada do parlamento, para mencionar só algumas. Em conjunto, alteraram o caráter constitucional e social da Inglaterra. Executar o rei por traição foi um repúdio prático de duas doutrinas: o direito divino dos reis, e a ideia de que a soberania repousava exclusivamente na coroa. Mesmo com a restauração, não havia maneira de voltar às perspetivas antigas da monarquia, como Jaime II descobriu às suas custas. A base do governo constitucional foi estabelecida com a decapitação de Carlos I, que se revelou tão simbólica como literal. Quando os ingleses das colónias americanas se opuseram a Jorge III, e quando os franceses guilhotinaram Luís XVI, não tinham apenas consciência deste precedente: mencionaram-no.

Compreender consequências exige compreender o que as desencadeou, defendeu Hill; portanto, a história posterior da Inglaterra, e os efeitos globais que gerou, obrigam-nos a ver o que os desencadeou como algo que é em si muito mais do que uma disputa sobre práticas confessionais. Por exemplo: repudiar a posse feudal das terras significava que os proprietários rurais podiam consolidar a sua posição e fazer planos de investimentos de longo prazo na agricultura. Algumas das sementes foram assim lançadas para a acumulação de capital que depois financiou a revolução industrial. Igualmente importante foram as receitas oriundas dos impostos controlados pelo parlamento, que foram usadas para construir uma marinha formidável, que deu o controlo dos mares e teve, portanto, uma influência significativa no comércio internacional. Por sua vez, isto estimulou ainda mais a expansão imperial, contribuindo adicionalmente para a riqueza que alimentou a revolução industrial, que por sua vez alimentou ainda mais expansão imperial: um efeito de bola de neve.

Ao defender que os acontecimentos de meados do século XVII foram um ponto de viragem na história do mundo, Hill não afirmou que os homens daquele tempo tinham essas consequências em mente, nem que estavam a prever que as teriam. Não tinham sequer nome para o que estavam a fazer: Oliver Cromwell foi o primeiro a usar a palavra «revolução» no sentido moderno — e só depois de ter acontecido. Não houve maquinações nem conspiradores; Hill defendeu que as revoluções não precisam deles, porque ocorrem quando um povo está farto e um sentimento favorável à mudança radical emerge no seu seio.

No seu estudo, Hill centrou-se principalmente nas *ideias* que conduziram à revolução inglesa. Os desenvolvimentos da filosofia, da ciência e da medicina, e das teorias da economia e da história, combinados com diversas influências literárias — entre elas, foi significativa a Bíblia em inglês — tiveram como consequência uma mudança de fundo na maneira de ver as coisas. A disposição das coisas existente no século XVI tornara-se impossível para as pessoas do século XVII. Haviam testemunhado a libertação dos holandeses do jugo de um opressor estrangeiro — Espanha— ainda que isto não fosse exatamente aplicável ao seu próprio caso. Sentiam que tinham de tentar algo ousado e novo, sem saber ainda o que era ou aonde iria isso levar. Mas havia quem suspeitasse — Thomas Hobbes é um exemplo — que, fossem quais fossem as mudanças, seriam de amplo alcance; e tinham razão. Este é o ponto que Hill se esforçou por formular.

O trabalho de Hill, consequentemente, é um exemplo de história revisionista. Os factos e datas do reino de Carlos I e a guerra civil que levaram à sua execução estão integralmente documentados e são objeto de concordância. Hill não os disputou; o que fez foi argumentar a favor de uma maneira de ver as suas causas e consequências a uma nova luz. Estabelecer os factos, e uma maneira de compreender as suas causas, significados e consequências, é o cerne do trabalho académico da história; rever a nossa compreensão de um tópico histórico por meio de novas provas ou argumentos é a substância do debate histórico. Quem nega acontecimentos, pelo contrário, afirmaria que Carlos I não foi executado, ou não tentou evitar convocar o parlamento ao longo de onze anos de «reinado pessoal», que nunca foi derrotado pelos escoceses nas «guerras dos Bispos», que foi uma vítima inocente de um *putsch* de inspiração puritana, por se ter casado com uma princesa católica, e assim por diante.

História política e diplomática, história militar, história social, história das ideias — a diversidade de domínios de investigação histórica é imensa, e os recursos e técnicas para a levar a cabo são diversificados. Contudo, o contraste entre a negação e a revisão é o mesmo em todos, dependendo do esforço respetivo para rejeitar uma convergência de perspetivas sobre o tópico, ou para partir dessa convergência. É legítimo deitar por terra uma convergência — uma ortodoxia — quanto a um tópico, ou mudá-la significativamente, caso se consiga apresentar para esse fim provas convincentes, responsavelmente recolhidas e mobilizadas, e apresentadas com argumentos cuidadosos. Negar um acontecimento não é *ipso facto* um erro. Nem o facto de estar ao serviço de um objetivo. Mas quando os métodos são a distorção e a falsificação, e o objetivo é de questionável parcialidade moral, ergue-se o sobrolho da suspeita.

Nos argumentos avançados pelo Centro de Estudo das Causas da Guerra, promovido por Harry Elmer Barnes, a tese foi que a Alemanha foi vítima da agressão de 1914, e que o Tratado de Versalhes foi, consequentemente, uma injustiça histórica. Dado que as causas da Primeira Guerra Mundial são complexas e objeto de contestação, indo dos horários ferroviários às acumulações excessivas de armamentos, passando pelas confusões da diplomacia dos grandes poderes, os argumentos do Centro poderiam ser considerados um dos lados de um debate poligonal, a avaliar pelos seus méritos. Mas quando Barnes afirmou, muito mais tarde, que o Holocausto foi uma ficção inventada por conspiradores sionistas depois da Segunda Guerra Mundial, o que se visa vai além da revisão; é aqui que se pisa a linha.

Tendo estas considerações em mente, a ligação entre questões acerca da objetividade da história e questões acerca dos usos da história tornam-se problematicamente nítidas. Para ver porquê, basta ter em consideração os argumentos e as perspetivas políticas sobre o ensino da história nas escolas da China, Japão, Reino Unido, Estados Unidos, França, Canadá — na verdade, quase em qualquer lado. O que é de incluir, o que é de deixar de fora, o que enfatizar, e qual deverá ser o teor geral? Deve a história celebrar os feitos da nação, deve ser franca acerca das suas atividades e escolhas não tão respeitáveis, deve sublinhar a história social ou a política, deve tratar o passado como sequências de «causas, cursos e consequências», ou como um mar de acontecimentos complicados, ambíguos e turbulentos, agitados mais por acidente do que pelas intenções dos agentes?

Nas últimas décadas do século XX, no Reino Unido, os debates sobre o conteúdo das aulas de história foram complicados pelos debates sobre a maneira como se deve ensiná-la. A partir dos anos setenta do século XX, a história foi ensinada como método, e não como narrativa cronológica; por exemplo, pedia-se aos alunos para comparar os censos de uma dada povoação com os censos da mesma povoação de uma década depois, e para identificar tendências ou mudanças significativas. Antes, os alunos teriam aprendido sobre os Tudors e os Stuarts, devidamente remotos, apresentados com uma medida de glória caso se disfarçasse ou desconsiderasse a litania de traições e homicídios, assim como as vidas penosas da maioria. Mais recentemente, a Segunda Guerra Mundial tem sido um tópico de tal modo central que alguns alunos dão consigo a estudá-la várias vezes em diferentes estágios das suas carreiras escolares.

Os políticos conservadores do Reino Unido fizeram repetidamente pressão para que a história seja uma cronologia da heroica ascensão britânica ao império e da sua posse. Tendo-se tornado tardiamente um poder marítimo (à parte a armada espanhola, só com Samuel Pepys, em finais do século XVII, é que começam os dois séculos de supremacia naval britânica), inventou-se a «crónica insular» de uma raça marítima. Os heróis nacionais, do rei Alfredo ao lorde Nelson, sem esquecer Winston Churchill, exemplificam as virtudes que acabaram por tornar possível que o Sol nunca se pusesse no Império Britânico. Os romanos e os normandos invadiram, mas são tratados como se o tivessem feito de maneira benéfica; Boadiceia e o rei Haroldo, que resistiram sem sucesso àquelas duas invasões, respetivamente, são relegados para a categoria de personagens secundárias. O desdém triunfalista acompanha as considerações sobre aqueles que contemplaram a invasão, mas não foram bem-sucedidos — Napoleão, Hitler.

Mas o que dizer da maneira como os britânicos trataram os povos indígenas em diferentes partes do império — digamos, no Quénia, aquando da Revolta dos Mau-Mau, assim como os «insurgentes» malaios — ou da maneira como os imigrantes da Índia, do Paquistão e das Caraíbas têm sido tratados? E que dizer do comércio de escravos que enriqueceu os britânicos, e desenvolveu as cidades de Bristol e Liverpool? E da falta de preparação crónica do Reino Unido para a guerra em 1914 e em 1939, o hábito de ser governado por amadores, e o problema perene da natureza profundamente classista da sua sociedade?

Nos Estados Unidos, o que se poderia chamar a crónica oficial, normativa e identificadora de 1776 e do que se lhe seguiu tem sido um aspeto importante da construção nacional. A imigração era encorajada até ao início da década de vinte do século XX, e a sua assimilação dependia da aceitação da ideia de caldeirão cultural de que é possível fazer *e pluribus unum*, «a partir de muitos, um». A história da independência e expansão para o oeste tem drama, heroísmo, grandes espaços e condições desafiantes como pano de fundo da emergência de grandes cidades, grandes riquezas e grande poder no mundo. Nesta crónica, a expropriação e genocídio dos nativos americanos, a escravatura, a segregação e injustiça que se lhe seguiu, a terrível carnificina da Guerra Civil, e a inflexível *realpolitik* da política externa dos Estados Unidos, especialmente durante a Guerra Fria — na qual a CIA foi um dos braços das decisões dos seus dirigentes sobre quais os governos estrangeiros que eram aceitáveis para Washington ou não — não figuram com a mesma proeminência. A veneração da bandeira e a celebração do 4 de Julho são acerca dos aspetos positivos, e não dos negativos.

Como acontece com os argumentos acerca do ensino da evolução biológica nas escolas dos Estados Unidos, também o conteúdo das aulas de história tem sido um ponto de muita discórdia. Nos estados da União mais conservadores social e politicamente, era exigido pela lei que o ensino da história devia encorajar o patriotismo. No início da década de noventa do século XX, o problema dos conteúdos dos cursos de história chegou a uma crise. O presidente George H. W. Bush estabeleceu um grupo de trabalho para conceber um conjunto de «objetivos educativos nacionais», nomeando a história como disciplina nuclear, juntamente com a ciência, a matemática, a geografia e o inglês. O Conselho Nacional para a Padronização da História — o próprio título sugeria todas as dificuldades que iria enfrentar — produziu uma recomendação consultiva sobre os Estados Unidos e a história do mundo que deu mais proeminência ao multiculturalismo, à história dos negros e das mulheres. O resultado previsível foi uma reação adversa dos políticos e dos meios de comunicação republicanos, que a consideraram «o politicamente correto enlouquecido», e afirmavam que retratava os Estados Unidos como um estado «inerentemente malévolo». Um candidato à presidência, o senador Robert Doyle, chegou a afirmar que o currículo proposto era uma «traição» e que «prejudica mais os Estados Unidos do que os seus inimigos externos».

Para crédito dos historiadores, dos professores de história e de outros espíritos mais sóbrios, as recomendações acabaram por ser adotadas — no fundamental, ainda que com o acrescento (bem-vindo) de uma secção que encoraja a reflexão sobre a natureza e os usos da própria história.

Mas quando a controvérsia se intensificava, envolveu o augusto Instituto Smithsonian em dificuldades quanto ao seu plano de fazer uma exposição dos cinquenta anos do fim da Segunda Guerra Mundial. Tinha na sua coleção o avião B-29 *Superfortress* que a 6 de agosto de 1945 deitou sobre Hiroxima a primeira bomba atómica do mundo. Denominado *Enola Gay,* devido ao nome da mãe do piloto, foi alvo de um aceso debate, não por ser o instrumento do ataque máximo de «bombardeamento de área» de uma população civil (uma forma de guerra que já se tornara ilegal devido ao primeiro protocolo de 1977 da quarta Convenção de Genebra de 1949), mas porque os curadores se propunham convidar os visitantes da exposição a ponderar acerca da moralidade do uso da arma. Alguns artefactos de Hiroxima e Nagasáqui, e fotografias das vítimas, seriam também incluídos.

As objeções vívidas vieram dos meios de comunicação e dos políticos, intervindo o senado norte-americano para descrever a formulação proposta dos materiais da exposição como «revisionista e ofensiva para muitos veteranos da Segunda Guerra Mundial». Os senadores contradiziam aqui a Associação da Força Aérea dos Estados Unidos, que já reconhecera que a exposição proposta tratava os veteranos da força de bombardeamento com respeito. Quando o Smithsonian sugeriu enfraquecer a exposição e remover as provas do sofrimento das vítimas japonesas, o governo do Japão objetou fortemente. Apanhado entre a indignação, as tensões diplomáticas e um sentido de responsabilidade para com a história, o Smithsonian recuou em todas as frentes, e o seu diretor demitiu-se.

Aconteceu em grande parte o mesmo com os esforços canadianos para revisitar a questão dos bombardeamentos aéreos da Alemanha na Segunda Guerra Mundial. Mesmo durante a guerra houvera críticas aos ataques indiscriminados às populações civis com «bombardeamentos de área» — em 1943, perguntou o bispo de Chichester na Câmara dos Lordes: «Estamos a combater bárbaros; por que razão estamos a comportar-nos como eles?» — mas os veteranos das forças de bombardeamento, sendo os que mais se fizeram ouvir os membros do sexto grupo da Força Aérea Real Canadiana, que sofreu muitas baixas ao operar pesados bombardeiros nos ares da Europa ocupada pelos alemães, não estavam dispostos a ser agora descritos como perpetradores de um crime de guerra. Quando o Museu de Guerra de Otava abriu, em 2005, o material interpretativo relacionado com o envolvimento do Canadá nos bombardeamentos tinha por título «Uma Controvérsia Persistente». De facto, estas palavras captavam intencionalmente não apenas o facto de a discussão acerca da campanha ter começado durante a própria guerra, mas que reaparece com o mesmo ardor sempre que a ocasião se proporciona. Houve um alvoroço em 1992, quando a Sociedade Rádio-Canadá emitiu uma série de televisão acerca da guerra, na qual a aceitabilidade moral dos bombardeamentos de área era questionada, provocando a ira dos veteranos.[41]

Os debates nacionais acerca destas questões ficam mais complexos, porque são quase sempre peças de um quebra-cabeças maior. No Canadá houve controvérsia quanto à redenominação do Dia do Domínio, que assinalava o aniversário de quando o Canadá se tornou um domínio no Império Britânico, em 1876; o novo nome escolhido foi Dia do Canadá, para assinalar a separação final dos laços judiciais do Canadá com o Conselho Privado britânico, em 1982. Nos Estados Unidos, o Dia de Colombo atraiu a atenção de quem fez questão de salientar que a chegada de Colombo às Américas não era uma questão de celebração para os descendentes dos povos que já lá viviam ou que foram para lá levados como escravos. As linhas de batalha foram de novo traçadas entre conservadores e liberais, e só foram algo neutralizadas com uma mudança de designação — de *celebrar* a «descoberta» de Colombo do que os europeus chamaram «o Novo Mundo» para *assinalá-la*. Para quem está do lado liberal do debate, exige-se certamente que a invasão, genocídio, expropriação e escravatura não caiam no esquecimento.

A aceitação alemã do seu passado do século XX, e os seus esforços determinados para com ele se reconciliar, contrastam com a maneira desconfortável como França lidou com a sua experiência na Segunda Guerra Mundial. Feridas profundas devido à terrível perda de vidas humanas na Primeira Guerra Mundial tiveram um papel a desempenhar na relutância francesa em repetir a experiência, mas o pior aspeto foi o colaboracionismo do regime de Vichy, e os nervosos esforços de muitos franceses no pós-guerra, não apenas para se dissociarem do colaboracionismo, mas para afirmar que fizeram parte da resistência. Sem dúvida que vários franceses — entre os que deitaram alcatrão e penas numa mulher que tinha tido namorados alemães — não foram menos «culpados» do que eles, de qualquer uma de várias maneiras. Os franceses, com a sua tumultuosa história, têm tanto a ponderar — o reino de terror de 1793–1794 da revolução francesa, Napoleão (herói ou salteador?), a guerra da Argélia — quanto os britânicos com a escravatura e o imperialismo, os russos com o terror de Estaline, Espanha com o legado de Franco, Áustria contemplando o papel que desempenhou no terceiro Reich depois da *Anschluss*, e a Europa como um todo com o colonialismo e o racismo.

A Europa não está sozinha no ónus das suas culpas históricas. E a Turquia, com os seus massacres arménios, ou o Japão, que tem de lidar com as atrocidades cometidas contra o povo coreano e chinês nas décadas de trinta e quarenta do século XX? As tensões diplomáticas crescem sempre que um novo manual de história japonês fica aquém das exigências chinesas para incluir acontecimentos como o massacre de Nanquim de dezembro de 1937, ou quando um primeiro-ministro japonês visita respeitosamente o santuário Yasukuni, que presta homenagem aos mortos de guerra japoneses. O próprio governo chinês tem perspetivas firmes sobre o que se pode ensinar nas aulas de história:

tudo o que não ensine «a história correta» e que impugne o «socialismo e a liderança do Partido» é proscrito como política e ideologicamente «herético». Acontecimentos como as invasões chinesas do Tibete e do Vietname, as suas incursões na Índia, as ameaças irredentistas a Taiwan, e as conquistas territoriais nas ilhas de Spratly são representadas como o esforço nobre da China para libertar quem precisa de ser libertado, como atos de autodefesa ou como reivindicações de território que, noutros tempos, foi injustamente tomado da China. Não se menciona acontecimentos como a fome devastadora do «Grande Salto» de 1958–1962, em que trinta milhões morreram à fome, e a revolução cultural de 1968–1976, em que mais dezenas de milhões de chineses morreram, muitos intimidados e perseguidos.[42] Como um historiador chinês escreve, «é proibido entrar muito profundamente na história de Mao Tse-Tung, Deng Xiaoping e algumas características da Libertação».[43]

Há casos em que se fez um ajuste de contas com a história, ou se tentou honestamente fazê-lo. A Alemanha, como se salientou, respondeu ao seu passado nazi. A República da Irlanda deixou em grande parte de enquadrar a sua história unicamente em termos do decurso de resultados de oitocentos anos de opressão e atrocidades periódicas por parte dos ingleses (ou, mais em geral, dos protestantes britânicos da ilha adjacente, a Grã-Bretanha), apesar de isto ser, ai de nós!, um aspeto capital da sua crónica. Na África do Sul, a triste história do *apartheid* e a tarefa posterior de criar uma «nação do arco-íris» — no momento em que escrevo, a proporção a favor da riqueza e padrões de vida dos brancos é ainda imensamente desequilibrada — assumiram a forma de um projeto de «verdade e reconciliação» que procura ser franco acerca do que aconteceu e procura incluir todas as comunidades da África do Sul — uma sociedade complexa constituída de tribos xossas, sãs, zulus, indianos, africâneres brancos de ascendência holandesa, brancos de ascendência inglesa, e o grupo étnico miscigenado antigamente oficialmente designado «mestiços do Cabo», que constitui quase metade da população do Cabo Ocidental. Estes exemplos mostram que as questões que, como minas, estão profusamente espalhadas nas paisagens da história, podem ter resposta. Por outro lado, se as velhas feridas irão reabrir e sangrar, como aconteceu nos Balcãs na década de noventa do século XX, ou se problemas aparentemente intratáveis como o conflito entre Israel e a Palestina poderão algum dia ser resolvidos, continuam a ser questões difíceis. No caso de alguns povos, a maior tragédia não é apenas terem sido magoados pela história, mas também terem ficado escondidos: os timorenses, os curdos, os nagas, os ruaingas, os uigures, os tibetanos e os artsaques poderiam, todos, explicar como isso lhes aconteceu — e os atlas obscurecem o facto de as fronteiras nacionais serem artificiais, tendo sido na sua maior parte desenhadas com o sangue das guerras, coligindo e por vezes encurralando, contrariados, povos e tradições diferentes: os «povos minoritários» do oeste e sudoeste chinês, assim como os dálites da Índia e do Nepal, são exemplos que saltam à vista, mas não há diferença de princípio (ainda que a diferença seja muita com respeito ao facto material) entre a sua situação e a dos catalães e bascos, em Espanha, os escoceses e galeses, nas Ilhas Britânicas, e os flamengos e valões, na Bélgica. Contudo, os exemplos históricos de resolução e reconciliação não são apenas a nossa melhor esperança, mas uma boa esperança, mesmo neste caso.

Uma questão diferente diz respeito a juízos sobre o progresso e o retrocesso na história. Considere-se a questão da «Idade das Trevas», que se seguiu ao colapso do Império Romano na Europa ocidental. Em largas faixas da vida, houve um declínio na qualidade de aspetos sociais e cívicos — literacia e os aspetos associados da escolaridade e da publicação de livros, competências de engenharia, o funcionamento de aquedutos, a manutenção de registos, a saúde e a segurança pessoais, e até a população. De Petrarca, no início do Renascimento, a Edward Gibbon, no século XVIII, emergiu uma ortodoxia, segundo a qual o período pós-clássico foi dominado pela superstição, ignorância e declínio civilizacional. Petrarca pensava que vivia ainda na Idade das Trevas, no século XIV; mais tarde, restringiu-se a Idade das Trevas ao período entre os séculos V e X EC. Deitaram-se muitas culpas à difusão do cristianismo, depois de uma forma ortodoxa desta religião ter sido estabelecida nos séculos IV e V, devido à sua imposição de uma hegemonia sobre o pensamento e a destruição da literatura e da cultura material associada ao pensamento e às crenças «pagãs» pré-cristãs.[44] A expulsão dos filósofos de Atenas no ano de 529 pelo imperador cristão Justiniano é um dos exemplos.

Se houve de facto uma Idade das Trevas depois da queda de Roma no Ocidente, isto deveria ser um exemplo de retrocesso. O consenso histórico virou-se contra o tropo da Idade das Trevas: os académicos que estudam o período defendem-no contra a imputação negativa dessa designação, salientando a ascensão da educação monástica e a preservação de textos, e também o Renascimento Carolíngio, no qual a deterioração da literacia e da educação foi em alguma medida contrariada pelas reformas de Carlos Magno no seu domínio. Para dar só um exemplo: veja-se como a arte anglo-saxónica, e o artesanato, são intricadas e belas, nos trabalhos metalúrgicos, nos entalhes de marfim, nos têxteis e na ilustração de manuscritos; isto é, só por si, um corretivo.

É difícil negar, contudo, que a literacia geral declinou e que a maior parte da literatura, história e filosofia do mundo antigo se perderam por completo, sobrevivendo uma fração, ainda que, em grande parte, não tenha sido lida no mundo bizantino (por ser «pagã»). Em alguns casos, foi preciso esperar a conquista árabe para ser de novo posta a descoberto.[45] É um facto eloquente que, entre a construção da Basílica de Maxêncio, no Fórum Romano, e o domo de Brunelleschi para a catedral de Florença, mais de mil anos depois, as técnicas de engenharia que tornaram a primeira possível se tenham perdido.

Ainda que o período em questão não seja tão tenebroso nem tão homogéneo como o sugere a designação pejorativa que se lhe anexa, ao mesmo tempo é óbvio que, com relação aos elevados padrões de vida, arte, literatura e organização dos períodos romano e clássico dos mil anos anteriores, as mesmas regiões da Europa, nos séculos que se seguiram ao colapso do Império Ocidental, dificilmente são comparáveis. Mantém-se a acusação de retrocesso, e tem a mesma utilidade descritiva do que quando a mesma expressão, «Idade das Trevas», se aplica aos séculos que se seguiram ao colapso da Idade do Bronze, por volta de 1200 AEC. Analogamente, é defensável que, sem ir tão longe quanto a chamada «interpretação *Whig* da história», na qual tudo o que aconteceu num dado período representa um progresso inexorável para um el dorado, há momentos e aspetos que merecem ser descritos como casos de progresso, usando padrões mensuráveis. Por exemplo: qualquer residente comum da Europa ou da América do Norte de inícios do século XX usufruiu das liberdades, direitos e quase todas as oportunidades que nos quatro séculos anteriores só estavam disponíveis aos aristocratas, pequena nobreza e clérigos superiores — uma minúscula minoria da população. Os nossos antepassados, há quatro séculos, a menos que fossem membros de quaisquer grupos destes, eram com toda a probabilidade camponeses iletrados que nunca ou raramente saíram para muito longe do lugar onde nasceram, e que viveram vidas de penosa restrição em quase todas as dimensões. As suas vidas poderão ter sido compensadoras, apesar disso, caso a qualidade das suas relações pessoais, saúde e segurança com respeito ao fornecimento de alimentos o tenha permitido; mas, nas medidas objetivas das suas possibilidades como indivíduos, não tem comparação com a atualidade. Num bom significado do termo «progresso», pode-se muito bem considerar que a diferença entre o então e o agora o exemplifica sobejamente.[46]

Outro caso, associado a este, poderão ser as revoluções filosóficas e científicas dos séculos XVI e XVII, que se pode dizer sem hipérbole terem conduzido ao mundo moderno — uma amálgama, certamente, pois não isentas, de modo algum, de aspetos extremamente desagradáveis, mas é defensável que foi uma melhoria em muitos mais aspetos ainda; basta pensar nas comunicações, computação, avanços médicos, as aplicações por via tecnológica da ciência em geral — a lista é muito longa. O florescimento de ideias que constituem estas revoluções tornou-se possível graças à Reforma, não porque o protestantismo fosse amigo das inovações científicas, mas porque um subproduto nada intencionado da sua ocorrência foi a libertação de grande parte da Europa do controlo hegemónico de uma Igreja que era hostil a ideias que pusessem em dúvida a ortodoxia doutrinal. Os casos de Giordano Bruno, Cesare Vanini e Galileo Galilei nos anos de 1600, 1619 e 1632, respetivamente, ilustram as atitudes da Igreja Católica para com as ideias copernicianas; a relativa impotência das novas igrejas luteranas (não tanto das calvinistas) para controlar o que as pessoas podiam pensar e publicar libertou, inadvertidamente, o espírito da Europa.[47] Também isto será considerado progresso por muita gente, ainda que nem toda, indubitavelmente.

Defender que um dado período ou conjunto de acontecimentos dá corpo a um retrocesso ou progresso é fazer um uso polémico da história, mas a nível da interpretação. Isto é mais do que legítimo: é importante. Pois, na reavaliação e acerto constantes de como compreendemos o passado e a sua relação com o presente, os debates deste tipo são essenciais.

4.

«PROJEÇÃO» NA HISTÓRIA

Um dos cuidados que a investigação histórica exige é suscitado, como é perfeitamente óbvio, pelo problema do mapa. Um mapa geográfico a uma escala de 1:10 000 é considerado de «larga escala»; isto poderia aproximadamente equivaler a uma página de um livro de história por cada ano (uma página por dez mil horas, digamos). Os limites impostos por um registo indiscriminado de todos os acontecimentos, a cada segundo, em todo o lado, do acidental ao trivial e ao que muda o curso de uma civilização, seria pior do que inútil: seria ofuscante; seria só árvores, sem floresta. A história como investigação é seleção e organização, uma tentativa de dar sentido. Mas aceitar que a história, na melhor das hipóteses, tem a mesma relação com o que aconteceu no passado que tem um mapa com um país ou continente gera por sua vez outro problema: a «projeção». Pois a questão agora é: com que base fazemos as nossas interpretações?

«Projetar» é interpretar os dados segundo os pressupostos e interesses locais dos investigadores; é ver as coisas com as cores e formas dadas pelos óculos dos conceitos e da experiência dos investigadores. Como tal, é uma fonte imensa de potenciais distorções. Considere-se o debate entre quem expôs formas da teoria da *Verstehen* nas ciências sociais, para distingui-las da suposta objetividade das ciências da natureza.[1] A ideia fundamental era que, neste último caso, o objetivo é descrever e explicar, ao passo que, no primeiro, seria compreender e interpretar. Os instrumentos disponíveis para descrever (medição e experimentação repetível) são diferentes dos que estão disponíveis para compreender; neste caso, o nosso recurso principal é a perspicácia do investigador, a empatia e a experiência. E afirmá-lo é aceitar desde o início que a projeção é inevitável. Estará isto correto?

A resposta quanto a isto estar correto ou não está longe de ser simples. Por exemplo, confrontados com a tese relativista de que não podemos compreender o passado — ou, já agora, pessoas de diferentes culturas, e quem fala outra língua que não a nossa — porque estamos fechados no seio do enquadramento conceptual da nossa própria cultura, é fácil responder com exemplos, como a nossa capacidade para ter empatia pela agonia do luto de Aquiles por Pátroclo, narrada no Livro 18 da *Ilíada:* «uma nuvem negra de luto envolveu Aquiles, e com as duas mãos tomou o pó negro e deitou-o sobre a sua cabeça e desfigurou o seu belo rosto [...] e ele próprio se deixou ficar estendido no pó [...] e às suas próprias mãos arrancou e sujou os cabelos [...] depois foram terríveis os sonoros gemidos de Aquiles», e os seus camaradas seguraram-lhe as mãos, não fosse ele ferir-se.[2] Aquiles não conseguia dormir; percorreu a praia à noite, onde os navios dos aqueus estavam ancorados, lamentando o seu amigo querido. Poder-se-ia citar inúmeros exemplos de amor e luto, raiva e ressentimento, fome e sofrimento, da literatura e da história, ao longo das eras e das culturas, que nos tocam, ou pelos quais sentimos empatia e compreensão. Há muito de comum nas coisas humanas, e de muito profundo. Parece haver capacidades geneticamente codificadas para reconhecer sorrisos e o riso, e para lhes responder, assim como choro, expressões de dor, medo e raiva. Somos todos descendentes da população a partir da qual vieram os humanos comportamentalmente modernos.

Isto não é negar que há barreiras entre as culturas que podem tornar alguns dos seus aspetos invisíveis aos membros de outras culturas. Poderá haver barreiras dessas entre (digamos) homens e mulheres, e gerações mais velhas e mais novas, na mesma cultura. Neste último caso, seria imensamente pessimista crer que essas barreiras são intrinsecamente inultrapassáveis. Do mesmo modo, é normal ter a esperança de que os elementos humanos comuns possam ser uma ponte também para a compreensão intercultural. É nessa suposição que se baseia a teoria do tipo da *Verstehen.*

A questão é quão crítica poderá ser essa compreensão, ou terá de ser. Os exemplos seguintes ilustram a urgência desta questão para a história em todas as suas formas, mas especialmente com respeito às suas regiões mais remotas.

Suponha-se primeiro que uma arqueóloga do futuro distante está a escavar o nosso mundo atual, talvez depois de um desastre imenso ter destruído todas as bibliotecas e os discos rígidos dos computadores, de modo que pouco ou nada resta de registos escritos, e ela tem apenas ao seu dispor como prova do nosso tempo os restos físicos de centros urbanos devastados. Ela irá encontrar construções de todos os tamanhos, as menores muito mais numerosas do que as maiores, de modo que irá dar importância a estas últimas, especulando acerca do seu uso e, em continuidade com isso, acerca do que dizem quanto à natureza da nossa sociedade. Equipemo-la com a pertença a vários meios sociais e culturais. Suponhamos que no seu tempo as pessoas passam oito horas por dia a fazer exercício nos ginásios; ela, e os seus contemporâneos, são pessoas em muitíssimo boa forma, os ginásios são imensos e ricamente dotados. Ou suponha-se que o seu tempo é imensamente militarizado, entregando-se toda a população, entre a adolescência e a senescência, durante a maior parte do dia, a muito diversas preparações militares e treinos em casernas e arsenais especialmente projetados. Ou suponha-se que o seu tempo é hiper-religioso, sendo a maior parte de cada dia passado em rituais e observâncias devocionais, com ruas inteiras de igrejas, como acontece hoje em alguns povoados americanos. Como interpretará ela as grandes construções que põe a nu nas suas escavações? Que uso irá atribuir-lhes? Serão ginásios, casernas ou igrejas?

Na arqueologia da idade pré-clássica, as grandes construções são interpretadas como templos ou palácios. Isto porque as grandes construções erigidas no período entre os tempos clássicos e o início dos tempos modernos — entre os séculos VI e XVI EC, digamos — ou são uma das coisas, ou a outra. Hoje em dia, as grandes construções já não são assim; são bibliotecas, teatros, casas de concerto, escolas, universidades, galerias de arte, hospitais, departamentos governamentais, blocos de apartamentos, casernas, fábricas e centros comerciais, tal como catedrais e palácios. Três séculos depois da ascendência tanto do cristianismo como do islamismo, nas suas formas hegemónicas — o cristianismo tornou-se a religião oficial do Império Romano com o Édito de Tessalónica de 380 EC; o islamismo começou a sua difusão por volta de 650 EC —, as maiores construções nos territórios sob a sua influência eram quase todas catedrais e mesquitas, as últimas feitas com base em exemplos bizantinos das primeiras. A quantidade de riqueza e trabalho absorvido das comunidades para erigir e manter estes símbolos de domínio cultural era prodigioso, mas, mesmo nos cerca de mil anos em que isso aconteceu, as vidas diárias das pessoas não se centravam exclusivamente neles.

Contudo, comummente, a grande construção no centro de um povoado do ano 6000 AEC, digamos, é encarado pelos arqueólogos como a habitação do chefe ou uma construção religiosa. Não se pressupõe comummente que tais construções eram escolas, ou armazéns centrais de cereais ou de armas, ou dormitórios para rapazes adolescentes preparando-se para a vida adulta, ou lugares reservados a mulheres menstruadas ou parturientes, ou casas de hóspedes, ou assembleias de anciãos que discutiam questões governativas, ou lares para viúvas, ou refúgios para os doentes, ou lugares dedicados à manufatura de roupas, ornamentos, armas ou equipamento agrícola. Do mesmo modo, dá-se quase universalmente uma importância religiosa à arte, das pinturas rupestres à pedra talhada. Não é difícil compreender porquê — nomeadamente, porque as únicas provas disponíveis para interpretar o propósito das maiores construções é o propósito típico das maiores construções nos períodos da história para os quais há também outros recursos para os interpretar. Mesmo nos nossos dias há uma espécie de relutância automática em permitir que as pessoas possam fazer e contemplar obras de arte simplesmente pelo prazer de o fazer, *e* que isso é em si muitíssimo importante (pense-se nas controvérsias que explodem quanto aos gastos públicos para apoiar as artes). O pressuposto aqui é que uma comunidade não se esforçaria para ter uma construção maior do que o normal no seu seio a menos que tivesse algum género de razão que não seja de estranhar... bem, qual é aqui o padrão de referência? Aparentemente, a era dos reis e papas e das construções que erigiram para anunciar quem eram e o que eram.

Pensando melhor, este padrão de referência pressuposto não é sequer verdadeiro no período clássico, nem (por exemplo) no Egito pré-clássico, cujas maiores construções eram túmulos. Nas jazidas minoicas e micénicas, as maiores estruturas foram aparentemente palácios — o que significa algo mais além da residência de um governante, pois eram centros de governo e justiça, servindo assim uma multiplicidade de propósitos. Na Grécia, as maiores estruturas eram teatros; na Roma dos períodos republicanos e imperiais tardios eram fóruns cívicos e arenas como o Coliseu. Os templos romanos — incluindo templos importantes, como o Templo de Vesta, no Fórum original — eram comparativamente pequenos.

Consequentemente, serão melhores as provas para interpretar uma construção de grandes dimensões num povoado de 6000 AEC como um templo, do que as provas disponíveis para a interpretar como (digamos) uma arena de luta livre? Só a *projeção* a partir do que sabemos ou pensamos acerca de tempos posteriores, e os nossos próprios preconceitos sobre a razão pela qual uma comunidade iria dedicar recursos a erigir no seu seio uma estrutura maior do que o normal, nos levam às interpretações comuns.

É na verdade difícil abandonar esses pressupostos. Por que razão haveriam as pessoas de extrair, talhar e depois arrastar penedos imensos ao longo de quilómetros para um local particular que, segundo as provas disponíveis, não teve qualquer importância óbvia durante séculos? Foi isso que aconteceu em Stonehenge; o povo que o fez partilhava alguns compromissos conceptuais significativos com outros por toda a Europa, e também do Próximo Oriente, da ponta da Escócia e do oeste da Irlanda — os recessos mais afastados da Europa — à Escandinávia e às ilhas do Mediterrâneo; e fizeram-no durante milhares de anos — de Göbekli Tepe, na Anatólia, no décimo milénio, a Stonehenge, no terceiro milénio AEC. A conclusão imediata é que o fizeram por razões semelhantes às que inspiraram a construção das grandes catedrais. Os motivos eram algo que realmente importava para eles; investiram um imenso esforço; tinha de haver uma expetativa de grande e significativa recompensa.

As descobertas em Göbekli Tepe e Çatalhöyük são um caso capital deste pressuposto em ação. No website da revista do Instituto Smithsonian, leem-se afirmações dramáticas de que a impressionante jazida de Göbekli Tepe é «o primeiro templo do mundo», que «põe de cabeça para baixo a perspetiva convencional da ascensão da civilização», e que é «uma prova remota de culto religioso pré-histórico».[3] Esta é uma perspetiva que se tornou um lugar-comum; artigos e documentários (estes últimos começando com música misteriosa e longos planos noturnos e atmosféricos da jazida, iluminada a partir do seu seio) promovem a ideia de que a jazida é o lar da primeira religião do mundo, ou pelo menos do primeiro local sagrado do mundo.

As pedras mais altas da jazida medem seis metros, pesam vinte toneladas e foram ajeitadas e talhadas sem ferramentas de ferro. Têm a forma de um T e emergem de uma embocadura cavada na rocha. As escavações e levantamentos geofísicos revelaram cerca de duzentos pilares em vinte círculos, encontrando-se três diferentes das suas clausuras conectadas pelos lados de um triângulo equilátero. Aí se encontram também estelas que são como colunas totémicas, esculpidas em figuras humanoides, e as colunas têm figuras de animais primorosamente esculpidas em baixo-relevo, representando cobras, leões, bois, gazelas, raposas, burros, aranhas e aves, sobretudo abutres. Estes últimos podem ser significativos na medida em que alguns povos sepultam os mortos como esqueletos, depois de removida a carne — uma prática conhecida como *excarnação* —, como nos «enterros celestiais» da tradição tibetana e nas «Torres do Silêncio» (*dakhma*) zoroastrianos, no topo dos quais os corpos são expostos para que os abutres os limpem.

As camadas mais antigas de Göbekli Tepe são anteriores à agricultura, à cerâmica e à metalurgia, e são milhares de anos anteriores à invenção da escrita e da roda. As grandes pedras da jazida foram extraídas de locais próximos, até a cerca de meio quilómetro de distância, mas o esforço exigido para as preparar e erigir no local, e ainda mais para lhes dar forma e esculpir, testemunham um nível elevado de organização e tradição social. Klaus Schmidt, do Instituto Arqueológico Alemão, o líder da escavação da jazida, levanta a hipótese de ser um santuário, um «local de peregrinação», e descreve-o como uma «catedral numa colina».[4]

Esta perspetiva foi contestada pelo arqueólogo canadiano Edward Banning, depois de se descobrir provas de britagem de pederneira e de preparação de comida na jazida, que até então se dissera não ter marcas de ter sido habitada numa base contínua ou doméstica. O seu argumento principal é que o povo pré-histórico não fazia uma distinção clara entre o sagrado e o profano, e que o que agora seria considerado sagrado, religioso ou supersticioso se integrava na mundividência geral das pessoas, e nas suas atividades. «O pressuposto de que a "arte", ou até a "arte monumental", deve estar exclusivamente associada a santuários especializados ou outros espaços nada domésticos não resiste também ao escrutínio», defendeu. «Há abundantes provas etnográficas de considerável investimento na decoração de estruturas e espaços domésticos, seja para comemorar os feitos dos antepassados, seja para dar a conhecer a história da linhagem ou a generosidade de um chefe; [...] ou para registar iniciações e outros rituais que têm por base de trabalho as habitações».[5]

Há quem pense que outra questão é se a ideia de «religião» faz sentido ao ser aplicada à especialização de estruturas construídas e aos significados das obras de arte antes de 5000 AEC.[6] A perspetiva inversa é inferida; nenhuma prova inequívoca de sistemas de crenças está disponível, fora isso, antes da escrita: «Os primeiros registos escritos de práticas religiosas datam de *c.* 3500 AEC, da Suméria. As crenças religiosas mesopotâmicas sustentavam que os seres humanos atuavam em conjunto com os deuses e com eles laboravam, e para eles, visando manter à distância as forças do caos.»[7] Contudo, a prática de sepultar os mortos, assim como a arte rupestre, sugerem a existência de sentimentos e práticas religiosas desde muito antes, interpretando «religião» copiosamente como uma crença na agência para lá do mundo natural, mas que opera no seu seio. No caso do sepultamento, tais atitudes poderão talvez ser visíveis desde há trezentos mil anos, dado que os neandertais e o *Homo naledi* sepultavam propositadamente os mortos, ou os escondiam. No caso da arte rupestre, se tem significado religioso ou intenção religiosa, então essas atitudes são visíveis bem antes de há trezentos mil anos.

Tudo isto é possível. Mas poderá também ser uma função da projeção a uma escala abrangente, potenciado pela *vontade* de encontrar provas de um certo tipo — neste caso, de religião — nos registos arqueológicos. Os críticos salientam o que consideram um exemplo flagrante de projeção, associado à impressionante jazida arqueológica de Çatalhöyük, no sul da Anatólia, e o financiamento generoso da investigação aí em curso por parte da Fundação John Templeton.[8] Esta fundação tem sido descrita como uma organização dedicada à promoção da plausibilidade da crença religiosa, encorajando cientistas e arqueólogos, entre outros, a endossá-la, resultando daí uma controvérsia acerca do efeito que isto tem na imparcialidade e objetividade da investigação que financia.[9] Como exemplo do problema da projeção, é instrutivo, especialmente em relação a Çatalhöyük.

Çatalhöyük, que quer dizer «túmulo em garfo», é uma jazida neolítica imensa, que data de 7000 a 5000 AEC, e que consiste num grande conjunto de casas, sem grandes estruturas que possam ter servido qualquer propósito público. O povoado não tem ruas, sendo os lares contíguos e com acesso pelo telhado. Os habitantes sepultavam os esqueletos dos mortos debaixo do chão das suas casas, depois de procederem à excarnação; removiam por vezes os crânios, pintando neles rostos com ocre. Alguns dos quartos destas casas estavam decoradas com murais.

O arqueólogo principal de Çatalhöyük, o professor Ian Hodder, respondeu a perguntas sobre o financiamento da investigação levada a cabo na jazida por parte da Fundação Templeton, numa entrevista conduzida pela jornalista Suzan Mazur.

> *Suzan Mazur:* A Templeton é conhecida por juntar ciência e religião, inserindo o divino na ciência. Pergunto-me se vê algum conflito de interesses em ser um dos membros da administração da Templeton e aceitar quatro subsídios da fundação relacionados com Çatalhöyük, três dos quais dizem respeito à denominada «religião» de Çatal, tendo em mente que não havia religião há dez mil anos?
>
> *Ian Hodder:* Sim. Bem, há muitas questões aqui. Eu não era membro da comissão que deu esse dinheiro, de modo que não houve conflito de interesses. Eu pertencia ao Conselho Consultivo, que dava pareceres em termos de investigação e esse tipo de coisa. Eu não estava envolvido de maneira a determinar como o dinheiro era gasto. De modo que não vi um conflito de interesses. Descobri que a Templeton era muito cuidadosa em evitar algo como isso. Agora, quanto à questão da religião. Depende muito de como se define religião. Mas escrevi ou publiquei três livros que falam da religião na pré-história e penso que é perfeitamente aceitável defini-la de tal modo que a religião seja algo que acontece entre todos os seres humanos, e até entre os que não são humanos. A ideia de espiritualidade é uma noção muito geral.
>
> *Suzan Mazur:* Faço esta pergunta porque a Templeton tem ficado debaixo de fogo por pôr a mão em tudo quanto é ciência, da investigação sobre a origem e evolução da vida até à ciência espacial. Entende-se que a fundação está a comprometer o trabalho dos cientistas e a atrasar a ciência. Maurice Bloch, um dos seus próprios autores de livros sobre Çatal, disse que procurar um ângulo religioso em Çatal é «uma ilusória caça aos gambozinos» porque os seres humanos só conceberam a religião há cinco mil anos, na melhor das hipóteses.[10]

O propósito das perguntas de Mazur diz diretamente respeito ao problema da projeção. O ponto era que a Fundação Templeton financia projetos que considera que identificam uma dimensão espiritual no que está sob investigação, e atribuem um prémio anual de 1,4 milhões de dólares a qualquer cientista ou filósofo que faça uma conexão significativa desse género: os beneficiários incluíram o astrónomo Martin Rees, os físicos Paul Davies (conselheiro e membro da administração da Fundação Templeton), Marcelo Gleiser (devido «ao seu trabalho que combina ciência e espiritualidade»), e o filósofo Charles Taylor. As suas áreas de financiamento incluem «Teologia e Ciência» e «Ciência e as Grandes Questões»; o apoio dado a Ian Hodder e às investigações de Çatalhöyük deu origem, entre outras coisas, à série de livros *Religion in the Emergence of Civilization* (2010); *Religion at Work in a Neolithic Society* (2014); e *Religion, History and Place and the Origin of Settled Life* (2018).[11] O uso por parte de Templeton da sua considerável riqueza para promover um objetivo que potencialmente distorce a investigação tem provocado muitos protestos.[12] A sua missão é bem descrita num artigo de *Inside Higher Ed*, de 2013: «Os subsídios da Fundação Templeton pretendem financiar o estudo da intersecção de questões teológicas e científicas. Os subsídios concedidos à investigação médica têm olhado para o poder da prece sobre a saúde [...] Financia o Prémio Templeton anual, atribuído todos os anos a uma pessoa que tenha "dado um contributo excecional para a afirmação da dimensão espiritual da vida".» Quando se descreve «religião» como Hodder — algo partilhado «até entre os que não são humanos. A ideia do espiritual é uma noção muito geral» — então tudo se permite, e o objetivo de Templeton, de projetar a «religião» como um fenómeno a encontrar em qualquer tipo de investigação, é bem-sucedido.[13]

O ponto desta discussão dificilmente precisa de ser salientado. Fazer da projeção deliberada uma condição para financiar um projeto de investigação subverte a integridade da investigação. Não pode haver objeção ao financiamento que apoie a investigação sobre a religião, as práticas religiosas, a história das religiões, e coisas do tipo; os problemas surgem quando o financiamento (especialmente quando é difícil de lhe resistir por ser tão avultado) é oferecido como um incentivo não apenas para procurar, *mas para encontrar* apoio para fenómenos que são em termos independentes questionáveis em áreas de investigação cujas descobertas devem ser ditadas *apenas* pelas provas que se encontrou, e não pelo que alguém *gostaria* de encontrar. Uma investigação arqueológica de uma jazida antiga visa descobrir o que está lá, e o que isso nos diz; a investigação ao estilo de Templeton dedica-se a procurar a religião numa jazida antiga ainda antes de se tirar a primeira pá de terra. Noutros casos, a Templeton tentou promover a revisão do conceito de «vida» na biologia, para o tornar mais consistente com as explicações criacionistas das origens da vida;[14] financiou conferências e publicações que visam tornar a religião mais do que consistente com a ciência. Isto é fazer da projeção uma política.

Göbekli Tepe parece ter sido abandonada por volta de 8000 AEC, e Çatalhöyük por volta de 5000 AEC. Neste último caso, as inferências a favor dos aspetos religiosos e espirituais da jazida baseiam-se no simbolismo da arte mural e das práticas funerárias. Numa recensão do livro *Religion at Work in Neolithic Society*, de Hodder, comenta o autor: «Como seria de esperar, dada a história de Hodder de assumir riscos na interpretação arqueológica, os volumes afloram, por vezes apreensivamente, os problemas dos limites legítimos de derivar conhecimento do passado dos seus restos materiais» (e acrescenta a ressalva, ao mencionar que o trabalho de Hodder foi apoiado pela Templeton: «Os leitores devem ficar cientes que a Templeton é uma fundação filantrópica que financia investigação que descubra "nova informação espiritual"»).[15] Um resultado do esforço resoluto para ver o passado através de pressupostos desses é que quase toda a referência à cultura neolítica, ou à arte do Paleolítico Superior, ou às práticas funerárias do Paleolítico mais remoto, é uma referência a crenças e atitudes demasiado semelhantes às que têm quem subscreve as religiões atuais.

A resposta de que a projeção é um uso legítimo de *Verstehen* com base na humanidade comum não é destituída de mérito. Mas, como se viu, tem de ser usado com muito cuidado, sobretudo quando nos damos conta de que o objeto da investigação histórica e arqueológica é limitado por outros três dos problemas que atormentam a investigação: os problemas do lampião, do mapa e do martelo. Os arqueólogos estão a procurar exclusivamente onde conseguem ver; generalizam com base em amostras; a sua gama de instrumentos, ainda que cada vez mais sofisticados, foi concebida para ajudar a examinar o que esperam encontrar ou têm a esperança de encontrar. No mínimo, estar ciente da combinação de obstáculos e interferências ajuda a disciplinar a conduta da investigação e as inferências traçadas a partir do que essa investigação põe a nu.

Considere-se um dos tipos de prova a partir dos quais se traçam inferências quanto à natureza do espírito e perfil da humanidade do Paleolítico: a arte rupestre. Muitas das imagens que se encontra na arte rupestre, por exemplo, em Altamira, em Espanha, e em Lascaux e Chauvet, em França, são verdadeiramente notáveis com respeito à fineza de observação e execução que exibem, o que é dizer: quanto ao que têm de artístico. A excelência das figuras sugere uma prática. Onde praticavam os artistas a sua arte, e com que materiais, e em quais? Encontramos arte no interior das cavernas: poderia ela ter sido abundante também fora delas — e talvez até mais — em rochedos expostos, desde há muito apagados pela chuva, pelo vento e pelo tempo? Conseguir-se-á pensar em maneiras de tentar detetar traços de pigmentos nos rochedos expostos? A ideia de praticar o desenho e a pintura sugere o uso de materiais perecíveis, usados como tela — pedaços de casca de árvores, ou couro. Os ornamentos que se encontraram nas jazidas paleolíticas, como conchas e esporas de aves, furados para serem dependurados, são itens duráveis; mas o que dizer de penas, folhas, couro e peles, ou objetos duráveis, como conchas e patas de aves, que não foram furados para serem dependurados, sendo afixados nas vestes ou até nos corpos, mas de outra maneira — por exemplo, *piercing*?

Um aspeto do problema do lampião é que muita da cultura material do povo do Paleolítico, talvez até a maior parte, consistia sem dúvida de materiais perecíveis. Pondere-se as implicações da coluna na arquitetura clássica. É plausível ver as colunas como reminiscências e desenvolvimentos dos postes de madeira que sustentavam os telhados dos períodos anteriores. A madeira é mais fácil de trabalhar do que a pedra na ausência de ferramentas de metal; poderiam os primeiros cadafalsos ter sido de madeira, «*woodhenges*», em vez de pedra, «*stonehenges*»? Na verdade, existe um sítio assim; Woodhenge, perto de Stonehenge, em Wiltshire, na Inglaterra, foi detetado por fotografia aérea e depois de se examinar descobriu-se que contém seis círculos concêntricos de buracos de postes, no interior de um recinto de canais e taludes. A jazida foi quase obliterada por séculos de atividade agrícola; quantas mais jazidas destas poderá haver? Poderá haver civilizações inteiras erigidas sobre o uso de materiais perecíveis, que por isso não deixaram pista da sua existência, nenhum convite para procurar aí os seus ossos?

Estas ideias suscitam outras. É plausível pensar que as figuras tão bem esculpidas em baixo-relevo de Göbekli Tepe terão de ter sido precedidas por uma história significativa de escultura em madeira. Podemos ser mais especulativos? Imagine-se, digamos, figuras gigantes feitas de matéria vegetal, periodicamente criadas seja como itens independentes, seja para que fossem sobrepostas às estruturas de pedra dos sítios antigos, ou para decorá-las, transformando a sua aparência e dando-lhes um significado para as pessoas de antanho, que poderá ou não ter tido a ver com relações com agências que agora descrevemos como «deuses» e «espíritos» — por exemplo, a conclusão de um período de iniciação, a escolha de um chefe, um festival para marcar o início ou o fim da época de caça, um festim, um procedimento judicial de algum tipo. São muitas as possibilidades especulativas. Centrarmo-nos num repertório muitíssimo pequeno de possibilidades — e sobretudo, na verdade, apenas uma, *viz.*, «religião» — poderá exemplificar os problemas do lampião, do martelo e da projeção demasiado literalmente. O facto de a «arte rupestre» se encontrar apenas em cavernas, e por vezes em partes profundas, escuras e inacessíveis de cavernas, é uma motivação poderosa para interpretar a sua razão de ser como uma interação com coisas «sagradas» ou ctónicas. Caso tais trabalhos não se encontrassem apenas — ou talvez até nem muito frequentemente — restritos a cavernas, a nossa compreensão deles poderia ser muito diferente.

As ideias anteriores interligam-se naturalmente com a questão da *modernidade comportamental* na evolução humana, que foi adiada aquando da discussão do período da história da humanidade que decorre entre a emigração dos humanos anatomicamente modernos de África, por volta de há cinquenta mil anos, e a «revolução neolítica», que começou há cerca de doze mil anos. As marcas principais distintivas da modernidade comportamental são a arte, o ornamento, a manufatura de utensílios sofisticados e as práticas funerárias, que sugerem estruturas sociais avançadas e esquemas conceptuais que o pensamento simbólico torna possíveis. Mais ou menos paralelamente à ortodoxia anterior que via o início do período Neolítico como revolucionário, há quem pense que a emergência de traços comportamentais modernos foi também revolucionária — o resultado de uma mudança neurológica.[16] Há também quem considere que o processo foi gradual, como aconteceu com a modernização geral da anatomia.[17] A perspetiva revolucionária é que o catalisador foi a emergência da linguagem. Isto implica que os que não eram *sapiens* não tinham linguagem — neandertais, denisovanos e os seus predecessores.

A única maneira de adjudicar entre estas alternativas é o que se pode inferir das diferenças entre os restos materiais do *sapiens* no período em que se deu o episódio da emigração de África, e depois disso, por um lado, e o período anterior a (digamos) noventa mil anos antes de nós. Quem defende que a modernidade de comportamento emergiu relativamente tarde, digamos, a partir de há quarenta mil anos, o que é sugerido pela datação da arte rupestre, tem de explicar como os diferentes grupos de *sapiens* espalhando-se pelo mundo — primeiro, no Próximo Oriente e na Ásia, chegando há quarenta mil anos à Austrália, na mesma altura em que chegaram à Europa ocidental — tinham tanto em comum, sobretudo, linguagem, arte e pensamento simbólico.

À partida, parece mais plausível supor que o desenvolvimento de traços comportamentais modernos foi o que suscitou a saída de África, e não o que dela resultou. Nessa base, pode procurar-se uma explicação diferente para a emigração; fatores ambientais, talvez, tensões populacionais, problemas de recursos. Ou talvez os avanços cognitivos que emergiram nessa altura na evolução anatómica dos humanos modernos tenham eles próprios sido a força motriz, envolvendo um aumento, para lá de um momento de charneira, na capacidade cognitiva, que promoveu a curiosidade, a ambição e a confiança para arriscar.

Todos os lados do debate concordariam com isto: que a arte, a arquitetura e a tecnologia das primeiras civilizações da Mesopotâmia são sem dúvida «comportamentalmente modernas», pelos nossos padrões. Este comentário deve alertar-nos para a possibilidade da projeção: «pelos nossos padrões». Há um pressuposto tácito aqui, sobre o momento em que a evolução humana se encontra atualmente. Estaremos enganados se pensarmos que os seres humanos contemporâneos se encontram em algum sentido num ponto de chegada — e isto é o que muita discussão do passado irrefletidamente parece pressupor. Pois, pelo contrário, é razoável supor que, se a humanidade conseguir sobreviver ao seu futuro, continuará a evoluir, e as gerações de um futuro mais distante poderão considerar *este* ponto atual da sua história de fundo — o momento em que escrevo estas palavras — bastante baixo com respeito a várias métricas de «avanço», dado que a guerra, a injustiça social e económica, o tribalismo, o racismo, o sexismo, a pobreza e as divisões ideológicas não só persistem como florescem entre nós. Estas são marcas que é defensável considerar que são primitivas; não há nelas o encanto da maturidade nem da sabedoria. Segundo uma perspetiva, a guerra — entendida como conflito organizado socialmente que permite matar e destruir numa escala significativa — é um artefacto da civilização, inexistente antes disso acima do nível de conflitos breves, locais e limitados.[18] Nesse caso, a emergência da guerra na história humana dificilmente pode contar como um avanço. A observação de Adorno acerca da humanidade ter ficado mais esperta, mas não mais sábia, como é evidenciado pelo desenvolvimento que vai da lança paleolítica ao míssil guiado por computador de hoje, tem relevância aqui: o avanço tecnológico é só um tipo de avanço.

O ponto principal para os nossos propósitos, contudo, é que o que se considera que conta como comportamentalmente moderno é decidido por uma comparação em que um dos marcadores é a indústria dos utensílios de pedra associada a seres humanos anatomicamente modernos que viviam há, digamos 120 ou 100 mil anos, e o outro marcador é a tecnologia mais avançada que os seres humanos têm hoje em dia. A pergunta a que se responde ao caracterizar a modernidade comportamental no Paleolítico Superior é esta: o que parece que poderia plausivelmente conduzir a *nós*, no período que nos separa deles?

Dada essa ressalva, continua a ser um facto que as provas disponíveis apontam para a arte, ornamentação, comércio de longa distância, aumento da população, alargamento do repertório tecnológico para passar a incluir o osso, o corno de veado e o marfim para fazer ferramentas e artefactos, e a diferenciação de zonas nos povoados como desenvolvimento significativos e diferenciadores nesse período. Estes desenvolvimentos são atestados pelas provas materiais, e estão subjacentes às inferências a favor de capacidades para planear e pensar em termos abstratos, e níveis de organização social que não se explicam facilmente na ausência de linguagem. O desenvolvimento cognitivo — as capacidades mentais — subjacente ao «comportamento simbólico» está no âmago destes fenómenos, e para a maior parte dos académicos que se entregam a este debate o «comportamento simbólico» é a noção capital.[19]

O que continua a ser incerto é quanto tempo levou o desenvolvimento cognitivo dos humanos anatomicamente modernos a chegar ao ponto em que emergiu a plêiade de capacidades relevantes, assim como os comportamentos a elas associados. Foi rápido ou lento? Aconteceu só de uma vez, ou progressiva e paulatinamente? Para alguns investigadores, reconhecer a variabilidade dos desenvolvimentos do Paleolítico Superior e a maneira como as inovações aparecem e desaparecem em diferentes locais e em diferentes momentos do tempo sugere uma imagem heterogénea, mas encontrando-se a «consolidação» da modernidade comportamental há menos de quarenta mil anos.[20]

A relação inversa entre o grau de flexibilidade no conceito de «modernidade comportamental» e a quantidade de provas materiais definitivas não deixa morrer este debate. Contudo, há um consenso emergente com respeito a pelo menos três pontos: não se pode fazer inferências diretas que partam da modernidade anatómica para chegar à modernidade comportamental; além de tudo o mais que seja distintivo da modernidade comportamental, o uso de símbolos faz parte do seu núcleo; o comportamento moderno não teve origem na Europa ocidental, como se pensava; e, por último, os neandertais tardios também dão provas de modernidade comportamental, pelo menos até certo ponto.[21]

Diferenças de perspetiva deste tipo, que surgiram entre positivistas e idealistas na filosofia da história — entre as perspetivas já descritas, e representadas por Leopold von Ranke e Wilhelm Dilthey, respetivamente —, reproduziram-se quase exatamente na arqueologia. Surgiu um debate nas décadas posteriores à Segunda Guerra Mundial acerca da própria natureza da arqueologia, suscitado pela existência de cada vez mais técnicas científicas de apoio à investigação arqueológica. No seu mais básico, a questão em causa é se a arqueologia pertence à ciência ou às humanidades. Pode aspirar à objetividade, ou tem de se apoiar na interpretação, em última análise e, portanto, num grau de subjetividade? Esta é a questão capital quanto ao estudo da história e dos campos próximos da arqueologia e paleoantropologia, em geral; o debate quanto à arqueologia dá-nos uma boa oportunidade para revisitá-lo em conclusão.

A ciência disponível à arqueologia é impressionante, e tem feito uma grande diferença. O uso de levantamentos geofísicos e de tecnologia de sensores remotos tem removido a superfície do solo sem usar uma só pá, revelando muitas coisas cuja presença poderia de outro modo nem se imaginar. A análise ambiental do clima e das paisagens do passado fornece um quadro de referência informativo para compreender uma jazida, juntamente com a análise de pedras, metais, restos de flora e fauna, e amostras de pó, de pólenes e de esporos capturados no gelo ou em sedimentos. O exame forense e genético dos restos mortais humanos proporciona provas da dieta, saúde, lesões, esperanças de vida, afinidades populacionais e migrações. As técnicas de conservação preservam artefactos e tornam-nos mais disponíveis para serem analisados.

Talvez o desenvolvimento mais importante esteja nas técnicas de datação: datação por radiocarbono de material orgânico, e por termoluminescência de material inorgânico; datação por potássio-árgon de pedras associadas a artefactos ou restos fósseis; dendrocronologia, ou datação por meio dos anéis das árvores, usada para calibrar a datação por radiocarbono; espetroscopia por ressonância de *spin* eletrónico (ESR), e datação por luminescência (luminescência por estímulo ótico, OSL) para detetar radiação ionizante em sedimentos e cerâmicas — tudo isto ajuda a procurar indicações mais precisas e claras das linhas do tempo do passado.

A ciência usada na arqueologia chama-se *arqueometria*. À primeira vista, as metodologias objetivas e quantitativas envolvidas parece que resolveriam a discussão entre positivistas e idealistas — ou, na terminologia do debate atual, os arqueólogos processuais e pós-processuais — a favor dos primeiros. Por outro lado, podem surgir conflitos entre o que as próprias ciências dizem. Um exemplo notável é a tese de que a datação por radiocarbono resolveu o quebra-cabeças sobre a maneira como os desenvolvimentos tecnológicos e agrícolas se difundiram na Europa pré-histórica, sendo os candidatos a difusão de ideias ou a deslocação das populações, neste último caso pacificamente ou por invasão. Aquilo a que se chamou «a segunda revolução do radiocarbono» — o resultado de técnicas de calibragem mais precisas da datação que ficaram disponíveis na década de sessenta do século XX — parecia apoiar a ideia de que algumas das inovações ocorreram localmente, e não em resultado da deslocação das populações. Isto parecia refutar a ideia de uma invasão da Europa a partir das estepes — recorde-se que, no período imediatamente depois da devastadora guerra mundial de 1939–1945, o sentimento arqueológico insurgia-se contra a ideia de migrações violentas. Mas isto foi por sua vez refutado pelos dados genéticos recentemente fornecidos por David Reich, entre outros, com respeito à entrada dos yamna na Europa, e à substituição por atacado da população das Ilhas Britânicas, pouco depois de Stonehenge ter chegado à forma que hoje tem.

As técnicas de datação nem sempre resolvem questões de importância vital em termos culturais. Os Pergaminhos do Mar Morto, que contêm algumas das versões mais antigas conhecidas de textos bíblicos hebraicos, foram datados num ponto entre 400 AEC e 400 EC, acabando por dar a maior probabilidade a uma data no século III AEC. Os críticos fizeram notar que os Pergaminhos foram tratados com azeite, para tornar o texto mais legível, o que interfere com a análise, fazendo-os parecer mais novos do que poderão ser. Era importante para algumas pessoas que se reconhecesse que são muito mais antigos do que as datas sugerem. Um caso análogo é o Sudário de Turim, que algumas pessoas acreditavam tratar-se de uma imagem de Jesus Cristo, milagrosamente impressa no linho em que se envolveu o seu corpo crucificado. Três laboratórios diferentes testaram amostras do linho em 1988, descobrindo que datava não do século I da EC, mas do XIV. Não se sabe quantos espíritos mudaram de ideias em função disto; a fé é tipicamente uma fonte mais convincente de certeza do que a ciência.

A ortodoxia prevalecente na arqueologia até ao início da segunda metade do século XX tratava-a, fundamentalmente, como um ramo da história, na qual se identifica, cataloga e regista culturas, um pouco como (diziam os seus críticos) se se tratasse de «colecionar selos» antigos. Nos anos sessenta do século XX, um grupo de arqueólogos dos Estados Unidos, liderados por Lewis Binford (o autor do comentários sobre «colecionadores de selos») defendeu uma abordagem diferente, na qual se desenvolve modelos explicativos, dando ênfase à análise científica e etnográfica de jazidas e dos materiais nelas descobertos.[22] Chamou-se a isto «nova arqueologia» ou «arqueologia processual», neste último caso porque se defendia que o que se encontra na investigação arqueológica não deve ser tratado como um produto final que identifica um tipo cultural, mas antes como algo que era usado, que estava em processo, dinâmica e naturalmente, no seu próprio tempo.

O aspeto positivista da nova abordagem consistia na aplicação não apenas de técnicas científicas, mas de metodologia científica, coligir dados e testar hipóteses. A disposição espacial dos povoados antigos, e as provas de atividade económica de comércio e manufatura, muito poderiam dizer sobre o comportamento e a estrutura social do povo daquele tempo, tal como as suas estrumeiras dizem muito sobre a sua dieta, saúde e questões domésticas. Uma maneira de caracterizar a nova arqueologia é vê-la como uma viragem da história para a antropologia, passando de uma abordagem particularista, que visa registar e classificar os achados, para uma abordagem generalizadora, que visa compreender as dimensões culturais e sociopolíticas do passado humano.

A «arqueologia pós-processual» é uma reação à natureza objetificadora e científica da arqueologia processual. Os seus proponentes reafirmam a perspetiva de que, nas ciências sociais, às quais pertence a arqueologia na sua perspetiva, os métodos são — têm de ser — diferentes, porque os fenómenos em questão não podem ser estudados com experiências repetidas em laboratórios, sendo antes fenómenos humanos e sociais, variáveis, efémeros e subjetivos. Alguns dos principais pós-processualistas foram influenciados por ideias do estruturalismo, do pós-modernismo e da antropologia marxista. Consideram que a arqueologia envolve essencialmente interpretação, e veem a interpretação, por seu lado, como algo que é essencialmente subjetivo, porque faz os enviesamentos e inclinações dos arqueólogos influenciar o que descobrem. O elemento marxista desta perspetiva salienta a ideia de que as perspetivas subjetivas são também inevitavelmente políticas e que, consequentemente, os usos da arqueologia podem fortalecer perspetivas da sociedade que são opressivas, ao afirmar, por exemplo, que a maneira como as sociedades se formam é natural e objetiva, desculpando assim, e até sancionando, a injustiça social.[23]

Para o pós-estruturalista, os arqueólogos estão no centro da imagem, são responsáveis pelas interpretações que fazem e por não se esconderem por detrás de uma cortina de fumo de medições conseguidas por meios tecnológicos. Isto reconhece que a interpretação — uma tarefa ativa, criativa — acontece no presente, até ao qual o passado profundo sobreviveu incompletamente, e só pode ser compreendido do ponto de vista do que está disponível aos arqueólogos atuais, tanto com respeito às suas próprias capacidades e experiência, como com respeito ao que encontraram. A questão capital diz respeito ao significado dos achados arqueológicos, e o sentido que os arqueólogos lhes dão. «Significado» e «sentido» são essencialmente interpretativos. Devido a isto, não pode haver uma explicação definitiva seja do que for que se descubra em arqueologia; só há uma sucessão de interpretações, e muitas vezes uma competição entre elas.[24]

A diferença entre a perspetiva pós-processual e as suas predecessoras na *Verstehen* e noutras teorias sobre a metodologia das ciências sociais é que o pós-estruturalismo repudia explicitamente a ideia de que a arqueologia seja uma fonte de *conhecimento*. Isto depreende-se imediatamente do compromisso com a ideia de que a arqueologia é «multifocal», ou seja, um conjunto de interpretações diferentes e muitas vezes rivais, nenhuma das quais pode reivindicar que está, em exclusivo, correta.[25] O contraste com as abordagens objetivistas não poderia ser mais nítido: aqui, a ideia é que a datação por radiocarbono, a ESR, os levantamentos geofísicos, a sequenciação do genoma e coisas do género podem fornecer dados inequívocos — factos — e que os factos detêm autoridade. Para esta perspetiva positivista, a arqueologia — e a história, mais em geral — é conhecimento.

A nitidez do contraste é, contudo, enganadora. Recorde-se que as ciências da natureza se consideram revogáveis, ou seja, abertas, por uma questão de princípio, à refutação ou modificação por provas ou argumentos complementares e melhores. Mas a revogabilidade não é uma barreira ao progresso cumulativo, usando-se teorias bem fundamentadas para alargar a investigação. Ao procurar traçar uma barreira defensiva em torno das ciências sociais, apontando para o contraste de *tipos* respetivos de alvos da investigação — nas ciências da natureza trata-se de formações geológicas, genes, espetros, galáxias e colisões de protões; nas ciências sociais são instituições, famílias, casamento, práticas fúnebres, hierarquias e crenças —, não há justificação, por parte dos seus defensores, para considerar a refutabilidade uma razão para negar que uma dada perspetiva pode ser solidamente apresentada como correta, a menos e até que se mostre o contrário. Saltar para o relativismo irredutível como defesa é transformar as ciências sociais num jogo de salão.

Uma alternativa é salientar a questão não dos métodos particulares, mas de como se aplica seja que método for. T. S. Eliot observou que na verdade só há um método em qualquer atividade, que é «ser inteligente», e isto oferece a chave. Os princípios normativos da investigação racional disciplinada, da maneira escrupulosa como se lida com as provas, e como estas são avaliadas, assim como a integridade intelectual, são exigências sobremetodológicas para defender uma ideia qualquer, sobre qualquer assunto, de maneira que, se resiste ao escrutínio e se se sustenta, pode servir de tijolo num edifício de teoria em construção. Não é raro que esses edifícios precisem de ser desmantelados, mas nem todos os seus tijolos são deitados fora quando isso acontece.

Tem de se dizer, contudo, com respeito a «ser inteligente», que algumas das coisas que podem ser trazidas para o processo de investigação são mais proveitosas, e outras menos. Trazer as competências matemáticas para a física, e aplicá-las aí, é uma coisa; trazer um conjunto de conceções religiosas ou políticas prévias para a história, e aí as aplicar, é outra muito diferente. Os defensores da aplicação de compromissos ideológicos ao trabalho de interpretação dirão que *alguma* ideologia estará sempre ativa, de maneira que uma ideologia conscientemente adotada com as suas próprias credenciais é melhor do que a que se adota inconscientemente. A segunda parte da frase é verdadeira, de maneira que a questão tem de ser quanto às credenciais da ideologia. Esforços autocríticos para corrigir enviesamentos, e em particular para nos resguardarmos contra projeções que distorcem a nossa perspetiva do alvo da investigação, não só são possíveis como são uma componente da própria disciplina da investigação. Além disso, a investigação nas ciências da natureza, assim como nas ciências sociais, é uma questão pública, aberta a debate e crítica — e, consequentemente, aberta ao aditamento e à correção — e isto limita a medida em que mesmo os elementos subjetivos são irredutíveis.

Na investigação intelectualmente responsável, nenhum recurso que encerre a promessa de fazer avançar a compreensão seria rejeitado. Na arqueologia, as ajudas científicas da investigação e das competências interpretativas por parte dos praticantes são igualmente indispensáveis; é difícil acreditar que um arqueólogo iria ignorar as descobertas de um levantamento geofísico ou de uma datação por radiocarbono, com base no princípio de que a sua capacidade de empatia é em si suficiente, ou que o facto de serem produtos da ciência ocidental os torna inapropriados para serem usados na interpretação da pré-história.

O conhecimento, em contraste com a Babel de opiniões, exige no mínimo dos mínimos o *imprimatur* da intersubjetividade, e que se chegue por meios disciplinados a um nível reconhecido de consenso. Para lá chegar, a reivindicação de que algo é conhecimento tem de ter provas — na história, na arqueologia e na paleoantropologia, como em qualquer outra área. Repita-se: tudo o que se possa convocar como ajuda tem de ser bem-vindo, e na investigação responsável é-o sempre.

Isto deixa em aberto se o problema da história como *investigação sobre o passado* irá desaparecer um dia, porque se chegou a uma explicação final e definitivamente verdadeira da história *do que aconteceu no passado*. A história *como investigação* vive, desenvolve-se, muda, oscila no seu foco e quanto aos significados, e a melhor maneira de apreender a história *como passado* é aderir às provas, ser escrupuloso no raciocínio, desapaixonado no juízo e nunca ceder à tentação de começar pelas conclusões, com a intenção de torcer os factos para se lhe ajustarem. É nessa direção que está a possibilidade de convergência quanto a uma compreensão bem fundamentada do passado.

PARTE III

O CÉREBRO E A MENTE

Os tópicos das duas partes anteriores deste livro foram investigações, respetivamente, que nos enviaram para o exterior, no espaço, e para trás, no tempo. É difícil não cair na hipérbole quando se pensa nos avanços que representam. Para recapitular: desde o século XIX, a humanidade recuperou conhecimento de um passado esquecido ou totalmente desconhecido até então. Desde o início do século XX, a humanidade fez descobertas, até então inconcebíveis, sobre o universo físico, nas escalas mais ínfimas e também nas maiores que até agora somos capazes de alcançar. E agora, só nas últimas poucas décadas antes do momento em que escrevo, a humanidade tem conseguido deitar um olhar para o interior do cérebro, e começar a fazer o mapa da sua anatomia, em níveis de pormenor anteriormente impossíveis, além de observá-lo a funcionar em tempo real. As tecnologias que tornam isso possível, e aquilo que revelam, merecem uma aplicação literal desse termo gasto: «espantoso».

Pois, até agora, pouquíssimo se sabia sobre o cérebro. O mesmo não é exatamente verdadeiro quanto à mente. Acerca dos fenómenos mentais, há uma certa quantidade que desde há muito se conhece, ou em qualquer caso se acredita que se conhece — afinal, quase toda a literatura, e também a arte, explora o desejo, a angústia, a alegria, o pesar, a felicidade, a mágoa, os amores, os ódios e a sagacidade ou falta dela que constituem o universo principal habitado pelos seres humanos — o universo da experiência social e emocional. Questões capitais sobre a mente — a sua relação com o cérebro; a natureza e fonte da consciência; como o filme sonoro e a cores que se desenrola nas nossas cabeças emerge da atividade eletroquímica das células que aí se encontram — continuam a ser tão difíceis de responder como sempre. Na verdade, na melhor das hipóteses, em alguns aspetos são mais *difíceis* de responder, porque o conhecimento do cérebro fecha várias opções para pensar acerca da fonte da vida mental que anteriormente parecia que ofereciam o remate explicativo que as pessoas ansiosamente sempre querem ter. E, ao mesmo tempo, quanto mais sabemos sobre o cérebro, mais óbvias se tornam as complexidades e limitações do nosso pensamento sobre a mente.

Das três regiões de descoberta discutidas neste livro, os avanços na neurociência são os que mais imediatamente têm consequências práticas. Estão já a ser aplicados clinicamente e de outros modos, apesar de a própria ciência estar ainda num estágio inicial do uso do poder que lhe é dado pelas novas tecnologias disponíveis de investigação. Até ao desenvolvimento destas tecnologias, a ciência do cérebro, e a compreensão psicológica e filosófica da mente, entre as duas, progrediram terrivelmente pouco e muitíssimo lentamente — verdade seja dita, praticamente não progrediram. Isto devido à complexidade dos três alvos de investigação — o cérebro, a mente e a conexão entre ambos.

É preciso cuidado ao pensar sobre a neurociência, pela melhor das razões: que o progresso que se está a fazer é tão grande, e está a ocorrer tão depressa, que é prematuro considerar definitiva a imagem do funcionamento do cérebro que por ora apresenta. Há sem dúvida muito a considerar com respeito ao que já se descobriu. O conjunto de questões que suscita, mais em especial sobre o que as suas descobertas implicam, multiplicam-se com a mesma rapidez com que a própria ciência avança. Como acontece com quase tudo o resto, o contexto e o pano de fundo são importantes; nas páginas que se seguem abordo, consequentemente, o pano de fundo do pensamento acerca do cérebro e da mente, passo em revista as novas tecnologias da neurociência e o que estão a revelar, discuto a questão do que nos dizem sobre a vida mental, e abordo as implicações — nomeadamente, éticas — do que a neurociência poderá tornar possível.

Primeiro, é necessário ter um mapa das paisagens que se sucedem e sobrepõem nestes debates: *neurociência, psicologia, neuropsicologia, neurociência cognitiva, neurologia* e a *filosofia da mente.*

Estas diferentes designações denotam diferentes focos de interesse, ainda que se relacionem entre si. As mais abrangentes são a «neurociência» e a «psicologia», incluindo ambas um imenso domínio de objetos de estudo. *Neurociência* denota o estudo do sistema nervoso e, principalmente, do cérebro, de todas as perspetivas relevantes da anatomia, fisiologia, e a bioquímica e biologia das moléculas, das células e do seu desenvolvimento, tanto nas suas modalidades normais como nas patológicas. Os alvos principais do estudo são os neurónios e as suas conexões, o que envolve não só o exame direto das tecnologias que podem pô-los em imagens tão precisamente quanto possível, mas também fazer modelos matemáticos das suas atividades interconectadas e compreender os correlatos psicológicos dessa atividade.

A *psicologia* é o estudo da mente e do comportamento ao longo do domínio de fenómenos conotados por ambos os termos: perceção, razão, memória, aprendizagem, motivação, emoção, inteligência, personalidade, relacionamentos, o desenvolvimento destas capacidades, problemas que surgem em conexão com eles e os seus tratamentos, e o uso de métodos sociais, neurológicos, farmacológicos e forenses na investigação e na aplicação. A disciplina tem várias subáreas especializadas, como a psicologia do desenvolvimento, a psicologia social, a psicologia clínica e não só.

A *neuropsicologia* é uma destas áreas especializadas. É o estudo de como o sistema nervoso e, sobretudo, o cérebro, produzem o comportamento e a vida mental. (O sistema endócrino, que produz hormonas, também é relevante.) Associada à *neuropsiquiatria* tem uma ênfase clínica para lá do projeto de investigar como a compreensão da vida mental e do comportamento se baseiam na neurologia, como as disfunções cognitivas, comportamentais e da vida mental, em geral, podem surgir de doenças e lesões neurológicas, e como poderão ser tratadas.

A *neurociência cognitiva* centra-se no cérebro e nas vias de acesso sensoriais do sistema nervoso, para compreender como fazem a mediação e processam a perceção, a memória, a atenção, a capacidade para a linguagem, a tomada de decisões e a emoção. Ao passo que a neuropsicologia clínica e a neuropsiquiatria incidem sobre as patologias destas funções, o funcionamento normal tem de ser compreendido para fornecer o contraste com a função patológica, ou a ausência de função; enquanto a neurociência cognitiva aborda o que o cérebro e o sistema nervoso fazem normalmente, os estudos adjacentes procuram compreender o que correu mal quando surgem problemas, e o que fazer para os remediar.

A *neurologia* é a prática médica que se especializa nas doenças e lesões do cérebro e do sistema nervoso. Até muito recentemente, afirmou-se que os médicos mais inteligentes gravitavam para a neurologia devido ao seu interesse, apesar de pouco conseguirem fazer para ajudar. O interesse persiste, mas as possibilidades de cuidado e cura estão a crescer a toda a hora.

No centro de todas estas atividades está um *compromisso* e uma *investigação nuclear.* O compromisso é com a proposição de que o cérebro é o centro, a causa, o sistema operativo, a sede da consciência, da mente e da vida mental. É por isso que nestas designações se prefixa «neuro-» à «psicologia», «psiquiatria» e às «-ciências» do cérebro em geral. O núcleo da investigação, consequentemente, é o aspeto descritivo e analítico da própria neurociência, que visa uma compreensão abrangente do cérebro.

Este compromisso é poderoso. Nenhuma credibilidade há nas perspetivas alternativas, que dissociam a mente e o cérebro como substâncias separadas; nenhuma credibilidade é dada a teorias que identificam a sede da consciência e da vida mental seja onde for que não num cérebro. Chamo-lhe um «compromisso» e não um «pressuposto», porque as provas a seu favor, e tudo o que está associado à sua aceitação, é tão imensamente poderoso; na verdade, demasiado poderoso para admitir a noção mais fraca de ser meramente pressuposto, em vez de estabelecido a um grau intelectualmente coercivo — que é o que acontece.

Para compreender o poder deste compromisso, precisamos de ver quais são as alternativas. Primeiro, repare-se que um cético ou crítico severo diria que a neurociência exemplifica plenamente pelo menos cinco dos problemas que afligem a investigação: o problema do buraco de agulha, o problema do mapa, o problema do martelo, o problema da interferência e o problema da metáfora. Os primeiros três estão ligados. Diz-se muitas vezes que o cérebro humano tem cem mil milhões de neurónios (o melhor método de contagem até hoje sugere 86 mil milhões, aproximadamente) com qualquer coisa como um *bilião* de conexões entre eles, minúsculos e densamente acoplados entre si, em fluxo constante, com muitos neurónios crescendo e morrendo e muitíssimas das conexões em constante mudança. Mesmo com as melhores tecnologias atualmente disponíveis, estamos a olhar para tudo isto pelo buraco de uma agulha. Isto significa que estamos a trabalhar com mapas das regiões do cérebro a uma escala extremamente pequena, e que as técnicas mais recentes para fazer a imagem da atividade do cérebro em tempo real (usando imagem por ressonância magnética funcional, fMRI, e outras técnicas) são primitivas — o cético mais severo poderá dizer que são versões dispendiosas e de alta tecnologia da frenologia, dado que (por exemplo) a resolução do fMRI de um milímetro é como ver o Evereste do espaço, e não os talheres na gaveta da cozinha, que é o nível a que precisamos de ver. E, como este é o instrumento que temos para ver o que se passa no interior do cérebro, consideramos que o que nos mostra é o que há para ver.[1]

Estas primeiras três críticas equivalem a dizer que, por estarmos num estágio tão precoce, e apesar do equipamento de luxo e da avançada ciência em ação nos laboratórios de neurociência, corremos o risco de saltar para conclusões — uma versão do problema do remate. Tem de se admiti-lo; mas reconhecer que a neurociência está num estágio relativamente primitivo comparado ao que será um dia, e de que se aproxima rapidamente, não é impugná-la. No máximo, estas críticas equivalem a ter cuidado e a ser reservado com respeito ao que se pode até agora concluir. Subestimam também o alcance e a importância do que já se descobriu e do que já se pode fazer com base nisso.

A crítica que se baseia no problema da metáfora tem mais que se lhe diga. A metáfora em ação na neurociência é a da *computação*, e é tão irresistível que não é posta em questão. É a última de uma longa linha de metáforas para explicar a cognição e a vida mental, e este facto — na verdade, o facto de uma metáfora estar a fazer grande parte do trabalho explicativo nuclear nesta área — exige, no mínimo, que seja investigada e que a sua adequação seja justificada. Pelo menos uma das teorias recentes da consciência repudia completamente a metáfora computacional.

Pensar sobre a mente apoiou-se sempre em metáforas e símiles, porque há uma relação direta entre a ignorância e os recursos de comparações supostamente explicativas que usamos para as compensar. No início do alvorecer do período moderno — o século XVI — a metáfora favorecida para a maneira como o cérebro funciona era ou o relógio ou a hidráulica, sendo ambas na altura consideradas maravilhas. Os relógios existiam desde há séculos (veja-se os comentários sobre a tecnologia da Parte I), mas foram miniaturizados, com toda a aparência de um pequeno cérebro, com as suas minúsculas molas e rodas dentadas, continuando a trabalhar sem que um humano nem um animal operassem o mecanismo depois de ter sido posto a trabalhar. A metáfora foi de facto aplicada por muitas pessoas ao Universo inteiro, chamando-se então «artífice divino» à divindade.

O fluxo das águas estivera também desde há muito em uso como fonte de energia para vários dispositivos, incluindo relógios. Nos séculos XVI e XVII, os dispositivos hidráulicos faziam as estátuas deslocar-se e falar, para espanto de visitantes de lugares como os jardins de Saint-Germain-en-Laye, onde o próprio Descartes se inspirara para formar a sua perspetiva do cérebro e do sistema nervoso como um mecanismo, e dos animais como máquinas sem consciência (porque «carecem de alma»).[2] Foi neste período, contudo, que se recomendou a metáfora da máquina aplicada ao cérebro — apesar de exigir os dados de entrada da ativação *mental* para ser posto em movimento, sendo a mente concebida como uma substância diferente —, juntamente com o seu uso para muitas outras coisas nas obras da natureza.

No século XIX, a metáfora aproximou-se do alvo; as descobertas sobre a eletricidade e os seus efeitos galvânicos nos nervos foram a primeira pista, a metáfora do telégrafo a seguinte e o sistema telefónico completou pouco depois a imagem. William Godwin, pai de Mary Shelley, testemunhou uma exibição de galvanismo, executada num cadáver em Londres, por volta da década de noventa do século XVIII (o livro de Luigi Galvani sobre a estimulação elétrica dos músculos de cadáveres, *De viribus electricitatis in motu musculari,* foi publicado em 1791): uma interessante fonte para o relato de Frankenstein. Alguns dos presentes ficaram tão aterrorizados com os movimentos do cadáver quando a estimulação foi aplicada que desmaiaram. A metáfora do telefone persistiu bem até ao século XX por ser apropriada: a central telefónica parecia um bom modelo para a rede de nervos visíveis ao microscópio.

Porém, a introdução do computador nos anos cinquenta do século XX forneceu uma metáfora ainda mais poderosa e persuasiva, não só devido à sua estrutura, nem sobretudo devido a isso, mas sim devido à sua operação: a computação. Computar é levar a cabo, em passos sequenciais, segundo uma regra ou algoritmo, um cálculo ou procedimento que visa um resultado de um dado tipo — na álgebra, resolver uma equação; nas regiões do cérebro, coordenar a visão e o controlo motor, computando (veja-se como o termo se apresenta tão facilmente) a distância, o ângulo, a força muscular, o estender e encolher pretendido dos dedos, e assim por diante, para alcançar e pegar num copo que está na mesa. A metáfora da computação importa uma família de conceitos poderosos, entre eles «realimentação», «código», «algoritmo» e «informação».

O principal problema com a metáfora do *computador* é que não é claro se, ou em que medida, o cérebro é um dispositivo digital. Não usa lógica binária ou aritmética como tal. Mas também não é um dispositivo analógico, ainda que o fluxo continuamente variável de estímulos, tanto internos como das interfaces sensoriais do cérebro com o mundo, poderá sugerir que o é. Ao invés, o cérebro parece lidar com a informação fazendo estimativas e aproximações estatísticas e, porque não é determinístico (não é invariável e automático), não pode repetir a maneira como lidou com a informação sem hipótese de variação. A excitação e inibição do disparar dos neurónios é ou/ou, como num circuito elétrico, e isso é binário; mas os resultados líquidos das ponderações na excitação e inibição têm um caráter analógico. Por isso, parece que os cérebros operam de uma maneira que é ao mesmo tempo binária e analógica. Nesse caso, seja como for que o cérebro leve a cabo a *computação* — a maneira como processa e aplica a informação —, ainda não se encontrou o modelo que se exige, defendem os críticos.[3]

O próprio cérebro torna-se uma metáfora, e um modelo. As *redes neurais* são conjuntos organizados de unidades que operam segundo algoritmos aplicados sucessivamente para enviar conjuntos de sinais de ponderação mútua para dar origem a um resultado, que o sistema pode ser ensinado — mais precisamente: pode aprender — a produzir por meio de repetidas execuções.[4] Os modelos conexionistas, por seu lado, usam redes neurais e processamento distribuído em paralelo para imitar a atividade do cérebro. O poder e utilidade desta modelagem recíproca — os cérebros são vistos como redes conexionistas, e as redes neurais como cérebros — aumenta a plausibilidade da perspetiva de que a «computação» não é, afinal, uma metáfora, mas antes uma descrição correta da atividade do cérebro. Contudo, isto não convence os proponentes de perspetivas alternativas, como Roger Penrose.[5]

Um último ponto aqui diz respeito ao aspeto mais importante de todos, nomeadamente o próprio compromisso neurocientífico: o compromisso com a perspetiva, como premissa fundamental da empresa, de que a mente é inteiramente explicável em termos de fisiologia do cérebro. Irei mostrar que, apesar de nada haver no Universo que não seja, em última análise, uma questão de física, o cérebro não é toda a história da mente, e que há outra atividade ainda com o prefixo «neuro-» que precisa de entrar no filme, a que poderíamos chamar *neurossociologia*, e que visa registar o papel dos ambientes sociais dos cérebros. Este é um ponto descurado e potencialmente capital. É razoável dizer que uma mente é uma entidade relacional, que não pode ser entendida exclusivamente em termos do que acontece no interior de um crânio. Deste ponto de vista, uma mente é o produto de interações entre o cérebro, outros cérebros e o ambiente físico. As neurociências tendem a tratar os fenómenos mentais numa base de «conteúdo restrito»; o pressuposto é que tudo o que há a saber acerca do cérebro está no cérebro, esquecendo as férteis implicações de o cérebro ser essencialmente um dispositivo interativo, para o qual os dados de entrada e de saída, o facto de estar ligado em mundos sociais e físicos, são capitais para o que produz em termos de cognições e vida mental, e a fonte tanto do seu florescimento como de alguns dos tipos de lesões e défices que o podem afetar. Este aspeto da questão relaciona-se com a última das áreas contíguas e sobrepostas mencionadas, nomeadamente, a *filosofia da mente.*

Acerca de todas estas questões, há lições a reter a partir das razões pelas quais o pensamento acerca da mente e da sua relação com o corpo assumiu as formas que assumiu, antes da neurociência tal como a conhecemos atualmente. Este — onde as fronteiras do conhecimento acerca da mente e do cérebro costumavam situar-se — é o tópico da próxima secção.

1.

MENTE E CORAÇÃO

Apesar dos avanços na compreensão científica e especialmente neurocientífica, não dará lugar a surpresas o facto de a perspetiva maioritária no mundo atualmente ser ainda que a mente — algo indistintamente concebida como um espírito ou alma, ou intimamente associada a estes — não é o mesmo que o cérebro e o corpo. Este é um pressuposto básico de mundividências religiosas, nas quais figura uma vida depois da morte porque, por hipótese, a pessoa e a sua consciência e memórias têm de sobreviver à morte corpórea para transladar para a dispensação nada física que é o céu, o purgatório, o inferno ou sejam quais forem os destinos que se pensa que resultam das diferentes condições dos mortos.

Infelizmente para o impulso democrático, as perspetivas metafísicas das maiorias têm maior probabilidade de ser incorretas do que corretas e, na verdade, o tipo de crença acabado de esboçar nunca foi universalmente sustentado, em qualquer caso, apesar de ser agora comum entre os membros das religiões historicamente jovens do cristianismo e do islamismo. Como os adeptos da seita judia a partir da qual as suas perspetivas foram elaboradas, os primeiros cristãos acreditavam na ressurreição do corpo, e não numa vida espiritual e incorpórea, depois da morte; foi só depois de uns quatro séculos que as ideias platónicas (na forma do neoplatonismo) acerca de uma «alma imortal» separada do corpo entraram no pensamento cristão, em grande medida porque o segundo advento não ocorreu, ao contrário do que se esperava, e se descobriu que os corpos dos «santos» (mártires e crentes que morreram) apodreceram nos túmulos, ao contrário da implicação da crença cristã de que quem é santo não conhecerá a «corrupção» — daí o grande desapontamento dos devotos do padre Zosima, de *Os Irmãos Karamazov,* quando o seu corpo começa a decompor-se rapidamente depois da morte.[1]

Na verdade, a perspetiva de Platão quanto à existência da parte inteligente das almas em separado dos corpos nem sequer no seu próprio tempo era amplamente aceite; no diálogo *Fédon* ou *Da Alma,* os interlocutores de Sócrates são céticos quanto aos seus argumentos a favor da imortalidade da alma. Isto levanta questões acerca do que se entendia por «submundo», que era o ponto de chegada dos mortos na mitologia grega — ainda que uma coisa que sabemos sobre tal mundo é que não era um lugar desejável; o impulso heroico era guiado pelo desejo de sobreviver nas memórias respeitosas alheias, e não num lugar de recompensa póstuma. No culto chinês dos antepassados, na mumificação e nos elaborados bens tumulares que acompanhavam os corpos nas práticas fúnebres egípcias, e presumivelmente nos funerais com bens tumulares dos povos pré-históricos, a crença em alguma forma de existência persistente é indiciada, ainda que não seja claro se implica uma existência que não seja corpórea, ou se os bens materiais fornecidos indicam uma crença em alguma forma de materialidade póstuma (a mumificação sugere-o).

Estes comentários mostram que a questão do tipo de coisa que é a mente nunca foi inequívoca ao longo da história. Nem o é a questão de *onde* está ela ao longo da vida física. De facto, a questão da localização da mente está tão viva hoje como sempre, e não apenas entre os crentes religiosos. Surpreendentemente, as duas principais teorias rivais sobre a localização da mente, independentemente de esta ser física ou não, nomeadamente se está associada ao cérebro ou ao coração, continuaram até ao período moderno, sendo um dos últimos e mais distintos defensores da teoria do coração nada menos do que William Harvey, que descobriu a circulação cardiovascular.[2]

A ideia de que o coração é a sede da mente parece fácil de ridicularizar, até se ver por que razão foi defendida até pelo mais avançado e brilhante cientista do seu tempo, Aristóteles. Ao adotar esta perspetiva, Aristóteles tomou partido num debate que decorria já desde bem antes da sua participação. Além disso, a sua participação visava, em parte, conseguir uma aproximação entre os dois lados da disputa, porque ele considerava que o cérebro e o coração interagiam entre si, fazendo parte de um único sistema.

O ponto de partida habitual desta discussão é o filósofo pré-socrático Alcmeão de Crotona. Nascido no ano de 510 AEC, aproximadamente, pensa-se que terá sido aluno de Pitágoras. Crotona, uma colónia grega no sul de Itália, era um dos centros principais de estudos médicos do mundo grego, sofrendo influências do pensamento pitagórico, mas com uma abordagem empírica, o que é testemunhado pela investigação anatómica de Alcmeão; diz-se que descreveu a trompa de Eustáquio (a tuba faringotimpânica que conecta a parte detrás do nariz com o ouvido médio) e a anatomia do olho e dos nervos óticos, incluindo o que considerava a junção entre eles, no quiasma ótico do cérebro (na verdade, o quiasma é o ponto em que os nervos óticos se cruzam — «quiasmo» quer dizer «cruzamento» — a caminho do córtex visual primário, na parte detrás do cérebro).

O que sabemos de Alcmeão vem de uma obra de Calcídio, comentador e tradutor para latim do diálogo tardio *Timeu*, de Platão, o único texto integral deste filósofo conhecido até ao período medieval tardio. O principal interesse de Calcídio era a cosmologia de Platão, mas menciona a obra de Alcmeão de passagem, considerando-o a primeira pessoa a levar a cabo uma dissecação para estudo anatómico. Não se sabe se Alcmeão dissecou seres humanos ou outros animais, mas, seja como for, isso deu-lhe uma razão para localizar a sede da vida mental no cérebro.

Para Alcmeão, a junção dos nervos óticos explica por que razão os olhos funcionam sempre em paralelo. Chamou aos nervos óticos «vias de transporte de luz» para o cérebro, e pensava que o próprio olho continha luz, o que é evidenciado pelo facto de a aplicação de pressão no olho, como uma pancada ou um espirro, ou uma doença ou lesão nos nervos óticos ou na retina, provocar fosfenos, sensações de luz como um clarão, ou «ver estrelas». A perspetiva de que o olho contém luz só foi finalmente abandonada no século XVIII EC.[3] Vários outros filósofos pré-socráticos partilhavam a perspetiva de Alcmeão, sendo Demócrito um dos principais; foi ele que, por sua vez, influenciou Platão. Demócrito e o seu professor Leucipo — os atomistas — sustentavam que só há átomos e o vazio em que aqueles se deslocam. Os átomos têm diferentes graus de subtileza: os leves, rápidos e perfeitamente esféricos constituem a psique, distribuídos por todo o corpo, mas aglomerando-se sobretudo na cabeça. Os átomos um tudo-nada menos subtis aglomeram-se sobretudo no coração, constituindo-o como sede da emoção, ao passo que os átomos ainda menos subtis se aglomeram no fígado, o que explica que seja a sede dos apetites, incluindo a fome e a luxúria. A sua divisão tripartida das funções da alma — intelectual, passional e apetitiva — é adotada por Platão, incluindo as suas localizações; afirma Platão no *Timeu:* «os deuses, imitando a forma esférica do Universo, encerraram os dois cursos divinos num corpo esférico, aquele que, nomeadamente, denominamos agora "cabeça", sendo essa a nossa parte mais divina e a senhora de tudo o que é em nós: à cabeça, os deuses, ao fazer o corpo, deram todos os outros membros como servos».[4]

Hipócrates e a sua escola insistiam que o cérebro é a sede do pensamento e da emoção: «a fonte do nosso prazer, alegria, riso e diversão, assim como da nossa mágoa, dor, ansiedade e lágrimas, não é senão o cérebro. É o órgão que nos permite pensar, ver e ouvir» — e é o culpado não só dos distúrbios do sono, do esquecimento e das excentricidades, mas também da epilepsia, a «doença sagrada», que Hipócrates dissera mordazmente que nada tinha que ver com o sagrado nem o sobrenatural, sendo antes uma anomalia provocada pela incapacidade para drenar a fleuma do cérebro.

A escola hipocrática não se entregou à dissecação anatómica, mas apoiou-se — em geral, bastante bem — na observação clínica e na experiência, de modo que, apesar de ser boa a descrever as manifestações das doenças, as coisas eram diferentes com respeito às suas causas. Daí a perspetiva acerca da fleuma, que se apoia na dos quatro humores, «sangue, fleuma, bílis amarela, bílis negra», cuja harmonia, ou falta dela, se considerava que explica a saúde e a doença. Contudo, apesar de não terem conhecimento da anatomia e fisiologia subjacentes, os hipocráticos eram categóricos na rejeição de que o coração tivesse fosse o que fosse que ver até com a emoção, como o mostra a citação anterior.[5]

A tradição da teoria do cérebro, que vai de Alcmeão a Hipócrates, era a perspetiva minoritária. A perspetiva muito mais antiga e mais difundida, de que a sede da mente é o coração, foi assertivamente sustentada por Aristóteles, que desconsiderava a teoria do cérebro por ser «falaciosa». Aristóteles menciona fortes razões empíricas em apoio da teoria do coração, como se segue. É claro a partir da experiência que a emoção afeta o coração; bate mais depressa com medo ou emoção, com raiva ou excitação; é lento e estável quando estamos calmos. No cérebro não sentimos seja o que for em qualquer um destes estados. O coração é a fonte do sangue, que é necessário à experiência sensorial, e é morno, o que é indicativo de vida nas criaturas superiores.

O cérebro quase não tem sangue e é frio, relativamente falando, e não tem sensação. O próprio coração sente dor, mas pode-se cortar os cérebros de animais vivos sem que estes mostrem qualquer dor ou desconforto. Através do seu sistema vascular, o coração está ligado a todos os músculos e órgãos dos sentidos; porque não tem sangue, o cérebro não pode fazer o mesmo. O coração é essencial à vida, mas o cérebro não, como se vê pelo facto de quase todos os animais terem coração, ao passo que muitos não têm cérebro. O coração é o que primeiro se desenvolve no feto, e é o último a deixar de trabalhar no fim da vida; o cérebro desenvolve-se depois do coração, e pode deixar de trabalhar antes do coração. Que os olhos, orelhas, nariz e boca estejam na cabeça é uma questão de conveniência, pois dá-nos um ponto de vista vantajoso; a sua proximidade do cérebro não indica que a informação que transmitem se destina ao cérebro. Em qualquer caso, as sensações ocorrem em todo o corpo e exigem um ponto central onde possam ser integradas no que Aristóteles chamava o «sentido comum». É por isso que o coração está no centro do corpo, o que condiz com a sua importância.[6]

Mas, afirmou Aristóteles, isto não é relegar o cérebro à insignificância. Pelo contrário, o facto de o coração ser um órgão quente exige que seja equilibrado por um órgão frio, de modo a poder «atingir a mediania, a posição correta e racional. É assim que o cérebro, que é frio por natureza, modera o calor e o tumulto do coração». O cérebro está encerrado apenas em osso, ao contrário do coração, que tem uma espessa cobertura de músculo, osso e pulmões envolventes, razão pela qual o cérebro é mais frio. Dissipa calor facilmente, arrefecendo o sangue. Vemos que, quando temos frio, usar um chapéu retém algum calor que, sem isso, o cérebro iria irradiar. Se o cérebro ficar demasiado quente, fica congestionado e produz o fleuma, uma fonte de epilepsia. Mas o ponto principal é que o cérebro é um adjunto vital do coração, mantendo-o à temperatura certa, para que possa levar a cabo a sua tarefa de pensar e sentir adequadamente. A grande dimensão do cérebro humano correlaciona-se assim com a natureza superior da inteligência humana em comparação com a de todas as outras criaturas, porque é um excelente radiador. Aristóteles estava também inadvertidamente no caminho certo ao culpar a disfunção do cérebro pelas doenças mentais, ainda que, na sua perspetiva, isso se devesse a não conseguir arrefecer eficientemente o coração.

Uma razão muitas vezes desconsiderada ao discutir as posições de Aristóteles acerca da mente é que o conceito de mente na filosofia grega não é exatamente o que temos, sendo antes *psyche*, em latim *anima*, a força que, entre outras coisas, anima, ou torna as coisas vivas, sendo também, o que é mais significativo para Aristóteles, o princípio do movimento e mudança que distingue as coisas animadas das inanimadas. O movimento e a mudança eram conceitos importantes para Aristóteles, que acusou vários predecessores de não conseguirem explicar como estes fenómenos podem ocorrer, e que se opunha conscientemente à perspetiva parmenídea — ilustrada pelos paradoxos do movimento concebidos por Zenão — de que a mudança e o movimento são impossíveis.[7] Para Aristóteles, o coração morno e pulsante contrasta com o cérebro frio e inativo como melhor candidato a sede do princípio de atividade em todas as suas formas, incluindo pensar e sentir.

Um biólogo muito avançado para o seu tempo, Aristóteles dissecou um total de quarenta e nove animais de diferentes tamanhos, de um caracol a um elefante, e, ao fazê-lo, examinou cérebros e deu-se conta de meninges, hemisférios e ventrículos. Na verdade, em alguns destes casos, praticou a vivissecção. Consequentemente, poderá parecer muito surpreendente que não tenha reconhecido a verdadeira função do cérebro. Isto tem sido atribuído ao facto de não ser um homem da medicina, não tendo por isso experiência na observação e tratamento de pacientes com lesões cranianas, que exibem algum tipo de sintoma de défice mental, vendo talvez que as lesões na mesma região da cabeça provocam défices semelhantes em diferentes pacientes. Só por si, isso teria sido uma grande indicação na direção correta.

Charles Gross tem razão ao salientar a influência positiva de Aristóteles no desenvolvimento da ciência em geral e na compreensão do cérebro em particular — apesar do que se disse — nos séculos posteriores às conquistas de Alexandre e à helenização do Egito e do mundo do Mediterrâneo oriental. O amigo de infância de Alexandre que se tornou o governante do Egito, Ptolemeu I, fundou uma grande instituição em Alexandria, o Mouseion — «sede das musas», uma universidade e instituto de investigação — no qual inúmeros académicos financiados pelo estado estudavam, davam aulas e investigavam. Os homens que aconselharam Ptolemeu a estabelecer o Mouseion eram alunos do seguidor e sucessor de Aristóteles, Teofrasto. Ptolemeu tentara atrair o próprio Teofrasto para Alexandria, para dirigir o Mouseion, mas ele enviou os seus alunos Estratão e Demétrio, ao invés, que fundaram o que era, em muitos aspetos, uma continuação da escola de Aristóteles, o Liceu. O exemplo de Aristóteles com respeito à ciência prática, especialmente a dissecação, foi seguida no Mouseion, resultando no florescimento da anatomia e em especial a neuroanatomia, com os trabalhos de Herófilo da Calcedónia e Erasístrato de Chio. Foram estes os primeiros anatomistas conhecidos a levar a cabo a dissecação sistemática e abrangente do corpo humano. Tertuliano afirma que entre eles procederam à vivissecção de mais de seiscentos prisioneiros condenados. Um dos seus principais interesses era o cérebro; Herófilo foi o primeiro a distinguir o telencéfalo do cerebelo, a identificar a associação entre os nervos óticos e oculomotores, a dar-se conta da estrutura interna do próprio olho, e a reconhecer a diferença entre os nervos intracranianos e os vasos sanguíneos.[8] Erasístrato descreveu as válvulas do coração e reconheceu que era uma bomba, distinguiu os nervos motores dos sensoriais e viu que ambos remontavam ao cérebro. Tanto um como o outro estavam empiricamente satisfeitos com a ideia de que o cérebro é a sede da mente.

Tertuliano expressou a indignação dos pensadores cristãos perante a prática alexandrina da vivissecção humana. Foi defendida pelo historiador romano Celso, que afirmou que «não é cruel, como a maior parte das pessoas sustenta, que os remédios para as pessoas inocentes de todos os tempos se procurem no sacrifício de pessoas culpadas de crimes, e na verdade só uns poucos». Este *tipo* de justificação é atualmente usada em defesa da experimentação em animais vivos.[9] Neste ponto, ainda que em poucos mais, uma pessoa sente-se inclinada a concordar com Tertuliano. Como Gross observa, «a vivissecção de humanos nunca mais foi sistematicamente praticada [até ao terceiro Reich]» — ele poderia ter acrescentado a vivissecção por parte dos japoneses nos territórios ocupados, durante as décadas de trinta e de quarenta do século XX — «a própria dissecação de cadáveres humanos desapareceu no Ocidente até ter sido reavivada nas novas universidades medievais, e aí só para propósitos forenses, e não médicos ou científicos».[10]

Uma sugestão interessante de Gross é que a razão que os académicos de Alexandria tinham para aceitar a dissecação humana era a prática egípcia da mumificação, que obrigava à remoção do cérebro e dos outros órgãos do corpo, antes de ser embalsamado. Outra razão é que a ascendência grega sobre o Egito significava que eram poucos os escrúpulos com respeito à população súbdita; daí o uso de prisioneiros como objeto de vivissecção. Além disso, no mundo helénico em geral tornara-se normal encarar os cadáveres sem grande sentimentalidade, por serem apenas a carcaça deixada pela pessoa que a animara. Fosse por que razão fosse, ou complexo de razões, a anatomia floresceu em Alexandria durante um tempo, mas só depois de decorridos quatro séculos ocorreram avanços importantes nessa área, desta vez na obra de Galeno.

Galeno tornou-se um anatomista brilhante com base tanto na dissecação como na vivissecção de animais — era proibido dissecar cadáveres humanos na Roma do seu tempo, de modo que para compreender a anatomia humana ele dissecava os análogos mais próximos: macacos; em particular, macacos-de-gibraltar. Inevitavelmente, a restrição a animais levou-o a fazer várias inferências erradas com respeito à anatomia humana, um aspeto de que não se estava inteiramente ciente até aos trabalhos de Vesálio no século XVI. Mas a sua genialidade compensou muita coisa.

Investigador e pensador prolífico, Galeno escreveu mais de quinhentas dissertações sobre medicina e filosofia, incluindo ética, e foi igualmente enfático na sua admiração por Hipócrates e Platão, e nas suas discordâncias com Aristóteles e Erasístrato. Como aconteceu com muitas outras obras da Antiguidade, só sobreviveu uma pequena parte do *corpus* de Galeno; diz-se que muitas das suas obras pereceram num fogo da biblioteca de Roma, em 191 EC. O que sobreviveu revelou-se muitíssimo influente na medicina árabe e europeia posterior. Na verdade, Galeno foi *a* autoridade médica até ao Renascimento.

Apesar de admirar Hipócrates, Galeno não se restringiu à observação de sintomas para a sua investigação; antes ia de bisturi na mão para investigar as suas bases fisiológicas. O seu interesse ia além da anatomia e da fisiologia, abrangendo a farmacologia (recolher e prescrever plantas medicinais) e a psicologia (reconhecer e descrever doenças psicossomáticas). Era também inventor de instrumentos cirúrgicos, para usar tanto na dissecação como em operações. Era profundamente versado nas teorias médicas dos seus predecessores, influenciado em particular pela perspetiva hipocrática dos quatro humores, que tem como uma das suas implicações que não só o desequilíbrio entre eles provoca doenças físicas, mas também que uma preponderância habitual de qualquer um deles irá afetar o caráter e a psicologia: assim, algumas pessoas são sanguíneas (preponderância de sangue), outras são coléricas (preponderância da bílis amarela), algumas melancólicas (preponderância da bílis negra) e outras fleumáticas (preponderância da fleuma).

Um conceito capital da teoria de Galeno é o *pneuma,* literalmente «sopro», mas com o significado também de «espírito». É inalado pelos pulmões, de onde passa para o coração, fígado e cérebro, e daí para o resto do corpo, sendo transformado pelo coração em *espírito vital* (*pneuma zotikon*), que é responsável pelo calor do corpo (a sua vida), sendo transformado pelo cérebro em *psique* (*pneuma psychikon*), a mente ou alma. A psique ocupa os ventrículos do cérebro e ativa a partir daí os nervos espalhados pelo corpo, transmitindo movimento e recebendo sensação. O cérebro é a sede de todas as funções cognitivas de pensamento, memória, imaginação, volição e sentido, e Galeno chama-lhe o *hegemonikon,* o senhor ou controlador.

Por intermédio dos seus estudos de dissecção, Galeno identificou dez dos doze *nervos cranianos,* o *corpo caloso,* que liga os dois hemisférios do cérebro, os ventrículos do cérebro, além de estruturas do hipocampo e do mesencéfalo como (respetivamente) o *fórnix* e o *colículo superior,* os nervos laríngeos recorrentes que se ramificam a partir do *nervo vago* (o décimo nervo craniano) e chegam aos músculos da laringe, o fornecimento de sangue do cérebro, e a espinal-medula, juntamente com a sua importância no movimento e sensação, por ter observado, abaixo do nível das lesões, diferentes níveis de paralisia e anestesia em gladiadores com lesões na espinal-medula, e o mesmo na sua vivissecção de diferentes níveis da espinal-medula dos macacos. Galeno deu-se conta de que seccionar a espinal-medula ao nível da quinta vértebra cervical (no pescoço, a nível da laringe, nos humanos) tem como resultado a paralisia e a anestesia de todos os membros, mas não a imobilização do diafragma. Seccionar parcialmente a espinal-medula tem como resultado a perda do movimento voluntário no mesmo lado do corte (*ipsilateral*) e a perda das sensações de temperatura e de dor no lado oposto (*contralateral*). A paralisia ou falta de força dos músculos num dos lados do corpo — *hemiplegia* —, em associação com a paralisia do rosto, resulta de uma lesão no hemisfério contralateral do cérebro, o que sugere o envolvimento dos nervos cranianos; a falta de paralisia do rosto indica que a lesão está na espinal-medula. Galeno fazia aberturas nos crânios («trepanação») de vítimas de lesões cranianas para drenar hematomas intracranianos (sangue acumulado de hemorragias no interior do crânio) e para aliviar a pressão. No cômputo geral, foi um impressionante anatomista e médico de investigação.[11]

A admiração de Galeno pelo *Timeu* levou-o a espelhar a organização da «alma tripartida» de Platão, ao especificar as sedes dos pneumas na sua fisiologia — mente no cérebro, emoção no coração, e apetite no fígado. A «mente», como se observou, é a razão, memória, perceção, imaginação e vontade. Qualquer desarmonia, *discrasia,* entre as três sedes do pneuma irá causar falta de saúde física e, num grau menor, diferentes ênfases de caráter. Galeno descreveu várias doenças mentais e perturbações do cérebro: mania, delírio, frenite, parafrenia, coma, catalepsia, epilepsia e tipos de demência. E teve o cuidado de distinguir a doença mental de paixões como o amor e a ambição, ainda que estes se tornem demasiado dominantes, dizendo que, neste caso, é preciso aconselhamento — psicoterapia, poderíamos nós dizer agora — e não tratamento médico. Neste aspeto, tomou de empréstimo o conselho dos estoicos quanto à conquista da *ataraxia* — «paz de espírito» —, nomeadamente: enfrentar com coragem o que não podemos controlar no mundo que nos rodeia, e ser senhor dos apetites, medos e desejos interiores.[12]

Os escritos de Galeno foram a bíblia da medicina até ao século XVI EC. A dissecção humana não foi executada até ao fim do século XIII, um hiato de qualquer coisa como quinhentos anos desde as investigações do Mouseion alexandrino, devido às proscrições doutrinais tanto do cristianismo como do islamismo, ainda que no mundo muçulmano académicos como Avicena tenham sido indispensáveis para a preservação e transmissão das partes restantes do *corpus* da ciência grega, assim como da filosofia. Um dos primeiros revivalistas da anatomia experimental foi Mondino de'Luzzi de Bolonha, conhecido por Mundinus, que foi na peugada de Galeno e localizou os poderes cognitivos do cérebro, nomeando os seus ventrículos como fonte dos *pneuma psychikon.* Mas nem a autoridade de Galeno nem os seus seguidores posteriores foram suficientemente convincentes para pôr fim à controvérsia acerca da localização da mente, se era no coração ou no cérebro. Em finais do século XVI, Andrea Cesalpino, um aristotélico, defendia ainda que «o coração é a origem não só de todas as veias como também dos nervos». Descartes, nos *Princípios de Filosofia,* observou que a discordância quanto a onde localizar o ponto de encontro do cérebro com a mente (a sua escolha era a glândula pineal do cérebro) continua viva no seu tempo, que é a primeira metade do século XVII, sendo ele contemporâneo de Harvey.

Note-se, contudo, que a tese de que o cérebro é a sede da mente não é o mesmo que a tese de que os fenómenos mentais são idênticos à atividade cerebral, ou que são o seu produto. Na sua maior parte, as pessoas continuavam a ser dualistas quanto à mente-corpo, e a questão que se punham não era «que parte do corpo é responsável pelos fenómenos mentais», mas antes «com que parte do corpo está a mente — que existe separadamente — associada, ou por meio da qual atua». O mais materialista dos pensadores, que até ao Iluminismo se encontrava sobretudo na Antiguidade pré-cristã, concebia a mente, *psique, anima,* como *pneuma* ou um fluido muito subtil, de maneira que quem pensava que a substância da mente se transmite por via dos nervos a partir do seu ponto de origem, fosse ele qual fosse — o coração, ou o cérebro — não estava a pensar, como se faz na neurociência contemporânea, no órgão responsável pelos fenómenos mentais. Assim, vê-se o famoso anatomista Samuel Soemmerring, em *Sobre o Órgão da Alma* (1796), a atribuir a mente ao fluido que se encontra nos ventrículos do cérebro, ao passo que os seus contemporâneos Karl Friedrich Burdach e Johann Friedrich Meckel nomearam o próprio cérebro como o «órgão da alma», dizendo o primeiro que era todo o cérebro, e atribuindo o último as «funções primitivas da alma» à parte inferior do cérebro, e os seus «poderes superiores» ao cérebro superior — encontrando-se esta divisão aproximadamente no caminho certo, o que não é surpreendente para um anatomista que baseava as suas perspetivas na embriologia e em estudos comparados.

Até inícios do século XIX, alguns investigadores pensavam que os nervos são tubos, ao longo dos quais flui o espírito ou fluido vital — inicialmente, pouco compreendiam do papel que a eletricidade poderia desempenhar, e ainda menos da propagação eletroquímica de potenciais de ação (por meio da inversão da polaridade de iões de sódio e potássio através da parede do axónio), que é como os impulsos são conduzidos, nem da transmissão puramente química ao longo da maior parte das sinopses por neurotransmissores.

Mas o uso da estimulação elétrica para estudar o funcionamento do cérebro do sistema nervoso não estava longe no horizonte. As assustadoras experiências de Luigi Galvani com cadáveres de criminosos, em finais do século XVIII, mostraram o caminho. Vários fisiólogos do século XIX fizeram experiências com animais, vivos e mortos, muito se descobrindo, e ainda mais se especulando, a partir dos choques elétricos aplicados nas patas de rãs decapitadas, e a partir de experiências de vivissecção com várias criaturas, incluindo cães e macacos. Uma das figuras principais nestes desenvolvimentos foi David Ferrier, que traçou um mapa preciso das funções motoras dos córtices daqueles dois animais, corroborando a estimulação das áreas relevantes, que mostrava atividade, lesionando-as de seguida para demonstrar a perda de função que se seguia. Ele aplicou o seu mapa do cérebro dos macacos aos cérebros humanos — com resultados algo aproximativos — e o mapa foi usado na prática clínica e na neurocirurgia. Felizmente para os pacientes, a medicina é um procedimento que se baseia em provas, e os neurologistas depressa aprenderam a usar o mapa como um guia, e não como um plano detalhado, ao desenvolver maneiras de determinar lesões ou tumores, observando os seus efeitos no comportamento.[13]

A compreensão apropriada das células nervosas começou na segunda metade do século XIX, com Camillo Golgi, que desenvolveu uma técnica para endurecer e tingir tecido do cérebro para o clarificar sob o microscópio. A sua técnica foi usada — e melhorada — pelo célebre neuroanatomista Santiago Ramón y Cajal, cujos desenhos de neurónios são ainda hoje usados. O seu trabalho foi imprescindível para substituir a ideia de sistema nervoso como «retículo» — uma rede de fibras, das quais um emaranhado era tudo o que os anatomistas conseguiam ver antes de Golgi — com neurónios como células discretas. A investigação com instrumentos de resoluções ainda maiores do que as que estavam disponíveis a Cajal mostra que os neurónios do cérebro e do sistema nervoso são de muitos tipos diferentes.

Contudo, apesar de a neuroanatomia estar nessa altura a chegar ao estágio de maturidade como ciência que agora ocupa, e apesar de a disputa entre teorias «cardiocêntricas» e «encefalocêntricas» da localização da mente, ou conexão mental, estar a ser firmemente resolvida a favor desta última, a questão da mente e da sua relação com o corpo continuava a ser um problema, pelo menos na medida em que se sentia a necessidade de mostrar por que razão as perspetivas dualistas são insustentáveis.

O «dualismo da mente-corpo» é a tese metafísica de que os fenómenos mentais e os físicos — as mentes e os corpos — são dois *tipos* diferentes de coisa. O *locus classicus* da formulação da perspetiva dualista é as *Meditações sobre a Filosofia Primeira,* de Descartes. Nessa obra, o autor defendeu que tudo o que existe no mundo é de substância material ou então mental, em que «substância» é um termo técnico na filosofia, que significa «o tipo mais básico e fundamental de coisa que existe (ou um dos mais básicos e fundamentais)». Descartes definiu «substância material» como «o que ocupa espaço; extensão material» e «substância mental» como «pensamento; matéria pensante». A ideia de que a mente e a matéria são coisas *realmente distintas* (no sentido literal de «realmente», ou seja, «na realidade») fundamenta-se numa tese metodológica em que Descartes se apoiava: «o facto de eu poder clara e distintamente compreender uma coisa separadamente de outra é suficiente para me dar a certeza de que as duas coisas são distintas [na realidade]» — uma tese questionável.

Ao descrever a matéria e a mente como *essencialmente* diferentes — diferentes na sua essência, no que faz delas o tipo de coisa que são — Descartes levantou o problema aparentemente insuperável de como interagem. Como resulta um acontecimento físico, como dar uma topada com o dedo do pé, na ocorrência mental da dor? Como consegue o acontecimento mental de pensar «é tempo de sair da cama» causar o acontecimento físico de sair da cama? Descartes propunha que a mente e a matéria interagem na glândula pineal do cérebro, escolhendo-a por ser uma estrutura unitária, ao contrário das estruturas gémeas que a rodeiam, e por estar localizada no centro, pronta a servir como o lugar de onde toda a rede de nervos irradia e ao qual regressam. Os seus sucessores depressa viram que isto não serviria como explicação de como a mente e o cérebro interagem, pois limita-se a esconder o problema no interior de um pequeno órgão convenientemente localizado, sem explicar como a interface funciona.

Estes sucessores recorreram a algumas soluções heroicas do problema da interação. A estratégia foi aceitar o dualismo, mas negar que a mente e a matéria interagem, devendo-se a aparência de que o fazem à ação oculta de uma divindade. Diferentes versões desta solução foram propostas pelo filósofo francês e padre oratoriano Nicholas Malebranche, e pelo filósofo e matemático alemão Gottfried Wilhelm Leibniz. Malebranche pensava que uma divindade faz os acontecimentos mentais e físicos corresponder entre si sempre que se precisa de uma correspondência, deste modo: a divindade deteta uma sensação mental de fome, de seguida suscita um movimento físico para ir à cozinha preparar e consumir uma sandes de manteiga de amendoim, seguindo-se a isso, por sua vez, uma sensação mental de saciedade. Esta doutrina é conhecida como «ocasionalismo»: em toda a ocasião em que uma ocorrência mental ou física exige um correlato físico ou mental, respetivamente, a divindade fornece-o. Neste cenário, a posse de poderes infinitos por parte da divindade é útil, evidentemente, dado o número de correlações necessárias a cada momento. Uma vez que isso envolve a divindade em algumas correspondências muitíssimo questionáveis, seja da mente para o corpo, seja vice-versa, sem dúvida que mesmo uma divindade, ao ver-se nesses apuros, poderá acabar por lamentar a criação.

Leibniz também pensava que a interação não ocorre, e que uma divindade pôs o domínio mental e o físico a andar, exatamente em paralelo, aquando da criação do Universo, para fazer *parecer* que há interação entre a mente e a matéria. A ideia é por isso conhecida como «paralelismo», e paga o preço de se comprometer com o determinismo estrito — pois, caso contrário, os paralelos entre os domínios não existiriam. Como se sabe, o determinismo levanta problemas sobre o livre-arbítrio, a responsabilidade moral e as conceções da natureza humana.

Como é bem óbvio, nenhum destes dois esforços para contornar os problemas levantados pelo dualismo é terrivelmente apetitoso. A maior parte dos filósofos depois do tempo de Descartes consideraram que a única alternativa plausível é uma forma de monismo («mono» quer dizer «um»), ou seja, o compromisso com a ideia de que só há um tipo de substância. Há três possibilidades principais: só há matéria, ou só há mente, ou há uma substância neutra de que tanto a mente como a matéria são expressões ou efeitos. Cada uma delas teve os seus proponentes — Espinosa, Berkeley e William James são as figuras representativas das últimas duas versões[14] — mas é a primeira opção, nomeadamente, a redução dos fenómenos mentais a uma base material, que tem sido mais influente, apesar de ser a menos consistente com o teísmo.

O próprio Descartes, depois de conceder a futilidade da sugestão de glândula pineal, abandonou os esforços para encontrar uma maneira satisfatória de lidar com o problema da interação, mas não o próprio dualismo. Uma razão para isso foi a sua relutância em abandonar a ortodoxia teísta, dada a sua inconsistência com o que ele pensava que era a única alternativa, o monismo materialista. Mas havia outras razões, que alimentaram mais em geral o pressuposto difundido de que o dualismo é verdadeiro. A principal delas era que as propriedades das coisas mentais e físicas são completamente diferentes: quando as físicas têm posições no espaço, pesos, velocidades e (se forem macroscópicas) cores e cheiros, as coisas mentais, como as ideias, memórias e esperanças, não têm estas propriedades. Segue-se de perspetivas como a de Descartes, em que a existência consciente pode sobreviver à morte do corpo, que os fenómenos mentais não dependem dos físicos para existir, e vemos a partir de muitos exemplos (rochedos, paus, gotas de chuva) que a maior parte das coisas físicas não mostram qualquer conexão, e ainda menos dependência, das coisas mentais — tornando assim o mental e o físico duplamente independentes. E, afinal, numa versão ligeiramente diferente, a desigualdade entre as coisas mentais e as físicas continua a ser ainda hoje um ponto saliente no pensamento sobre a mente, surgindo no problema dos *qualia* (do qual falaremos de seguida).

Uma saída heroica muito mais recente em resposta ao problema da mente foi mudar o foco da questão da relação dos fenómenos mentais com os físicos, traduzindo o discurso acerca de tudo o que é mental em discurso acerca do *comportamento* — ou seja, reduzir os conceitos mentais, como dor, emoção e desejo, a descrições do comportamento observável das pessoas e das suas disposições para certas condutas. Isto resolve o problema, livrando-se completamente da referência a fenómenos mentais, ao mesmo tempo que não precisa de fornecer uma teoria do cérebro como fonte desses fenómenos. Os behavioristas davam ênfase ao facto de o comportamento ser publicamente observável; interpretar os fenómenos mentais nestes termos elimina a necessidade de nos apoiarmos em relatos de introspeção para ter dados na investigação psicológica, eliminado assim seja o que for de subjetivo. De modo que «X está com dores» é substituído por «X está a sangrar, a fazer esgares e a gemer» — dando-nos, portanto, do ponto de vista do behaviorista, uma explicação objetiva e clara do significado de «dor».

As principais figuras que promoveram esta perspetiva foram os psicólogos B. F. Skinner e J. B. Watson, e os filósofos Gilbert Ryle e W. v. O. Quine desenvolveram versões das suas perspetivas. Há diferenças entre as perspetivas destes pensadores, mas todos enfrentaram a mesma dificuldade crucial, que é a de o behaviorismo não conseguir eliminar a referência ao fenómeno mental fundamental da crença e do desejo, que figuram em quase todas as *explicações* do comportamento. Descrever o corpo de um homem como algo que se desloca para uma loja e reaparece com um pacote de biscoitos numa mão não seria uma explicação da sua ação. As suas crenças sobre a existência de biscoitos na loja, o facto de desejar biscoitos, as suas intenções quanto ao que irá fazer com eles, e assim por diante, são necessários para essa explicação. Algo de essencial é deixado de fora se tentarmos analisar, digamos, «X deseja um biscoito» como «caso se verifique tais e tais circunstâncias, X vai a lojas e reaparece com pacotes de biscoitos» — a menos que a referência a crenças e desejos tenha sido disfarçadamente contrabandeada na cláusula «em tais e tais circunstâncias».

Ao apresentar as suas perspetivas no seu trabalho mais conhecido, *The Concept of Mind,* Ryle introduziu a expressão «o fantasma na máquina» para caracterizar de maneira aforística o tipo de perspetiva que Descartes e os dualistas em geral defendem, e que o consenso científico e filosófico veio a rejeitar.[15] Ao rejeitá-lo, substituíram o problema da interação que o dualismo suscitava pelo problema da *caixa negra,* dado que as operações do cérebro eram totalmente opacas, e que a maneira como os fenómenos mentais são causados pelo cérebro, ou nele instanciados, ou a maneira como são sobrevenientes relativamente ao cérebro, era simplesmente desconhecida, e não se conseguia sequer entrever. Tanto o behaviorismo como a teoria sua sucessora, chamada «funcionalismo», eram tentativas de encontrar maneiras de caracterizar e compreender os fenómenos mentais, sem ter de ter uma teoria de como o cérebro opera. O funcionalismo é a sugestão de que devemos compreender estados mentais como a dor e o desejo em termos dos *papéis* que a dor e o desejo desempenham — ou seja, podemos identificar a dor como um elo numa sequência causal que relaciona certos tipos de dados de entrada com certos tipos de comportamento. Ao contrário dos behavioristas, os funcionalistas não *reduzem* «dor» a «esgares e gemidos observáveis», antes a descrevendo como o que dá sentido funcional à conexão entre tais e tais circunstâncias e tais e tais comportamentos. Como o behaviorismo, a teoria não depende de um compromisso com uma maneira de compreender como os estados funcionais surgem no interior da caixa negra; restringe a atenção aos dados de entrada que vão numa direção e ao comportamento que vai na outra, deixando o zunir da máquina ser o que quer que seja.

Mas inibir-se de qualquer esforço para compreender o interior da caixa negra é obviamente insatisfatório, e os esforços para investigar a maneira como os cérebros se relacionam com os fenómenos mentais a eles associados já estavam a ser envidados, e desde há algum tempo. Quem deu contributos para a investigação do cérebro no século XIX discordava quanto à questão de as funções do cérebro se especializarem em zonas ou se são, ao invés, globais. No início do século XIX, o frenólogo Franz Josef Gall promoveu a teoria de que diferentes faculdades ou funções se encontram em diferentes partes do cérebro; e, ainda que a sua tentativa de identificar essas zonas sentindo altos na cabeça das pessoas pareça agora absurda, em princípio a sua ideia acerca da localização de funções não é diferente da perspetiva de muitos neurocientistas atuais. O físico e fisiólogo francês Jean Pierre Flourens mostrou, com experiências em coelhos e pombos, que as principais divisões do cérebro têm funções próprias: perceção e juízo nos hemisférios do cérebro, equilíbrio e coordenação do movimento no cerebelo, funções autónomas como a respiração e a circulação, essenciais para a manutenção da vida, no tronco encefálico. Incapaz de encontrar zonas específicas para a memória e o raciocínio, concluiu que são o produto da atividade global do cérebro.[16]

O método de investigação de Flourens é conhecido como «estudos de lesões», ou seja, faz a correlação entre funções mentais deterioradas e certas áreas do cérebro. Nesse aspeto, é semelhante ao trabalho de Ferrier de que já se falou. Outro físico francês, um contemporâneo mais novo de Flourens, que com a mesma técnica fez uma descoberta significativa, mas desta vez em relação aos cérebros humanos, foi Paul Broca, que identificou uma área no lobo frontal (o *giro frontal inferior*), que é específico para a *produção* de discurso. Mais tarde no século, o psiquiatra alemão e neuropatologista Carl Wernicke identificou outra região do córtex, na parte superior mais anterior do lobo temporal (o *giro frontal superior*), que é específico para a *compreensão* do discurso. Os dois centros localizam-se no hemisfério esquerdo do cérebro em noventa por cento das pessoas destras e em setenta por cento das canhotas. As duas áreas estão ligadas por um feixe de fibras chamadas *fascículo arqueado*. Nos dois casos, foram lesões ou doenças nas respetivas regiões do cérebro que alertaram Broca e Wernicke para a sua função.[17]

Até ao aparecimento da tecnologia de imagem cerebral, os estudos de lesões — traumatismos e doenças nos seres humanos, lesões provocadas nos estudos de animais, fenómenos observados em pacientes objeto de cirurgia ao cérebro — eram os meios principais para explorar o cérebro humano. Um dos exemplos mais famosos de uma lesão cerebral e do efeito que teve na vida mental é o caso de Phineas Gage, que trabalhava na construção de caminhos-de-ferro. Em setembro de 1848, Gage era o capataz de um grupo de trabalhadores que usavam explosivos em Vermont, para abrir caminho por entre os rochedos com o fito de assentar trilhos de caminho-de-ferro. Um varão de ferro de noventa centímetros foi projetado por uma explosão e entrou-lhe na cabeça, num ângulo ascendente a partir da sua bochecha esquerda e da órbita do olho, saindo pelo parte de cima da cabeça, o que lhe destruiu uma porção dos lobos frontais do cérebro. Gage ficou momentaneamente aturdido, mas estava consciente quando foi levado para um carrinho, no qual se sentou para ser transportado de regresso ao hotel, na cidade próxima de Cavendish, onde subiu as escadas e foi para o quarto. Vomitou quando estava a ser examinado pelo médico local, o Dr. John Harlow, porque estava a ingerir quantidades de sangue que drenavam internamente dos ferimentos do interior da cabeça, e o esforço de vomitar «fez cerca de metade de uma chávena de chá de cérebro sair, com a pressão, pelo buraco superior do crânio, caindo ao chão».[18] A recuperação física da lesão foi de início difícil, devido às infeções que teve na ferida da cabeça, mas os cuidados hábeis e assíduos de Harlow acabaram por ser bem-sucedidos. Harlow publicou o primeiro dos seus dois relatos do caso na *Boston Medical and Surgical Journal* de dezembro de 1848.[19]

Gage viveu mais doze anos, mas quem o conhecia dizia que «já não era o mesmo», tendo uma personalidade muito diferente da que tinha antes do acidente — mais agressivo, menos estável emocionalmente, dado a dizer palavrões, e já não era o indivíduo estável, de confiança e sagaz que fora antes do acidente. Para o fim da vida, parece ter reconquistado algum grau de estabilidade de caráter, mas desenvolveu também epilepsia, morrendo de um ataque epilético em maio de 1860, com trinta e seis anos.[20]

O caso de Phineas Gage foi uma indicação poderosa quanto à relação entre o cérebro e a personalidade, e deitou lenha para a fogueira do debate entre quem defendia e quem rejeitava zonas especializadas do cérebro. Devido ao sensacionalismo que rodeou a crónica de Gage, que ficou famoso nos jornais com a designação de «O Caso do Pé-de-Cabra Americano», revelou-se difícil chegar a um tratamento preciso da natureza, grau e duração das mudanças mentais que se seguiram à sua lesão física. O seu caráter anterior à lesão foi exagerado, para fazer as mudanças que se seguiram à lesão parecerem mais dramáticas e assim, porque nos últimos anos de vida Gage era uma espécie de maravilha de feira, trabalhando em diversos sítios, incluindo no Chile (como condutor de diligências), não é possível formar uma imagem clínica de confiança. O louvável Harlow esforçou-se, por si, para seguir o progresso de Gage, e conseguiu até obter o crânio de Gage depois da morte do desafortunado, mas as provas que reuniu são assistemáticas.[21]

Os exemplos de Broca e Wernicke — que, a propósito, foram inicialmente recebidos com ceticismo por alguns cientistas, mas que já eram abordados independentemente por outros investigadores que procuravam compreender a consciência, como veremos na Secção 3 — tiveram como resultado um número cada vez maior de estudos lesionais, indicando a localização não apenas da capacidade para a linguagem, mas também da memória, da emoção, da visão e do controlo motor. Na década de cinquenta do século XX, identificou-se o papel do hipocampo na memória, e as intervenções cirúrgicas para ajudar pacientes com formas graves de epilepsia — cortando o corpo caloso, a estrutura que liga as duas metades do cérebro, para impedir que os ataques passassem de uma para a outra metade — revelaram que (para dizer o mínimo) o hemisfério esquerdo é habitualmente dominante com respeito à linguagem e ao raciocínio, e o direito com respeito à competência espacial.[22]

O prémio Nobel em fisiologia ou medicina foi atribuído em 1981 ao neuropsicólogo Roger Sperry, pelos seus estudos de cérebros divididos. Começando nos anos cinquenta do século XX, Sperry estudou macacos, gatos e seres humanos, e descobriu que, quando se separa os dois hemisférios, atuam como centros independentes da vida mental. Ele ficara intrigado pela falta de disfunção aparente em pessoas que foram submetidas à divisão do corpo caloso, cuja imensa dimensão, composta por um feixe espesso de fibras neurais, sugeria que teria de ser uma estrutura importante — contudo, separá-lo não interferia nos pacientes de qualquer maneira que fosse óbvia. Começando da reconhecida lateralidade da função cerebral — cada hemisfério rege o lado oposto do corpo e do campo visual — concebeu experiências que davam informação apenas a um dos hemisférios, e assim descobriu a sua independência mútua. Por exemplo, ele mostrava ao olho direito de um paciente uma palavra que denotava um objeto, e pedia-lhe para dizer a palavra; o paciente conseguia dizê-la de imediato. Quando ele mostrava a imagem ao olho esquerdo, o paciente não conseguia proferir a palavra, apesar de ser capaz de desenhar o objeto denotado pela palavra, se lho pedissem.[23]

Caso estejam bem noutros aspetos, os pacientes com os cérebros divididos retêm as suas memórias e competências sociais, e vivem normalmente. Parece que não conseguem aprender novas competências que exijam a ação independente dos membros de lados opostos, como tocar piano, mas os défices óbvios são escassos. Os défices mais óbvios ocorrem com lesões mais localizadas, associando assim essas áreas às funções que foram perturbadas ou que se perderam. Antes de a imagem não-invasiva do cérebro ter ficado disponível, os estudos lesionais ofereciam a única possibilidade de fazer um mapa do cérebro para identificar estas associações.

Contudo, este pressuposto — que as lesões mostram que certas funções cognitivas estão localizadas em estruturas anatómicas particulares — é problemático, pelo menos porque é difícil estabelecer correlações *invariáveis* biunívocas entre estruturas e funções. Para começar, os cérebros individuais são diferentes entre si. Além disso, algumas funções são levadas a cabo de maneira distribuída, ao longo do cérebro, e a plasticidade deste significa que as estruturas neuronais podem desenvolver-se e mudar em resposta a novos desafios. Uma fixação na modularidade ou localização da função corre o risco de perder de vista estes aspetos. Quando uma lesão ou doença afeta o cérebro, envolve amiúde mais de uma região; algumas áreas do cérebro são mais suscetíveis a lesões provocadas por derrames do que outras, e a lesão pode ser vasta, perturbando ou neutralizando muitas funções. Por outro lado, a redundância do cérebro significa que pequenos derrames podem ocorrer sem défice óbvio. Em qualquer caso, seria um erro pressupor que, quando a lesão ocorre numa região particular, as regiões intactas continuam iguais; observou-se amiúde que a perda de funcionalidade pode ser restaurada por outras partes do cérebro que assumem responsabilidade por ela.

E há também o facto de uma região saudável do cérebro quanto a outros aspetos poder parar de funcionar porque uma região distante, conexão com a qual é necessária para a sua operação, sofreu uma lesão, ou a conexão foi interrompida; de modo que a inferência da localização para a perda de função, e vice-versa, poderá ser enganadora.

Estas críticas do método da lesão têm sido comuns desde Broca, mas tudo melhorou muitíssimo com o aparecimento das tecnologias de imagem: a tomografia computorizada por emissão de fotão único (SPECT), por vezes combinada com TAC (tomografia axial computorizada), que é mais rápida; tomografia por emissão de positrões (PET) — a «tomografia» é um método de criar imagens por segmentos ou secções usando uma destas formas de radiação infiltrante; a espetroscopia infravermelha próxima (NIRS) faz a medição da oxigenação do cérebro; a eletroencefalografia (EEG) faz a medição da atividade das ondas elétricas no cérebro; a magnetoencefalografia (MEG) e a estimulação magnética transcraniana (TMS), registando a primeira os campos magnéticos do cérebro, provocando-os a segunda; e a imagem por ressonância magnética (MRI). Esta última, em particular, permitiu grandes avanços no estudo do cérebro e do seu funcionamento. O conceito de MRI é a um tempo simples e irresistível: uma pessoa é posta num scâner de fMRI (MRI funcional) e é sujeita a vários estímulos, incluindo tarefas, imagens, sons, pedidos para se lembrar de coisas ou para imaginá-las, e assim por diante, e o fluxo sanguíneo é acompanhado para ver que regiões atraem mais sangue quando o estímulo está presente.

A simplicidade do conceito esconde o caráter indireto do método. Funciona como se passa a descrever. Quando os neurónios disparam, incorrem num custo metabólico. Sem as suas próprias reservas de glucose nem de oxigénio, os neurónios ativados têm de retirá-los do fornecimento de sangue do cérebro. Na região em que isto ocorre, dá-se uma mudança na proporção entre a oxiemoglobina e a desoxiemoglobina, à medida que o oxigénio é transferido para os neurónios. O sangue oxigenado é magneticamente diferente do desoxigenado: o primeiro é diamagnético (é repulso por um campo magnético), o segundo é paramagnético (é atraído por um campo magnético). Um aumento da resposta paramagnética indica um aumento de sangue desoxigenado, mostrando que os neurónios da região estão a usar mais oxigénio. O scâner de fMRI deteta e regista esta variação. O que a imagem que se forma por este meio capta é a chamada resposta BOLD — «dependência do nível de oxigénio do sangue», ou resposta «hemodinâmica», que explora o consumo mais rápido de oxigénio por parte dos neurónios ativos relativamente aos mais inativos. Os dados em bruto coligidos desde modo constituem uma matriz tridimensional de trinta mil *vóxeis* (um vóxel é um píxel tridimensional), captados a cada dois segundos, com uma resolução espacial de cerca de um único milímetro.[24] Há centenas de milhares de neurónios em cada vóxel. Um neurónio dispara cem milissegundos depois de lhe ser apresentado um estímulo; a resposta BOLD demora cerca de seis segundos. A resolução temporal do fMRI é, por isso, muito lenta, em comparação com a atividade neuronal.[25]

O fMRI não mede a quantidade absoluta de atividade metabólica dos neurónios; só mede a diferença entre os níveis dessa atividade antes e depois de se oferecer um estímulo ao sujeito. Nem mede a intensidade da atividade neuronal. Não se sabe o que causa o sinal BOLD. Potenciais de ação? Atividade sináptica? Inibição? E o que se observa não é uma conexão causal; é só atividade, cuja coocorrência bastante próxima no tempo sugere aos observadores que há algum tipo de conexão entre ela e o estímulo oferecido.

Um problema que a fMRI enfrenta é que há uma diferença de resposta magnética entre o tecido do cérebro e o ar, provocando flutuações ou distorções de sinal, que pode fazer parecer que uma resposta BOLD não ocorre em certas regiões do cérebro nas quais, fora isso, se pensava que era significativa com respeito à função cognitiva. Além disso, quem está num scâner de fMRI é sujeito a uma quantidade tremenda de ruído, o que poderá interferir com as suas respostas, e é também sujeito a um campo magnético poderoso que muda constantemente, sendo o pressuposto que a atividade do cérebro na sua presença é o que seria na sua ausência, ou que pelo menos não é afetada por ele de modo a tornar as observações indignas de confiança. Como acontece com toda a observação e experimentação, o que vem ao espírito é o problema da interferência.

Além destas questões técnicas, os críticos salientam também que há limitações interpretativas quanto aos dados que o fMRI fornece. Ainda que muitos dados correlacionem uma região particular com uma dada função, isso não estabelece se a região é *necessária* para a função (os estudos lesionais, em contraste, podem fazê-lo), ou se está a ser ativada só porque é um subproduto da atividade de outra região. Nem diz seja o que for sobre o contributo dado pelas regiões que estão constantemente ativadas, não se observando consequentemente qualquer aumento da sua atividade, ou qualquer outra mudança.

Reservas à parte, o fMRI é um instrumento poderoso. Uma das suas maiores vantagens é permitir o estudo do cérebro *saudável,* que por definição os estudos lesionais não permitem. Não é invasivo, e as resoluções espaciais e temporais que oferece — limitações à parte — são consideravelmente melhores do que a maior parte das outras técnicas, e é um recurso de grande proveito tanto para clínicos como para investigadores, tendo-se afirmado muito bem em contextos clínicos de neurologia, neuropsicologia e neuropsiquiatria, além de ter produzido uma rica colheita de dados e de revelações na investigação em neurociência cognitiva.

Apesar de a neurociência estar ainda num estágio precoce do novo ímpeto alimentado pelo poder tecnológico que herdou, os seus avanços espetaculares conseguiram duas coisas: resolveu a questão da sede da mente, e estimulou a investigação da cognição, da consciência e de uma nova compreensão da natureza da mente. Estes são os tópicos das próximas três secções.

2.

O CÉREBRO COGNITIVO

A internet fornece de imediato atlas detalhados do cérebro e das suas estruturas, e por isso o que se segue é meramente esquemático, para dar alguma orientação quanto às hipóteses que os neurocientistas cognitivos levantam acerca da atividade do cérebro e da sua relação com a perceção, o pensamento, a memória e a emoção.[1]

Um lugar-comum acerca do cérebro é que contém cem mil milhões de neurónios com cem biliões de conexões entre si. A neurocientista brasileira Suzana Herculano-Houzel descobriu uma maneira de fazer uma estimativa do número de neurónios do cérebro, para chegar a um número mais preciso. Fê-lo transformando o cérebro num líquido homogéneo, uma «sopa», e contando ao microscópio os núcleos tingidos de uma amostra. O número que descobriu é de aproximadamente 86 mil milhões, mais ou menos oito mil milhões.[2] O impressionante número arredondado não anda longe, pois, da estimativa mais elevada. Em qualquer das duas contagens, o cérebro contém um número enormíssimo de neurónios que, juntamente com as células da glia que os acompanham, resulta num espaço intracraniano densamente sobrepovoado. A comparação comum é com o número de estrelas da nossa galáxia: 250 mil milhões («mais ou menos 150 mil milhões»: com números destes, a própria ideia de aproximação é muito aproximada). O objetivo de juntar estes dois números é sublinhar a tremenda complexidade do cérebro, e a dimensão ínfima das suas numerosíssimas componentes, fazendo assim um tipo de aproximação diferente, mas não menos indistinta, que afeta a investigação das funções do cérebro.

Costumava-se pensar que no cérebro há dez vezes mais células da glia do que neurónios; o procedimento da sopa acima descrito sugere que a proporção é de um para um. As *células da glia* («glia» é «cola» em grego) constituem o invólucro de apoio e proteção, e sem atividade elétrica, à volta dos neurónios. Mais de metade dos neurónios do cérebro estão apinhados no cerebelo, uma bola de tecido que está ao centro, sob os hemisférios do cérebro, e que faz parte do rombencéfalo. «Cerebelo» quer dizer «pequeno cérebro», uma designação errada deste ponto de vista, mas não com respeito à dimensão: o córtex do cérebro tem oitenta por cento da massa do cérebro, ainda que contenha «apenas» entre catorze e dezasseis mil milhões de neurónios.

Um cérebro humano pesa cerca de quilo e meio. Com um volume médio de 1274 centímetros cúbicos, um cérebro masculino é cerca de 150 centímetros cúbicos maior do que o cérebro feminino médio.[3] Com a sua textura algo esponjosa, reviravoltas e aparência húmida brilhante, o cérebro — como a maior parte dos órgãos do corpo — não é um objeto especialmente estético, mas conta-se entre as coisas mais fascinantes do Universo.

Pode visualizar-se o cérebro como um capacete de piloto de aviões a jato com um auscultador de cada lado. (Temos também de imaginar uma bola de ténis na base anterior do capacete — isso é o cerebelo — o que estraga ligeiramente a imagem.) Cada um dos dois hemisférios do cérebro, separados por uma profunda fissura longitudinal, mas ligados por meio do espesso feixe de fibras neurais que é o corpo caloso, tem quatro secções gerais. Os auscultadores — imaginemo-los como elipses alongadas dispostas horizontalmente — são os *lobos temporais*, aproximadamente posicionados ao nível da parte de cima das orelhas. Removamo-los por momentos e contemplemos o corpo do próprio capacete. O lobo frontal constitui 45 por cento do telencéfalo; por detrás dele, e separado pelo *sulco central* — uma fissura que atravessa transversalmente o cérebro — está o *lobo parietal*, que ocupa cerca de 35 por cento do telencéfalo; por detrás dele, uma vez mais, na parte anterior do cérebro, está o *lobo occipital*, que ocupa cerca de vinte por cento do telencéfalo. O conhecido aspeto enrolado do cérebro é feito de montes e *crevasses*, chamando-se os primeiros *giros* e os segundos *sulcos*. As voltas ou dobras aumentam a área de superfície do cérebro, fazendo um aproveitamento otimizado do espaço existente no interior do telencéfalo.

Antes de voltar a pôr os auscultadores — os lobos temporais — no capacete, veja-se a sua superfície interna e, de novo, a superfície do telencéfalo contra a qual se ajustam. Os intervalos entre estas duas superfícies são os *sulcos laterais,* um de cada lado, e escondendo-se nas suas dobras está uma parte inexcedivelmente importante do cérebro, o *córtex insular,* ao qual se atribui várias funções, incluindo a própria consciência.

O córtex é constituído por várias camadas, cada uma das quais é feita de colunas e microcolunas de neurónios, dispostas perpendicularmente à superfície cortical. Faz-se uma distinção entre o *neocórtex,* as seis camadas superiores do córtex, e o *alocórtex,* as quatro camadas inferiores. Ao neocórtex atribui-se as funções superiores, como a linguagem, controlo motor e perceção sensorial. Ao alocórtex, onde se encontram estruturas do sistema límbico como o hipocampo, atribui-se a memória, a emoção, a motivação e o sentido do olfacto.

O telencéfalo está ligado à coluna vertebral pelo *tronco encefálico,* que é constituído por três estruturas principais: o *mesencéfalo,* a *ponte de Varólio* e a *medula oblonga.* O primeiro desempenha uma multiplicidade de papéis, participando no processamento de informação visual e auditiva, controlo motor, sono e vigília, e controlo da temperatura somática. A ponte de Varólio transporta mensagens entre os córtices cerebrais, o telencéfalo e a medula oblonga. Esta última é um centro de atividades autónomas como a respiração, a pressão sanguínea e o ritmo do coração, e de atividades involuntárias, como vomitar e espirrar.

Todos os cérebros de vertebrados estão dispostos em três secções: *prosencéfalo, mesencéfalo* e *rombencéfalo.* Cada secção tem os seus próprios côncavos com fluido, denominados *ventrículos.* O prosencéfalo é o telencéfalo; o mesencéfalo e o rombencéfalo formam o tronco encefálico e o cerebelo. Nos seres humanos, o telencéfalo está muito alargado — é o capacete do piloto de aviões a jato, com auscultadores — e é considerado o lugar do pensamento e do processamento complexo de informação. Ao lobo frontal do telencéfalo atribui-se a razão, o juízo, a resolução de problemas, o controlo das emoções e do comportamento, e a personalidade. O lobo occipital é o centro visual primário («primário» porque delega algumas das suas funções às regiões adjacentes). Os lobos temporais nos lados do telencéfalo estão envolvidos na linguagem e no processamento do som, ao passo que o lobo parietal no meio do telencéfalo integra a informação sensorial e tem um papel a desempenhar no processamento espacial e motor. Profundamente inserido nos lobos temporais estão as a*mígdalas* (do latim *amygdala,* que significa «amêndoa»), que são agregados amendoados de células, associados com a emoção, principalmente negativa — medo, ansiedade, agressão — e com algum envolvimento na memória e na tomada de decisões.

Num esboço grosseiro, esta é uma descrição do cérebro e de algumas das funções que lhe são atribuídas. A neurociência cognitiva pretende ser mais pormenorizada na identificação e compreensão das relações entre estruturas e funções, e, portanto, das próprias funções. O nível de pormenor a que esta investigação se dedica não inclui apenas as *regiões* do cérebro, mas também os seus constituintes e as conexões entre elas: *neurónios* e *sinapses.* A grande tarefa de procurar fazer o mapa dos biliões de conexões entre os neurónios é o Projeto Conectoma Humano («conectoma» por analogia com «genoma»).

Os neurónios e as suas conexões mútuas são, pois, o alvo prioritário de interesse. São pequenas máquinas notáveis. Cada uma delas é constituída por um corpo celular do qual sai um *axónio* e várias *dendrites.* O corpo celular, também denominado *soma,* contém o núcleo e outros organelos, contendo o núcleo a maior parte do ADN da célula (quer dizer, todo ele, exceto o ADN mitocondrial), que se combina com várias proteínas para formar cromossomas. Os corpos celulares constituem a matéria cinzenta do cérebro. Os axónios e as células da glia são a matéria branca. Os axónios estão enrolados como sequências de salsichas presas por um fio de tecido gordo chamado *mielina,* que isola o axónio e acelera a passagem do potencial de ação — o impulso elétrico — ao longo de si, fazendo assim o impulso saltar, na verdade, de intervalo para intervalo na bainha. Os intervalos são poeticamente chamados «nódulos de Ranvier», em nome do médico de investigação Louis-Antoine Ranvier, que os descreveu pela primeira vez no início do século XX.

O potencial de ação salta de nódulo para nódulo — de intervalo para intervalo — por meio de iões de potássio e sódio de carga oposta que trocam de lugar ao longo da parede de axónios, invertendo a polaridade nesse momento. Os axónios podem terminar em diferentes projeções, chamadas *terminais axónicos* ou *telodendros,* que se alinham através de um intervalo com as pontas das dendrites. Estes intervalos são as sinapses, e neste ponto o sinal aí chegado deixa de ser elétrico, na maior parte dos casos, e torna-se químico, libertando os terminais axónicos neurotransmissores através da fenda sináptica, sendo retomados pelas dendrites do outro lado, estimulando assim outro sinal a prosseguir para os seus próprios corpos celulares. (Alguns axónios conectam-se sinapticamente com outros axónios, e algumas dendrites com outras dendrites.) No caso habitual, um neurónio envia sinais pelo seu axónio e recebe-os pelas suas dendrites. Algumas das dendrites atuam para excitar sinais, outras para inibi-los; a soma de excitações e inibições determina se o neurónio irá enviar um sinal mais para diante ao longo do seu axónio.

Os potenciais de ação não variam em amplitude, mas antes em número, ou seja, na quantidade de «picos» — todos da mesma dimensão — que são propagados através de um neurónio. O grau de densidade dos picos codifica a informação que está sendo transmitida. Imagine-se uma versão de código Morse em que todos os sons são iguais com respeito à intensidade (como realmente acontece no Morse), mas, em vez de padrões de pontos e traços, só temos pontos e os silêncios entre eles: quanto mais longos os silêncios, menor a intensidade; quando menores os silêncios, maior a intensidade. O código consiste num número de pontos num dado período de tempo. Um análogo grosseiro seria pontos por segundo: um ponto por segundo seria *A,* vinte e seis é *Z,* e assim por diante para todas as letras entre essas duas (dez para *J,* etc.). No romance autobiográfico de Arthur Koestler, *Darkness at Noon,* batendo nos canos que passam de cela para cela, os prisioneiros comunicam entre eles, numa versão desta ideia, usando uma matriz de cinco por cinco — cinco filas horizontais com cinco letras em cada — e atribuindo um par de números a cada letra do alfabeto: a fila 1, coluna 1, identifica a letra *A,* a fila 2, coluna 3, identifica a letra *H,* a fila 3, coluna 5, a letra *O,* e assim por diante. Isto mostra que se pode transmitir informação muito complicada usando meios muito simples, que é o que a combinação dos potenciais de ação dos neurónios consegue fazer.

À medida que cada axónio comunica com várias dendrites, o seu sinal é transmitido para outros tantos neurónios; e cada neurónio recebe sinais de muitos outros. Calcula-se que cada neurónio se conecta a cerca de dez mil outros. Considere-se que cada um destes dez mil se conecta a dez mil; considere-se o total de muitas dezenas de milhares de milhões de neurónios que há em camadas e camadas do cérebro; considere-se a atividade imparável do cérebro mesmo durante o sono — e a sensação de tumultuosa interconectividade, e atividade, torna-se arrebatadora.

Há três tipos principais de neurónios: *sensoriais, motores* e *interneuronais.* Os neurónios sensoriais transportam informação dos órgãos da visão, do som, do gosto e do tato para o cérebro, onde é processada, interpretada e objeto de reação (sensações dolorosas de tato, como quando nos queimamos numa chama ou picamos o dedo numa agulha, passam para o cérebro através da espinal-medula, lidando esta com a exigida reação involuntária de afastar o membro afetado, ainda antes de o cérebro registar a dor ou o ato). Os neurónios motores levam mensagens do cérebro e da espinal-medula para os músculos, órgãos e glândulas. Os interneurónios são os neurónios de conexão numa região do cérebro, formando circuitos neurais que levam a cabo várias funções.

Neste esboço, e sobretudo na última frase do parágrafo anterior, parecerá que o cérebro está de novo a ser caracterizado como se fosse modular, com regiões específicas que apoiam funções específicas. Esta é a implicação que pode algo prontamente ser inferida dos estudos lesionais e imagéticos, anteriormente mencionados. Porém, como também se mencionou, a questão não é provavelmente assim tão simples. Imaginar que o cérebro é uma rede de redes, com funções mais distribuídas do que situadas numa só área, mas com centrais de redes desempenhando papéis importantes na mediação dessas distribuições, poderá estar mais próximo da verdade. Esta é uma das ideias em ação no Projeto Conectoma Humano, que foi lançado com um financiamento significativo em 2010.[4] O objetivo do projeto é fazer o mapa da conectividade do cérebro a uma escala de milímetros e não de neurónios individuais (há cinquenta mil neurónios num milímetro cúbico), o que, como primeiro passo, é mais modesto do que acabará por ser o objetivo: fazer o mapa dos cem biliões de conexões do cérebro. Este último objetivo é imensamente mais ambicioso do que o Projeto Conectoma Humano.

Contudo, ver o cérebro como um conectoma não significa abandonar completamente a ideia de especialização funcional, porque a alternativa não é a completa globalização, mas a ideia, que se acabou de sugerir, de redes de redes, nas quais as centrais de distribuição desempenham aproximadamente o papel da especialização local para um dado tipo de função. Esquematicamente, poderá ser que uma rede apropriada para o tipo de tarefa que é útil em diversas aplicações poderá ser chamada para aplicar os seus talentos em combinação com outros talentos de outras redes, sendo tudo invocado por uma central coordenadora, e sendo o efeito dessa combinação a execução de uma macrotarefa específica. Noutra ocasião, os seus talentos poderão ser combinados com os de um conjunto diferente de redes, para uma macrotarefa diferente. Redes menores podem assim ser recrutadas para desempenhar papéis em várias redes maiores, consoante o ditar a ocasião e a necessidade. Variações deste tema conhecem agora algo como um consenso entre os neurocientistas.[5]

Há alguns factoides acerca do cérebro que seriam úteis naquele jogo em que se reage às informações com gritos alternados de «Fora!» e «Viva!». Por exemplo, cerca de dez por cento dos nossos neurónios corticais morrem entre os vinte e os noventa anos, o que dá um neurónio por segundo. Mas parece que não é verdadeiro, ao contrário do que se pensava, que os neurónios não podem nascer no cérebro; isso já foi observado no giro dentado do lobo temporal, que faz parte do circuito hipocampal, que intervém nas novas memórias e na orientação em ambientes novos. O cérebro envelhece e, apesar da sua forte clausura protetora de osso, é vulnerável; mas é «plástico», no sentido em que os seus circuitos mudam constantemente, e em casos drásticos, como lesões ou doenças, os contributos de uma dada região podem ser assumidos por outras. O melhor de tudo é que a plasticidade do cérebro persiste ao longo da vida.

A neurociência cognitiva deu passos consideráveis na investigação do funcionamento do cérebro na sensação, atenção, movimento, memória, discurso, tomada de decisões, emoções e como compreendemos a palavra escrita e os números. Para compreender um pouco como isto se faz, considere-se duas funções diferentes, mas ligadas entre si: a visão e a memória.

A maneira como a visão ocorre é uma questão inexcedivelmente espantosa. Em condições normais, um padrão bidimensional de padrões de irradiações da retina na parte anterior do olho — fotões que atingem a retina e estimulam os seus bastonetes e cones constituintes a disparar — desencadeiam uma sequência de acontecimentos cujo resultado é um filme Technicolor de um mundo tridimensional disposto em profundidade fora da nossa cabeça e à sua volta. Parece-nos que vemos pelos nossos olhos como se fossem janelas para um mundo fora de nós. Mas, de facto, o mundo está dentro do cérebro, e a maior parte dele na parte anterior do cérebro; e tudo aquilo de que temos experiência — autocarros, aranhas, chávenas de chá e o vento de inverno — são potenciais de ação eletroquímicos.

Os nervos óticos deixam o olho, partindo aproximadamente da parte central da retina, provocando um ponto cego — a *fóvea* — de que não nos damos conta porque o cérebro preenche solicitamente o fragmento que falta com base na informação circundante. Os impulsos enviados ao longo dos nervos óticos a partir da retina atravessam o quiasma ótico, onde se separam em pelo menos dez vias diferentes, através do cérebro. A via dominante viaja para a região occipital da parte anterior do cérebro, a localização do *córtex visual primário,* também chamado *córtex estriado,* ou V1. Esta via passa por uma parte do tálamo que tem o nome proibitivo de *núcleo geniculado lateral,* ou LGN. O tálamo é um centro geral para processar dados de entrada sensoriais, e os LGN — um em cada hemisfério — organizam a informação ótica que aí chega em termos de cor e movimento, preparando-a para fases posteriores de processamento. As últimas fases lidam com orlas e contrastes de luz e de escuridão, que são significativos para a análise da profundidade e do movimento no campo visual.

Porque o lado esquerdo lida com informação a partir do lado direito do corpo, e vice-versa, pressupõe-se comummente que o olho esquerdo só vê a metade direita do campo visual, e vice-versa com respeito ao olho direito. De facto, cada olho vê as duas metades do campo visual, o que se pode facilmente testar fechando um olho, apesar da oclusão parcial do campo visual oposto nas imediações do nariz. O que acontece é que a metade direita da retina de *cada* olho vê o campo visual da esquerda e, do mesmo modo, cada metade esquerda de cada olho vê o campo visual da direita. Contudo, os dados de metade de cada retina que vêm do lado oposto do campo visual vão para o LGN do mesmo hemisfério — assim, os dados das metades esquerdas de cada retina, que são oriundos do campo visual da direita, vão para o LGN do hemisfério esquerdo. De modo que ambos os LGN têm dados visuais dos dois olhos.

Os registos de neurónios únicos dos cérebros de gatos revelam que as células do córtex visual primário, V1, especializam-se na deteção de orientações de orlas e linhas. Esta descoberta deu o prémio Nobel da fisiologia aos cientistas que a fizeram, David Hubel e Torsten Wiesel, da Universidade de Harvard. A descoberta foi inicialmente acidental: repararam numa célula da área V1 de um gato que se ativava quando surgia uma racha angular num dos diapositivos que lhe estavam a mostrar. Experiências posteriores confirmaram que se consegue fazer as células individuais disparar mostrando ao sujeito da experiência uma linha cuja orientação excite aquela célula particular. Apesar de as células individuais se combinarem para chegar a uma representação geral ascendente, recebem resposta descendente de níveis superiores de análise que lidam com a perceção mais complexa de superfícies e formas. É como se os níveis mais elevados de perceção, alhures na região occipital e na distribuição de mais processamento visual para os lobos temporais e parietais — por exemplo, quando os dados são analisados em termos da representação de uma forma — pedissem confirmação ou mais dados às células de deteção de orientação de V1, dizendo-lhes (digamos) o que é preciso verificar mais em particular.

As dez ou mais vias de dados de entrada óticos desenvolveram-se no decurso da evolução, com vias mais sofisticadas que não substituíram as mais primitivas: complementaram-nas. Uma via leva dos olhos para uma parte do hipotálamo que usa informação acerca do dia e da noite. Os mamíferos noturnos só se aventuravam no mundo, é claro, caso soubessem que era de noite; algures no passado ancestral remoto dos primatas, esta capacidade teve um valor crucial de sobrevivência. Talvez, na forma modificada de toque de saída e *happy hour,* ainda o seja. Outra via liga a perceção de um clarão súbito de luz, ou de uma mudança na intensidade da luz, com o movimento involuntário dos olhos e do corpo, talvez uma resposta de defesa perante uma ameaça inesperada, ou para chamar a atenção para algo na periferia do campo visual que poderá revelar-se significativo — o movimento de uma forma semelhante a uma cobra, digamos.

A existência de uma multiplicidade de vias visuais, cada uma servindo propósitos mais particulares, para os quais a visão é valiosa em termos evolutivos, explica provavelmente um dos mais extraordinários fenómenos da cognição: a *visão cega,* ou cegueira cortical. As pessoas que não podem ver — que não têm consciência de ver — podem, apesar disso, responder a informação do que seria o seu campo visual caso tivessem uma visão normal. Em experiências, pede-se a essas pessoas para indicar onde está um objeto, e fazem-no com precisão, ainda que digam que não conseguem ver. O oposto desta patologia é a impressionante síndrome de Anton-Babinski, em que indivíduos completamente cegos afirmam que podem ver, ainda que sejam incapazes de responder a seja o que for que esteja no que seria o seu campo visual, caso pudessem ver.[6] A explicação óbvia e mais plausível da visão cega, depois de excluídas outras possibilidades, como a visão parcial ou o contraste residual claro-escuro, é que há vias de entrada ótica que não passam pela consciência. Sem dúvida que a consciência visual é muitíssimo seletiva — na sua maior parte, as pessoas já conhecem o famoso exemplo do gorila que passa por um grupo de pessoas que fazem um jogo com uma bola, sem que os observadores o vejam, porque lhes foi pedido para contar o número de vezes que a bola passa de um jogador para outro — e isto reforça a ideia de que a experiência visual inconsciente poderá ocorrer de outras maneiras, e de mais maneiras.[7] Uma vez que podemos ignorar alguns dados visuais, podemos também usar dados visuais sem nos darmos conta, talvez através de vias que podem dispensar a supervisão consciente, ou que não a usam.

A visão está longe, é claro, de ser um sentido meramente passivo; existe para ser usada. A informação processada por meio dos LGN e da região occipital é partilhada nesta última região e é também reenviada para os lobos temporais e parietais naquilo que é conhecido como a *corrente ventral* e a *corrente dorsal,* respetivamente. A corrente ventral para o lobo temporal envolve a capacidade para reconhecer objetos, entre eles os que são especialmente significativos, como rostos, ligando-se também, portanto, à memória. A corrente dorsal para os lobos parietais é usada para prestar atenção, atuar e deslocar-se. Porque estas funções estão mais dispersas pelas regiões em questão, as lesões que aí ocorrem podem resultar em défices visuais independentes — por exemplo, uma pessoa poderá perder a visão da cor, mas ser capaz de ver movimento, ou perder esta última capacidade, apesar de ver à mesma o mundo a cores.

No caso da visão das cores, a especialização por zonas é evidente; pensa-se que uma área do lobo occipital conhecida como *giro lingual* e identificada como V4 é o centro *principal* da visão das cores, pelo menos no cérebro humano; lesões dessa área têm como resultado o mundo surgir em tons de cinza às pessoas afetadas. Isto é conhecido como *acromatopsia,* uma patologia rara porque há duas áreas V4, uma em cada hemisfério, sendo improvável que as duas sejam lesionadas ao mesmo tempo por um derrame ou lesão. A V4 é identificada nos varrimentos de fMRI por ser ativada quando se apresenta «mondrians» (quadrados coloridos, designados desse modo em nome do artista) no campo visual. A cor é obviamente uma informação importante em termos evolutivos, dado que o cérebro não só lhe tem uma região dedicada como a preparou para manter a «constância da cor», ou seja, o reconhecimento que uma cor é a mesma sob diferentes condições de luz. A comida, as substâncias venenosas, os convites para acasalar e os sinais de perigo estão em muitos casos codificados com cores; apreendê-los bem pode ser uma questão de vida e de morte, e da sobrevivência dos nossos genes.

Lesões numa pequena área conhecida como V5 podem ter como resultado a perda da capacidade para percecionar movimento. A quem sofre deste patologia tudo parece uma série de imagens fotográficas; um avião a passar manifesta-se como que em *staccato* e imóvel em diferentes pontos sucessivos do céu. Os criadores de cavalos num rancho turístico do sudoeste dos Estados Unidos afirmam que é assim que os cavalos acompanham o ambiente, tirando fotografias alternadamente de cada lado da cabeça com a sua visão lateralmente monocular, sendo por isso — por serem presas, constantemente à coca de predadores — que se afastam de lado quando pensam que alguma coisa nova apareceu quando a fotografam de novo. Os criadores de cavalos dos ranchos turísticos não são sentimentalistas relativamente aos cavalos, e em geral não são neurocientistas. Quem admira estes animais pela nobreza e beleza, e também quem é neurocientista equino, atribui-lhes um campo de visão binocular mais estreito, e uma perspetiva de 360 graus com a combinação dos dois olhos — ainda que algo indistinta, ao que parece, carecendo de perceção da profundidade e incapazes de visão tricromática. A comparação com o cavalo é interessante, porque estas afirmações baseiam-se fortemente na neurociência relevante, sem que sejam possíveis quaisquer relatos subjetivos que as corroborem, exceto na ficção de Anna Sewell, e mostra o muito que se pode determinar só por esse meio e por meio de inferências com base no comportamento.[8]

Um importante uso da visão é o reconhecimento de objetos. Para o compreender, a identificação das estruturas envolvidas do cérebro tem de ser posta a par da psiconeurologia e da psicologia da aprendizagem e da memória. Os objetos são estranhos quando não coincidem com algo que esteja na memória, mas a maneira como o processamento visual funciona pode, apesar disso, permitir a classificação de hipóteses acerca do que um objeto estranho poderá ser. Isto exige distinguir a figura do chão, reconhecer semelhanças com objetos de que se teve experiência anteriormente, agrupar saliências nos padrões de dados apresentados, e arriscar uma interpretação nessa base. Ao ver um objeto qualquer, com o qual estejamos familiarizados ou não, é preciso integrar as suas partes num todo e manter a «constância do objeto» de diferentes ângulos e distâncias e em diferentes condições de luz. A região com um papel significativo nisto é o *córtex inferotemporal*, a superfície inferior curva dos lobos temporais.

Por sua vez, um aspeto importante do reconhecimento de objetos é o reconhecimento de rostos. Desde a mais tenra infância, os rostos são importantes e atraem a nossa atenção, e propôs-se diferentes modelos sobre a maneira como isto funciona. A principal sugestão é que os *giros fusiformes*, localizados também no córtex inferotemporal, são dedicados ao reconhecimento de rostos e à análise de expressões faciais. Por isso, são conhecidos como *área de rosto fusiforme*, FFA. Os investigadores encontraram densidades menores de neurónios, e números menores, nas camadas corticais de FFA de pacientes no espetro do autismo, o que está correlacionado com uma ativação inferior desta região em varrimentos de fMRI quando lhes são apresentadas imagens de rostos. Tanto a menor densidade de neurónios como a hipoatividade observada nos varrimentos sugerem uma menor conectividade. Dado que as coisas são assim nos giros fusiformes, os investigadores levantaram a hipótese de que também poderão sê-lo noutras áreas do cérebro que estão correlacionadas com funcionalidades reduzidas no autismo — por exemplo, a amígdala, que está envolvida na emoção. Também aí os estudos revelam uma menor densidade e conectividade de neurónios.[9] A FFA responde menos a outros estímulos do que a rostos, apoiando desta vez a perspetiva de que nas funções cognitivas há mais localização do que distribuição, ainda que esta também ocorra. Há provas de que a FFA, presente nos dois lobos temporais, mas mais ativa no lado direito, atua para tomar decisões definitivas acerca de rostos — *perceção categórica,* como é conhecida — de maneira que se uma imagem compósita que junta dois rostos bem conhecidos for apresentada, a FFA ignora a ambiguidade e escolhe um ou outro dos indivíduos categoricamente.

A importância social do reconhecimento de rostos dá mais peso à sugestão de que o cérebro tem um processamento visual especializado de rostos. Uma incapacidade para reconhecer rostos, *prosopagnosia,* ou «cegueira facial», pode ser herdada em cerca de 2,5 por cento dos casos, mas resulta mais frequentemente de lesões cerebrais, como nos derrames. Como seria de esperar, dadas as provas mencionadas, a lesão ocorre nos lobos occipitais ou temporais, e mais frequentemente na FFA.[10]

Em experiências com um scâner de fMRI, quando se pede aos sujeitos da investigação para imaginar que veem algo «com os olhos do espírito», as suas V1 ativam-se. Esta descoberta resolve o que fora um debate acerca das funções cognitivas que são recrutadas para a imaginação visual. Uma teoria anterior era que a imaginação visual seria basicamente semântica, ou seja, usaria os mesmos recursos da compreensão de palavras e da memória. A memória é uma componente óbvia da imaginação visual de cenas de fantasia, por fornecer os elementos que são recombinados em objetos de fantasia. Mas pedir a um sujeito para imaginar uma cena enquanto é objeto de varrimento por um fMRI fornece provas claras de que os centros visuais do cérebro se ativam. Uma confirmação complementar vem das vítimas de derrames que não conseguem visualizar aspetos de uma cena — uma cor ou uma forma — se a lesão que sofreram ocorrer numa região associada a esse aspeto do processamento visual. O «fracionamento» do processamento é demonstrado pelo fenómeno de pacientes que conseguem visualizar um objeto perfeitamente bem, mas não conseguem reconhecê-lo quando o veem.[11]

A imagem que emerge é que o simples ato de ver, em pessoas com visão normal — como quando o leitor levanta os olhos desta leitura e olha à sua volta —, é um conjunto de acontecimentos enormemente complicados, em que uma torrente de dados codificados eletroquimicamente passa a partir dos seus olhos por múltiplos canais — sobretudo — na parte anterior do seu cérebro e depois, de novo, na posterior, nos lobos temporais e parietais, sendo processados e analisados a cada estágio desta viagem, em preparação para o trabalho a ser realizado no estágio seguinte, e ao mesmo tempo recrutando a memória e as capacidades para comparar, contrastar, inferir e avaliar. A informação está sendo usada não apenas para ver; faz parte dos dados fundamentais para responder apropriadamente ao ambiente, caso seja preciso, e para planear; e contribui para o equilíbrio e o controlo do movimento.

Mas ainda não acabou. Pense-se numa desportista que apanha uma bola; grande parte do processamento visual e da coordenação motora que se exige para esse simples ato é inconsciente, estabelecido pelos circuitos neurais dos seus lobos occipitais e parietais, sobretudo, e pelo controlo que exercem da atividade muscular e da posição da ossatura. Ela observa a bola, vê-a voar pelo ar na sua proximidade; mas não computa conscientemente as trajetórias, as coordenações musculares e coisas semelhantes, que lhe permitem apanhá-la. Pense-se agora num tipo diferente de caso — alguém que vê um pequeno movimento no espaço que, contudo, tem muita importância social: digamos, um homem que vê a sua mulher tocar na mão de outro homem de um modo que sugere intimidade secreta. Aqui, os dados visuais despoletam uma catadupa de interpretações semânticas abstratas, e de inferências, que resultam de aprendizagem social. A visão é um processo *cognitivo:* não vemos, vemos sempre *como se;* é muitíssimo interpretativa: as formas, cores, orientações e contrastes detetados pelos estágios neurais sucessivos do processo têm significado, muito para lá do seu conteúdo básico. Em parte, isto consegue-se descrever na linguagem da neurologia, e em parte na linguagem da psicologia; a grande questão diz respeito a uma relação de tradução entre ambas: o *como,* ou o *se,* de uma relação de tradução. Pense-se na desportista e no seu marido ciumento: quando ela apanha a bola, isso consegue-se descrever em termos inteiramente neurológicos. A interpretação que o marido faz da sua maneira atiradiça de tocar na mão de outro homem formula-se facilmente na linguagem da psicologia, mas não tão facilmente na linguagem da neurologia. Este dilema perene está por resolver.

A memória foi mencionada mais de uma vez nos parágrafos anteriores, e uma breve reflexão mostra quão central e crucial é essa função. É necessária para quase todo o ato cognitivo que executamos. É constitutivo das nossas identidades e personalidades. A sua perda destrói a nossa capacidade de nos relacionarmos com o mundo, e de sermos nós mesmos. A idade e uma diversidade de lesões do cérebro comprometem a memória, o que permite localizar as regiões principalmente envolvidas e — como sempre na investigação do cérebro — ajudar a procurar soluções médicas.

Um dos nomes mais famosos na investigação da memória é Henry Molaison, que morreu com 88 anos, em 2008.[12] A bibliografia neurocientífica conhece-o como H. M. Aos sete anos, H. M. teve um acidente de bicicleta, que mais tarde se pensou ter sido a razão de ter começado a sofrer, aos dez anos, ataques epiléticos. Ao longo da década e meia seguinte, estes ataques tornaram-se tão graves que ele, a família e os médicos concordaram que a única solução era a cirurgia. O neurocirurgião de H. M., do Hospital Hartford de Connecticut, foi William Scoville, que já fizera operações experimentais em pacientes psicóticos, removendo-lhes pedaços dos lobos temporais. Scoville pensava — erradamente, como se veio a revelar — que a origem dos ataques era o hipocampo de H. M., que ele separou do alocórtex com uma lâmina cauterizadora, aspirando-o depois com um dispositivo de sucção. H. M. esteve acordado durante a intervenção, sentado numa cadeira cirúrgica.

O hipocampo de H. M. parecia atrofiado, e o tecido adjacente lesionado; Scoville removeu-o (não todo, como se descobriu muito depois), juntamente com a amígdala e uma parte do lobo temporal médio, conhecido como *córtex entorrinal,* uma das centrais dos circuitos neurais envolvidos na memória e na perceção do tempo, tal como na navegação espacial. A cirurgia reduziu a frequência e a severidade dos ataques epiléticos de H. M., mas não os fez desaparecer. O resultado principal foi que H. M. não conseguia a partir daí formar memórias novas — é o que se chama amnésia anterógrada — apesar de a sua *memória de trabalho* e da sua *memória processual* estarem intactas. A memória de trabalho, por vezes erroneamente considerada uma «memória de curta duração», mas que é semelhante a esta, é a capacidade para ter uma certa quantidade de informação em mente, durante um período limitado de tempo, para conseguir levar a cabo a tarefa em mãos. Na memória processual trata-se de recordar como se faz várias coisas — apertar os atacadores, lavar os dentes — sem pensar conscientemente nelas. H. M. teve também amnésia retrógrada, a perda da maior parte das memórias do que aconteceu nos dois anos até à operação, juntamente com uma perda de memória moderada relacionada com a década anterior a isso; mas as memórias da sua infância, até ao início da adolescência, não foram afetadas (ele tinha 27 anos aquando da operação).

A história das disfunções de memória de H. M., os resultados de estudos de varrimento, quando se tornaram possíveis, e os exames *post mortem* do seu cérebro forneceram uma imensidão de provas e de sugestões para compreender a memória. O primeiro ponto a ponderar, e o mais importante, emerge das capacidades que ele perdeu ou reteve, indicando que diferentes funções de memória têm diferentes localizações no cérebro. A memória de trabalho, a memória processual, a memória de longo prazo e a formação de novas memórias parecem depender, todas elas, do apoio de diferentes áreas. O hipocampo parecia muito claramente estar associado à formação de novas memórias e à aprendizagem (depois da operação, H. M. tinha dificuldades para adquirir nova informação semântica). Mas as provas obtidas por varrimento e em função do *post mortem* introduziram alguma ambiguidade. Para começar, a operação causara mais danos alhures no cérebro do que se tinha visto, ao mesmo tempo que deixara cerca de metade do hipocampo intacto. Além disso, detetou-se uma lesão no lobo frontal de que não se sabia. Tornou-se afinal mais difícil localizar funções do que se pensara inicialmente.

Mas estes estudos não impugnaram completamente a ideia de zonas especializadas do cérebro; pelo contrário, o pêndulo continua a andar de um lado para o outro quanto a isto. O exame do cérebro de H. M.

e os resultados de investigações de outros pacientes com lesões semelhantes nos lobos temporais médios indica fortemente que estas regiões estão envolvidas na memória de longo prazo, mas não na memória de trabalho, nem na recordação de palavras, nem na capacidade para adquirir novas capacidades motoras. Notavelmente, apesar de ser incapaz de adquirir novas memórias — mais precisamente: novas memórias «episódicas» ou memórias autobiográficas quotidianas — H. M. era capaz de adquirir novas memórias *implícitas*, ou seja, memórias que não são conscientes, como apertar os atacadores ou andar de bicicleta, por meio de «repetição preparatória», que consiste em melhorar uma resposta por meio da exposição repetida a um estímulo. Também isto mostrou que, ao passo que a memória episódica de longo prazo está localizada nos lobos temporais médios, outras capacidades de memória estão localizadas noutras áreas. Isto inclui a memória topográfica — anos depois da operação, H. M. mudou-se para outro lar, e foi capaz de desenhar a planta dos diferentes pisos, mostrando que a capacidade de processamento espacial associada ao *giro para-hipocampal* (uma área de matéria cinzenta que rodeia o hipocampo) não estava comprometida. Na verdade, as porções do hipocampo e áreas adjacentes que sobreviveram ao escalpe de Scoville e ao seu aspirador permitiram aparentemente que H. M. adquirisse alguns farrapos de memória pós-operatória, incluindo informação sobre as principais figuras públicas, como o presidente dos Estados Unidos daquela altura.

Uma descoberta interessante é que a memória retrógrada de H. M. não tinha problemas com respeito às memórias de infância, mas era progressivamente menos confiável com respeito aos períodos que levavam ao momento da sua cirurgia. Vê-se este fenómeno nas pessoas idosas e em quem tem tipos comuns de demência, e isso sugere que a memória de longo prazo da infância não é armazenada nos lobos temporais mediais. Uma sugestão que isto suscita é que estes lobos terão um papel importante na consolidação de memórias formadas posteriormente, mas que o que se aprende quando somos muito jovens — incluindo a memória semântica — tem uma formação e localização diferentes.

Além do hipocampo, pelo menos quatro outras zonas do cérebro estão associadas à memória: o fórnix, o tálamo, o corpo mamilar e o lobo frontal. Lesões ou doenças em qualquer uma destas áreas podem causar diferentes tipos de disfunções na memória. A distribuição de áreas neurais faz pensar não apenas nos diferentes tipos de memória, mas também nos seus diferentes usos; não apenas recordar informação, como um número de telefone, ou acontecimentos, como um acidente de trânsito que se viu, mas também a execução de procedimentos e a orientação num ambiente. Poderá explicar também a utilidade do esquecimento, que pode tornar certos tipos de memória mais eficientes, e poderá explicar por que razão não nos lembramos amiúde de algo que nos disseram, ou que lemos, nomeadamente, porque não processámos a informação apropriadamente quando a encontrámos pela primeira vez — apanhando-a demasiado rapidamente, sem interesse genuíno, ou distraidamente, ou algo do género. No caso do esquecimento por razões de eficiência: lembrarmo-nos de onde deixámos os óculos há uma hora consegue-se com o esquecimento de onde os pusemos ontem, ou na semana passada (a menos que os ponhamos sempre no mesmo sítio).

Conseguimos escolher esquecer? Parece difícil, mas em contextos experimentais parece possível induzir o esquecimento. O trabalho sobre este aspeto suscita um certo grau de ceticismo, contudo, quando se lê acerca de estudos de fMRI que procuram identificar as regiões do cérebro que respondem a instruções com respeito a lembrar e esquecer.[13] Ao lembrar que diz respeito ao esquecer é atribuída uma localização no hipocampo; ao esquecer que diz respeito ao lembrar é atribuída uma localização no córtex dorsolateral pré-frontal direito. Estas áreas não estão obviamente conectadas, de modo que se procuram possibilidades: poderá uma estrutura próxima do córtex dorsolateral pré-frontal — o córtex cingulado anterior, digamos — afetar de tal modo uma estrutura intermédia — o córtex entorrinal, digamos — que inibe o fluxo de informação para o hipocampo? Os próprios termos técnicos geram um ar de plausibilidade.[14] Uma pessoa lembra-se dos 86 mil milhões de neurónios e a natureza muitíssimo indireta da investigação de agregados muitíssimo vastos deles… e fica ansiosa pelos passos em frente da ciência.

Se é difícil, ainda que possível, esquecer algo deliberadamente, parece inexcedivelmente fácil fazer alguém «recordar-se» de algo que não aconteceu. As memórias falsas e as distorcidas — uma ocorrência de longe mais comum — são fenómenos interessantes e importantes. As experiências mostraram que as pessoas podem ser induzidas a formar memórias de algo que não aconteceu suscitando fortes ligações associativas. Uma experiência consistia em fazer os sujeitos ouvir palavras como «cama», «descanso» e «desperto», mas não a palavra «dormir». Os sujeitos tinham a forte certeza de ter ouvido a palavra «dormir», descrevendo os investigadores o fenómeno como «uma forte ilusão de memória».[15]

Surgiu uma controvérsia com a «terapia da recuperação da memória», na qual os clientes desta prática recuperavam uma memória suprimida, ou passavam a acreditar tê-lo feito, sendo as memórias recuperadas ou confabuladas tipicamente de um acontecimento traumático, como ser vítima de abuso sexual na infância, servindo isto como razão para a supressão da memória. A técnica terapêutica envolvia a hipnose, a imaginação dirigida, o uso de drogas e a interpretação de sonhos. Dado que as pessoas são em geral muitíssimo suscetíveis, não apenas no sentido de serem levadas a pensar de certa maneira por personalidades carismáticas ou enérgicas, mas (por exemplo) por afirmações e teorias da conspiração que outras pessoas aceitam nas redes sociais, é imenso o potencial para fazer alguém acreditar fortemente que está a «recordar-se» de algo. Um resultado foi vários casos de tribunal, a condenação da «terapia da recuperação da memória» pela Associação Psiquiátrica Americana e pela Faculdade Real de Psiquiatria do Reino Unido, e a recusa das companhias de seguros de algumas jurisdições de dar cobertura aos terapeutas que se entreguem a essa prática. Ao mesmo tempo, a ocorrência e os efeitos negativos dos abusos sexuais são perfeitamente reais. Isto levou um comité da Faculdade Real de Psiquiatria a dizer: «Dada a prevalência de abusos sexuais infantis, ainda que só uma pequena proporção seja reprimida e que só alguns destes sejam posteriormente recuperados, deveria haver um número significativo de casos corroborados. Na verdade, não existem.»[16]

Lesões no *córtex orbitofrontal* do cérebro — a região que se encontra imediatamente acima das órbitas dos olhos — têm sido ligadas à confabulação, a apresentação confiante de memórias falsas. Alguns teorizadores pensam que poderão ser constituídas por partes de memórias genuínas que foram desmembradas e recombinadas. Considera-se que a «confabulação» é diferente da mentira, na medida em que o mentiroso afirma como verdadeiro algo que sabe ser falso, ao passo que o confabulador pode não estar ciente da falsidade da suposta memória.

A complexidade da memória, imaginação, crença e confabulação torna difícil que a neurociência sugira maneiras de distinguir as memórias verdadeiras das falsas, fazendo notar a ativação de diferentes partes do cérebro respetivamente. Mas uma observação que sugere o oposto é que caso se apresente a um sujeito palavras que descrevem uma memória, ou «memória», a um só dos dois hemisférios, nota-se uma resposta no outro hemisfério, caso aquela seja genuína, mas isso não acontece se for falsa.[17] Isto espicaçou o interesse de quem põe fé na tecnologia de deteção de mentiras («polígrafo»), muito usada nos Estados Unidos, mas que não foi aprovada na maior parte das outras jurisdições. Poderá a mentira ser detetada com precisão? O testemunho conseguido com base na tecnologia atual de detetores de mentira teve o seu papel a desempenhar na condenação de algumas pessoas ao corredor da morte; a sofisticação da teoria neurocientífica, e da tecnologia, reforçaria a prática.

Ao longo do domínio de funções cognitivas e fenómenos psicológicos que a neurociência explora — e as disfunções de ambos provocadas por lesões ou doenças — as mais suscetíveis de investigação são as vias sensoriais e funções cuja perda ou perturbação é de imediato observável: memória, discurso, emoção e certos tipos de comportamentos que se espera que respondam racionalmente a pistas presentes nos ambientes sociais e físicos. Como mostra o que vimos, o que a neurociência observa são correlações — e não causas nem, consequentemente, explicações — mas estas são muitíssimo sugestivas com respeito a explicações, tanto que em alguns casos se consegue derivar aplicações clínicas dessas correlações.

Os contributos da neurociência são menos diretos, pelo menos atualmente, no que diz respeito às complexidades mais vastas da vida humana: os efeitos nas relações e no comportamento de longo prazo do desejo, afetos, responsabilidades que fazem parte de papéis ou empregos, planificação de longo prazo, e coisas semelhantes — e isto inclui compreender como as más experiências deixam traços psicológicos palpáveis, mas nenhuma lesão detetável no cérebro (pelo menos ao nível da estrutura atualmente acessível). Estes fenómenos são muito mais difíceis de compreender em termos de potenciais de ação que residem exclusivamente no cérebro.

Contudo, o pressuposto dos neurocientistas de que, num estado aperfeiçoado do futuro da sua ciência, tudo o que se baseia na atividade cerebral será compreendido em termos dessa atividade é algo que *têm* de aceitar. No mínimo dos mínimos, que esse é o objetivo tem de ser um princípio regulador dos seus trabalhos. Consequentemente, a neurociência dá corpo a uma forma forte de *reducionismo*, na medida em que todos os fenómenos mentais acabarão por ser compreendidos em termos neurológicos. Alguns críticos do reducionismo — que tendem insistentemente a definir o reducionismo como «nada ver na pérola a não ser a doença da ostra» — pensam que isto não é em princípio possível. Poderão pensá-lo porque propõem teorias acerca de propriedades emergentes, em que os fenómenos psicológicos são sobrevenientes relativamente à atividade neural e não podem existir sem esta, mas não podem ser explicados só em termos dessa atividade neural, sem que fique algo de fora — por exemplo, o que encontrar-se num dado estado *significa* ou *como é* encontrar-se nesse estado. Esta última questão, especialmente, é um ponto capital do problema da consciência, a discutir na próxima secção.

O debate aqui é crucial: por um lado, há quem pense que a linguagem da psicologia — que usa termos que denotam conceitos como desejo, esperança, amor, carência, saudade, alegria — tem com os termos da neurociência a mesma relação que a linguagem de antanho da «possessão demoníaca» tinha com a linguagem de hoje da ciência médica, com respeito à explicação da doença. Os neurofilósofos Patricia e Paul Churchland têm esta perspetiva.[18] E há quem defenda que os conceitos intencionais — os conceitos de crença/desejo que acabámos de mencionar — são indispensáveis, porque constituem a «teoria da mente» por meio da qual interpretamos e antecipamos o comportamento alheio.[19] Isto aplica-se também ao comportamento inumano: a afirmação de que o nosso gato quer comer para explicar por que razão está a miar e a rondar o canto da cozinha onde de costume pomos a sua gamela tem uma simplicidade explicativa e um grau de informatividade que só os especialistas pensariam ver num varrimento de fMRI do seu cérebro.

Pode aceitar-se isto ao mesmo tempo que se reconhece que a ideia de uma «teoria da mente» tem sido robusta para compreender (por exemplo) o desenvolvimento cognitivo infantil e o autismo — coisas muito diferentes mas inter-relacionadas —, em nenhum dos casos se excluindo a possibilidade valiosa de se poder identificar circuitos neurais, como se sugeriu, que irão ajudar a compreender o seu funcionamento, de maneira que, onde houver problemas, possam um dia ser remediados. A observação de senso comum de que as duas abordagens têm os seus usos e que, ao abordar os mesmos fenómenos, ou fenómenos relacionados, possam um dia ser intertraduzíveis é atraente. Apesar das observações da Secção 4, esta parece a abordagem correta. Os críticos irão insistir na sua perspetiva de que, dos problemas que atormentam a investigação, a neurociência exemplifica claramente — na verdade, dirão, num grau bastante marcado — cinco deles: os problemas do martelo, do mapa, do lampião, da interferência e de Parménides. Se o nosso conceito teórico fundamental é o de potenciais de ação neuronal, tudo a isso se reduz (martelo, Parménides) e, dado que estamos a olhar para a única coisa que conseguimos ver — estruturas imensas relativamente à dimensão das suas componentes — o nosso mapa é de uma escala imensamente minúscula, e desenhamo-lo com dispositivos que poderão afetar a própria paisagem (lampião, mapa, interferência). É preciso reconhecer tudo isto; mas os neurocientistas sabem-no, e tomam-no em consideração com sentido de autocrítica — o método científico é, em larga medida, uma questão de antecipar e neutralizar precisamente estas barreiras à investigação. Reconhecer que a investigação se confronta com estes problemas não é um convite para desistir, mas antes para os contornar.

3.

NEUROCIÊNCIA E CONSCIÊNCIA

O grande, e verdadeiro, lugar-comum quanto à consciência é que é, ao mesmo tempo, a coisa mais familiar e mais misteriosa do Universo. É a mais familiar porque temos experiência dela, íntima e imediatamente, em todos os nossos momentos de vigília e, de formas algo mais estranhas, em muitos dos momentos em que dormimos. Também temos experiência das suas distorções quando estamos bêbados ou drogados, ou obcecados. Consequentemente, sabemos muito bem *como é ter consciência.*

E é a mais misteriosa, porque não fazemos grande ideia do que é, e não temos ideia de como emerge da atividade do cérebro — e há quem acrescente: *se* acaso é isso que acontece.

Em traços gerais, e até ao passado recente, havia três tipos de perspetiva sobre a consciência. Uma era atribuí-la (uma vez mais: o velho recurso) a um princípio imaterial, uma alma ou mente, que habita o corpo, ou de algum modo com ele se associa. Outra era pensar que há um princípio físico de um tipo qualquer, uma forma aprimorada de matéria, talvez uma secreção, ou vapor, que é enviada pelo cérebro (ou pelo coração; veja-se acima) para impregnar o corpo, animá-lo e sentir os seus contactos com o mundo que nos rodeia. A terceira opção é ignorar completamente o problema e aceitar as coisas como são. Se fizermos um levantamento hoje em dia, vemos que a terceira opção é a mais comum, ainda que se invoque a primeira quando se exige que se reflita sobre o tema — um caso do problema do remate.

As primeiras duas opções trazem consigo várias implicações. A primeira está comummente ligada à crença numa existência consciente separada do corpo, como, por exemplo, depois da morte do corpo, e é consistente com a ideia de existência consciente em coisas que não os seres humanos — animais, plantas, e até, na verdade, montanhas e rios, ou (como se defende no pampsiquismo) o Universo inteiro — ainda que muitas das pessoas que pensam que a consciência não exige uma conexão corpórea neguem também que exista em conexão com o que, na escala da existência, é inferior aos humanos (assim, na conceção medieval da grande cadeia do ser, todos os níveis acima dos humanos — anjos, arcanjos, e assim por diante, têm consciência). Na presença de um mistério da envergadura da consciência não há limites para a especulação.

O consenso hoje, fortemente apoiado pela investigação empírica, é uma versão da segunda opção, com a diferença de que a base física não é uma secreção ou vapor que passa pelos nervos, concebidos como tubos, mas a eletroquímica da muitíssimo complexa interconectividade dos neurónios do cérebro.

A palavra «consciente» foi posta em uso na língua inglesa pelo filósofo John Locke, na segunda edição de *Ensaio Sobre o Entendimento Humano* (1691). Este filósofo não introduziu o termo — alguns etimologistas identificam usos anteriores — mas tornou-o comum. É uma anglicização da palavra latina *conscius,* «saber com», do verbo *conscire,* «estar ao corrente de» (*con* «com» + *scire* «saber»). Locke usou o termo ao tentar explicar como uma pessoa pode ser idêntica a si mesma ao longo do tempo, ou seja, pode ser a mesma pessoa, mais tarde na sua vida, que era anteriormente.[1] Este é o intrigante problema da «identidade pessoal». O que justifica a nossa adesão à ideia de que sou a mesma pessoa aos cinquenta anos que era aos vinte, no sentido em que aos cinquenta tenho direito ao dinheiro que comecei a ganhar aos vinte — o dinheiro é meu; sou a mesma pessoa que abriu a conta-poupança — ao mesmo tempo que aos cinquenta sou provavelmente «uma pessoa muito diferente» (grave, com maturidade, estabelecido) do que era aos vinte (volúvel, promíscuo, confundido)? Juntará isto duas ideias diferentes, uma acerca da continuidade do meu corpo (só fiquei mais velho e gordo, mas é o mesmo corpo, apesar da substituição das células, e de amputações, etc.), sendo a outra acerca da continuidade da minha personalidade? Qual é *o* «eu»? Se ambos podem mudar, cada qual à sua maneira, que sentido faz dizer «eu mudei», a menos que exista um «eu» que foi o veículo dessa mudança — um «eu» que se manteve suficientemente o mesmo para se reconhecer que mudou — e o que é a coisa que ficou suficientemente a mesma para que se diga isto?

A resposta de Locke era que a identidade pessoal é a «consciência de ser a mesma pessoa ao longo do tempo». Esta consciência consiste em estar ciente de si, ter memória e interesse próprio com respeito ao futuro. Eu estou, digamos, «ao corrente de mim próprio»; sei que sou eu, e isto é uma função da memória. A perspetiva de Locke pôs em questão os teólogos, porque pôs de lado o pressuposto, admitido até então, de que o veículo da identidade pessoal seria uma alma imortal, e alimentou a discordância entre os filósofos, porque parecia pôr as coisas de pés para o ar: fazia da memória a base da identidade, ao passo que a identidade pessoal é certamente[2] a base da memória — pois como pode esta memória ser *minha* se eu não for a mesma pessoa que teve as experiências que estão na sua origem?[3]

O debate desencadeado por Locke, juntamente com outras ideias que estavam a surgir no Iluminismo dos séculos XVII e XVIII, levou a uma revolução no pensamento acerca da mente e do eu. Discuto alguns dos seus aspetos na próxima secção. O que por ora importa é salientar que a ideia de Locke de que a consciência é «ter ciência de si como centro de experiência contínua» é, na melhor das hipóteses, apenas um aspeto da consciência, sendo, na verdade, demasiado restritiva; pois podemos estar conscientes sem ter ciência de nós próprios, e isso acontece amiúde, como quando estamos absorvidos na música que escutamos ou quando trabalhamos intensamente numa coisa qualquer. Nesses casos, temos de ser interrompidos pelo homem de Porlock para cairmos de novo em nós próprios, para ficarmos de novo cientes de nós mesmos.

Contudo, *estar ciente* tem de ser uma parte essencial da coisa, e a resposta a «estar ciente do quê?» admite duas respostas gerais: de um objeto de atenção, ou da impressão que se tem de estar nesse estado, de estar ciente. A primeira resposta relaciona-se com o caráter *intencional* da consciência, nomeadamente, que os estados conscientes visam tipicamente algo — pelo menos (num exemplo minimalista) o nosso mantra ou respiração ao meditar, ainda que nesse caso o objetivo seja atingir uma espécie de consciência inconsciente que carece de objeto; o que é difícil para qualquer pessoa exceto para os seus adeptos. A segunda resposta diz respeito aos *qualia*, as propriedades de que se tem experiência de estar num dado estado de consciência: o *como é* de ter uma dor, de beber uma cerveja fresca num dia quente, de ver um vestido vermelho ou de ouvir um trompete. Os estados emocionais também têm propriedades fenoménicas — o *como é* de estar feliz, triste, excitado, tranquilo; ainda que, neste caso, o objeto intencional, geralmente um pensamento, pessoa ou estado de coisas que suscita uma emoção, possa ser difuso — como quando acordamos num dia de férias, sem pressões, sentindo-nos descontraídos e satisfeitos; talvez a ausência reconhecida de um objeto imediato possa em si ser o objeto intencional.

A experiência dos *qualia* é denominada «consciência fenoménica», e devido ao facto de a pessoa que tem a experiência estar ciente dos seus *qualia*, a consciência fenoménica conta também como «consciência de acesso»; a pessoa pode aceder-lhes por introspeção. Quando uma pessoa está consciente — improvisando ao piano, por exemplo — mas está tão completamente absorvida que não está *auto*consciente, será que não está a ter acesso ao seu estado de consciência? Queremos certamente dizer que a pianista está a ter experiência dos seus *qualia;* de que outro modo conseguiria passar de um tom para outro nas teclas do piano, à medida que improvisa? Ela ouve as notas, e há «algo que é o *como*» de ouvir notas musicais — de modo que ela está a ter acesso à sua própria consciência, sem ter consciência de estar a fazê-lo. Isto sugere que é preciso fazer mais uma distinção, entre ter *acesso* e *supervisionar* a nossa própria consciência — sendo esta última a consciência da nossa consciência, o estar autorreflexivamente ciente da experiência que temos — para raciocinar, planear, direcionar as nossas atividades, comunicar com os outros, e coisas semelhantes.

Na investigação neurocientífica da consciência, a introspeção das pessoas é um auxiliar importante para localizar as regiões do cérebro que poderão estar significativamente envolvidas; a sua identificação poderá ser importante para determinar se alguém está consciente mas é incapaz de relatar o facto, como acontece na síndrome do encarceramento. Estimular uma região do cérebro humano e associá-la aos relatos do sujeito, e, tanto no caso em que se estimula o cérebro de humanos como no caso em que se estimula o cérebro de animais, observar o comportamento associado (a cautela impede-nos de dizer «resultante»), estabelece correlações fortes e amiúde precisas. Estas observações ajudam a reduzir o «hiato explicativo» entre o que pode ser conhecido sobre os estados do cérebro e o que ocorre na experiência subjetiva. Pois apesar de se ter reconhecido que não saberíamos ainda como os acontecimentos do cérebro e as experiências subjetivas estão *ligadas*, apesar de se ter estabelecido correlações, pensou-se que valia a pena tentar, apesar disso, compreender qualquer coisa acerca das correlações — para dar um exemplo cimeiro, compreender qualquer coisa acerca das condições neurológicas em que a consciência está respetivamente presente e ausente. Este é um objetivo mais modesto, mas que poderá ser um primeiro passo para chegar à finalidade de uma eventual redução.

Durante algum tempo, os investigadores do século XIX estavam exasperados pela questão de onde se poderia localizar, no cérebro e no sistema nervoso central, as correlações com a consciência. Tratava-se, com efeito, de uma atualização do problema da interação mente-corpo, mas sem dualismo — de maneira que era mais um aprimoramento do que uma atualização. As experiências com rãs decapitadas que desviavam as pernas dos estímulos fez alguns investigadores pensar que a consciência reside também na espinal-medula, e não apenas no cérebro. As variações sobre esse tema — fazendo notar que as rãs não tentam fugir da água que está a ficar cada vez mais quente — sugeriram que o reflexo da espinal-medula era afinal inconsciente, e que a sede da consciência tem de estar algures no próprio cérebro, ainda que se discutisse se estaria puramente no córtex, ou também no mesencéfalo e no rombencéfalo. Por volta de finais do século XIX, tornara-se consensual que se encontra, em qualquer caso, algures acima da espinal-medula.[4]

Na primeira metade do século XX, a neurociência avançou significativamente com o trabalho de Karl Lashley e dos seus sucessores no Centro de Primatas de Yerkes, sediado originalmente na Orange Park, na Florida, e agora na Universidade de Emory. Lashley introduziu o termo «engrama» para denotar uma mudança física no cérebro depois da aprendizagem, e estudou a aprendizagem e a memória em animais, ainda que nem sempre tivesse chegado à conclusão correta (ele pensava que a região occipital V1 era a sede da memória). Ele e os seus sucessores de Yerkes observaram correlações importantes entre o comportamento e as áreas lesionadas do cérebro, especialmente nos lobos temporais, o que demonstrou que desempenham um papel na aprendizagem e na memória. Entre outras coisas, o trabalho deles mostrou que o processamento visual não se restringe à área V1, e que a «memória de trabalho» é apoiada pelo córtex pré-frontal. Estes foram avanços significativos.

Uma abordagem para investigar a conexão entre as regiões do cérebro e a experiência consciente consistiu em alterar a consciência e ver que partes do cérebro estavam envolvidas. Assim, o psicólogo da Universidade de Chicago Heinrich Klüver administrou mescalina a macacos-rhesus e observou o seu comportamento. A mescalina é uma droga psicadélica com efeitos semelhantes ao LSD e à psilocibina («cogumelos alucinogénios»), derivada do cato peiote e desde há muito usado tradicionalmente pelos americanos nativos do México. O próprio Klüver tomou-a, o que lhe permitiu descrever alguns dos efeitos visuais, um dos quais foi ver «imagens de teias de aranha» e outras formas recorrentes.[5] Klüver deu-se conta de que, sob a influência da mescalina, os seus macacos se comportavam um pouco como quem sofre ataques epiléticos, e convidou o neurocirurgião Paul Bucy para colaborar com ele na exploração das regiões do cérebro que isto sugeria, nomeadamente, os lobos temporais, que são uma localização comum da origem das tempestades elétricas da epilepsia. Bucy provocou lesões nos lobos temporais dos macacos, de ambos os lados, alterando dramaticamente o seu comportamento; passaram a dar mostras do que Klüver e Bucy chamaram «cegueira psíquica», ou perda de discriminação, deixando de ter medo de cobras e de pessoas, passando a comer substâncias que antes teriam evitado, tornando-se sexualmente promíscuos, e tentando acasalar também com animais de outras espécies.[6]

A «síndrome de Klüver-Bucy» acabou por ser reconhecida em pacientes humanos com lesões bilaterais nos seus lobos temporais mediais e na amígdala. Docilidade, a «pica» (comer coisas inapropriadas), a hiperoralidade (o desejo de explorar objetos com os lábios e a boca, como fazem as crianças), a hipersexualidade e uma capacidade diminuída para reconhecer coisas com as quais se está familiarizado são sintomas da síndrome, e foi isso que Klüver e Bucy viram nos seus macacos. Seguiram-se estudos complementares dos papéis desempenhados pelos lobos temporais, nomeadamente por Brenda Milner, que deu um contributo substancial para a compreensão da aprendizagem e da memória nos seus estudos de pessoas que sofrem de epilepsia e que foram sujeitas a lobectomias.[7]

As provas acumuladas de estudos de lesões, de cérebros divididos e de pacientes com amnésia e, depois, a chegada iminente de tecnologias que oferecem maneiras pouco ou nada invasivas de investigar o funcionamento do cérebro, alimentou a determinação de fazer da própria consciência o alvo do estudo científico. Um momento de consolidação ocorreu no início da década de noventa do século XX, em artigos de Francis Crick e Christof Koch, que defenderam que, porque se sabe tanto acerca de como a visão é processada no cérebro, o sistema visual poderia ser uma área proveitosa para lançar, a partir dela, a procura empírica da consciência.[8] Apesar de ser intratável o que o filósofo David

Chalmers denominou o «problema difícil da consciência», nomeadamente, explicar como a experiência dos *qualia* emerge da atividade do cérebro (o «problema fácil» é descrever o papel das regiões do cérebro na perceção, aprendizagem, memória e emoção), Crick e Koch advogaram a procura dos «correlatos neurais da consciência», no mínimo como um primeiro passo.[9]

A chamada às fileiras de Crick-Koch surgiu exatamente no momento em que um professor bem conhecido de psicologia, Stuart Sutherland, anunciava no *Dicionário Internacional de Psicologia* (1989) que «a consciência é um fenómeno fascinante, mas ardiloso: é impossível especificar o que é, o que faz, ou por que razão evoluiu. Nada do que se escreveu sobre o tema vale a leitura».[10] Nas décadas seguintes, essa situação mudou dramaticamente.

Para que a neurociência forneça uma explicação da consciência, exige-se modelos psicológicos e computacionais eficientes para interpretar os dados neurais, de modo que se possa identificar os estados conscientes enquanto tais, e — o que é ainda mais importante — de modo que se possa especificar os seus *conteúdos*. Este último aspeto seria o verdadeiro grande passo de gigante. O objetivo menor de estabelecer correlações é atingido quando a observação de terceira pessoa alinha sistematicamente os estados do cérebro seja com o comportamento seja com os relatos introspetivos na primeira pessoa, ou ambos, é claro, como se mencionou; mas uma *explicação* do aspeto capital do problema difícil, nomeadamente *como a consciência surge* da atividade neural, seria atingida quando as observações de terceira pessoa fossem suficientes, por si, para identificar não apenas a ocorrência de estados conscientes, mas os seus conteúdos e como estes foram causados.

Um primeiro passo com respeito ao primeiro objetivo — o de ser guiado pelos dados neurais ao distinguir entre estados conscientes e estados que não o são — é o facto de a existência do processamento não-consciente de representações ser observável, como acontece na visão cega: os sujeitos conseguem responder aos dados visuais, ao mesmo tempo que dizem que não conseguem ver. Isto torna significativo procurar o que está a ocorrer além disso que torna os estados conscientes quando o são, o «extra» que distingue o processamento sensorial consciente do não-consciente — neste exemplo, o que faz a diferença entre as respostas visuais e cegas a estímulos visuais.

Muitas foram as teorias propostas. O modelo do «espaço de trabalho neuronal global», descrito pelo seu primeiro proponente, Bernard

Baars, em 1988, é que «a consciência resulta de uma sociedade distribuída de especialistas que está equipada com uma memória de trabalho, denominada espaço de trabalho global, cujos conteúdos podem ser enviados para o sistema como um todo».[11] Os «especialistas» são unidades computacionais, e não regiões do cérebro; o conteúdo de uma memória de trabalho de curta duração é enviada a todas as unidades especializadas, de modo a que possam contribuir em conjunto para o processamento desse conteúdo. Deste ponto de vista, a consciência é uma função integradora, uma «teia cerebral» que é «um sistema imenso distribuído em paralelo de processadores muitíssimo especializados».[12]

Ao desenvolver o modelo de espaço de trabalho, Stanislas Dehaene e os seus colegas centraram-se na multiplicidade de redes neurais ativas no cérebro, processando informação inconscientemente em paralelo. Do seu ponto de vista, a informação torna-se consciente quando os circuitos neurais que a representam são «mobilizados pela amplificação atencional descendente, para originar um estado, à escala do cérebro, de atividade coerente que envolve muitos neurónios distribuídos por todo o cérebro». Aos neurónios que estão ligados entre si ao longo de grandes distâncias chamam eles «neurónios do espaço de trabalho», e consideram que são eles que disponibilizam globalmente a informação às redes envolvidas.[13] Tanto na versão de Baars como na de Dehaene de um «espaço de trabalho» cerebral, a ideia capital é que a consciência é uma função da integração a nível global da atividade. Repare-se que as duas versões dizem o que é a consciência *funcionalmente* e, em termos gerais, que é um efeito por todo o cérebro, ou grandes regiões do cérebro, mas não dizem *como* emerge a própria experiência de *qualia* — cor, sabor, a qualidade subjetiva da sensação. Na citação de Dehaene, menciona-se a «amplificação *atencional* descendente» — o que um crítico poderia dizer que parece introduzir pela porta do cavalo o que o modelo deveria explicar.

Um modelo alternativo, mais localizado, é o «processamento recorrente» em áreas sensoriais do cérebro ligadas entre si e que enviam informação para trás e para a frente, em varreduras de informação realimentadas nas duas direções. As conexões de realimentação prospetiva são as que vão das fases anteriores para as posteriores no processamento de informação, como se fez notar anteriormente em relação aos dados de entrada visuais, onde os dados processados em V1 são distribuídos prospetivamente pelas regiões temporais e parietais para uma interpretação mais precisa como formas e superfícies.

A realimentação ocorre quando as regiões mais elevadas devolvem dados às regiões menos elevadas da cadeia; as conexões horizontais são as que ocorrem no seio das regiões corticais. O processamento recorrente envolve os dois últimos tipos de conexão em vários níveis, constituindo os processamentos nos níveis mais elevados a consciência do conteúdo. Como no modelo do espaço de trabalho, a integração é crucial, sendo a diferença que este modelo não atribui a consciência a todo o cérebro, mas apenas aos circuitos neurais envolvidos. O principal proponente desta perspetiva é o neurocientista da Universidade de Amesterdão, Victor Lamme.[14]

Uma perspetiva diferente é oferecida pela «teoria da informação integrada», que considera que a própria consciência é o dado de partida, e procura inferir que propriedades terá um sistema físico de ter de maneira a dar-lhe origem. Para restringir que propriedades terão elas de ter, é preciso especificar primeiro as propriedades essenciais da própria consciência. Estas são descritas como «axiomas», ao passo que as propriedades essenciais de qualquer sistema físico de apoio são descritas apenas como «postulados», porque esses sistemas são inferidos, e não precisam de ser biológicos. As cinco propriedades essenciais da consciência são que é *real, estruturada, específica, definitiva* e *integrada.* Seja o que for que lhe subjaza fisicamente, tem de ser causalmente adequada com respeito a estas propriedades. (Há um modelo matemático de integração da informação que ilustra como a estrutura pode satisfazer a exigência de produzir resultados integrados e definitivos.) Ao tomar a experiência dos *qualia* como ponto de partida, a teoria *define* explicitamente a experiência subjetiva como «a capacidade de um sistema para integrar informação», e por isso trata-a como «uma quantidade fundamental, como a massa, a carga ou a energia. Segue-se que qualquer sistema físico tem experiência subjetiva na medida em que conseguir integrar informação, seja feito do que for.»[15]

Apesar de as experiências mentais serem usadas para formular esta perspetiva, há agora um corpo considerável de provas empíricas que apoiam os temas gerais discerníveis nas teorias que acabámos de esboçar — nomeadamente, que a consciência consiste na integração de informação conseguida pela interconexão de diferentes circuitos neurais, que «dialogam entre si», integração essa que pode ser observada; por exemplo, usando leituras de estimulações magnéticas transcranianas (TMS) e de eletroencefalogramas (EEG), consegue-se ver uma distribuição alargada e persistente de respostas corticais a um impulso TMS (que dá ao cérebro um estímulo ou impulso magnético) numa pessoa desperta, quando numa adormecida a resposta ao mesmo impulso é limitada e breve.[16] Esta técnica oferece uma maneira de medir os graus de consciência em vários estados, como a vigília, o sono com movimento rápido dos olhos (REM), o sono profundo e o coma, com possibilidades clínicas para detetar a consciência em estados vegetativos e de encarceramento, e para comunicar com os pacientes registando as respostas neurais a perguntas e outros estímulos (como as respostas a tratamentos médicos).[17] O TMS tem sido também usado para interromper a realimentação descendente no sistema visual, evitando que os sujeitos fiquem cientes dos dados de entrada visuais recebidos pelos níveis inferiores do sistema.[18]

Em suma, as provas tornam plausível generalizar a ideia de que o processamento inconsciente da informação sensorial se restringe às áreas sensoriais relevantes, ao passo que o processamento consciente está distribuído por todo o córtex por meio de interconexões entre circuitos neurais, que fora isso seriam individualmente especializados.[19]

Estes dados empíricos apoiam também a ideia de que a consciência é intencional. As experiências mostram como o cérebro contribui para a experiência ao completar os hiatos, introduzindo contraste de cor no campo visual onde esta não existe, mas onde imaginar que existe ajuda a ajuizar a perspetiva ou a distância, interpretando dados sensoriais de acordo com as expetativas, fazendo uma «estimativa» acerca do que os dados sensoriais indicam com respeito ao ambiente físico. Isto confirmou uma sugestão avançada há mais de um século pelo psicólogo Hermann von Helmholtz de que o cérebro é um dispositivo de previsões, uma máquina de probabilidades, traçando inferências dos dados que recebe, para construir uma teoria de como as coisas são no mundo que o rodeia, e usa complexos mecanismos de realimentação para verificar, ajustar e minimizar o erro das suas previsões.[20]

A ideia de que o cérebro se entrega a uma integração de nível elevado da informação difundida pelos seus sistemas neurais não é surpreendente, porque uma coisa que daí resultaria seria a ponderação dos cálculos de probabilidade oferecidos pelos sistemas envolvidos, para benefício óbvio da sobrevivência e reprodução do dono do cérebro. Mas será que isto envolve *consciência?* Consegue-se imaginar um ser cujos circuitos neurais sejam extremamente sensíveis e que respondam bem por razões de sobrevivência, sem lhe exigir que esteja ciente autorreflexivamente do facto de os dados de entrada sensoriais, assim como as suas respostas, estarem a ocorrer — e ainda menos que precise de saber subjetivamente como é ter tais coisas. Na verdade, se há algo que a neurociência torna claro é que a *maior* parte desse processamento ocorre em todos os animais, incluindo os seres humanos, sem que estejam cientes disso em qualquer sentido do termo — e que é um benefício que esse processamento seja inconsciente, pois sabemos que quando estamos cientes do que estamos fazendo — quando, por exemplo, fazemos uma jogada de ténis — não o fazemos tão bem. A questão de saber o que acrescenta a consciência, que está intimamente ligada à questão da sua razão de ser, não é respondida pelas teorias acabadas de esboçar. Não resolvem o que os investigadores da consciência chamam o «problema do morto-vivo»: que todos os animais respondem seletivamente aos impactos que recebem dos seus meios, e que se entregam a finalidades, evitam perigos e fazem tudo o que fazem de maneiras que poderiam em princípio ser explicadas sem ter de lhes atribuir qualquer grau de consciência. Assim — de novo — a ideia de que a consciência consiste (do ponto de vista neural) na integração de alto nível de informação não nos diz por que razão ocorre, e ainda menos *por que razão sentimos as coisas de certa maneira* quando essa integração tem lugar; e diz-nos ainda menos *como* ocorre fisiologicamente.

A ideia de computação está implícita em todas estas teorias. Roger Penrose, laureado com prémio Nobel, rejeita modelos computacionais e defende, ao invés, que é preciso pensar de maneira diferente para explicar a consciência. Rejeitar os modelos computacionais tem implicações significativas, porque há duas ambições importantes que dependem dos seus princípios básicos. Uma é o desenvolvimento de inteligência artificial por meio de aprendizagem automática; a outra é o Projeto Conectoma Humano. Se Penrose tiver razão, a IA nunca seria capaz de se desfazer do «A», por mais esperta que fique, e o objetivo do Projeto Conectoma Humano de representar exaustivamente as operações mentais e as propriedades em termos de interconectividade neural seria incompleto, se não impossível.

Penrose começa por rejeitar a aplicabilidade à mente da própria noção de «computação». Como o termo sugere, a computação é o que os computadores fazem (mais precisamente, é o que fazem os computadores matematicamente idealizados, denominados «máquinas de Turing»). Do ponto de vista de Penrose, mesmo os modelos computacionais mais sofisticados não podem simular a consciência, porque esta tem algo de fundamentalmente não-computacional. Ele considera que isto se segue da demonstração de Kurt Gödel em lógica de que nenhum conjunto de regras para demonstrar proposições num qualquer sistema formal pode ser suficiente para estabelecer todas as proposições verdadeiras desse sistema. Penrose considera que Gödel mostrou que nenhum conjunto de regras de demonstração poderá jamais demonstrar todas as proposições da aritmética, digamos, que os seres humanos conseguem saber que são verdadeiras. Daqui ele avança ainda, além disso, que o pensamento humano não é uma forma de computação.

Qual é, então, a alternativa? Penrose defende que se encontra ao nível dos acontecimentos quânticos da microestrutura do cérebro. Várias outras pessoas defenderam ideias semelhantes, em grande parte porque é sempre bom ter mistérios à mão para usar quando faltam explicações, e os fenómenos quânticos parecem certamente misteriosos. Mas Penrose é um físico distinto que deu importantes contributos na teoria quântica, na matemática e na cosmologia — sendo o mais famoso, talvez, o seu trabalho com Stephen Hawking sobre buracos negros — de modo que, entre todos os que invocam o nível quântico como uma sede possível para a emergência da consciência, ele tem algumas das melhores credenciais. As suas propostas têm sido recebidas, contudo, com um coro de discordância quase universal.

Em colaboração com o anestesiologista Stuart Hameroff, Penrose sugere que um processo denominado «redução objetiva» ocorre nos constituintes das partículas dos microtúbulos do cérebro, para dar origem tanto aos fenómenos da consciência como do livre-arbítrio. Os microtúbulos são moléculas de grandes dimensões de uma proteína chamada *tubulina*, que serve como andaime das células, dando-lhes forma e entregando-se a várias atividades celulares, como a combinação de moléculas e a divisão celular. Hameroff propôs que os eletrões dos microtúbulos poderiam formar um condensado no qual ocorreriam fenómenos quânticos, dando origem ao que Penrose chama *colapsos de redução objetiva* da função de onda que, na sua versão da teoria quântica, são simultaneamente não-computacionais e não-aleatórios.[21]

A controvérsia quanto à teoria de Penrose-Hameroff inclui a asserção de que o cérebro é «demasiado húmido, quente e ruidoso» para que os colapsos da função de onda possam ter um papel a desempenhar nos acontecimentos neurais. Os neurofisiólogos disputam a exatidão da explicação da estrutura celular dos neurónios, e das suas relações com as células da glia, que a teoria oferece.[22] Recorde-se que a acusação avançada contra Descartes era que ele escondera a conexão mente-cérebro no interior da glândula pineal do cérebro. Essa acusação poderia ser reiterada aqui, servindo os microtúbulos de esconderijo mais moderno; mas pelo menos na sugestão de Penrose-Hameroff oferece-se algo um pouco mais circunstancial, nomeadamente, o papel desempenhado pelos estados quânticos dos eletrões nos átomos que constituem os microtúbulos. Isto não é grande coisa em termos de avanço: uma coreografia quântica de colapsos de função de onda ainda não nos diz como temos nós experiência subjetiva das cores, fragrâncias e tudo o mais. Se a teoria estiver afinal de contas a apontar na direção correta, ainda que não esteja correta tal como está, uma consequência é que a consciência poderá não se restringir aos animais: pois os estados quânticos subjazem a tudo o que conhecemos com respeito ao Universo físico.

Nos debates sobre o legado cartesiano do problema da mente-corpo mencionados na Secção 1, descrevi certas soluções «heroicas». Dadas as dificuldades sugeridas e evidentes no que se acabou de ver, o próprio problema da consciência é um convite a soluções heroicas. Uma delas — contrariando o que parece o mais óbvio dos factos — é a «perspetiva eliminativista» de que a consciência não existe. Outra — adotada por David Chalmers, porque o problema difícil parece intratável sem deitar mão a soluções mais imaginativas e radicais — é aceitar a possibilidade (que acabámos de sugerir no parágrafo anterior) de alguma forma de pampsiquismo, a ubiquidade universal e fundamental da consciência, começando assim — como na perspetiva de Tononi — com a consciência como o facto básico, em vez de tentar determinar como emerge ela, como um caso especial e incomum, a partir de certos tipos de matéria que não é consciente.[23]

A perspetiva eliminativista está associada, sem grande precisão, a Daniel Dennett.[24] Ele não afirma que não existe, mas chama-lhe «ilusão» ou, mais precisamente, «ilusão de utilizador», como os ícones no ecrã de um computador. Dennett deita mão de dois recursos ao defender esta perspetiva. Um é a ideia do cérebro como milhares de milhões de minúsculos elementos nada conscientes que trabalham concertadamente para processar a informação que recebem das vias sensoriais. As componentes do cérebro não são conscientes; por composição, consequentemente, o cérebro como um todo não é consciente; mas as suas operações dão origem a uma ilusão de consciência. O outro recurso são as ilusões percetivas e os truques de magia, que fazem as coisas *parecer* o que não são; Dennett usa com proveito as ilusões óticas para ilustrar a maneira como o cérebro inventa coisas, preenche os espaços em branco, vê movimento onde não existe, faz coisas diferentes parecerem a mesma, e as mesmas coisas parecerem diferentes. Ele aplica estas duas ideias para apoiar a tese de que a consciência é uma característica marginal e relativamente insignificante, talvez (mas ele não o formula nestes termos) um epifenómeno, ou efeito secundário, do que realmente faz o trabalho da mente: os milhares de milhões de minúsculos elementos sem consciência.

A primeira resposta de Dennett — a ideia de milhares de milhões de elementos minúsculos — não é controversa, pelo menos para a maior parte dos neurocientistas e dos filósofos. Porém, aceitá-la não faz desaparecer o problema difícil da consciência, como se viu. Não é clara a relevância de um apelo a ilusões e truques de magia para resolver o problema difícil. Sim, o cérebro preenche, interpreta, acrescenta, subtrai e engana, por vezes porque isso é útil (numa conversa telefónica, perde-se uma proporção do que uma pessoa diz, mas o cérebro fornece-a) e por vezes porque a maneira como os sistemas visuais funcionam tornam-nos suscetíveis ao erro. No máximo, este último caso milita a *favor* da existência e utilidade da consciência; estar ciente de que se caiu numa ilusão visual, saber disso, pode ser mais do que interessante e divertido: pode salvar vidas. Não estar *ciente* — não representar para nós próprios que o que estamos vendo não é o que está realmente acontecendo — poderá ser desastroso. Uma resposta a «por que razão existe a consciência?» poderá ser, portanto, que isso fornece oportunidades para corrigir e cancelar o que as operações que não são conscientes estão a dizer. Mas, em qualquer caso, se «a consciência é uma ilusão», quem a tem, ou o quê?

A ideia de que a consciência fornece oportunidades para corrigir e cancelar — e, por implicação, portanto, para acompanhar — o que as operações que não são conscientes estão a dizer suscita ideias, por sua vez, acerca de escolha, volição e conceções da vida mental que têm um importantíssimo papel a desempenhar nas nossas noções acerca da natureza humana e das suas dimensões morais e sociais. A neurociência poderá negar que esteja em posição de falar — para já — acerca destes tipos de fenómenos, mas pelo menos uma coisa vale a pena mencionar em conexão com eles: que as provas históricas de mudança, por vezes dramática, no perfil moral e nas estruturas sociais sugerem que estas coisas não são determinadas pelos mecanismos neurais do cérebro que evoluíram por seleção natural, razão pela qual é encarada com ceticismo a ideia de que os fenómenos mentais e sociais, enquanto produtos da consciência, serão redutíveis a somas de milhares de milhões de acontecimentos que não são conscientes. Podemos explicar o papel que a experiência desempenha na mudança individual e social; por que não reconhecer também a persuasão, a descoberta, o acaso feliz, o acidental, os vetores criados pela interação de muitas forças sociais e históricas em colisão?

A perspetiva de Dennett dos fenómenos mentais como algo que resulta da atividade concertada de um imenso número de subunidades que não são conscientes é muito semelhante a várias outras que partilham o mesmo teor geral. Uma é a «perspetiva da sociedade da mente», avançada por Marvin Minsky num livro de 1986 com esse título, no qual descreve a mente como algo que é constituído pelas conexões entre muitas partes simples, individualmente sem mentes, a que chama «agentes» (de forma enganadora, pois não têm mentes). As componentes sem mente individual da teoria de Robert Ornstein constituem a mente como «um esquadrão de idiotas».[25] As perspetivas de Dennett e Minsky, entre outros, surgiram aproximadamente na mesma altura — que foi, significativamente, o período em que a metáfora do computador era mais persuasiva.

Nas teorias acabadas de esboçar, o conceito de *emergência* não desempenhou qualquer papel, ainda que seja consistente com elas. As provas empíricas da existência de propriedades emergentes poderão vir da investigação de como os mecanismos de realimentação de nível elevado — os que já se descobriu que integram a informação dos circuitos neurais — funcionam de maneira diferente em resposta a desafios que têm diferentes tipos de significado para o sujeito; ou seja, respostas que exigem *pensamento* — análise, reflexão, trazer o conhecimento à baila —, o que é dizer, em suma: onde a *mente* está em jogo, no sentido que mais economicamente descrevemos, e que mais claramente compreendemos, quando usamos os conceitos da nossa «teoria da mente» quotidiana — a maneira que nos é familiar de interpretar o comportamento e as intenções alheias, uma teoria informal sobre crenças, desejos, sentimentos, memórias e razões, que consideramos que são em grande medida do conhecimento do próprio agente. Na neurociência, as referências vagas à «mente-cérebro» ocorrem por vezes como um reconhecimento — ou uma desqualificação da questão — de que, em última análise, o que queremos compreender é a mente neste sentido da «teoria da mente»: a vida mental, o pensamento, conhecimento, razão, sentimento, as paixões e as ansiedades. Ao abordar o cérebro como base dos fenómenos mentais, a neurociência está a revelar-se marcadamente bem-sucedida na identificação dos correlatos neurais da cognição. Mas a mente em geral, e a consciência em particular, está ainda por integrar de maneira mais completa nessa imagem.

4.

A MENTE E O EU

O problema aludido no final da secção anterior explica-se melhor como se segue. Imagine-se duas pessoas que observam uma série de acontecimentos num campo. Uma delas é física. Ela descreve os acontecimentos em termos de massa, momento, frequências de radiação, os princípios da mecânica. A outra é socióloga. Ela descreve os acontecimentos como um jogo de futebol. Usam linguagens diferentes para propósitos diferentes. Ambas são precisas nos seus próprios termos. A grande questão é: qual é a relação entre as duas linguagens?

O reducionismo diz que a linguagem da sociologia poderá um dia ser traduzida, sem que fique algo de fora, na linguagem da física — e que o será. O problema é a afirmação «sem que fique algo de fora». Os acontecimentos têm um significado para quem está a jogar futebol, e para quem assiste, que é difícil imaginar, atualmente, que seja captado na linguagem da física. Os reducionistas respondem dizendo que a tradução será feita como se segue: os conceitos sociológicos serão redescritos na linguagem da neurologia, na qual as representações do significado são identificadas como acontecimentos complexos nos cérebros, cujos neurónios constituintes serão então descritos quimicamente, sendo em última análise estas descrições químicas reduzidas aos termos de uma teoria quântica, das cordas ou a sua sucessora.

Em termos gerais, apresentam-se duas alternativas. Uma é que esta tese reducionista é verdadeira. A outra é a tese emergentista que os níveis de organização dos fenómenos poderão ter propriedades que outros níveis não têm, e que desaparecem quando descemos, ou ascendemos, para esses outros níveis. Para ilustrar a sua tese, um emergentista poderá mencionar a propriedade de «estar vivo»; um animal tem esta propriedade quando todas as suas partes anatómicas estão corretamente conectadas e a funcionar fisiologicamente, mas os membros individuais e os órgãos não têm esta propriedade quando o animal é desmembrado.

Considere-se um espetador no imaginado jogo de futebol. Conceitos como «golo», «falta», «penalidade», «árbitro», «fora de jogo», «capitão», «avançado de centro» e as relações entre eles — o árbitro reconhecer uma falta e assinalar uma penalidade, ou fazê-lo incorretamente, a importância do número relativo de golos marcados por cada equipa, o papel do capitão de equipa — são de facto representados neuralmente no seu cérebro. A qualquer momento do jogo ele tem tudo aquilo «presente no seu espírito», como se costuma dizer, compreende o que está ocorrendo, preocupa-se com isso e com o resultado, reconhece as implicações possíveis de cada ocorrência na sequência em ação dos acontecimentos. A questão de como esta complexidade é representada no seu cérebro, e por ele administrada, é empírica, e poderá ter resposta depois de o conectoma ter sido mapeado. Outra questão muito diferente diz respeito a como esta complexidade tem significado e importância para o dono do cérebro. Na verdade, os termos da relação sugerida, o significado e a coisa *para* a qual tem significado, são desiguais do ponto de vista dos recursos que temos para os compreender. Dizemos que uma coisa é significativa para *uma pessoa* (e por vezes *para uma família, uma nação* ou qualquer coletivo de pessoas com interesses *enquanto* coletivo), e isto faz sentido. Mas o próprio «significado» — a relevância, importância, valor, a diferença que faz — é menos fácil de caracterizar.

Para encontrar um terreno mais firme, voltemos o telescópio e olhemos pela outra ponta — não pela ponta neurológica, mas pela mental.

Uma maneira de pensar acerca das mentes é alargar a perspetiva do que está exclusivamente dentro das cabeças, de maneira a incluir o ambiente físico e social que as rodeia. Esta saída é suscitada pela ideia de que o que sabemos ao compreender um conceito tem de envolver, em muitos casos, uma conexão entre um acontecimento do cérebro e algo no mundo. Para dar um exemplo óbvio: para compreender o conceito de árvore, e ser capaz de distinguir as árvores das outras coisas — cães e edifícios, digamos — as ocorrências fisiológicas relevantes no interior da cabeça têm de ter uma relação determinada com árvores, e com as coisas que não são árvores, fora da cabeça — ainda que indiretamente:

quem nunca teve uma árvore na sua experiência percetiva poderá ter conhecimento indireto das árvores por meio de livros e imagens. Mas um aspeto menos óbvio de ter um conceito de árvores é que sempre que pensamos em árvores, ou falamos delas, a relação entre o que está acontecendo nas nossas cabeças e as árvores fora delas tem de permanecer de algum modo, para que o nosso discurso seja corretamente acerca de árvores e não de outra coisa. Nada de misterioso ou mágico se sugere aqui; isto quer dizer apenas que para explicar a ideia de uma árvore, que difere de uma ideia sobre outra coisa qualquer, a referência às árvores no mundo exterior é inevitável. Não se conseguiria «individuar» a ideia de uma árvore que está na mente de alguém — ou seja, diferenciá-la de outras ideias de outras coisas — sem referência a árvores, e sem referência a uma via ou outra (sobretudo percetiva) pela qual a ideia poderia ser uma ideia para quem a tem.

A tese de que as ideias estão assim essencialmente ligadas ao mundo exterior pretende ilustrar a tese mais geral de que não se consegue descrever a «mente» apenas em termos de atividade cerebral, tendo ao invés de ser entendida como uma relação entre essa atividade e o ambiente social e físico que lhe é externo. Os filósofos deram a designação de *conteúdo lato* às ideias que só podem ser apropriadamente descritas em termos das relações dos seus pensadores com estes ambientes, e há quem defenda que não pode haver *conteúdo estrito* — ou seja, pensamentos suscetíveis de serem especificados independentemente dos ambientes dos seus pensadores, exclusivamente em termos do que acontece dentro do crânio. Se for verdadeiro que só pode haver conteúdo lato, as implicações são imensas; isso significa que compreender as mentes envolve muito mais do que compreender apenas os cérebros: envolve compreender a linguagem, a sociedade e também a história.

Esta é uma ideia que parece suficientemente óbvia quando exploramos seja o que for que tenha que ver com cultura e criatividade. Ao procurar compreender um artista, digamos, procuramos naturalmente as influências, as circunstâncias históricas, as experiências que contribuíram para o seu perfil. Contudo, ao pensar como os cérebros geram fenómenos mentais, tendemos a apoucar a importância do ambiente da cabeça em que se encontra o cérebro. Considere-se: mesmo em conexão com a psicofisiologia da perceção, a natureza da extremidade distal (fora da cabeça) da relação percetiva só é especificada em termos minimalistas, sendo o equipamento na extremidade proximal (dentro da cabeça) — nervos óticos, o córtex visual — o ponto fulcral.

Claro que para compreender a visão é necessário ter uma especificação detalhada da atividade neural que a constitui; e talvez nada mais haja a dizer quanto ao que estimula os bastonetes e os cones da retina, e quanto ao disparar dos nervos óticos, senão que a luz que aí chega se propaga com tais e tais frequências. Mas compreender a *visão* não é ainda compreender a *perceção visual*. Pois recorde-se que nunca vemos: vemos sempre *como algo*. Os conceitos são sempre aplicados na experiência visual; e estes conceitos dizem respeito ao que existe para lá da lente do olho, no exterior, no mundo que o rodeia. Reconhecer isto é a motivação para dizer que compreender a mente, em contraste com o cérebro que lhe dá origem, exige uma abordagem em termos de conteúdo lato.

Dizer desta maneira que as mentes não são apenas cérebros — para salientar de novo o ponto — não é visar com essa observação algo que não seja materialista; as mentes não são uma substância espiritual qualquer ao estilo de Descartes. O que se visa, ao invés, é que as mentes são o produto de interações: entre cérebros e outros cérebros, e entre cérebros e o ambiente natural. Como animais essencialmente sociais, as interações cérebro-cérebro e a complexa realidade social que constituem conjuntamente, são provavelmente o ambiente mais significativo para a maior parte das pessoas. As pessoas são nódulos em redes complexas das quais as suas vidas mentais derivam a maior parte do seu conteúdo. Que uma mente individual seja, por isso, o produto da interação entre muitos cérebros não é algo que se veja diretamente num varrimento de fMRI. As dimensões históricas, sociais, educativas e filosóficas da constituição do caráter e da sensibilidade individuais são muitíssimo mais do que a eletroquímica que um cérebro individual gera por si, sem dados externos de entrada.

Segue-se que, apesar de a neurociência ser uma atividade excitante e fascinante, que muito está a revelar acerca dos cérebros e da maneira como vários aspetos da mente são neles efetivados, não pode dizer-nos *tudo* o que gostaríamos de saber acerca das mentes e da vida mental. Paul Bloom, psicólogo de Yale, pôs o dedo na ferida quando teceu comentários sobre as investigações neuropsicológicas acerca de uma questão afim desta: a moralidade. A neurociência está a empurrar-nos na direção de dizer que os nossos sentimentos morais estão pré-programados, enraizados nas reações básicas de nojo e de prazer. Bloom questiona esta ideia recorrendo ao expediente simples de nos fazer lembrar que a moralidade muda. Ele salienta que os leitores do seu artigo «têm crenças diferentes acerca dos direitos das mulheres, das minorias étnicas e dos homossexuais, em comparação com os leitores de finais do século XIX, e intuições diferentes acerca da moralidade de práticas como a escravatura, o trabalho infantil e os maus-tratos infligidos a animais como entretenimento público. A deliberação racional e o debate desempenharam um papel importante neste desenvolvimento.»[1] Como Bloom faz notar, círculos mais vastos de contactos com outras pessoas e sociedades, devido a um mundo globalizador, têm aqui um papel formativo; por exemplo, damos dinheiro e sangue para ajudar estranhos do outro lado do mundo. «O que falta, creio, é uma compreensão do papel da persuasão deliberada.»

A psicologia contemporânea, e especialmente a neuropsicologia, ignora esta dimensão do debate, não devido a desatenção, mas porque excede o seu âmbito. As experiências sobre a tomada de decisões, por exemplo, centram-se em escolhas simples cronologicamente definidas, e registam a atividade do cérebro que se pressupõe constituir a decisão, antes de os próprios sujeitos a relatarem. Pondo de lado o facto de haver questões quanto ao que esta investigação realmente mostra, note-se o seguinte: mesmo que capacetes com scâneres portáteis de fMRI pudessem registar correlações e demoras na atividade do cérebro associada à reflexão quanto a uma proposta de casamento, ou a que universidade se candidatar, as correlações não constituiriam uma explicação do próprio processo de decisão. Junte-se isto à ideia de que a mente não se limita ao cérebro, e a escala da tarefa de compreender uma característica da vida mental — tomar decisões — torna-se ainda mais evidente. A complexidade da compreensão dos cérebros e das mentes — e das qualidades da sabedoria, vivacidade de espírito, inteligência, perspicácia, maturidade, esperteza, e não só (e do outro lado da moeda: ressentimento, amargura, preconceito, hostilidade, ódio, e não só) exemplificadas por algumas mentes — não implica que as questões acerca destes tópicos serão permanentemente irrespondíveis. Ao invés, a própria tarefa obriga-nos a pensar de novo sobre as perguntas que estamos a fazer e sobre os fenómenos que estamos a investigar. Sobre as grandes questões acerca das vidas mentais e do seu caráter e qualidades, tal como as vivemos, é mais provável que tenhamos a aprender com a literatura, a história e a filosofia do que com a neurociência. Não se trata de apoucar a importância da neurociência, longe disso; trata-se de sugerir que tem de se fazer essa conexão nas investigações ao nível em que se põem em questão fenómenos mentais, morais e sociais, em contraste especificamente com os neurais.

Esta conexão é realmente feita, há quem defenda, no novo campo da *neurofilosofia*. Como as secções anteriores mostraram, as questões acerca da relação entre os estados mentais e os estados do cérebro, nomeadamente com respeito à subjetividade, consciência e representação, têm sido centrais na filosofia da mente desde que o dualismo e os monismos não-materialistas (vários idealismos e o «monismo neutro») foram rejeitados como possibilidades sérias. Os proponentes da neurofilosofia sustentam que várias outras questões — sobre a moralidade, a intenção, o livre-arbítrio, o eu e a racionalidade — são agora suscetíveis de serem investigadas com a maior profundidade empírica oferecida pelas tecnologias de investigação da neurociência. As especulações de poltrona da investigação filosófica tradicional, afirmam, podem dar lugar a algo com uma base mais sólida e já com algumas descobertas surpreendentes e sugestivas. Ainda antes dos estudos de fMRI sobre a decisão e a volição começarem a sugerir que se trata de processos pré-conscientes, já se sabia que pessoas cujos hemisférios cerebrais haviam sido separados por comissurotomia pareciam ter por vezes dois centros rivais do eu; e os estudos da química do cérebro desvelaram ideias perspicazes sobre a natureza dos distúrbios mentais, da emoção e das ligações sociais.

Estes são bons pontos. Não é, pois, ser cético quanto a este projeto, ou crítico, dizer que, contudo, é preciso preservar um sentido de proporção quanto à sua promessa filosófica. Pois quando se pensa acerca de pessoas, dos seus carateres, do que sabem e no que acreditam, os quadros de referência conceptuais que organizam as suas perspetivas, as suas atitudes e respostas perante o mundo, e a maneira como dão peso a razões rivais para nele agir, a abordagem neurofilosófica não é senão uma parte da conversa, porque em princípio não pode ser toda a conversa. A razão já foi dada: as mentes são mais do que cérebros, no sentido de terem de ser entendidas em termos «latos». Ao dizer que as mentes individuais não se reduzem aos cérebros individuais que as realizam, estamos de novo a descrevê-las como o produto de interações contínuas de realimentação nas duas direções com pais, professores, as suas comunidades e ambientes físicos. Ponha-se a questão nestes termos: dizer que uma mente é um cérebro ligado a dois tipos de ambientes, sociais e físicos, é dizer que um cérebro que não esteja ligado desse modo não é a sede da mente. Uma descrição do cérebro que deixa de fora o contexto do seu funcionamento, e a maneira como adquiriu a parte educativa do seu caráter, não é uma descrição de uma mente.

Há uma observação empírica simples que dá credibilidade a esta perspetiva. É que os cérebros só são necessários aos seres vivos que se deslocam e para isso usam os seus sentidos. Um mapa das áreas do cérebro humano responsável pelo movimento, quando se metamorfoseia num modelo de um ser humano, mostra mãos imensas e uma boca também imensa; muito mais do córtex motor é a estas áreas dedicado do que a qualquer outra área do corpo. Outra correlação empírica é que o cérebro humano consiste de camadas da sua própria história evolutiva, com as estruturas mais primitivas (partilhadas com outros animais) sobrepostas por um grande córtex cerebral, responsável não apenas pela experiência sensorial e pelo movimento — e pelas complexas interações entre ambos — mas também pelas operações mentais do pensamento e da razão, e pelo uso da linguagem, assim como pelo grau de complexidade social em que um ser humano tipicamente se move, uma complexidade que talvez não se distinga em *espécie* da de outras espécies, mas que se distingue certamente em *grau.*

Um corolário importante quando se pensa sobre a mente como categoria irredutível — pois é isso que sugerem as observações anteriores — é o papel desempenhado pelo conceito de *eu*. A preocupação de John Locke quanto à identidade pessoal encerra uma dimensão interessante: centra-se na noção de *pessoa,* escolhida para evitar que o princípio da continuidade da identidade dependa do corpo, que cresce, muda e envelhece, e que pode ser afetado por, digamos, um acidente, em que as memórias, caráter e propósitos associados àquele indivíduo poderão desaparecer e ser completamente substituídos, ainda que o corpo seja o mesmo. Recorde-se o que se disse de Phineas Gage num caso precisamente assim. A escolha por parte de Locke do conceito de «pessoa», e não de «eu», foi deliberada. Uma *pessoa* é uma entidade *forense,* ou seja, um ser que tem direitos e responsabilidades morais e legais. Um ser humano adulto normal é uma pessoa, uma companhia comercial é uma pessoa, um bebé não é uma pessoa (tem direitos, mas ainda não tem responsabilidades), e um ser humano demente deixou de ser uma pessoa, exceto pela cortesia que o nosso cuidado e compaixão nos faz dispensar-lhe. Estas são questões de definição. Para Locke, a autoconsciência de ser uma coisa assim exige memória, e a memória implica continuidade dessa autoconsciência; daí a sua escolha de «pessoa» como a entidade que persiste. Segue-se — e ele aceitava a implicação — que se uma pessoa deixa de se lembrar de fases anteriores da vida, já não é essa pessoa; a cadeia da sua identidade foi quebrada.

Os teólogos que punham as três propriedades da identidade, do eu e do ser pessoa numa «alma» ficaram chocados, como se observou, com a sugestão. Grande parte da discussão que se seguiu à proposta de Locke pôs de lado o aspeto forense de ser pessoa e pensava integralmente em termos de um *eu,* algo circularmente, porque reintroduziu a ideia de uma entidade metafísica que não é muito diferente de uma alma e, portanto, fácil de rejeitar — como o fez o sucessor setecentista David Hume, ao perguntar se encontraríamos um «eu» entre as nossas perceções e sentimentos caso olhássemos para o nosso interior. A sua resposta era: não, não encontramos tal coisa; só encontramos um feixe temporário das mencionadas perceções; e ele considerava que isto era uma refutação empírica da ideia de um eu, que consequentemente descreveu como uma ficção útil, que nos permite imaginar que continuamos idênticos a nós mesmos ao longo do tempo. A sua teoria é por isso conhecida como «teoria do feixe».

As perspetivas de Hume sobre o eu e a identidade pessoal foram publicadas cinquenta anos depois da teoria de Locke. Entretanto, houve uma grande controvérsia sobre a questão, e não apenas entre Locke e os teólogos (especialmente um bispo chamado Edward Stillingfleet), mas entre o público leitor em geral. Tornou-se uma questão tal que, em 1712, a revista *Spectator* exigiu uma conferência de «todas as inteligências do reino» para decidir a questão do que é a identidade pessoal.[2] Pouco depois, um grupo conhecido como as «inteligências *Tory*» («*Tory*» tinha na altura conotações diferentes[3]), incluindo o satirista Jonathan Swift, o poeta Alexander Pope, o dramaturgo John Gray, o médico da rainha John Arbuthnot e o estadista Visconde Bolingbroke, entre outros, decidiu parodiar os debates do dia, escrevendo um livro chamado *As Memórias de Martinus Scriblerus,* sendo o herói Martinus um entusiasta que metia a colherada em todos os debates, mas nunca com muita inteligência. Uma secção do livro é dedicada à questão da identidade pessoal, de uma maneira que hoje seria considerada de mau gosto, envolvendo um par de gémeas siamesas, uma das quais se casa com Martinus — daí os dilemas que surgem — mas que convoca os argumentos de maneira brilhante.[4]

É defensável que o legado de longo prazo do debate sobre o eu foi significativo. Apesar da rejeição sem peias do conceito, por parte de Hume, uma característica significativa das atitudes românticas com respeito à propriedade artística dos produtos da criatividade pode ser encarada como algo que dependeu de se abraçar integralmente a ideia do eu. Considere-se a ideia do «génio»: originalmente, um génio era um ser que se debruçava sobre o nosso ombro e sussurrava inspirações («in-spir-ação» quer dizer «introduzir ar») ao ouvido. A conceção romântica transporta o génio para o eu artístico e identifica ambos. As linhas de abertura de *Hertha,* de Swinburne, poderiam servir de lema do eu criativo: «Eu sou o que começou; de mim desenrolam-se os anos; de mim, Deus e homem». A ideia de eu fora, poder-se-ia dizer, democratizada; toda a gente era ou tinha um eu, um indivíduo em pleno sentido, um estatuto outrora atribuído principalmente, se não em exclusivo, a grandes figuras heroicas que se destacavam da multidão.

Não é uma distância muito grande da ideia de eu para a de que tal terá profundidades irrefletidas, das quais não estamos cientes. Uma influência indireta a este respeito emergiu do pensamento de um contemporâneo mais velho de Locke, o filósofo Bento de Espinosa. Nos últimos dois livros da sua grande obra *Ética,* respetivamente intitulados «Da Servidão Humana» e «Da Liberdade Humana», ele fala de como podemos ficar acorrentados por ideias nada claras, semiformadas e imperfeitamente realizadas, inconscientemente apreendidas, ou que só semiconscientemente o são, das quais nos libertamos quando as compreendemos claramente e também nós próprios, e vemos a verdade. Uma especulação interessante é em que medida a ideia de eu e do indivíduo, consciente ou não, nos «mestres da suspeita» dos séculos XIX e XX — Marx, Nietzsche e Freud — é em si devedora da ideia de eu, da individualidade e da pessoa, desde Locke.

Menciona-se tudo isto porque, ao discutir a mente, é preciso abordar também a questão do eu — do sentido do eu, o estar ciente de si, a natureza perspética da experiência em que cada indivíduo está no centro de um Universo no espaço, no tempo e nas interpretações dos significados pessoais e sociais do que acontece nessa experiência. Na medida em que a neurociência explora a base e a natureza da mente, compromete-se a dizer também algo sobre o eu. Na verdade, tem de fazê-lo: a experiência de «estar no mundo» é uma dimensão crucial da vida mental consciente, e relaciona-se não apenas com a perceção, a proprioceção (estar internamente ciente do nosso corpo, abrangendo tanto o que está acontecendo nele como o que estamos a fazer com ele) e a intencionalidade, mas também com os contextos da informação que está sendo processada pelo indivíduo nesses aspetos.

Tanto o conceito de «integração» como o de «emoção» vêm ao espírito, e ligam-se entre si, quando pensamos sobre a maneira de analisar a ideia de eu. Nas teorias computacionais da consciência anteriormente esboçadas, a integração da informação desempenha um papel crucial, o que se repete em teorias como as de Michael Gazzaniga do eu como um «intérprete». Para outros teorizadores, como António Damásio, a consciência tem a sua fonte no (inicialmente mal definido) *sentimento* de ser um eu. Tanto a ideia de uma função consciente de supervisão do eu como a ideia de uma sede emocional do estar ciente de si situam-se em níveis elevados, na perspetiva dos alvos atuais de investigação em neurociência, mas parecem menos intratáveis do ponto de vista de teorias que acolhem as propriedades emergentes, e ainda menos do que se poderia chamar teorias *operacionais*, em que o conceito de eu, entendido nos termos de Gazzaniga ou de Damásio, desempenha um forte papel explicativo. Quer a perspetiva emergentista ou operacionalista (não são incompatíveis) convençam ou não, chegará a altura em que uma ciência acabada da mente terá de incluir uma explicação da razão pela qual um sentido do eu é uma característica tão central da experiência.

Como o título do livro sugere, *O Sentimento de Si,* Damásio considera que a consciência consiste num tipo especial de sentimento: o «sentir o sentir».[5] Considere-se a sua emergência em termos de desenvolvimento. Sentir o que estamos sentindo é um nível primitivo do eu, um forte e persistente estar ciente, ainda que inicialmente vago, de ocupar o que posteriormente consideramos que é a nossa própria perspetiva única de primeira pessoa. O eu e os seus objetos — as coisas que provocam em nós respostas emocionais — acabam por constituir um modelo relacional do mundo; neste ponto, a consciência avançou de um sentir o sentir para um sentir que se sabe. Para Damásio, isto oferece uma via para o fenómeno central do eu consciente: o sentido que temos de sermos senhores e espetadores de um filme no cérebro que é a nossa própria experiência consciente, representando um mundo para nós, do qual somos o centro.

Estamos familiarizados com tudo isto; a parte interessante é que a neurociência ajuda a completar a explicação. Um fenómeno que Damásio afirma tê-lo surpreendido nos dados sobre patologias da consciência foi que alguns pacientes podem estar em estado de vigília e suficientemente cientes do que os rodeia para interagir com essas coisas, mas de maneiras nada conscientes, mostrando que a consciência não é o mesmo que simplesmente a vigília ou a sensibilidade a estímulos. Para compreender a dimensão adicional que é a consciência, é preciso identificar como conferiria vantagem com respeito à sobrevivência; caso contrário, os mamíferos superiores não a teriam desenvolvido. A sugestão de Damásio é que utilizar apropriadamente a energia, e proteger o organismo dos danos, que são os objetivos principais de qualquer criatura viva, são muitíssimo aprimorados pela capacidade do organismo para se pôr num mapa do seu ambiente, e para fazer planos e para ajuizar quanto aos melhores cursos de ação relativamente a esse mapa. As criaturas que são autómatos — apesar de estarem cientes do seu ambiente e de a ele serem sensíveis — poderão fazer isto suficientemente bem, mas não tão bem como as criaturas genuinamente conscientes.

Damásio aceita as provas do tipo de dados neurológicos e neuropsicológicos, anteriormente descritos, que indicam que há um grau de localização de capacidades mentais e que grande parte do processamento mental ocorre em níveis nada conscientes, mas acrescenta as teses de que as mesmas provas apoiam a ideia de diferentes níveis de consciência, e que a consciência não é uma coisa, mas várias. Assim, ele distingue entre a *consciência nuclear* e o seu associado sentido primitivo do eu, e os fenómenos de nível superior da *consciência alargada* e do seu objeto, a que ele chama *eu autobiográfico.* Desta perspetiva, a consciência não é identificada com as funções cognitivas da linguagem, memória, razão e atenção, nem é vista como algo que é constituída por elas; ao invés, é encarada como mais fundamental, porque aquelas funções a pressupõem.

Um aspeto do trabalho anterior de Damásio que é um elemento nesta teoria é que as emoções são fundamentais tanto para a consciência como para o raciocínio.[6] Os défices de consciência em pacientes com lesões cerebrais são sempre acompanhados de défices de capacidades emocionais. Damásio descobriu também que as lesões cerebrais que destroem a capacidade para sentir certas emoções podem, de modo semelhante, resultar em défices no raciocínio; tal como demasiada emoção interfere na lógica, também a sua escassez o faz. Mas é o ponto direto sobre a relação da emoção com a consciência que é mais intrigante, pois localizar as origens da consciência no sentimento é dizer que a emoção está na base do pensamento e da identidade pessoal.

Gazzaniga desenvolveu a sua teoria do «intérprete do cérebro esquerdo» nos trabalhos — acima descritos — realizados com Roger Sperry, um neuropsicólogo galardoado com o prémio Nobel, com pessoas que foram submetidas a operações de comissurotomia, que lhes separaram os hemisférios do cérebro.[7] Incentivado por observações do tipo das que descrevemos anteriormente, Gazzaniga conduziu experiências com três pacientes, inicialmente — um deles tanto antes como depois de se realizar a comissurotomia —, e derivou as suas conclusões destas observações e do trabalho posterior que nelas se inspirou. Um relato preciso dessas observações, e, por conseguinte, também da conclusão expectável a tirar do completo potencial reducionista da neurociência, é fornecido pela sinopse de abertura de uma entrevista a Gazzaniga, conduzida por Shaun Gallagher, no *Journal of Consciousness Studies:* «A psicologia morreu. O eu é uma ficção inventada pelo cérebro [...] A nossa aprendizagem consciente é uma observação *post factum,* uma memória de algo que o cérebro já fez. Não aprendemos a falar; o discurso é gerado quando o cérebro está preparado para dizer alguma coisa [...] Pensamos que mandamos nas nossas vidas, mas de facto não mandamos.»[8]

Desta perspetiva, a ficção de um eu é uma propriedade emergente da natureza muitíssimo modular da atividade do cérebro. «Muitíssimo modular» quer dizer que há mais de muitas funções localizadas, que operam no cérebro em diferentes níveis, e todo o trabalho de cognição e emoção é feito por elas, sem intervenção consciente. Quem manda é o cérebro; o Intérprete, localizado no hemisfério esquerdo, oferece justificações *post facto.*

> Se me perguntar por que razão dei um salto, eu diria que me pareceu ver uma cobra. A resposta faz certamente sentido, mas a verdade é que saltei antes de ter consciência da cobra: eu vi-a, mas não sabia que a tinha visto. A minha explicação parte da informação *post hoc* que tenho no meu sistema consciente: o facto é que saltei e que vi a cobra. A realidade, contudo, é que saltei muito antes (num mundo de milissegundos) de ter consciência da cobra. Não tomei uma decisão consciente de saltar, que depois executei conscientemente. Quando respondi à pergunta, estava, num certo sentido, a contar historietas: estava a dar uma explicação fictícia de um acontecimento anterior, acreditando que é verdadeira. A verdadeira razão do meu salto foi uma reação automática, nada consciente, à resposta de medo posto em ação pela amígdala. A razão que me fez contar historietas é que os nossos cérebros humanos são levados a inferir causalidades. São levados a explicar acontecimentos que fazem sentido a partir de factos dispersos.[9]

O objetivo do intérprete de dar sentido pode levar a problemas; gera aquilo a que se chama a «falácia narrativa» — a interpretação enganadora de acontecimentos como historietas que têm uma estrutura ordenada de causa e efeito — e não raro leva a erros, como acontece com uma série de apostas perdidas no casino, que nos faz pensar que a nossa sorte tem de estar prestes a mudar.

A conclusão de Gazzaniga é que as atividades do intérprete como um racionalizador *post facto* enganam-nos, fazendo-nos pensar que somos um eu unificado que está, ou poderá estar, no comando das operações das nossas escolhas e decisões, das nossas vidas e da crónica da nossa vida. O cérebro, na sua multitude de módulos independentes, faz tudo antes de sabermos o que está fazendo. O intérprete pode ser enganado para aceitar uma quantidade de ilusões e erros, tanto experimentalmente como em situações do mundo real, nestes últimos casos devido a lesões e doenças a que o cérebro está sujeito, o que reforça a prova de que «não é melhor do que a informação que recebe», como diz Gazzaniga, dos sistemas que constituem o cérebro.

À partida, há uma incoerência no coração desta explicação. Pense-se no exemplo do apostador: o intérprete, impondo a sua ideia de lógica, pensa que não pode continuar a perder para sempre, e que uma longa série de apostas perdidas tem «certamente» de estar prestes a mudar; e assim a pessoa continua jogando — ou seja, *escolhe* continuar jogando. Se fosse verdadeira uma teoria, avessa a Gazzaniga, de que há um eu que controla e que está de algum modo presente no cérebro, esta escolha teria o efeito de direcionar os módulos relevantes do cérebro para comprar mais fichas, chocalhar os dados no copo, atirá-los para a mesa, e assim por diante. Mas, na teoria de Gazzaniga, apesar de o intérprete se estar a enganar a si mesmo ao pensar que a sua série de apostas perdidas tem de acabar, ele — *ele* — não escolhe continuar a jogar; nem ele nem seja o que for faz qualquer escolha; só há atividade cerebral sem consciência. Mas então por que razão continua o cérebro a jogar? Se o cérebro faz o que faz sem consciência, não interessa o que pensa o intérprete; este é um epifenómeno. Mas então o que explica o *resultado* aparente dos erros do intérprete, se este não tem qualquer efeito na atividade do cérebro e, por seu meio, nas suas ações que ocorrem no ambiente social e físico?

O refrão do reducionismo neurocientífico — que, repita-se, pode muito bem ser verdadeiro — é que cada um de «nós» é levado ilusoriamente a pensar que «eu» existo, pois não há qualquer «eu», só há a sua ilusão. Como na questão suscitada pelas perspetivas de Dennett, *o que* (dado que não podemos perguntar *quem*) está a ser levado a pensar ilusoriamente que o «eu» existe? Se há algo que se aproveita das perspetivas de Descartes, é que alguma coisa tem de dar conta do (ilusão do?) poder persuasivo do seu *cogito*, «penso, logo existo». *O que* pensa falsamente que existe? Além do mais, se não existe qualquer «eu», então não existe também qualquer «eles»; não habitamos um mundo de pessoas, ou de agentes, mas de autómatos — mortos-vivos, para não falar com rodeios — e os conceitos de natureza humana, agência, moralidade, responsabilidade, valor e significado são também ficções; pensar que não o são, como de facto pensamos, é viver de acordo com uma teoria sobre nós e o mundo que está imensa e sistematicamente errada.

É quase certamente verdadeiro tudo o que Gazzaniga afirma sobre o elevado grau de modularidade do cérebro, o processamento largamente inconsciente que leva a cabo, e o emergente intérprete do cérebro esquerdo que é alimentado com informação oriunda de todos os seus módulos. O único ponto em que um crítico poderá discordar é que o intérprete seja apenas um epifenómeno. Tudo o que Gazzaniga diz é consistente com a ideia de que, por meio da arquitetura do próprio órgão, a propriedade emergente da interpretação é causalmente eficaz na sua resposta às atividades modulares do cérebro. Afinal, os dados empíricos mostram que os níveis mais elevados de processamento visual realimentam os inferiores e atuam neles. As teorias do tipo da de Gazzaniga dizem, na prática, que a realimentação acaba a certo ponto — não vai além dos módulos superiores — e que, de algum modo, não ocorre ao nível mais elevado: ao nível do intérprete. Dir-se-ia até que isto vai ao arrepio do que são também dados empíricos — os dados que temos sobre nós próprios (Damásio: o «sentimento de ser um eu») e os dados subjacentes à teoria que usamos para orientar as nossas interações com outros seres humanos e com os animais, nomeadamente, que também estão conscientes e que são agentes intencionais.

Enumerar os problemas investigativos que afetam a neurociência (buraco da agulha, mapa, interferência, etc.), tal como afetam quase todas as formas de investigação, faz-nos não perder de vista o facto de esta importante ciência ser muito jovem. Contudo, o problema investigativo que mais afeta pesquisas jovens é o problema do remate — na sua forma comum, o desejo de chegar a uma conclusão, de ter uma explicação ou crónica acabada, de arrumar as coisas e sair; mas neste caso seria melhor chamar-lhe *saltar para conclusões.* As correlações neurais das funções cognitivas estão a ser identificadas com uma precisão cada vez maior, de maneiras que já oferecem aplicações clínicas e muita esperança. Com vista ao problema de Ptolemeu a este respeito — «funciona, mas é verdadeiro?» —, ajustar a inversão dramática que decorre para a nossa perspetiva da natureza humana, de que não somos agentes, mas mortos-vivos, faz-nos parar para pensar. Sim, poderá ser verdadeira; nesse caso, o que faremos quanto a isso? Nada? Viver a mentira que contamos a nós próprios, e continuar a castigar-nos e a recompensar-nos, a nós e aos outros, a educar as nossas crianças com a esperança de fazer deles seres inteligentes e amadurecidos, debatermo--nos com as nossas consciências, ler, aprender e ouvir debates, pensar que com isso nos informamos e melhoramos as escolhas que fazemos — tudo uma ilusão porque o cérebro já está a fazer o que pensamos que somos «nós» que fazemos?

A alternativa é dar à neurociência a tarefa difícil de compreender realmente a consciência e o eu, seja para explicá-los seja para eliminá-los, mas em qualquer caso para dar conta do facto empírico da experiência profunda e persistente de ambas. Isto não é mais do que uma continuação do desafio de Crick e Koch para fazer da própria consciência um alvo de estudo científico. Nas décadas que medeiam entre a formulação do desafio e a data em que escrevo, a tendência principal tem sido eliminar a consciência ou, pelo menos, a sua influência; se uma só nota de cautela emerge da discussão, é que isto poderá ser um caso de saltar para conclusões.

O uso moralmente questionável de tecnologias de investigação neurocientífica já não é uma possibilidade de ficção científica. Uma nova geração de técnicas de deteção de mentiras é uma possibilidade real, e a perspetiva de identificar o *conteúdo* dos estados conscientes já não é remota; o exame da ativação dos sistemas visuais já dá aos investigadores indicações relativas ao conteúdo.[10] Uma implicação tanto dos pressupostos como dos objetivos da neurociência é que um estado aperfeiçoado desta ciência irá permitir uma comunicação mais direta — ou seja, não por meio das vias sensoriais comuns — com os cérebros (o que é desejável no caso de pacientes vítimas da síndrome do enclausuramento), e, além disso, o corolário de tudo isto: a capacidade para especificar o conteúdo de estados cognitivos, ou, na linguagem popular: «ler o pensamento». A perda total da privacidade dos nossos pensamentos é uma coisa; a perspetiva de técnicas para controlá-lo, introduzindo pensamentos e memórias, extinguir memórias existentes, alterar a personalidade, controlar o comportamento, e qualquer uma destas atividades, tendo em vista propósitos tanto malignos como benignos, tem também de se ter em consideração; nada disto está para lá dos limites do que é concebível, dado o que já se sabe na neurociência, e as capacidades que já existem.

Alhures, introduzi uma noção com a designação de «lei de Grayling», que afirma que *tudo o que PODE ser feito SERÁ feito, se for vantajoso para quem o faz.* (O corolário é que *coisas que podem ser feitas NÃO o serão se tiverem custos para se poder preveni-las* — o que explica por que razão não se atua suficientemente com respeito à mudança climática antropogénica, às doenças que podem ser prevenidas nas regiões pobres do mundo, e coisas semelhantes.)[11] Esta lei implica que desenvolvimentos problemáticos, como sistemas autónomos de armamento, modificação genética de fetos, usos da IA que violam desideratos das liberdades civis, neurociência de controlo das mentes, *irão ocorrer* porque são inevitavelmente vantajosas para agências privadas e públicas de várias maneiras óbvias. Das três áreas de progresso do conhecimento examinadas neste livro, a neurociência é a que mais e mais de perto suscita questões morais. Apesar da inevitabilidade férrea da minha inquietante lei, como vemos no exemplo dos esforços valorosos, mas fundamentalmente ineficazes, por parte de grupos de direitos humanos e de agências internacionais como a ONU, para controlar os sistemas autónomos de armamento letal, haverá debate e ansiedade quanto à neurociência, quando os seus avanços começarem a chegar a um ponto de viragem nas aplicações. Nunca é demasiado cedo para começar esses debates.

CONCLUSÃO: A PERSPETIVA DO OLIMPO

A humanidade passou das certezas da fé para as incertezas do conhecimento, da fé para a ignorância, pelo caminho do conhecimento — uma nova ignorância, repleta de conhecimento, um estado de coisas surpreendente e paradoxal porque foi muito o que se aprendeu, e muito o que se ganhou em domínio das coisas, em resultado da grande missão de procurar conhecer — e, contudo, como quem sobe uma montanha, quanto mais subimos mais se alarga o horizonte da nossa ignorância; vemos que as próprias fronteiras do conhecimento estão para lá do horizonte e não são mapeáveis.

A imensa dimensão da ignorância que nos é revelada pelos nossos passos de gigante no conhecimento sugere que estamos só no início de uma viagem. Se a humanidade conseguir sobreviver a estes primeiros passos — não há garantia de que conseguirá fazê-lo; estamos ainda enleados em demasiado primitivismo no nosso pensar e sentir: vamos para a guerra, desentendemo-nos, acreditamos em tolices, desperdiçamos as nossas vidas em trivialidades — o mundo, o tempo e a mente serão vistos por quem estiver mais além na crónica da humanidade de maneiras para nós hoje inconcebíveis.

Os tempos modernos começaram no século XVI, quando se abandonou a ideia de que era possível a um só indivíduo saber tudo o que há para saber. A ideia do «homem renascentista» era a de alguém que pudesse avistar de costa a costa, do topo da montanha epistémica — a perspetiva do Olimpo, por assim dizer. Atualmente, pouquíssimas pessoas há que se afirmam capazes de ter tal perspetiva, ainda que em termos generalistas. A especialização, necessária para que se consiga fazer avanços genuínos no conhecimento, coloca-nos em silos. Um historiador que estude a Idade do Bronze é de prever que pouquíssimo saberá de física quântica, e o físico quântico pouquíssimo saberá de história da Idade do Bronze. Os grandes passos em frente da humanidade na via do conhecimento foram conseguidos pagando o preço de perder um conspecto, um sentido do lugar que ocupamos no tempo e nos significados, um sentido da perspetiva humana por entre a imensidade de coisas que não são humanas e que por vezes são desumanas.

O propósito da educação deveria ser equipar-nos com um conhecimento exaustivo de uma especialidade para a qual temos talento, e ao mesmo tempo com uma boa literacia geral em ciência, história — incluindo a história das ideias — e as artes. O ensino superior passou por uma inversão notável. Passou de *ter como objetivo uma literacia geral,* deixando que o conhecimento especializado se forme por si mais tarde, em resultado do interesse individual e da experiência, *para o objetivo de inculcar conhecimento especializado,* deixando que a literacia geral se forme por si mais tarde em resultado do interesse individual.[1] A inversão ocorreu sem um abrigo de permeio, como um interruptor que se aciona. Nas jurisdições educativas em que tanto a literacia geral como a especialização são valorizadas, e em que as suas vantagens mútuas são compreendidas, a ideia de artes liberais a nível da licenciatura e da especialização como uma aquisição de pós-graduação foi em tempos persuasiva; a impaciência, a despesa e as necessidades exigentes de economias que procuram soldados rasos para os seus comércios tecnológicos estão a esgotar a ideia de que a educação e a maturação intelectual precisam de andar juntas, e que ambas devem ser substituídas pela tarefa única do *adestramento.* Um corolário disto é o desejo de encurtar o ensino superior para dois anos, reduzindo-o a metade ou a menos disso do que era a norma durante grande parte da sua existência de mil anos.

Se o impulso para a especialização, e para adestrar em vez de educar, for tão longe que as conexões entre os diferentes campos de investigação se tornem invisíveis, e em particular se o hiato entre as «duas culturas» da ciência e das humanidades, identificado por C. P. Snow em meados do século XX, crescer ainda mais do que já cresceu, haverá o perigo muito real de não se conseguir administrar as questões humanas. Tome-se um único exemplo: a IA e a sofisticação da tecnologia informática (incluindo a sua miniaturização) em sistemas de armas, especialmente se forem autónomos, estão já a ser combinados e em rápido desenvolvimento.[2] Numa ordenação das coisas em que nenhumas conexões se fazem entre o impacto dos desenvolvimentos tecnológicos, por um lado, e as considerações sociais, políticas, legais, morais e humanitárias, por outro, poderão ocorrer perigosas dessintonias.

Compreender o quanto sabemos, e quão imensa é a ignorância exposta pelo nosso aumento do conhecimento, é valioso para nos ajudar a manter visíveis as conexões. E também é proveitoso noutros aspetos. No passado, numa era de incertezas — sobretudo teológicas — a certeza podia ser homicida. Pensava-se que se eu tenho razão e o leitor está enganado, especialmente acerca das grandes questões que dizem respeito à realidade e à segurança das nossas almas, o seu erro é perigoso, e é preciso dar-lhe resposta. Mas se estivermos todos a remar juntos no barco da investigação, sobre um mar de ignorância, a nossa perspetiva muda — para melhor.

Este ponto pode ser expresso por outras palavras: palavras acerca da verdade. Na Introdução, formulei-o como uma pergunta: «*O problema da verdade.* Dado que a investigação empírica nos dá probabilidades refutáveis, quais são os padrões (como a escala sigma na ciência) que se pode considerar que são satisfatórios, quase certos? Sugere isto que temos de tratar o conceito de verdade de maneira pragmática, como um objetivo da investigação (talvez inatingível) para o qual, no plano ideal, esta converge estrategicamente? Onde nos deixa isto com respeito ao conceito da própria "verdade"?»

A resposta está inserida na própria pergunta. O conceito de verdade é o conceito de uma idealização, em direção à qual a investigação se esforça com todo o ser, e em comparação com o qual medimos o grau de confiança que pomos nas nossas descobertas e propostas. Isto tem uma implicação importante: que quando pensamos no conhecimento como a nossa crença melhor e mais rigorosamente apoiada, estamos afinal a pensar na *racionalidade,* no que é *racional* acreditar. «Racional» quer dizer «*rácio*-nal», ou seja, *proporcional;* diz respeito ao rácio ou proporção entre as nossas crenças e as provas que temos para elas e a solidez do raciocínio que lhe aplicamos. É por isso que é *irracional* acreditar que há fadas no fundo do jardim. Afinal, todas as provas de fadas vêm de crónicas, lendas e das crenças das outras pessoas. Isto aplica-se a não poucas maneiras influentes de pensar, nomeadamente a religião.

Há uma assimetria entre crenças racionais (tomadas como verdadeiras quando as provas que as apoiam são muito fortes) e crenças irracionais (tomadas como inequivocamente falsas quando, além disso, descobrimos que usá-las como pontos de partida ou agir na sua base leva a uma alta incidência de maus resultados). A assimetria é que descobrimos que as crenças racionais tendem a ser muitíssimo coerentes entre si — mutuamente consistentes, apoiando-se muitas vezes reciprocamente, e quando a coerência falha (como entre a mecânica quântica e a teoria da relatividade geral), não se deixa a questão como está. As crenças irracionais, por outro lado, tendem a ser independentes entre si, e duas ou mais podem ser sustentadas juntamente ou em simultâneo com crenças racionais, e são-no amiúde, ainda que sejam inconsistentes. Um exemplo do primeiro caso é quando se acredita que os fantasmas podem passar através das paredes — sem interagir com a matéria — e nos podem fazer mal — assim interagindo com a matéria. Salientar este aspeto foi o que fiz para tentar dissuadir os meus próprios filhos, quando eram crianças, de ter medo do sobrenatural. Um exemplo do segundo caso é sustentar a crença de que a divindade é omnipotente e totalmente boa, o que é inconsistente com o reconhecimento de que existem males naturais, como os cancros infantis; a inconsistência implica um fracasso seja da omnipotência seja da bondade, por parte da divindade — ou, mais racionalmente ainda, a inexistência de tal entidade; ainda que a solução habitual para este problema, conhecida na teologia como o «problema do mal», é que o sofrimento, incluindo as crianças que sofrem de cancro, é instrumental para um qualquer bem de longo prazo que agora nos é opaco. Dá sempre jeito varrer as dificuldades para debaixo do tapete da impenetrabilidade divina, e esse tipo de manobra é em si sinal de crença irracional.

Os doze problemas que atormentam a investigação — o problema do buraco da agulha e os outros — estabelecem os termos da investigação; são eles que têm de ser contornados, tidos em consideração, levados em conta, aceites, entendidos ou — o melhor de tudo — resolvidos. Definem a natureza da investigação. Reconhecer a sua existência anda de mãos dadas com o novo mundo de investigação que ultimamente gerou uma quantidade imensa de conhecimento e uma imensa — ainda maior — compreensão da nossa ignorância. Na idade da certeza, antes da revolução científica dos séculos XVI e XVII, quando a missão interrompida da Antiguidade clássica foi finalmente retomada, quase não se pensava nestes problemas da investigação. São os filhos do conhecimento e da sua correlativa ignorância, e são eles que podem ajudar o conhecimento, e ajudam, nas suas explorações dessa ignorância.

O conhecimento traz consigo a capacidade para fazer coisas; a capacidade para fazer coisas pode criar dilemas morais. Estes últimos podem ficar piores devido às novas ignorâncias que o novo conhecimento transporta consigo. Dos três domínios do novo conhecido aqui passados em revista, a neurociência é o que carrega consigo as sementes de coisas boas e más — tanto muitíssimo boas, como, em potência, terrivelmente más. Saber o que o conhecimento pressagia dá-nos mais hipóteses de refletir.

Um último ponto: a investigação é arrebatadora. Quando o passado humano nos olhou a partir das órbitas vazias dos crânios dos australopitecíneos, quando a Antiguidade pré-clássica emergiu dos *tell* da Mesopotâmia, quando os segredos da natureza se abriram à matemática e aos aceleradores de partículas da física, quando as faixas de diferentes orientações de um campo visual foram registadas nas células de um córtex occipital, o sentido de estar a atravessar fronteiras deu aos envolvidos uma compreensão íntima do que leva às melhores diligências da humanidade: a excitação sem paralelo da descoberta. O que há de bom numa fronteira — que difere assim de um limite, de uma margem, de um muro — é tratar-se de um convite para atravessá-la e ir em frente. E ir preparado.

APÊNDICE I

FIGURAS

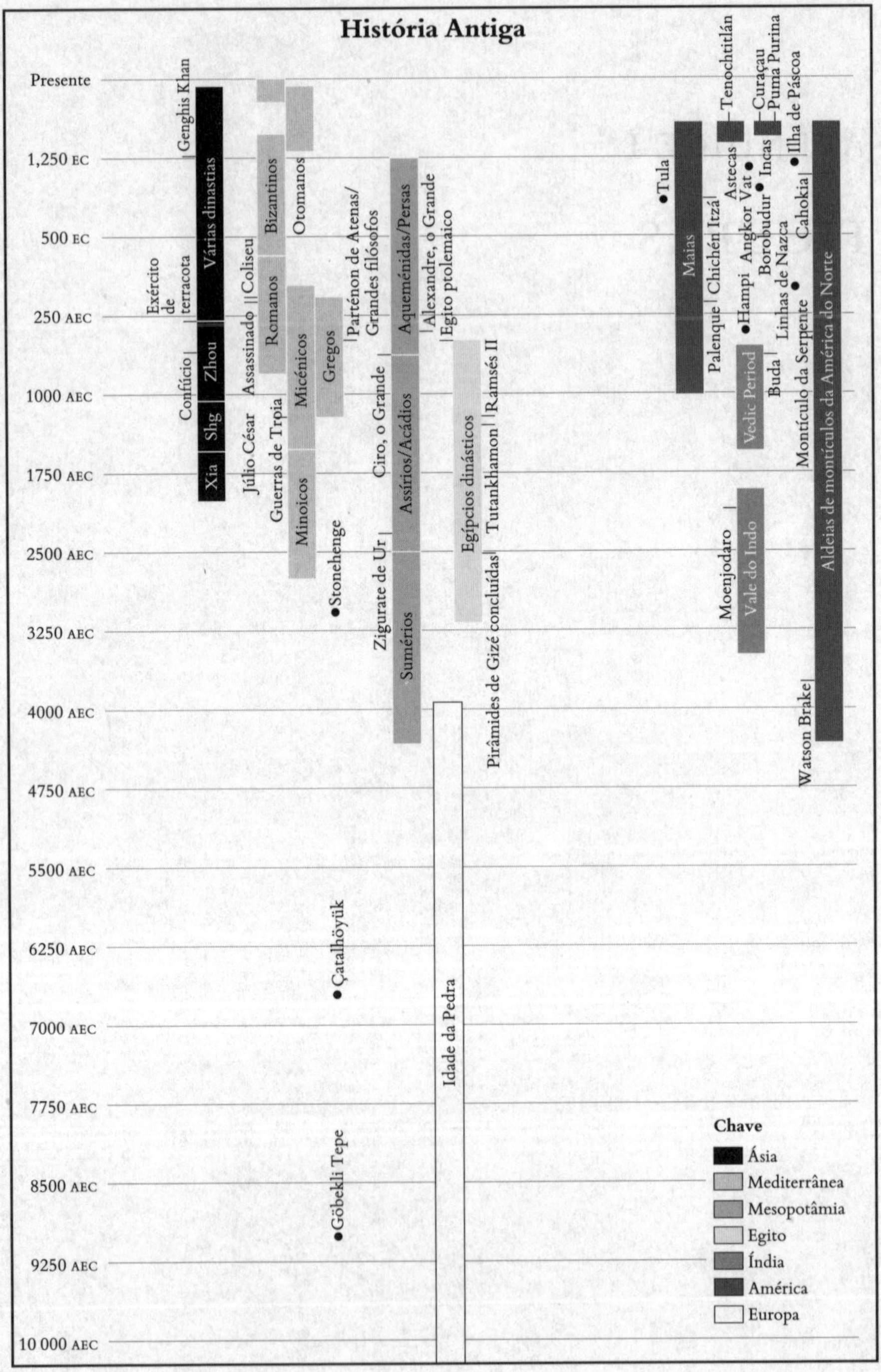
História Antiga
Presente
1,250 EC
500 EC
250 AEC
1000 AEC
1750 AEC
2500 AEC
3250 AEC
4000 AEC
4750 AEC
5500 AEC
6250 AEC
7000 AEC
7750 AEC
8500 AEC
9250 AEC
10 000 AEC
Genghis Khan
Várias dinastias
Exército de terracota
Confúcio
Zhou
Shg
Xia
Coliseu
Assassinado
Júlio César
Bizantinos
Romanos
Guerras de Trpia
Otomanos
Micénicos
Minoicos
Gregos
Stonehenge
Çatalhöyük
Göbekli Tepe
Pártenon de Atenas/
Grandes filósofos
Ciro, o Grande
Zigurate de Ur
Aqueménidas/Persas
Assírios/Acádios
Sumérios
Alexandre, o Grande
Egito ptolemaico
Egípcios dinásticos
Ramsés II
Tutankhamon
Pirâmides de Gizé concluídas
Idade da Pedra
Tula
Maias
Chichén Itzá
Palenque
Tenochtitlán
Astecas
Angkor Vat
Hampi
Borobudur
Curaçau
Puma Purina
Incas
Linhas de Nazca
Ilha de Páscoa
Cahokia
Montículo da Serpente
Buda
Vedic Period
Moenjodaro
Vale do Indo
Aldeias de montículos da América do Norte
Watson Brake
Chave
Ásia
Mediterrânea
Mesopotâmia
Egito
Índia
América
Europa

Figura 1

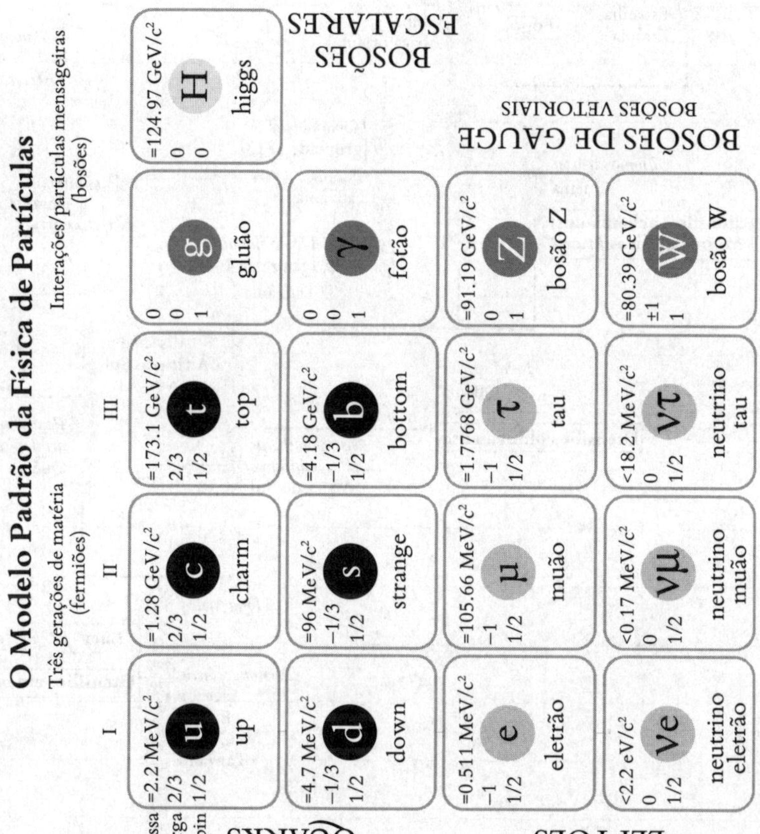
O Modelo Padrão da Física de Partículas
Três gerações de matéria (fermiões)
Interações/partículas mensageiras (bosões)
I
II
III
massa
carga
spin
QUARKS
LEPTÕES
BOSÕES DE GAUGE
BOSÕES VETORIAIS
BOSÕES ESCALARES
≈2.2 MeV/c^2 2/3 1/2 u up
≈1.28 GeV/c^2 2/3 1/2 c charm
≈173.1 GeV/c^2 2/3 1/2 t top
0 0 1 g glução
≈124.97 GeV/c^2 0 0 H higgs
≈4.7 MeV/c^2 −1/3 1/2 d down
≈96 MeV/c^2 −1/3 1/2 s strange
≈4.18 GeV/c^2 −1/3 1/2 b bottom
0 0 1 γ fotão
≈0.511 MeV/c^2 −1 1/2 e eletrão
≈105.66 MeV/c^2 −1 1/2 μ muão
≈1.7768 GeV/c^2 −1 1/2 τ tau
≈91.19 GeV/c^2 0 1 Z bosão Z
<2.2 eV/c^2 0 1/2 νe neutrino eletrão
<0.17 MeV/c^2 0 1/2 νμ neutrino muão
<18.2 MeV/c^2 0 1/2 ντ neutrino tau
≈80.39 GeV/c^2 ±1 1 W bosão W

Figura 2

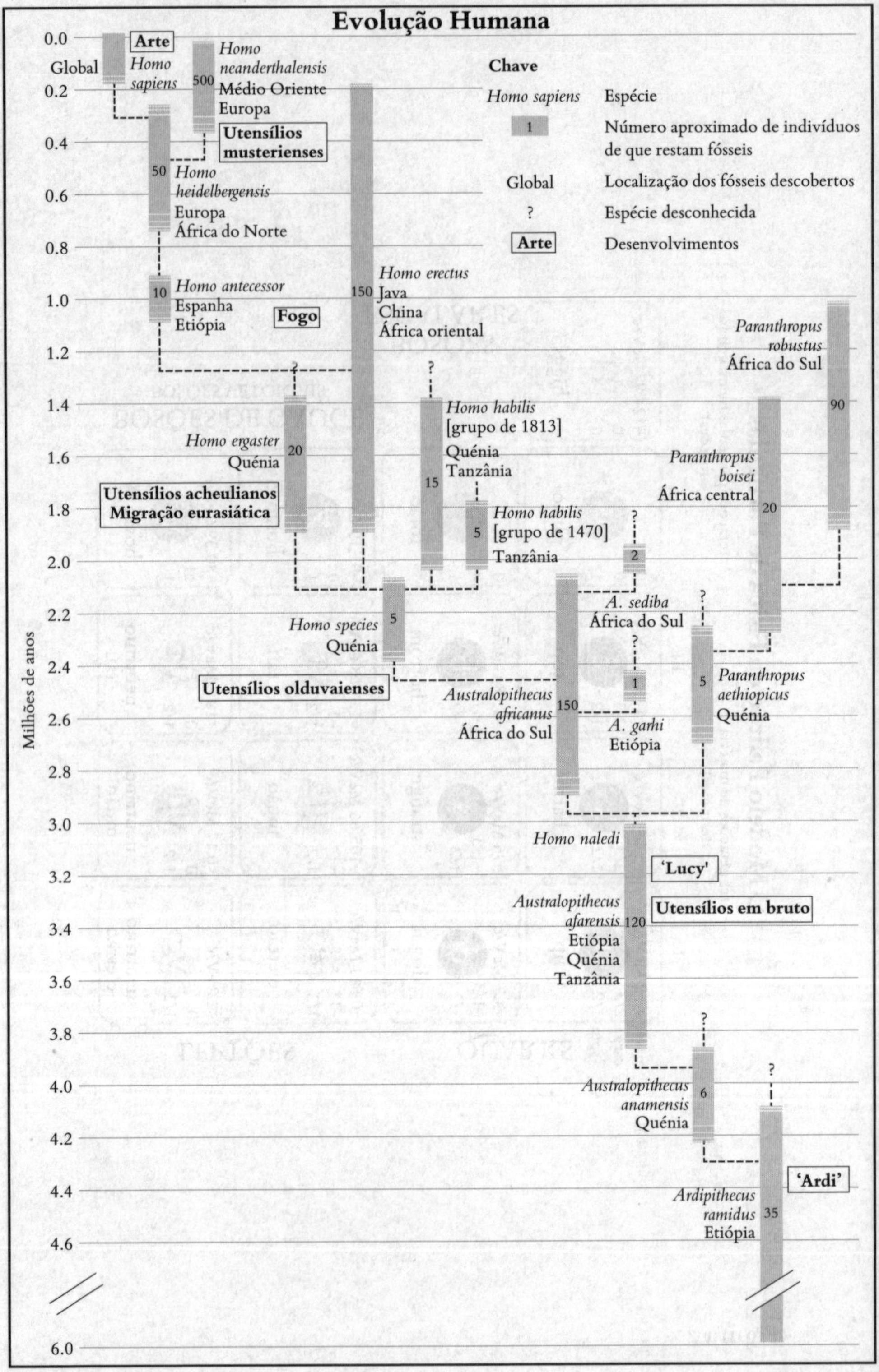
Evolução Humana
Milhões de anos
0.0
0.2
0.4
0.6
0.8
1.0
1.2
1.4
1.6
1.8
2.0
2.2
2.4
2.6
2.8
3.0
3.2
3.4
3.6
3.8
4.0
4.2
4.4
4.6
6.0
Chave
Homo sapiens — Espécie
1 — Número aproximado de indivíduos de que restam fósseis
Global — Localização dos fósseis descobertos
? — Espécie desconhecida
Arte — Desenvolvimentos
Arte
Global
Homo sapiens
500
Homo neanderthalensis
Médio Oriente
Europa
Utensílios musterienses
50
Homo heidelbergensis
Europa
África do Norte
10
Homo antecessor
Espanha
Etiópia
Fogo
150
Homo erectus
Java
China
África oriental
Paranthropus robustus
África do Sul
90
Homo ergaster
Quénia
20
Homo habilis
[grupo de 1813]
Quénia
Tanzânia
15
Utensílios acheulianos
Migração eurasiática
5
Homo habilis
[grupo de 1470]
Tanzânia
2
Paranthropus boisei
África central
20
Homo species
Quénia
5
A. sediba
África do Sul
Utensílios olduvaienses
Australopithecus africanus
África do Sul
150
1
A. garhi
Etiópia
5
Paranthropus aethiopicus
Quénia
Homo naledi
'Lucy'
Utensílios em bruto
Australopithecus afarensis
Etiópia
Quénia
Tanzânia
120
Australopithecus anamensis
Quénia
6
'Ardi'
Ardipithecus ramidus
Etiópia
35

Figura 3

Figura 4

O Cérebro

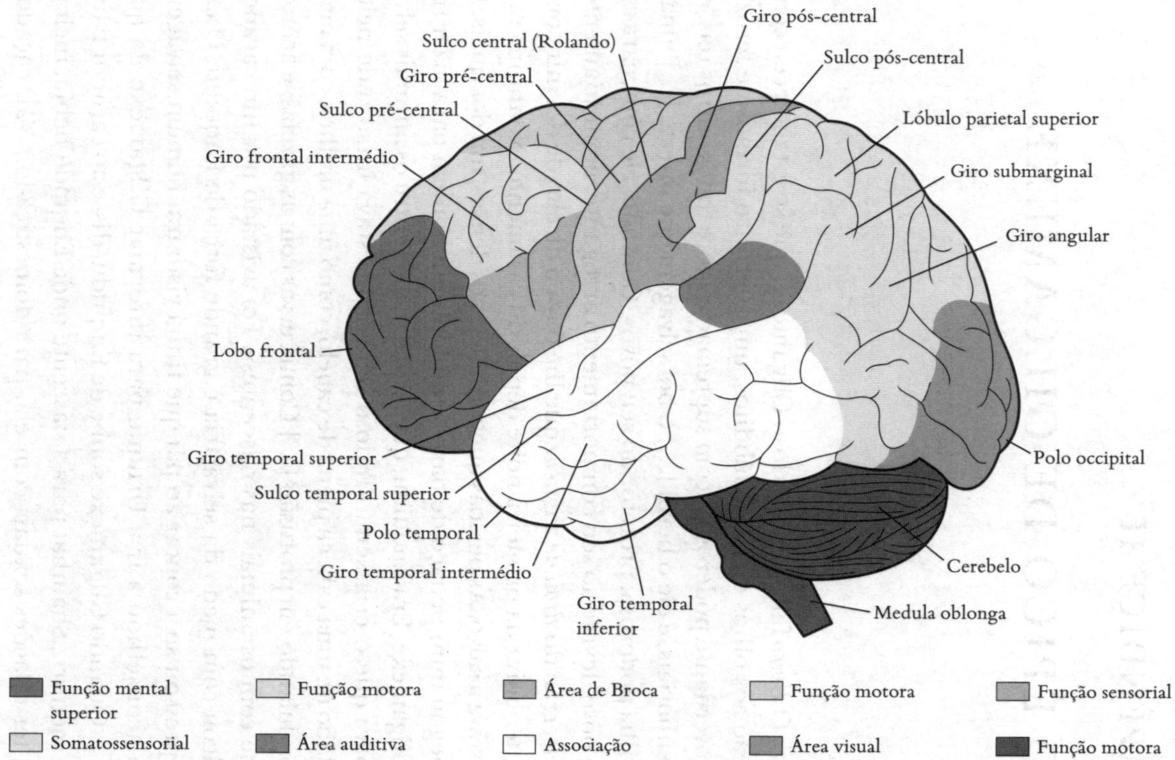

APÊNDICE II

O ÉPICO DE GILGAMEXE

O *Épico* fala do imperioso Gilgamexe, que se estabeleceu como um leão aos olhos dos seus súbditos, um guerreiro formoso e feroz, e um governante poderoso, «com supremacia sobre todos outros reis, de ares senhoriais, é ele o herói [...] o boi selvagem que investe [...] uma armadilha poderosa, protetor do seu povo». Contudo, ele começara a afligir o povo devido ao seu comportamento arrogante, nomeadamente a sua asserção do *droit de seigneur* que lhe dava o direito de dormir com qualquer noiva na primeira noite depois do casamento. Nenhuma rapariga estava a salvo. As pessoas queixaram-se aos deuses, um dos quais, Aruru, pegou num pedaço de barro e moldou um homem para fazer frente a Gilgamexe. Era Enquidu, que Aruru dispôs entre os animais selvagens, para que o criassem. «Todo o seu corpo estava hirsuto de pelos, era dono de uma cabeça plena de cabelo, como uma mulher, com madeixas ondulando em profusão [...] Comia ervas com as gazelas, e acotovelava-se com os animais nas nascentes». Foi avistado por um caçador, que ficou com medo da selvajaria e grande força de Enquidu. O caçador apressou-se a contar ao pai que tinha visto um homem selvagem, que o aconselhou a ir a Uruque para informar Gilgamexe da questão.

Quando Gilgamexe soube de Enquidu, disse ao caçador para levar a meretriz Shamhat para a nascente onde Enquidu bebia, incitando-o a ter relações sexuais com ela, para domesticá-lo. «Vai, caçador, leva a meretriz Shamhat contigo. Quando os animais estiverem bebendo na nascente, fá-la tirar as roupas e expor o sexo. Quando ele a vir, irá aproximar-se, e os seus animais, que foram criados com ele na selva, deixarão de lhe ser próximos.»

O plano foi posto em ação. O caçador e Shamhat esperaram na nascente, e quando Enquidu e os animais se chegaram à borda da água, o caçador disse: «É ele, Shamhat! Expõe o teu sexo, para que ele possa ver como és voluptuosa. Não te inibas — toma-lhe a energia! Quando ele te vir, chegar-se-á para perto. Estende o teu robe para que ele se deite contigo; executa para este selvagem o trabalho feminino. Os seus animais, que cresceram na sua selva, ser-lhe-ão estranhos, e a concupiscência fá-lo-á suspirar por ti.» Shamhat mostrou o corpo a Enquidu, e estendeu o robe, e «tomou a sua energia [...] ele ficou sobre ela, ela executou para o selvagem a tarefa das mulheres, a sua luxúria gemendo por ela, durante seis dias e sete noites Enquidu continuou excitado, e teve relações com ela até ficar saciado com os seus charmes».

O plano funcionou. Quando os animais viram o seu «corpo bastamente esgotado», fugiram, e Shamhat, dizendo a Enquidu que ele era belo, encorajou-o a acompanhá-la a Uruque, falando-lhe dos charmes da cidade e da glória e intrepidez de Gilgamexe. Entretanto, Gilgamexe teve uma série de sonhos que pressagiavam a chegada de Enquidu, sonhos que a sua mãe interpretava, dizendo-lhe que ele e Enquidu acabariam por ser amantes: «Chegará até ti um homem poderoso, um camarada que salva o seu amigo, a sua força é imensa. Irás amá-lo e acolhê-lo como esposa, e será ele que repetidamente irá salvar-te.»

Shamhat ensinou Enquidu a comer pão e a beber cerveja, e preparou-o genericamente para entrar na civilização, fazendo-o viver com alguns pastores cujos rebanhos ele ajudava a guardar contra lobos e leões. Ele barbeou-se e ungiu-se, tornando-se apresentável; e por fim lá entrou em Uruque.

Fê-lo precisamente quando Gilgamexe estava prestes a exercer o seu *droit de seigneur* numa festa de casamento, que deu grande despesa ao noivo. Enquidu, ao saber do caso, ficou indignado com a ideia de tal violação na cama nupcial, e apressou-se para o palácio da festa, impedindo a passagem e recusando assim a entrada de Gilgamexe. Os dois lutaram; quando se tornou óbvio para Gilgamexe que não iria conseguir ganhar, pararam de lutar, e o laço de amizade entre os dois foi instantâneo: «Beijaram-se, e ficaram amigos».

Falta algum texto, o que significa que não sabemos por que razão Gilgamexe e Enquidu decidiram ir à floresta cortar a grande árvore de cedro, guardada pelo monstro Humbaba, exceto que o feito lhes daria renome; pois Humbaba era temível, o seu «rugir é um dilúvio, a sua boca é fogo; e consegue ouvir qualquer restolhar na floresta a cem léguas! Quem poderá confrontá-lo, mesmo entre os deuses Iguigui?». Os dois heróis mandaram fazer armas especiais, e a jornada até à floresta foi longa, sendo Gilgamexe de novo assombrado por sonhos que pareciam maus augúrios, mas que Enquidu interpretava positivamente. Chegaram à floresta, onde Gilgamexe lutou e derrotou Humbaba. O vencido Humbaba implorou-lhe que o poupasse, dizendo que seria o seu lacaio de ora em diante; mas Enquidu persuadiu Gilgamexe a não poupar o monstro, incitando-o a «reduzi-lo a pó, matá-lo, pulverizá-lo e destruí-lo!».

Depois de derrubar o cedro gigante, «cuja parte superior chega aos céus», fizeram-no flutuar pelo rio até Nipur, para aí fazer uma porta gigantesca, e levaram a cabeça de Humbaba. Depois de lavar o pó dos seus corpos e madeixas emaranhadas, e de se terem ungido, Gilgamexe pôs a sua coroa, e ficou tão belo que a deusa Istar lhe disse: «Vem, Gilgamexe, casa comigo, dá-me a tua luxúria, fica meu marido e eu serei a tua mulher, e eu farei arrear uma quadriga para ti com lápis lazúli e ouro, com rodas de ouro e cornos de eletro, e será arreada com grandes mulas de montanha!» Mas o historial de Istar, de tomar maridos e depois desfazer-se deles de maneiras desagradáveis, fez Gilgamexe rejeitá-la, depois de fazer a lista dos maus-tratos dos seus muitos consortes — o que a fez ficar muito zangada: apressou-se a chegar ao seu pai, o deus Anu, para se queixar de Gilgamexe, dizendo que ele havia «falado de feitos desprezíveis e de maldições contra mim!» e exigindo que Anu lhe ofertasse «o boi dos céus, para que ele possa matar Gilgamexe na sua casa». E se Anu não lhe desse o boi dos céus, ela ameaçava «deitar por terra as soleiras do mundo dos mortos, vou deitar abaixo as ombreiras, e deixar as portas no chão, e deixar os mortos subir e comer os vivos!».

Anu deu a Istar a corda nasal do boi dos céus, e ela levou-o pelo Eufrates e, ao resfolegar, o boi abriu sulcos no solo, no primeiro dos quais cem jovens de Uruque caíram e foram engolidos, e no segundo duzentos jovens de Uruque caíram e foram engolidos. Enquidu agarrou firmemente o boi e gritou instruções a Gilgamexe, dizendo-lhe onde deveria usar a sua espada, entre o cachaço e os cornos; quando o boi caiu morto, arrancaram-lhe o imenso coração e apresentaram-no em oferenda ao deus Samas. Gilgamexe cortou os genitais do boi e atirou-os à cara de Istar. Esta invocou todas as «mulheres sagradas, as raparigas dos prazeres e as meretrizes e fê-las prantear os genitais [os «quartos traseiros»] do boi».

Mas matar o boi dos céus e derrubar o cedro incorreu numa sanção: em compensação, um dos dois amigos tinha de morrer. Reunidos em conselho, os deuses decidiram que tinha de ser Enquidu, que por isso ficou doente. A doença foi prolongada, e Gilgamexe observava-o ansiosamente, até ao dia em que, ao falar com Enquidu no seu leito, viu que o seu amado amigo estava morto: «Que sono é este que se apoderou de ti? Ficaste escuro e não me ouves!» E depois viu que «os olhos de Enquidu não se mexiam, apalpou-lhe o coração, e já não batia». Numa agonia de desgosto, Gilgamexe rapou a cabeça e rasgou as suas belas roupas, andando para trás e para a frente «como uma leoa a quem se tirou as crias [...] chorou amargamente, deambulando pela selva» — e então, depois de ter chorado durante oito dias junto ao corpo do amigo, viu uma larva cair da narina de Enquidu: e ficou cheio de horror perante a ideia de que também ele era mortal, e teria de morrer.

O medo da morte apoderou-se de tal modo de Gilgamexe que resolveu ir ao encontro do seu remoto antepassado, Utnapistim — «Utnapistim, o Distante», a quem os deuses deram vida eterna —, para obter dele o segredo da imortalidade. A viagem foi longa e difícil, e Gilgamexe cedo ficou reduzido a um estado deplorável de sujidade, emaciação e desarrumação, de maneira que quem com ele se encontrava não acreditava tratar-se do lendário Gilgamexe, até ele lhes explicar a sua missão e a sua razão de ser. Por fim, conseguiu atravessar as águas da morte, chegando ao lugar em que Utnapistim vivia com a sua também imortal mulher. Quando Gilgamexe explicou ao que vinha, Utnapistim disse-lhe como ele próprio adquirira a imortalidade. Quando Anu e todos os deuses exceto Ea decidiram destruir a humanidade num grande dilúvio, Ea disse a Utnapistim para construir um navio e pôr nele a família e os seus animais. Utnapistim construiu um grande navio, do tamanho de um campo, com seis cobertas, e aí armazenou azeite, cerveja, e carnes amanhadas, e trouxe os animais para bordo, e a família; e o imenso dilúvio veio e cobriu as montanhas: «Do horizonte ergueu-se uma nuvem negra [...] e a terra tremeu como um vaso [...] o dia inteiro soprou o vento de sul, submergindo as montanhas em água, submergindo as pessoas como num ataque, ninguém conseguia ver o seu semelhante, não conseguiam reconhecer-se na correnteza [...] mesmo os deuses temeram o dilúvio, e retiraram-se para os céus [...] Istar gritou como uma mulher no parto [...] Seis dias e sete noites conheceu o vento e o dilúvio, a tempestade arrasando as terras. Quando o sétimo dia chegou, a tempestade ainda golpeava, o dilúvio era uma guerra, lutando sozinho como uma mulher retorcendo--se no parto [...]»

Quando a tempestade abrandou, Utnapistim abriu uma vigia para sentir o ar fresco no rosto.[1] Enviou uma pomba, que regressou porque não encontrou terra firme. Pouco depois, enviou uma carriça, que regressou também. Mas quando enviou um corvo que não voltou, ficou a saber que as águas do dilúvio estavam a ceder.

Por salvar a vida na Terra, Utnapistim foi recompensado com a imortalidade pelos deuses, que se tinham arrependido da decisão de exterminar tudo. Contudo, tratava-se de uma graça que não estava ao dispor de Gilgamexe que, por conseguinte, teve de voltar para Uruque, desapontado. Mas houve um consolo; no regresso, descobriu uma erva que lhe teria dado de novo a juventude.

Gilgamexe encontrou a erva, mas quando um dia se deitou para descansar, uma cobra roubou-lha. O poder regenerativo da erva foi demonstrado pela cobra, que abandonou a sua pele, para revelar uma pele nova, à medida que se afastava, serpenteando.[2]

APÊNDICE III

O CÓDIGO DE HAMURABI

O esboço seguinte de algumas das disposições do *Código* dá uma imagem dos tempos em que foi escrito. Começa por dissuadir as pessoas de fazer acusações falsas, ameaçando-as com o castigo que o acusado teria recebido caso a acusação fosse verdadeira. Um teste de inocência era um salto para o Eufrates para ver se o acusado se afunda ou nada; caso nade, o acusador será condenado à morte, e o acusado ficará com as suas propriedades. Os juízes são também dissuadidos de cometer erros; caso se descubra que decidiram um caso erradamente, ficarão sujeitos a doze vezes a multa que impuseram, e serão afastados do tribunal. Quem roubar dos templos ou da corte real, e quem for recetador de bens roubados, será condenado à morte. Quem rouba gado terá de pagar trinta vezes o valor do que roubou, e se não puder pagar, será executado. Exige-se apertados padrões de prova para estabelecer que uma coisa na posse de alguém que outrem afirma ser de facto sua propriedade o é realmente, ou que o adquiriu apropriadamente. O rapto é punido com a morte. Quem entrega aos seus senhores escravos fugidos, será pago dois siclos por escravo. Os herdeiros de quem morre ao serviço do rei, ou é capturado em batalha, têm a garantia de lhe herdar a propriedade. Se o mau tempo destrói as colheitas de um rendeiro, é ele e não o proprietário das terras que tem de aceitar o ónus da perda. «Quem for demasiado preguiçoso para manter o seu dique em boas condições, e o deixar degradar-se, caso o dique rebente e todos os campos sejam inundados, então será aquele cujo dique rebentou vendido, servindo esse dinheiro para substituir o cereal que ficou arruinado por sua causa». Se um homem transformar um baldio em terra arável e a devolver ao seu proprietário, este deverá pagar-lhe durante um ano dez *gur* por dez *gan*. Se um mercador confiar dinheiro a um agente para fazer um investimento, e o corretor sofrer perdas no lugar para onde vai, deverá restituir o capital do mercador. «Se um preso morrer na prisão devido a pancadas ou maus-tratos, o senhor do preso acusará o mercador perante o juiz. Se era um homem nascido livre, o filho do mercador será executado; se era um escravo, deverá pagar um terço de uma *mina* de ouro, e tudo o que o senhor do preso deu deverá ele ceder.» Se alguém for incapaz de pagar uma dívida e se vender a si, à sua mulher, ao seu filho e à sua filha pelo dinheiro, ou se os ofertar para desempenharem trabalhos forçados, eles deverão trabalhar por três anos na casa do homem que os comprou, ou do proprietário, e no quarto ano serão postos em liberdade. Se alguém armazenar cereal na casa de outra pessoa, deverá pagar-lhe pelo armazenamento, à taxa de um *gur* por cada cinco *ka* de cereal por ano. Se a mulher de um homem for surpreendida em adultério com outro homem, serão ambos amarrados e atirados ao rio, mas o marido pode perdoar a mulher, e o rei os seus escravos. Se um homem for feito prisioneiro na guerra, e não houver sustento na sua casa e a sua mulher for para outra casa e aí tiver filhos, se depois ele regressar e vier para a sua casa, então a mulher deverá regressar ao seu marido, mas os filhos ficarão com o pai. Se um homem desposar uma mulher que não lhe dá filhos, e ele pretender desposar outra mulher, e se o fizer e levar a segunda mulher para casa, esta segunda mulher não terá igualdade perante a primeira. Se um homem desposar uma mulher, e ela for atacada por uma doença, e se ele desejar desposar uma segunda mulher, não deverá abandonar a primeira que foi atacada pela doença, devendo antes mantê-la em casa e sustentá-la enquanto viver.

E assim continua, ao longo de 282 artigos no total, abrangendo de tudo, desde o aluguer de balsas à compra de escravos, da multa que o médico tem de pagar se operar um paciente e fizer uma trapalhada («se um médico fizer uma larga incisão com a bisturi e o matar [...] terá a sua mão cortada»). O artigo 196 é o famoso «olho por olho»: «Se um homem tirar o olho de outro, terá o seu olho tirado». O artigo 200 exige um dente por um dente. Mas «se ele tirar o olho de um escravo, deverá pagar metade do seu valor».[1]

NOTAS

Introdução

1 «Os filósofos pré-socráticos: Tales», em A. C. Grayling, *Uma História da Filosofia* (Lisboa, 2020).

2 *Ibid.*

3 Histórias da ciência, e A. C. Grayling, *The Age of Genius: The Seventeenth Century and the Birth of the Modern Mind* (Londres, 2016).

4 Este é um dos meus interesses particulares como filósofo académico; em dois livros, e vários ensaios, explorei a pergunta de como nós (os seres humanos) construímos esquemas de justificação de afirmações de conhecimento do mundo acerca do qual versa a nossa experiência percetiva e o nosso pensamento.

5 Ainda que mesmo aqui surja uma questão, pois «conhecimento» nos sistemas «formais» da matemática e da lógica pode ser apenas uma questão de definição — ou seja, uma consequência da maneira como os termos e as operações dos sistemas em questão são definidos. Isto é conhecido como *conhecimento a priori* — conhecimento obtido sem recorrer à observação empírica nem à experimentação acerca de como as coisas são de facto no mundo, sendo este segundo tipo de conhecimento *a posteriori*.

6 Aparece por vezes na ciência, como em tudo o que é humano, o elemento trapaceiro — falsificando dados experimentais, apressando a publicação antes do grau exigido de confiança ter sido atingido. Mas estas anomalias são quase sempre rapidamente descobertas e corrigidas. Qualquer cientista que traia deste modo a confiança da comunidade científica é desacreditado e excluído, porque a ciência não tem lugar para tal coisa.

7 Abordarei questões sobre a medicina genética e a IA numa próxima publicação.

8 O termo «*Big Bang*» foi introduzido por Fred Hoyle numa comunicação radiofónica da BBC; sendo um dos proponentes da «teoria do estado estacionário» (veja-se a Parte I, Secção 4), houve quem considerasse que Hoyle pretendia usar o termo para ilustrar o absurdo da teoria, mas ele afirmou que se tratava apenas de dramatizar o que ela implica.

9 Calcula-se (partindo de listas de títulos de obras perdidas, por exemplo) que noventa por cento da literatura da Antiguidade clássica se perdeu, em grande parte devido a tentativas deliberadas por parte de entusiastas religiosos de obliterar o passado «pagão», na sequência do Édito de Tessalónica de 380 EC, que tornou o cristianismo a religião oficial do Império Romano. Veja-se Catherine Nixey, *A Chegada das Trevas* (Porto Salvo, 2018).

Parte I: Ciência

Capítulo 1: Tecnologia antes da ciência

1 A evolução humana é discutida na Parte II, secção 2.

2 Apesar de muitas pessoas gostarem de carne mal passada ou crua, como o *carpaccio;* mas estas carnes tendem a não estar positivamente apodrecidas quando são consumidas. A caça que se pendura até apodrecer e ficar mais macia raramente é comida crua.

3 As interpretações do passado podem incluir muita interpolação, ou seja, interpretar o que se encontra em termos que não nos são estranhos. Isto é controverso, como se vê na discussão da Parte II, Secção 3.

4 Veja-se a Parte II, Secção I, sobre o colapso da Idade do Bronze.

5 *Consonantário:* um sistema de escrita, como o hebraico ou o árabe, no qual cada caráter representa uma consoante, sendo as vogais inferidas. *Logofonético:* um sistema de escrita, como o chinês ou o japonês, em que cada caráter representa uma palavra ou morfema (a menor unidade com significado numa língua).

6 Richard Bulliet, *The Wheel: Inventions and Reinventions* (Nova Iorque, 2016).

7 *Ibid.*, p. 1.

8 David W. Anthony, *The Horse, the Wheel, and Language: How Bronze-Age Riders from the Eurasians Steppes Shaped the Modern World* (Princeton, N. J., e Oxford, 2007).

9 Bulliet, Capítulo 3, *passim.*

10 É de notar que, genericamente falando, as carruagens têm quatro rodas e as carroças duas, o que as torna mais fáceis de manobrar, a menos que o par frontal de rodas se fixem em eixos independentes; para Lancelot e Guinevere, Chrétien de Troyes, *Le Chevalier de la charrete* (*c.* 1171).

11 Veja-se A. C. Grayling, *War: An Enquiry* (New Haven, Conn. e Londres, 2017), pp. 22–27.

12 Dava Sobel, *Longitude: The True Story of a Lone Genius Who Solved the Greatest Scientific Problem of His Time* (Londres, 1995).

13 Veja-se A. C. Grayling, *The Age of Genius: The Seventeenth Century and the Birth of the Modern Mind* (Londres, 2016).

14 Veja-se Grayling, *War.*

15 Veja-se A. C. Grayling, *Towards the Light: The Story of the Struggles for Liberty and Rights that Made the Modern West* (Londres, 2007), e *The Age of Genius.*

Capítulo 2: A emergência da ciência

1 O ponto sobre a interpolação é discutido mais em detalhe na Parte II, Secção 4.

2 Veja-se Grayling, *Uma História da Filosofia* (Lisboa, 2020), em especial a Parte I, *passim.*

3 Cf. o grego *agein* e o sânscrito *ajati,* que deriva da raiz indo-europeia *ag–,* «conduzir, deslocar, tirar».

4 Grayling, *Towards the Light: The Story of the Struggles for Liberty and Rights that Made the Modern West* (Londres, 2007) e *The Age of Genius: The Seventeenth Century and the Birth of the Modern Mind* (Londres, 2016), discutem como, na sequência da Reforma do século XVI EC, as organizações da igreja dos estados protestantes careciam de suficiente poder para controlar a especulação e a publicação; isto não era assim nos países católicos, nos quais (como o mostra o julgamento de Galileu) a oposição aos avanços da investigação científica continuou durante algum tempo.

5 O panteão da história da ciência consiste *quase* exclusivamente de homens, porque às mulheres era negada a oportunidade de participar. Isso mudou imensamente para melhor, especialmente a partir de meados do século XX.

6 Benjamin Farrington, *Greek Science* (1944; Londres, 2.ª ed. 1949), p. 153.

7 Brahe examinou detalhadamente a supernova no *De nova et nullius aevi memoria prius visa stella (Sobre a Estrela, Nova e Nunca Antes Vista na Vida, nem na Memória)* de 1573, em que registou as suas próprias observações e análises das observações alheias. Foi reimpresso duas vezes por Kepler, no dealbar do século XVII.

8 Outros gigantes mais relevantes para o cálculo são René Descartes, Pierre de Fermat e o próprio patrono de Newton em Cambridge, e o seu predecessor como Professor Lucasiano, Isaac Barrow.

9 Estritamente falando, *F* é a *soma vetorial* das forças.

[10] Esta abordagem ignorou desenvolvimentos noutras ciências capitais, especialmente a química e a biologia. A aplicação das descobertas da química às descobertas da biologia teve de esperar o seu tempo; mas o microscópio era já um instrumento biológico vital, e o sistema de classificação introduzido por Lineu, no século XVIII, também o foi, com respeito à organização do conhecimento biológico. O momento em que a ciência começou a separar-se em diferentes especialidades foi quando Alessandro Volta inventou a bateria elétrica. Isto aconteceu em 1800, e foi importante porque tornou a eletrólise possível, permitindo a separação dos compostos nos seus elementos. A química tornou-se assim uma ciência independente da física, e começou a dar grandes passadas. A primeira versão de uma teoria atómica moderna deve-se ao uso de John Dalton de um conceito de átomos corpusculares, usado para explicar as interações químicas.

Capítulo 3: A imagem científica do mundo

[1] Veja-se Grayling, *Uma História da Filosofia* (Lisboa, 2020), pp. 47–51.

[2] Veja-se Steven Weinberg, «The Making of the Standard Model», *European Physical Journal C,* vol. 34 (maio de 2004), pp. 5–13. https://cds.cern.ch/record/799984/files/0401010.pdf

[3] Os hadrões são entidades compostas, constituídas por *mesões* — partículas de força — e *bariões.*

[4] Específica, mas crucialmente, substituindo as «transformações galilaicas» pelas «transformações de Lorentz».

Capítulo 4: Pelo buraco da agulha

[1] A massa de Planck é 22 mu/g; a energia de uma partícula fundamental é, consequentemente, imensa: multiplicada por *c* o resultado é $1{,}2 \times 10^{28}$ eV, ou dois mil milhões de joules.

[2] Richard Feynman, *QED: A Estranha Teoria da Luz e da Matéria* (Lisboa, 1998).

[3] Veja-se Grayling, *Uma História da Filosofia* (Lisboa, 2020), pp. 302–316, para um esboço da perspetiva.

[4] Estes princípios organizativos, em especial os adquiridos, podem instrutivamente ser denominados «conceitos».

[5] Eugene Wigner, «The Unreasonable Effectiveness of Mathematics in the Natural Sciences», *Communications on Pure and Applied Mathematics,* vol. 13, n.º 1 (fevereiro de 1960).

6 R.W. Hamming, «The Unreasonable Effectiveness of Mathematics», *American Mathematical Monthly,* vol. 87, n.º 2 (fevereiro de 1980), pp. 81–90.

7 *Ibid.*, p. 88.

8 Se a frequência de ocorrência de qualquer dos dígitos 1–9 como dígito principal fosse uniforme, cada um surgiria 11,1 por cento das vezes. Mas 1 ocorre trinta por cento das vezes, e 9 menos de cinco por cento.

9 Hamming, «The Unreasonable Effectiveness of Mathematics», p. 89.

10 *Ibid.*

11 *Ibid.*, p. 90.

12 Dizer isto não é subscrever a teoria de John Stuart Mill de que a matemática é empírica. Mas é plausível pensar que um impulso para compreender a ideia básica de número poderá vir da descrição e comparação de coleções.

13 Como se fez notar, Mill pensava que a matemática tem as suas raízes na experiência; um *conjunto* de coisas, uma coleção ou grupo, é algo que percecionamos, e podemos ver, olhando, qual deles é maior; ele pensava que a matemática é uma elaboração destas intuições básicas.

14 Alexander L. Taylor, *The White Knight* (Edimburgo, 1952). Os truques de Lewis Carroll com matemática enchem as histórias do *País das Maravilhas* e são uma delícia. Esta ocorre no Capítulo 2 de *Alice no País das Maravilhas.*

15 Veja-se Douglas R. Hofstadter, *Gödel, Escher, Bach: Laços Eternos* (Lisboa, 2013) para uma inspeção instrutiva e divertida das linguagens e estruturas formais.

16 Sundar Sarukkai, «Revisiting the "Unreasonable Effectiveness" of Mathematics», *Current Science,* vol. 88, n.º 3 (10 de fevereiro de 2005), pp. 415–423 (420).

17 John D. Barrow e Frank J. Tipler, *The Anthropic Cosmological Principle* (Oxford, 1986), pp. 16, 21–22.

18 David Deutsch, *The Fabric of Reality: Towards a Theory of Everything* (Londres, 1997).

19 Veja-se, *e.g.*, Philippe Brax, «What Makes the Universe Accelerate? A Review on What Dark Energy Could be and How to Test It», *Reports on Progress in Physics,* vol. 81, n.º 1 (janeiro de 2018).

Parte II: História

1 O culto de Min é agora datado no quarto milénio AEC.

Capítulo 1: O começo da história

1 O termo «civilização» é capcioso; aqui quer dizer, no mínimo, uma vida urbana sedentária e populosa, marcada pelas complexas interações da

organização social e administrativa, divisão do trabalho, ofícios decorativos, sistemas de troca e manutenção de registos, que evoluem até chegar à escrita.

2 J. Michael Rogers, «To and Fro: Aspects of the Mediterranean Trade and Consumption in the Fifteenth and Sixteenth Centuries», *Revue des mondes musulmans et de la Méditerranée*, n. 55–56 (1990), pp. 57–74.

3 Oliver Impey e Arthur MacGregor (orgs.), *The Origins of Museums: The Cabinet of Curiosities in Sixteenth- and Seventeenth-century Europe* (Londres, 1985).

4 Alastair Hamilton, *Johann Michael Wansleben's Travels in the Levant, 1671–1674: An Annotated Edition of His Italian Report* (Leida e Boston, 2018).

5 Rollin era um jansenista e a sua carreira académica foi flagelada por hostilidades sectárias; apesar de ter sido eleito reitor da Universidade de Paris, não pôde assumir o cargo devido ao seu jansenismo.

6 Marc van de Mieroop, *A History of the Ancient Near East: c. 3000–323 BC* (2006; 3.ª ed., Oxford, 2016).

7 Génesis 10: 10.

8 Um dos motivos para drenar os pântanos foi a hostilidade de Saddam Hussein pelos árabes xiitas dos pântanos, que mantinham naquele lugar um estilo de vida imemorial.

9 Gwendolyn Leick, *Mesopotamia: The Invention of the City* (Londres, 2001).

10 Veja-se Grayling, *War: An Enquiry* (New Haven, Conn., e Londres, 2017).

11 As narrativas sobre origens de figuras como Sargão, Moisés e Édipo foram estudadas por Otto Rank em *The Myth of the Birth of the Hero: A Psychological Interpretation of Mythology*, F. Robbins e Smith Ely Jelliffe (trads.) (Nova Iorque, 1914).

12 Sobre o tema da amizade na filosofia e na literatura, veja-se A. C. Grayling, *Friendship* (New Haven, Conn., e Londres, 2013).

13 Eric H. Cline, *1177 BC: The Year Civilization Collapsed* (Princeton, N. J., e Oxford, 2014), p. 151.

14 Carol G. Thomas e Craig Conant, *Citadel to City-State: The Transformation of Greece, 1200–700 BCE* (Bloomington, Ind., 1999).

15 Joseph A. Tainter, *The Collapse of Complex Societies* (Cambridge, 1976).

16 Colin Renfrew, *Archaeology and Language: The Puzzle of Indo-European Origins* (1987; Cambridge, 1990).

17 Marija Gimbutas *et al.*, *The Kurgan Culture and the Indo-Europeanization of Europe: Selected Articles from 1952 to 1993* (Washington, D. C., 1997).

18 David W. Anthony, *The Horse, the Wheel, and Language: How Bronze-Age Riders from the Eurasian Steppes Shaped the Modern World* (Princeton, N. J., e Oxford, 2007).

19 Iñigo Olalde *et al.*, «The Beaker Phenomenon and the Genomic Transformation of North-west Europe», *Nature*, vol. 555, n.º 7, 695 (8 de março de 2018), pp. 190–196.

20 Wolfgang Haaketal., «Massive Migration from the Steppe was a Source of Indo-European Languages in Europe», *Nature*, vol. 522, n.º 7, 555 (11 de junho de 2015), pp. 207–211.

21 David Reich, *Who We are and How We Got Here: Ancient DNA and the New Science of the Human Past* (Oxford, 2018), pp. 99–121.

22 Marija Gimbutas, *The Goddesses and Gods of Old Europe* (Londres, 1974).

23 Reich, *Who We are and How We Got Here*, pp. 106–107.

24 *Ibid.*, p. 102.

25 Anthony, *The Horse, the Wheel, and Language.*

26 Franco Nicolis (org.), *Bell Beakers Today: Pottery People, Culture, Symbols in Prehistoric Europe: Proceedings of the International Colloquium, Riva Del Garda (Trento, Itália)*, 11–16 de maio de 1998, Vol. 2 (Trento, 1998).

27 William Jones, «The Third Anniversary Discourse — on the Hindus», apresentado no dia 2 de fevereiro de 1786, *The Works of Sir William Jones*, Vol. 3 (Deli, 1977), pp. 24–46.

28 *p* e *b* são sons muito semelhantes, feitos pela mesma formação dos lábios, variando na quantidade de ar expelido.

29 Uma ironia é que a maior parte dos colonos americanos eram britânicos, e o exército enviado pela Grã-Bretanha para contestar a Declaração de Independência tinha mais de um terço de «hessianos», tropas alemãs contratadas.

30 O debate sobre as origens da estepe anatólio-caucasiana e da PIE continua: veja-se, *e.g.*, Kristian Kristiansen, «The Archaeology of Proto-Indo--European and Proto-Anatolian: Locating the Split», em M. Serangeli e T. Olander (orgs.), *Dispersals and Diversification: Linguistic and Archaeological Perspectives on the Early Stages of Indo-European* (Leida e Boston, 2020).

Capítulo 2: O aparecimento da humanidade

1 Há boas introduções à crónica da evolução humana: Louise Humphrey e Chris Stringer, *Our Human Story* (Londres, 2018); Francisco J. Ayala e Camilo J. Cela-Conde, *Processes in Human Evolution: The Journey from Early Hominins to Neanderthals and Modern Humans* (Oxford, 2017); *New Scientist, Human Origins: 7 Million Years and Counting* (Londres, 2018); Alice Roberts, *Evolution: The Human Story* (2.ª ed., Londres, 2018). As páginas seguintes baseiam-se nestas fontes, entre outras (veja-se as notas seguintes).

2 Apesar de se ter já pensado que o diminuto *Homo floresiensis*, o «hobbit», desaparecera na sua ilha natal de Flores um tanto recentemente, há doze mil anos, as investigações posteriores sugerem que se extinguiu mais ou menos quando o *Homo sapiens* apareceu na região da Indonésia, nomeadamente, há cerca de cinquenta mil anos.

3 Respetivamente, *Geospiza magnirostris* e *Camarhynchus parvulus*.

4 Crânios dmanisi: https://www.google.co.uk/search?q=dmanisi+skulls.

5 Veja-se Neus Martínez-Abadías *et al.*, «Heritability of Human Cranial Dimensions: Comparing the Evolvability of Different Cranial Regions», *Journal of Anatomy*, vol. 214, n.º 1 (janeiro de 2009), pp. 19–35.

6 Lu Xun (Lu Hsün), *A Verdadeira Crónica de Ah Q* (1921): «O filho mais velho do Sr. Chien, que Ah Q desprezava [...]. Depois de estudar numa escola estrangeira na cidade, parece que foi para o Japão. Quando regressou a casa, meio ano depois, andava de pernas direitas e o seu rabo de porco desaparecera [...] Ah Q [...] insistiu em chamar-lhe "Imitação do Demónio Estrangeiro".» Capítulo 3. https://www.marxists.org/archive/lu-xun/1921/12/ah-q/ch03.htm.

7 A crónica notável da descoberta dos *naledi*, e a ciência impressionante que a acompanhou, é contada em https://www.youtube.com/watch?v=7mBIFFstNSo.

8 «Habitualmente» porque num pequeno número de nascimentos por mil, alguns indivíduos podem nascer só com um cromossoma sexual (45X ou 45Y, conhecidos como monossomias sexuais), e alguns com três ou mais cromossomas (47XXX ou 47XXY ou 49XXXXY, etc.; polissomias sexuais). Veja-se o artigo do Centro de Recursos Genómicos da OMS, «Gender and Genetics», https://www.who.int/genomics/gender/en/.

Capítulo 3: O problema do passado

1 Irei usar o termo «Próximo Oriente» para denotar o Levante, a Mesopotâmia, o Egito e áreas adjacentes, e não «Médio Oriente»; este último termo foi introduzido na guerra fria e reflete a inserção da Europa de Leste sob o domínio soviético nos cálculos de geopolítica e da história diplomática. «O Oriente» era «o Leste» (é isso que a palavra significa), até a China e o Japão passarem a estar sob a alçada mais regular de viajantes e comerciantes europeus e americanos, constituindo assim o Extremo Oriente, de modo que «o Oriente» tornou-se o «Próximo Oriente». Com um novo «leste» na Europa sob o domínio soviético, o Próximo Oriente teve de se tornar o «Médio Oriente». É agora um termo ocioso.

2 Georg G. Iggers (org.), *The Theory and Practice of History* (Londres, 2010).

3 Contudo, com outros nomes e outras feições, a escravatura continua hoje em dia; estimativas sugerem que pelo menos doze milhões de pessoas vivem e trabalham em condições de escravatura, o mesmo número que envolveu o comércio de escravos no Atlântico Norte entre os séculos XV e XIX.

4 Helen Fordham, «Curating a Nation's Past: The Role of the Public Intellectual in Australia's History Wars», *M/C Journal,* vol. 18, n.º 4 (2015).

5 Henry Reynolds, *Forgotten War* (Sydney, 2013).

6 Citado em Reynolds, *Forgotten War,* p. 14.

7 Ryan Lyndall, «List of Multiple Killings of Aborigines in Tasmania: 1804–1835», SciencesPo, *Violence de masse et Résistance — Réseau de recherche* (março de 2008).

8 *Ibid.*

9 *Ibid.*

10 *Ibid.*

11 Henry Reynolds, palestra no YouTube, https://www.youtube.com/watch?v=ClS2gzn3QTg.

12 Dee Brown, *Bury My Heart at Wounded Knee* (1970; Nova Iorque, 2012).

13 *Ibid.*, «War Comes to the Cheyenne», pp. 86–87.

14 *Ibid.*

15 Brown cita aqui as palavras de Bent no 39.º Congresso dos EUA, Segunda Sessão, Relatório 156 do Senado, pp. 73, 96.

16 *Ibid.*

17 https://www.google.com/search?q=United+States+Congress+Joint+Committee+on+the+Conduct+of+the+War,+1865+(testimonies+and+report)

18 Niall Ferguson, *Empire: How Britain Made the Modern World* (Londres, 2003).

19 Tom Engelhardt, «Ambush at Kamikaze Pass», *Bulletin of Concerned Asian Scholars,* vol. 3, n.º 1 (1971), pp. 64–84.

20 Christopher R. Browning, *The Origins of the Final Solution: The Evolution of Nazi Jewish Policy, September 1939–March 1942.* Com contributos de Jürgen Matthäus (Lincoln, Nebr., 2004; Londres, 2014 ed.). Uma história abrangente do Holocausto.

21 Alex J. Kay, *The Making of an SS Killer: The Life of Colonel Alfred Filbert, 1905–1990* (Cambridge, 2016), pp. 57–62, 72.

22 Leni Yahil, *The Holocaust: The Fate of European Jewry, 1932–1945* (Oxford, 1991), p. 270.

23 Em Chełmno (na Alemanha, Kulmhof), um campo de extermínio para judeus do gueto de Łódź, experimentaram usar carrinhas com gás.

24 Nestar Russell, «The Nazi's Pursuit for a "Humane" Method of Killing», *Understanding Willing Participants: Milgram's Obedience Experiments and the Holocaust,* Vol. 2 (Londres, 2019), pp. 241–276.

25 Yisrael Gutman e Michael Berenbaum (orgs.), *Anatomy of the Auschwitz Death Camp,* United States Holocaust Memorial Museum (Bloomington, Ind., 1998), p. 89.

26 Uso de máquinas para esmagar ossos nos campos de morte do Holocausto: https://collections.ushmm.org/search/catalog/pa10007.

27 Paul Rassinier, *Holocaust Story and the Lies of Ulysses: Study of the German Concentration Camps and the Alleged Extermination of European Jewry* (reeditado em 1978 por «Legion for the Survival of Freedom, Inc.», baseada na Califórnia); Jean Norton Cru, *Witnesses: Tests, Analysis and Criticism of the Memories of Combatants (1915–1928) (Témoins: Essai d'analyse et de critique des souvenirs de combattants édités en français de 1915 à 1928)* (Paris, 1929; Nancy, 3.ª ed. 2006).

28 Elhanan Yakira, *Post-Zionism, Post-Holocaust* (Cambridge, 2010).

29 *Ibid.*, p. 7.

30 *Ibid.*, p. 8.

31 Deborah Lipstadt, *Denying the Holocaust: The Growing Assault on Truth and Memory* (Nova Iorque, 1993), p. 75.

32 *Ibid.*, com respeito ao panfleto de Barnes, *Revisionism and Brainwashing* (1961).

33 *Ibid.*, p. 74.

34 *Ibid.*, p. 214.

35 Arno Mayer, *Why Did the Heavens Not Darken?* (Verso, 2012), pp. 349, 452 e 453; Michael Shermer e Alex Grobman, *Denying History: Who Says the Holocaust Never Happened and Why Do They Say It?* (Berkeley, Calif., 2002), p. 126.

36 *David Irving v. Penguin Books and Deborah Lipstadt (2000),* Secção 13 (91).

37 Veja-se *Speculum,* vol. 65, n.º 1 (janeiro de 1990), esp. Stephen G. Nichols, «Philology in a Manuscript Culture»; e M. J. Driscoll, «The Words on the Page», *Creating the Medieval Saga: Version, Variability and Editorial Interpretations of Old Norse Saga Literature,* Judy Quinn e Emily Lethbridge (orgs.) (Odense, 2010).

38 «Resolution of the Duke University History Department», impresso em *Duke Chronicle* (novembro de 1991).

39 Shermer e Grobman, *Denying History.*

40 Christopher Hill, *The Intellectual Origins of the English Revolution Revisited* (Oxford, 1997).

41 O meu próprio livro sobre a moralidade de bombardeamentos de área da Segunda Guerra Mundial, *Among the Dead Cities: Is the Targeting of Civilians in War Ever Justified?* (Londres, 2011), foi atacado por impugnar o heroísmo de quem correu o risco de voar sobre a Alemanha; os veteranos canadianos foram os que mais se fizeram ouvir.

42 O meu coautor Xu You Yu do nosso *The Long March to the Fourth of June* (Londres, 1989), publicado sob o pseudónimo conjunto «Li Xiao Jun», foi um desses casos.

43 Ge Jianxiong, citado no *New York Times,* 6 de dezembro de 2004.

44 Catherine Nixey, *A Chegada das Trevas* (Porto Salvo, 2018).

45 Veja-se Grayling, *Uma História da Filosofia* (Lisboa, 2020), pp. 27–30.

46 Esta é uma parte capital do argumento do meu *Towards the Light: The Story of the Struggles for Liberty and Rights that Made the Modern West* (Londres, 2007).

47 Esta é uma parte capital do argumento do meu *The Age of Genius: The Seventeenth Century and the Birth of the Modern Mind* (Londres, 2016).

Capítulo 4: Projeção» na história

1 Veja-se, *e.g.*, Frank Elwell, «*Verstehen*: The Sociology of Max Weber» (1996). https://www.faculty.rsu.edu/users/f/felwell/www/Theorists/Weber/Whome2.htm. Os *loci classici* são Wilhelm Dilthey, *Das Wesen der Philosophie* (A Essência da Filosofia) (Berlim e Leipzig, 1907), e *Selected Works. Vol. 2: Understanding the Human World* (Princeton, N. J., 2010).

2 Homero, *Ilíada*, Livro 18, ll.20–25, 33, A. T. Murray e W. F. Wyatt (trads.), (1924; 2003 edição da Loeb).

3 https://www.smithsonianmag.com/history/gobekli-tepe-the-worlds-first-temple-83613665/

4 *Ibid.*, e Klaus Schmidt, «Göbekli Tepe — the Stone Age Sanctuaries: New Results of Ongoing Excavations with a Special Focus on Sculptures and High Reliefs», *Documenta Praehistorica*, vol. 37 (2010), pp. 239–256. https://revije.ff.uni-lj.si/DocumentaPraehistorica/article/view/37.21

5 E. B. Banning, «So Fair a House: Göbekli Tepe and the Identification of Temples in the Pre-Pottery Neolithic of the Near East», *Current Anthropology*, vol. 52, n.º 5 (outubro de 2011), pp. 619–660 (626).

6 Veja-se Maurice Bloch, *In and Out of Each Other's Bodies: Theories of Mind, Evolution, Truth, and the Nature of the Social* (Boulder, Col., 2013).

7 *Encyclopaedia of Ancient History*. https://www.worldhistory.org/religion/.

8 Já tive a oportunidade de chamar a atenção para a promoção da projeção: veja-se «Children of God?», *Guardian*, 28 de novembro de 2008. https://www.theguardian.com/commentisfree/2008/nov/28/religion-children-innateness-barrett: «A investigação é financiada pela Fundação Templeton, uma organização apostada em encontrar a religião na ciência, ou nela a inserir, e em promover a crença na sua compatibilidade [...] a Fundação Templeton é rica; oferece um prémio monetário muito significativo a qualquer cientista ou filósofo que diga coisas favoráveis à religião, e apoia "investigação" [...] a seja o que for que dê credibilidade e respeitabilidade à religião».

9 https://www.templeton.org.

10 Transcrição da entrevista de Suzan Mazur a Ian Hodder, «Çatalhöyük, Religion and Templeton's 25%», *Huffington Post*, 28 de abril de 2017.

[11] Ian Hodder (org.), *Religion in the Emergence of Civilization* (Cambridge, 2010); *Religion at Work in a Neolithic Society* (Cambridge, 2014); e *Religion, History and Place and the Origin of Settled Life* (Cambridge, 2018).

[12] Alguns exemplos: Guillaume Lecointre, «La Fondation Templeton», French National Center for Scientific Research; Libby A. Nelson, «Some Philosophy Scholars Raise Concerns about Templeton Funding», *Inside Higher Ed,* 21 de maio de 2013; Josh Rosenau, «How Bad is the Templeton Foundation?», ScienceBlogs (5 de março de 2011); John Horgan, «The Templeton Foundation: A Skeptic's Take», Edge.org, 2006. https://www.edge.org/conversation/john_horgan-the-templeton-foundation-a-skeptics-take; Sean Carroll, «The Templeton Foundation Distorts the Fundamental Nature of Reality: Why I Won't Take Money from the Templeton Foundation», Slate.com; Sunny Bains, «Questioning the Integrity of the John Templeton Foundation», *Evolutionary Psychology,* vol. 9, n.º 1 (2011), pp. 92–115. https://doi.org/10.1177/147470491100900111; Jerry Coyne, «Martin Rees and the Templeton Travesty», *Guardian,* 6 de abril de 2011, acedido no dia 8 de abril de 2018; Donald Wiebe, «Religious Biases in Funding Religious Studies Research?», *Religio: Revue Pro Religionistiku,* vol. 17, n.º 2 (2009), pp. 125–140; Nathan Schneider, «God, Science and Philanthropy», *Nation,* 3 de junho de 2010; Sunny Bains, «Keeping an Eye on the John Templeton Foundation», Association of British Science Writers, 6 de abril de 2011.

[13] Ian Hodder: Sim, isso está muito bem. É a perspetiva de Maurice. Acontece que penso que ele está enganado. Ele é um autor. Ele é um autor. Não sei quantos autores vieram a Çatalhöyük para discutir este tema. Devem ser bem mais de trinta, até agora. Só ele assume esta posição extrema. Suzan Mazur: Muitos desses autores são académicos religiosos.

[14] https://www.templeton.org.

[15] Iain Davidson, recensão de Hodder (org.), *Religion at Work in a Neolithic Society, Australian Archaeology,* vol. 82, n.º 2 (2016), pp. 192–195.

[16] R. G. Klein, «Out of Africa and the Evolution of Human Behavior», *Evolutionary Anthropology,* vol. 17, n.º 6 (2008), pp. 267–281.

[17] April Nowell, «Defining Behavioral Modernity in the Context of Neandertal and Anatomically Modern Human Populations», *Annual Review of Anthropology,* vol. 39, n.º 1 (2010), pp. 437–452.

[18] Grayling, *War: An Enquiry* (New Haven, Conn., e Londres, 2017).

[19] P. G. Chase, *The Emergence of Culture: The Evolution of a Uniquely Human Way of Life* (Nova Iorque, 2006).

[20] F. d'Errico e M. Vanhaeren, «Evolution or Revolution? New Evidence for the Origins of Symbolic Behaviour In and Out of Africa», em P. Mellars *et al., Rethinking the Human Revolution: New Behavioural and Biological Perspectives on the Origin and Dispersal of Modern Humans* (Cambridge, 2007), pp. 275–286.

[21] Nowell, «Defining Behavioral Modernity».

[22] Lewis Binford *et al.* (orgs.), *New Perspectives in Archeology* (Chicago, 1968). Veja-se Matthew Johnson, *Archaeological Theory: An Introduction* (1999; 2.ª ed. Oxford, 2010).

[23] Bruce Trigger, *A History of Archaeological Thought* (1996; 2.ª ed. Cambridge, 2006).

[24] Michael Shanks e Ian Hodder, «Processual, Postprocessual, and Interpretive Archaeologies», em Ian Hodder *et al.* (orgs.), *Interpreting Archaeology: Finding Meaning in the Past* (Londres, 1995).

[25] *Ibid.*

Parte III: O cérebro e a mente

[1] A acusação dos críticos de que é «como a frenologia» está próxima da verdade no caso das investigações por estimulação magnética transcraniana (TMS) e eletroencefalograma (EEG), que fazem leituras na parte exterior do crânio. Mas baseiam-se numa compreensão genuína da eletroquímica e da estrutura intracranianas.

[2] Diz-se que Descartes demonstrou a ausência de consciência animal atirando um gato pela janela das suas acomodações de Leida, nos Países Baixos. Não é claro o que terá tal experiência provado com respeito ao ponto em questão. Veja-se A. C. Grayling, *Descartes: A Vida de René Descartes no seu Lugar e no seu Tempo* (Mem Martins, 2007).

[3] Veja-se, por exemplo, o argumento seguinte a favor da ideia de que o cérebro é um dispositivo digital: James Tee e Desmond P. Taylor, «Is Information in the Brain Represented in Continuous or Discrete Form?», *IEEE Transactions on Molecular, Biological, and Multi-Scale Communications* (21 de setembro de 2020), PDF em https://arxiv.org/ftp/arxiv/papers/1805/1805.01631.pdf.

[4] O sucesso do setor «DeepMind» do Google e do «AlphaGo» é uma indicação precoce de até onde irá este campo de trabalhos: veja-se https://www.youtube.com/watch?v=WXuK6gekU1Y.

[5] Veja-se a Secção 3 para as objeções de Roger Penrose a que se pense em termos computacionais.

Capítulo 1: Mente e coração

[1] Fyodor Dostoevsky, *The Brothers Karamazov*, Parte 3, Livro 7, Capítulo 1, «The Odour of Corruption», R. Pevear e L. Volokhonsky (trads.) (Londres, 1992). Veja-se também A. C. Grayling, «Neoplatonismo», em *Uma História da Filosofia* (Lisboa, 2020), pp. 156–164.

2 A perspetiva de que há um sentido em que a mente (da humanidade como um todo, digamos) está nas suas bibliotecas (nos discos rígidos, dir-se-ia agora) foi sustentada por Karl Popper e John Eccles. Jung tinha uma conceção diferente de uma mente inconsciente universal — o lugar dos arquétipos: uma espécie de formas platónicas — nas quais as mentes individuais participam. Estas perspetivas não entram na nossa discussão.

3 Charles Gross, «Aristotle on the Brain», *Neuroscientist*, vol. 1, n.º 4 (julho de 1995), pp. 245 ss.

4 Platão, *Timeu* (Lisboa, 2004), Secção 12.

5 Hipócrates, «Da Doença Sagrada». Veja-se as secções «Dos Humores» e «Do Coração» para mais exemplos em excertos do *corpus* hipocrático em https://oll.libertyfund.org/title/coxe-the-writings-of-hippocrates-and-galen.

6 As diferentes razões avançadas por Aristóteles a favor do coração como sede da mente ocorrem sobretudo nas suas obras biológicas, *De partibus animalium* (As Partes dos Animais), *Historia animalium* (História dos Animais), e *Parva naturalia* (Miscelânea sobre a Natureza). Veja-se Gross, «Aristotle on the Brain», pp. 247–248.

7 Veja-se Grayling, «Aristóteles», *Uma História da Filosofia*.

8 Herófilo foi também um dos primeiros a estudar o sistema reprodutivo feminino e a escrever um texto sobre obstetrícia.

9 Citado de Heinrich von Staden, *Herophilus: The Art of Medicine in Early Alexandria* (Cambridge, 1989), em Gross, «Aristotle on the Brain», pp. 249–250.

10 *Ibid.*

11 Stavros J. Baloyannis, «Galen as Neuroscientist and Neurophilosopher», *Encephalos*, vol. 53 (2016), pp. 1–10.

12 *Ibid.*, p. 8.

13 David Ferrier, *The Functions of the Brain* (Londres, 1876).

14 Veja-se as entradas respetivas em Grayling, *Uma História da Filosofia*.

15 Gilbert Ryle, *The Concept of Mind* (Chicago,1949); veja-se também, *e.g.*, Steven Pinker, *How the Mind Works* (Nova Iorque, 1997): «as mentes não são animadas por uma espécie de vapor divino», Capítulo 1: «Standard Equipment».

16 Flourens foi um criacionista oponente de Darwin, o que poderá parecer estranho, dado a sua obra científica. Como o naturalista Philip Henry Gosse, tinha a esperança de que a ciência poderia confirmar a explicação criacionista. Gosse, que era membro da Assembleia dos Irmãos, debatia-se com as provas geológicas e fósseis que contradiziam as suas crenças; quem fez a crónica tanto disto como da sua relação com o seu filho, o poeta e crítico Edmund Gosse, foi este último, na sua tocante autobiografia *Father and Son* (1907).

17 O fascículo arqueado parece também ligar-se aos centros motores do lobo parietal e dos lobos frontais dos dois lados do sulco central. No hemisfério

direito, a estrutura está associada ao processamento visiospacial. O trabalho original de Broca e Wernicke surge nos seguintes escritos: Paul Broca, «Remarques sur le siège de la faculté du langage articulé, suivies d'une observation d'aphémie (perte de la parole)», *Bulletin de la Société Anatomique,* vol. 6, n.º 36 (1861), pp. 330–337; Carl Wernicke, *Der aphasische Symptomencomplex: Eine psychologische Studie auf anatomischer Basis* (Breslau, 1874).

18 John Martyn Harlow, «Passage of an Iron Rod through the Head» (1848). https://web.archive.org/web/20140523001027/https:/www.countway.harvard.edu/menuNavigation/chom/warren/exhibits/HarlowBMSJ1848.pdf.

19 *Ibid.*

20 John Martyn Harlow, «Recovery from the Passage of an Iron Bar through the Head» (1868), *Publications of the Massachusetts Medical Society,* vol. 2, n.º 3, pp. 327–347. Reimpresso em David Clapp & Son (1869). https://en.wikisource.org/wiki/Recovery_from_the_passage_of_an_iron_bar_through_the_head.

21 *Ibid.*

22 Sobre o hipocampo e a memória veja-se W. B. Scoville e B. Milner, «Loss of Recent Memory after Bilateral Hippocampal Lesions», *Journal of Neurology, Neurosurgery and Psychiatry,* vol. 20, n.º 1 (1957), pp. 11–21. Para observações de pacientes com cérebros divididos, veja-se Roger W. Sperry, M. S. Gazzaniga, e J. E. Bogen, «Interhemispheric Relationships: The Neocortical Commissures; Syndromes of Hemisphere Disconnection», em *Handbook of Clinical Neurology,* P. J. Vinken e G. W. Bruyn (orgs.) (Amesterdão, 1969), pp. 273–290.

23 Roger W. Sperry, «Cerebral Organization and Behavior», *Science,* vol. 133, n.º 3466 (2 de junho de 1961), pp. 1749–1757. http://people.uncw.edu/puente/sperry/sperrypapers/60s/85-1961.pdf.

24 A 3T, sendo T = *tesla,* a unidade de medida da densidade do fluxo magnético. Consegue-se resoluções mais elevadas: em 2019, 10,5T foi objeto de testes de segurança com seres humanos, e 21,5T em experiências com animais.

25 A magnetoencefalografia (MEG) e potenciais relacionados com eventos (ERP) oferecem uma resolução temporal melhor, mas que é espacialmente mais pobre.

Capítulo 2: O cérebro cognitivo

1 Uma página *web* com a anatomia do cérebro é, *e.g.*, https://www.webmd.com/brain/picture-of-the-brain#1.

2 Suzana Herculano-Houzel e Roberto Lent, «Isotropic Fractionator: A Simple, Rapid Method for the Quantification of Total Cell and Neuron Numbers in the Brain», *Journal of Neuroscience,* vol. 25, n.º 10 (2010), pp. 2518–2521. Os críticos salientaram que o trabalho que deu este número

usou quatro cérebros masculinos com idades compreendidas entre vinte a setenta anos, e que o desvio padrão era de oito mil milhões — o que significa que o limite superior não anda longe dos «cem mil milhões» tão frequentemente mencionados.

3 Isto dá apoio complementar à observação de que menos é mais.

4 O. Sporns, «The Human Connectome: A Complex Network», em M. B. Miller e A. Kingstone (orgs.), *The Year in Cognitive Science,* Vol. 1224 (Oxford, 2011), pp. 109–125.

5 Veja-se, *e.g.*, Lisa Feldman Barrett e Ajay Satpute, «Large Scale Brain Networks in Affective and Social Neuroscience», *Current Opinion in Neurobiology,* vol. 23, n.º 3 (janeiro de 2013), pp. 361–371; Katherine Vytal e Stephen Hamann, «Neuroimaging Support for Discrete Neural Correlates of Basic Emotions», *Journal of Cognitive Neuroscience,* vol. 22, n.º 12 (dezembro de 2010), pp. 2864–2885.

6 A síndrome de Anton-Babinski é considerada uma forma de *anosognosia,* ou falta de consciência de que se tem uma incapacidade, na qual as pessoas que a têm negam tê-la.

7 Vídeo do gorila do basquetebol. https://www.youtube.com/watch?v=vJG698U2Mvo.

8 A psiconeurociência dos criadores de cavalos vem de uma boa fonte: uma semana passada num rancho turístico perto de Tucson, no Arizona, cavalgando diariamente entre os catos espinhosos do deserto de Sonora, deu acesso a um manancial de opiniões acerca da psicologia dos cavalos, com a maior parte das quais os equestres do outro lado do Atlântico discordariam. Um contraste interessante.

9 Neha Uppal e Patrick Hof, «Discrete Cortical Neuropathology in Autism Spectrum Disorders», em *The Neuroscience of Autism Spectrum Disorders* (Amesterdão, 2013), pp. 313–325. https://doi.org/10.1016/B9780-12-391924-3.00022-3.

10 Thomas Grüter, Martina Grüter e Claus-Christian Carbon, «Neural and Genetic Foundations of Face Recognition and Prosopagnosia», *Journal of Neuropsychology,* vol. 2, n.º 1 (2008), pp. 79–97.

11 Marlene Behrmann *et al.*, «Intact Visual Imagery and Impaired Visual Perception in a Patient with Visual Agnosia», *Journal of Experimental Psychology: Human Perception and Performance,* vol. 20, n.º 5 (novembro de 1994), pp. 1068–1087.

12 Philip J. Hilts, *Memory's Ghost* (Nova Iorque, 1996); Suzanne Corkin, *Permanent Present Tense: The Unforgettable Life of the Amnesic Patient,* H. M. (Nova Iorque, 2013).

13 Sarah K. Johnson e Michael C. Anderson, «The Role of Inhibitory Control in Forgetting Semantic Knowledge», *Psychological Science,* vol. 15, n.º 7 (julho de 2004), pp. 448–453.

14 Michael C. Anderson *et al.*, «Prefrontal-hippocampal Pathways Underlying Inhibitory Control Over Memory», *Neurobiology of Learning and Memory,* vol. 134, Part A (2016), pp. 145–161.

15 Henry L. Roediger III e Kathleen B. McDermott, «Creating False Memories: Remembering Words Not Presented in Lists», *Journal of Experimental Psychology: Learning, Memory, and Cognition,* vol. 21, n.º 4 (julho de 1995), pp. 803–814.

16 Sydney Brandon *et al.*, «Recovered Memories of Childhood Sexual Abuse: Implications for Clinical Practice», *British Journal of Psychiatry,* vol. 172, n.º 4 (abril de 1998), pp. 296–307.

17 Monica Fabiani *et al.*, «True but Not False Memories Produce a Sensory Signature in Human Lateralized Brain Potentials», *Journal of Cognitive Neuroscience,* vol. 12, n.º 6 (dezembro de 2000), pp. 941–949.

18 Patricia Churchland, *Neurophilosophy: Toward a Unified Science of the Mind/Brain* (1986; 2,ª ed, Cambridge, Mass., 1989); Paul Churchland, *Neurophilosophy at Work* (Cambridge, 2007).

19 O termo «teoria da mente» foi introduzido num artigo famoso de David Premack e Guy Woodruff, «Does the Chimpanzee Have a Theory of Mind?», *Behavioral and Brain Sciences,* vol. 1, n.º 4 (dezembro de 1978), pp. 515–526.

Capítulo 3: Neurociência e consciência

1 John Locke, *Ensaio sobre o Entendimento Humano,* Livro II, Capítulo 27 (2.ª ed. Londres, 1691). O Capítulo «Sobre a Identidade e a Diversidade» foi acrescentado na segunda edição, em função da sugestão do filósofo e divulgador de ciência irlandês William Molyneux.

2 Daniel Dennett sempre disse aos nossos estudantes do New College of the Humanities que a palavra «certamente» assinala o ponto mais fraco de um argumento.

3 Veja-se Grayling, «Modern Philosophy II: The Empiricists», em A. C. Grayling (org.), *Philosophy: A Guide through the Subject* (Oxford, 1995; 2.ª ed. 1998), e «John Locke», *Uma História da Filosofia* (Lisboa, 2020), pp. 261–270.

4 Matthias Michel, «Consciousness Science Underdetermined», *Ergo,* vol. 6, n.º 28 (2019–2020). http://dx.doi.org/10.3998/ergo.12405314.0006.028.

5 O conhecimento da mescalina e dos seus efeitos foi mais intensamente disseminado pelo livro *As Portas da Perceção,* de Aldous Huxley, que terá sem dúvida tido um papel a desempenhar na disseminação do LSD nos anos seguintes.

6 H. Klüver e P. C. Bucy, «"Psychic Blindness" and Other Symptoms following Bilateral Temporal Lobe Lobectomy in Rhesus Monkeys», *American Journal of Physiology,* vol. 119 (1937), pp. 352–353.

7 B. Milner, «Intellectual Function of the Temporal Lobes», *Psychological Bulletin,* vol. 51, n.º 1 (1954), pp. 42–62.

8 Francis Crick e Christof Koch, «Towards a Neurobiological Theory of Consciousness», *Seminars in the Neurosciences,* vol. 2 (1990), pp. 263–275; Crick e Koch, «Why Neuroscience May be Able to Explain Consciousness», *Scientific American,* vol. 273, n.º 6 (1995), pp. 84–85.

9 David J. Chalmers, «Facing Up to the Problem of Consciousness», *Journal of Consciousness Studies,* vol. 2, n.º 3 (1995), pp. 200–219.

10 Citado por Anil Seth numa palestra sobre a consciência da Royal Institution, em 2017. https://www.youtube.com/watch?v=xRel1JKOEbI. Seth é codiretor, com Hugo Critchley, do Centro Sakler para a Ciência da Consciência da Universidade de Sussex; veja-se Anil K. Seth, «The Real Problem», *Aeon,* 10 de novembro de 2016. https://aeon.co/essays/the-hard-problem-of-consciousness-is-a-distraction-from-the-real-one.

11 Bernard J. Baars, *A Cognitive Theory of Consciousness* (Cambridge, 1998).

12 *Idem,* «The Global Brainweb: An Update on Global Workspace Theory», *Science and Consciousness Review* (outubro de 2003). http://cogweb.ucla.edu/CogSci/Baars-update_03.html.

13 Stanislas Dehaene e Lionel Naccache, «Towards a Cognitive Neuroscience of Consciousness: Basic Evidence and a Workspace Framework», *Cognition,* vol. 79, n.º 1–2 (abril de 2001), pp. 1–37.

14 Victor A. F. Lamme, «Separate Neural Definitions of Visual Consciousness and Visual Attention: A Case for Phenomenal Awareness», *Neural Networks,* vol. 17, n.º 5–6 (2004), pp. 861–872.

15 Giulio Tononi, «An Information Integration Theory of Consciousness», *BMC Neuroscience,* vol. 5, n.º 1 (novembro de 2004), Artigo n.º 42. https://bmcneurosci.biomedcentral.com/articles/10.1186/1471-2202-5-42.

16 Marcello Massimini *et al.,* «Breakdown of Cortical Effective Connectivity during Sleep», *Science,* vol. 309, n.º 5744 (2005), pp. 2228–2232; Adenauer G. Casali *et al.,* «A Theoretically Based Index of Consciousness Independent of Sensory Processing and Behavior», *Science Translational Medicine,* vol. 5, n.º 198 (2013).

17 Adrian M. Owen *et al.,* «Detecting Awareness in the Vegetative State», *Science,* vol. 313, n.º 5792 (setembro de 2006), p. 1402; Anil K. Seth, Adam B. Barrett e Lionel Barnett, «Causal Density and Integrated Information as Measures of Conscious Level», *Philosophical Transactions of the Royal Society A: Mathematical, Physical, and Engineering Sciences,* vol. 369 (2011), pp. 3748–3767.

18 John R. Ives *et al.,* «Method and Apparatus for Monitoring a Magnetic Resonance Image during Transcranial Magnetic Stimulation», US Patent N.º 6.198.958 B1, 6 de março de 2001.

19 Dehaene and Naccache, «Towards a Cognitive Neuroscience of Consciousness»; Lior Fisch *et al.*, «Neural "Ignition": Enhanced Activation Linked to Perceptual Awareness in Human Ventral Stream Visual Cortex», *Neuron*, vol. 64, n.º 4 (2009), pp. 562–574; Raphaël Gaillard *et al.*, «Converging Intracranial Markers of Conscious Access», *PLoS Biology*, vol. 7, n.º 3 (17 de março de 2009).

20 Karl Friston, «The Free-energy Principle: A Rough Guide to the Brain?», *Trends in Cognitive Sciences*, vol. 13, n.º 7 (Julho de 2009), pp. 293–301; Anil K. Seth, «Interoceptive Inference, Emotion, and the Embodied Self», *Trends in Cognitive Sciences*, vol. 17, n.º 11 (novembro de 2013), pp. 565–573.

21 Stuart Hameroff e Roger Penrose, «Consciousness in the Universe: A Review of the "Orch OR" Theory», *Physics of Life Reviews*, vol. 11, n.º 1 (2014), pp. 39–78 e 94–100, respetivamente.

22 Danko D. Georgiev, *Quantum Information and Consciousness: A Gentle Introduction* (Boca Raton, Flor., 2017), p. 177.

23 Uma explicação acessível disto, pelo próprio Chalmers, ocorre na sua palestra TED: https://www.youtube.com/watch?v=uhRhtFFhNzQ.

24 Daniel Dennett, *Consciousness Explained* (Harmondsworth, 1992) e *From Bacteria to Bach and Back* (Londres, 2017).

25 Marvin Minsky, *The Society of Mind* (Nova Iorque,1986); Robert E. Ornstein, *Evolution of Consciousness* (Upper Saddle River, N.J., 1991).

Capítulo 4: A mente e o eu

1 Paul Bloom, «How Do Morals Change?», *Nature*, vol. 464, n.º 7288 (25 de março de 2010), p. 490.

2 Houve um tempo em que o termo inglês *wit* queria sobretudo dizer «inteligência» e «bom senso» — reteve este último significado em *he has his wits about him* (tem presença de espírito) e *witless* (desmiolado); é interessante fazer notar que ser espirituoso *(wit)* é uma boa indicação de inteligência.

3 No século XVIII, os *Tories* eram aqueles que defendiam o poder da coroa sobre o parlamento; os *Whigs* defendiam a posição oposta.

4 Os dilemas têm a ver com o aspeto do mau gosto: as gémeas estão ligadas «pelo órgão da geração», o que significa que as obrigações conjugais de Martinus o implicam simultaneamente no adultério, entre outros crimes. Os argumentos acerca de ser pessoa e da identidade são desenvolvidos pelos advogados das partes opostas no caso de tribunal que se segue.

5 António Damásio, *O Sentimento de Si: O Corpo, a Emoção e a Neurobiologia da Consciência* (Mem Martins, 2000).

6 *Idem*, *O Erro de Descartes: Emoção, Razão e Cérebro Humano* (Mem Martins, 1995).

7 Roger W. Sperry, M. S. Gazzaniga e J. E. Bogen, «Interhemispheric Relationships: The Neocortical Commissures; Syndromes of Hemisphere Disconnection», em *Handbook of Clinical Neurology,* P. J. Vinken e G. W. Bruyn (orgs.) (Amesterdão, 1969); veja-se também P. A. Reuter-Lorenz *et al.* (orgs.), *The Cognitive Neuroscience of Mind: A Tribute to Michael S. Gazzaniga* (Cambridge, Mass., 2010).

8 «The Neuronal Platonist: Michael Gazzaniga in Conversation with Shaun Gallagher», *Journal of Consciousness Studies,* vol. 5, n.º 5–6 (1 de maio de 1998), pp. 706–717 (12).

9 Michael Gazzaniga, *Who is in Charge? Free Will and the Science of the Brain* (Nova Iorque, 2011).

10 Para dar um exemplo: Anil Seth diz na sua palestra da Royal Institution que os investigadores da Universidade de Glasgow fizeram avanços neste aspeto: https://www.youtube.com/watch?v=xRel1JKOEbI (28 minutos e 30 segundos, citando L. Muckli *et al.,* «Contextual Feedback to Superficial Layers of V1», *Current Biology,* vol. 25, n.º 20 (2015), pp. 2690–2695.

11 A. C. Grayling, *The Good of the World* (Londres, no prelo 2022).

Conclusão

1 *A Ideia de Universidade* (1852), do cardeal John Henry Newman, é uma formulação clássica da perspetiva generalista. http://www.newmanreader.org/works/idea/. Alguns dos seus temas são reiterados em D. Daiches (org.), *The Idea of a New University* (Londres, 1964), estabelecendo os objetivos da acabada de fundar Universidade do Sussex, a primeira das «universidades de vidro laminado» da década de sessenta do século XX.

2 Veja-se Grayling, *War: An Enquiry* (New Haven, Conn., e Londres, 2017).

Apêndice II: O Épico de Gilgamexe

1 Uma tradução literal do texto diz que ele sentiu o ar «cair na parte lateral do nariz», o que deverá querer dizer a face; tanto «face» como «rosto» transmitem melhor a ideia.

2 As citações são da tradução de Maureen Gallery Kovacs, edição eletrónica publicada por Wolf Carnahan (1988). http://www.ancienttexts.org/library/mesopotamian/gilgamesh/.

Apêndice III: O Código de Hamurabi

1 O texto, traduzido por L. W. King, está disponível no website da Universidade de Yale, em https://avalon.law.yale.edu/ancient/hamframe.asp.

BIBLIOGRAFIA

Anderson, Michael C., *et al.*, «Prefrontal-hippocampal Pathways Underlying Inhibitory Control Over Memory», *Neurobiology of Learning and Memory,* vol. 134, Part A, 2016, pp. 145–161.

Anthony, David W., *The Horse, the Wheel, and Language: How Bronze-Age Riders from the Eurasian Steppes Shaped the Modern World,* Princeton, N. J., e Oxford, 2007.

Ayala, Francisco J., e Camilo J. Cela-Conde, *Processes in Human Evolution: The Journey from Early Hominins to Neanderthals and Modern Humans,* Oxford, 2017.

Bains, Sunny, «Questioning the Integrity of the John Templeton Foundation», *Evolutionary Psychology,* vol. 9, n.º 1 , 2011, pp. 92–115. https://journals.sagepub.com/doi/10.1177/147470491100900111.

—, «Keeping an Eye on the John Templeton Foundation», *Association of British Science Writers,* 6 de abril de 2011.

Baloyannis, Stavros J., «Galen as Neuroscientist and Neurophilosopher», *Encephalos,* vol. 53, 2016, pp. 1–10.

Banning, E. B., «So Fair a House: Göbekli Tepe and the Identification of Temples in the Pre-Pottery Neolithic of the Near East», *Current Anthropology,* vol. 52, n.º 5, outubro de 2011, pp. 619–660.

Barker, Roger A., *et al., Neuroanatomy and Neuroscience at a Glance,* 1999; Chichester, 2018.

Barrett, Lisa Feldman, e Ajay Satpute, «Large Scale Brain Networks in Affective and Social Neuroscience», *Current Opinion in Neurobiology,* vol. 23, n.º 3, janeiro de 2013, pp. 361–371.

Barrow, John D., e Frank J. Tipler, *The Anthropic Cosmological Principle,* Oxford, 1986.

Behrmann, Marlene, *et al.*, «Intact Visual Imagery and Impaired Visual Perception in a Patient with Visual Agnosia», *Journal of Experimental*

Psychology: Human Perception and Performance, vol. 20, n.º 5, novembro de 1994, pp. 1068–1087.

Bentley, Michael, *Companion to Historiography,* Londres, 2002.

Binford, Lewis, *et al.* (orgs.), *New Perspectives in Archeology,* Chicago, 1968.

Blackmore, Susan, *Consciousness: An Introduction,* 2003; Londres, 2018.

Bloch, Maurice, *In and Out of Each Other's Bodies: Theories of Mind, Evolution, Truth, and the Nature of the Social,* Boulder, Col., 2013.

Brandon, Sydney, *et al.*, «Recovered Memories of Childhood Sexual Abuse: Implications for Clinical Practice», *British Journal of Psychiatry,* vol. 172, n.º 4, abril de 1998, pp. 296–307.

Brax, Philippe, «What Makes the Universe Accelerate? A Review on What Dark Energy Could be and How to Test It», *Reports on Progress in Physics,* vol. 81, n.º 1, janeiro de 2018.

Broca, Paul, «Remarques sur le siège de la faculté du langage articulé, suivies d'une observation d'aphémie (perte de la parole)», *Bulletin de la Société Anatomique,* vol. 6, n.º 36, 1861, pp. 330–337.

Broome, Richard, *Aboriginal Australians: A History since 1788* (St Leonards, NSW, 2020).

Brown, Dee, *Bury My Heart at Wounded Knee,* 1970; Nova Iorque, 2012.

Browning, Christopher R., *The Origins of the Final Solution: The Evolution of Nazi Jewish Policy,* Setembro de 1939–Março de 1942. Com contributos de Jürgen Matthäus, Lincoln, Nebr., 2004; Londres, 2014.

Bulliet, Richard, *The Wheel: Inventions and Reinventions,* Nova Iorque, 2016.

Carroll, Sean, «The Templeton Foundation Distorts the Fundamental Nature of Reality: Why I Won't Take Money from the Templeton Foundation», slate.com.

—, *The Big Picture,* Londres, 2016.

Chase, P. G., *The Emergence of Culture: The Evolution of a Uniquely Human Way of Life,* Nova Iorque, 2006.

Churchland, Patricia, *Neurophilosophy: Toward a Unified Science of the Mind/Brain,* 1986; 2.ª ed. Cambridge, Mass., 1989.

Churchland, Paul, *Neurophilosophy at Work,* Cambridge, 2007.

Cline, Eric, *1177 BC: The Year Civilization Collapsed,* Princeton, N. J., e Oxford, 2014.

Corkin, Suzanne, *Permanent Present Tense: The Unforgettable Life of the Amnesic Patient,* H. M., Nova Iorque, 2013.

Coyne, Jerry, «Martin Rees and the Templeton Travesty», *Guardian,* 6 de Abril de 2011.

Crick, Francis, e Christof Koch, «Towards a Neurobiological Theory of Consciousness», *Seminars in the Neurosciences,* vol. 2, 1990, pp. 263–275.

—, «Why Neuroscience May be Able to Explain Consciousness», *Scientific American,* vol. 273, n.º 6, 1995, pp. 84–85.

Cru, Jean Norton, *Witnesses: Tests, Analysis and Criticism of the Memories of Combatants (1915–1928)* (*Témoins: Essai d'analyse et de critique des souvenirs de combattants édités en français de 1915 à 1928*), Paris, 1929; Nancy, 3.ª ed. 2006.

Curry, Andrew, «Gobekli Tepe: The World's First Temple?», *Smithsonian Magazine* (novembro de 2008). https://www.smithsonianmag.com/history/gobekli-tepe-the-worlds-first-temple-83613665/.

Davidson, Iain, recensão de Ian Hodder (org.), Religion at Work in a Neolithic Society, *Australian Archaeology*, vol. 82, n.º 2, 2016, pp. 192–195.

d'Errico, F., e M. Vanhaeren, «Evolution or Revolution? New Evidence for the Origins of Symbolic Behaviour In and Out of Africa», em P. Mellars *et al.*, *Rethinking the Human Revolution: New Behavioural and Biological Perspectives on the Origin and Dispersal of Modern Humans*, Cambridge, 2007, pp. 275–286.

Deutsch, David, *The Fabric of Reality: The Science of Parallel Universes and Its Implications*, 1997; Harmondsworth, 1998.

—, *The Beginning of Infinity: Explanations that Transform the World*, Londres, 2011.

Dilthey, Wilhelm, *Selected Works. Vol. 2: Understanding the Human World*, Princeton, N. J., 2010.

Driscoll, M. J., «The Words on the Page», em *Creating the Medieval Saga: Version, Variability and Editorial Interpretations of Old Norse Saga Literature*, Judy Quinn e Emily Lethbridge (orgs.), Odense, 2010.

Eagleman, David, *The Brain: The Story of You*, Edimburgo, 2016.

Elton, G. R., *The Practice of History*, 1967; nova edição, Londres, 1987.

Elwell, Frank, «Verstehen: The Sociology of Max Weber», 1996. https://www.faculty.rsu.edu/users/f/felwell/www/Theorists/Weber/Whome2.htm.

Engelhardt, Tom, «Ambush at Kamikaze Pass», *Bulletin of Concerned Asian Scholars*, vol. 3, n.º 1, 1971, pp. 64–84.

Evans, Richard J., *In Defence of History*, 1997; Londres, 2018.

—, *The Third Reich and the Paranoid Imagination*, Londres, 2020.

Fabiani, Monica, *et al.*, «True but Not False Memories Produce a Sensory Signature in Human Lateralized Brain Potentials», *Journal of Cognitive Neuroscience*, vol. 12, n.º 6, dezembro de 2000, pp. 941–949.

Farrington, Benjamin, *Greek Science*, 1944; Harmondsworth, 2.ª ed., 1949.

Ferguson, Niall, *Empire: How Britain Made the Modern World*, Londres, 2003.

Ferrier, David, *The Functions of the Brain*, Londres, 1876.

Feynman, Richard, *QED: A Estranha Teoria da Luz e da Matéria*, Lisboa, 1988.

Fordham, Helen, «Curating a Nation's Past: The Role of the Public Intellectual in Australia's History Wars», *M/C Journal*, vol. 18, n.º 4, 2015.

French, Howard W., «China's Textbooks Twist and Omit History», *New York Times*, 6 de dezembro de 2004.

Gallery Kovacs, Maureen (trad.), *The Epic of Gilgamesh,* edição eletrónica de Wolf Carnahan, 1998. https://uruk-warka.dk/Gilgamish/The%20 Epic%20of%20Gilgamesh.pdf.

Gazzaniga, Michael, *Who is in Charge? Free Will and the Science of the Brain,* 2011; Londres, 2016.

Gimbutas, Marija, *The Goddesses and Gods of Old Europe,* Londres, 1974.

—, *et al., The Kurgan Culture and the Indo-Europeanization of Europe: Selected Articles from 1952 to 1993,* Washington D. C., 1997.

Gosse, Edmund, *Father and Son: A Study of Two Temperaments,* Londres, 1907.

Grayling, A. C., «Modern Philosophy II: The Empiricists», em A. C. Grayling, *Philosophy: A Guide through the Subject,* 1995; 2.ª ed. Nova Iorque e Oxford, 1998.

—, *The Quarrel of the Age: The Life and Times of William Hazlitt,* Londres, 2000.

—, *Descartes: The Life of René Descartes and Its Place in His Times,* Nova Iorque e Londres, 2005.

—, *Among the Dead Cities: Was the Allied Bombing of Civilians in WWII a Necessity or a Crime?,* Londres, 2006.

—, *Towards the Light: The Story of the Struggles for Liberty and Rights that Made the Modern West,* Londres, 2007.

—, «Children of God?», *Guardian,* 28 de novembro de 2008. https://www.theguardian.com/commentisfree/2008/nov/28/religion-children-innateness-barrett.

—, *Friendship,* New Haven, Conn., e Londres, 2013.

—, *The Age of Genius: The Seventeenth Century and the Birth of the Modern Mind,* Londres, 2016.

—, *War: An Enquiry,* New Haven, Conn., e Londres, 2017.

—, *Uma História da Filosofia,* Lisboa, 2020.

Greene, Brian, *The Fabric of the Cosmos: Space, Time and the Texture of Reality,* Londres, 2005.

—, *Until the End of Time: Mind, Matter, and Our Search for Meaning in an Evolving Universe,* Londres, 2020.

Gross, Charles, «Aristotle on the Brain», *Neuroscientist,* vol. 1, n.º 4, julho de 1995.

Grüter, Thomas, Martina Grüter, e Claus-Christian Carbon, «Neural and Genetic Foundations of Face Recognition and Prosopagnosia», *Journal of Neuropsychology,* vol. 2, n.º 1, 2008, pp. 79–97.

Gutman, Yisrael, e Michael Berenbaum (orgs.), *Anatomy of the Auschwitz Death Camp,* United States Holocaust Memorial Museum, Bloomington, Ind., 1998.

Haak, Wolfgang, *et al.*, «Massive Migration from the Steppe was a Source of Indo-European Languages in Europe», *Nature,* vol. 522, n.º 7555 (11 de junho de 2015), pp. 207–211.

Hamilton, Alastair, *Johann Michael Wansleben's Travels in the Levant, 1671–1674: An Annotated Edition of His Italian Report*, Leida e Boston, 2018.

Hamming, R. W., «The Unreasonable Effectiveness of Mathematics», *American Mathematical Monthly*, vol. 87, n.º 2, fevereiro de 1980, pp. 81–90.

Harlow, John Martyn, «Passage of an Iron Rod through the Head», 1848. https://web.archive.org/web/20140523001027/https:/www.countway.harvard.edu/menuNavigation/chom/warren/exhibits/HarlowBMSJ1848.pdf.

—, «Recovery from the Passage of an Iron Bar through the Head», 1868, *Publications of the Massachusetts Medical Society*, vol. 2, n.º 3, pp. 327–347. Reprinted in David Clapp & Son, 1869. https://en.wikisource.org/wiki/Recovery_from_the_passage_of_an_iron_bar_through_the_head.

Harris, Annaka, *Conscious: A Brief Guide to the Fundamental Mystery of the Mind*, Londres, edição ilustrada, 2019.

Herculano-Houzel, Suzana, e Roberto Lent, «Isotropic Fractionator: A Simple, Rapid Method for the Quantification of Total Cell and Neuron Numbers in the Brain», *Journal of Neuroscience*, vol. 25, n.º 10, 2010, pp. 2518–2521.

Hill, Christopher, *The Intellectual Origins of the English Revolution Revisited*, Oxford, 1997.

Hilts, Philip J., *Memory's Ghost*, Nova Iorque, 1996.

Hipócrates e Galeno, *The Writings of Hippocrates and Galen*, John Redman Coxe (trad.), Filadélfia, 1846. Disponível na Online Library of Liberty. https://oll.libertyfund.org/titles/hippocrates-the-writings-of-hippocrates-and-galen.

Hodder, Ian (org.), *Religion in the Emergence of Civilization*, Cambridge, 2010.

—, *Religion at Work in a Neolithic Society*, Cambridge, 2014.

—, *Religion, History and Place and the Origin of Settled Life*, Cambridge, 2018.

Hoffman, Matthew, «Picture of the Brain», *WebMD*, 2014. https://www.youtube.com/watch?v=WXuK6gekU1Y.

Hofstadter, Douglas R., *Gödel, Escher, Bach: Laços Eternos*, Lisboa, 2013.

Homer, *Iliad*, A. T. Murray e W. F. Wyatt (trad.), Vols. 1 e 2, 1924; 2003, edição da Loeb.

Horgan, John, «The Templeton Foundation: A Skeptic's Take», *Edge.org.*, 2006. https://www.edge.org/conversation/john_horgan-the-templeton-foundation-a-skeptics-take.

Humphrey, Louise, e Chris Stringer, *Our Human Story*, Londres, 2018.

Iggers, Georg G. (org.), *The Theory and Practice of History*, Londres, 2010.

—, *Historiography in the Twentieth Century: From Scientific Objectivity to the Postmodern Challenge*, 1997; Middleton, Conn., 2012.

Impey, Oliver, e Arthur MacGregor (orgs.), *The Origins of Museums: The Cabinet of Curiosities in Sixteenth- and Seventeenth-century Europe*, Londres, 1985.

Johnson, Matthew, *Archaeological Theory: An Introduction*, 1999; 2.ª ed. Oxford, 2010.

Johnson, Sarah K., e Michael C. Anderson, «The Role of Inhibitory Control in Forgetting Semantic Knowledge», *Psychological Science,* vol. 15, n.º 7, julho de 2004, pp. 448–453.

Jones, William, «The Third Anniversary Discourse — on the Hindus», proferido a 2 de fevereiro de 1786, *The Works of Sir William Jones,* Vol. 3, Nova Deli, 1977, pp. 24–46.

Jun, Li Xiao, *The Long March to the Fourth of June: The First Impartial Account by an Insider, Still Living in China, of the Background to the Events in Tian An Men Square,* Londres, 1989.

Kay, Alex J., *The Making of an SS Killer: The Life of Colonel Alfred Filbert, 1905–1990,* Cambridge, 2016.

King, L. W. (trad.), *The Code of Hammurabi,* The Avalon Project, Yale Law School, 2008. https://avalon.law.yale.edu/ancient/hamframe.asp.

Klein, R. G., «Out of Africa and the Evolution of Human Behavior», *Evolutionary Anthropology,* vol. 17, n.º 6, 2008, pp. 267–281.

Klüver, H., e P. C. Bucy, «"Psychic Blindness" and Other Symptoms following Bilateral Temporal Lobe Lobectomy in Rhesus Monkeys», *American Journal of Physiology,* vol. 119, 1937, pp. 352–353.

Krauss, Lawrence, *A Universe from Nothing,* Londres, 2012.

—, *The Greatest Story Ever Told,* Londres, 2017.

Kriwaczek, Paul, *Babylon: Mesopotamia and the Birth of Civilization,* Londres, 2012.

Leick, Gwendolyn, *Mesopotamia: The Invention of the City,* Londres, 2001.

Lipstadt, Deborah, *Denying the Holocaust: The Growing Assault on Truth and Memory,* Nova Iorque, 1993.

Locke, John, *An Essay Concerning Human Understanding,* 2.ª ed. Londres, 1691.

Lyndall, Ryan, «List of Multiple Killings of Aborigines in Tasmania: 1804–1835», *SciencesPo, Violence de masse et Résistance — Réseau de recherche,* março de 2008. https://www.sciencespo.fr/mass-violence-war-massacre-resistance/fr/document/list-multiple-killings-aborigines-tasmania-1804-1835.html.

Manco, Jean, *Ancestral Journeys: The Peopling of Europe from the First Venturers to the Vikings,* Londres, 2015.

Mark, Joshua J., «Religion in the Ancient World: Definition», *Ancient History Encyclopedia,* 23 de março de 2018. https://www.ancient.eu/religion/.

Martínez-Abadías, Neus, *et al.*, «Heritability of Human Cranial Dimensions: Comparing the Evolvability of Different Cranial Regions», *Journal of Anatomy,* vol. 214, n.º 1, janeiro de 2009, pp. 19–35.

Mazur, Suzan, Ian Hodder, «Çatalhöyük, Religion and Templeton's 25%», Huffington Post, 28 de abril de 2017. https://www.huffpost.com/entry/ian-hodder-çatalhöyük-religion-templetons-25_b_58fe2a64e4b0f02c3870ecf0.

Michel, Matthias, «Consciousness Science Underdetermined», *Ergo,* vol. 6, n.º 28, 2019–2020. http://dx.doi.org/10.3998/ergo.12405314.0006.028.

Mieroop, Marc van de, *A History of the Ancient Near East: c. 3000–323 BC*, 2006; 3.ª ed. Oxford, 2016.

Milner, B., «Intellectual Function of the Temporal Lobes», *Psychological Bulletin*, vol. 51, n.º 1, 1954, pp. 42–62.

Nelson, Libby A., «Some Philosophy Scholars Raise Concerns about Templeton Funding», *Inside Higher Ed*, 21 de maio de 2013. https://www.insidehighered.com/news/2013/05/21/some-philosophy-scholars-raise-concerns-about-templeton-funding.

New Scientist, Human Origins: 7 Million Years and Counting, Londres, 2018.

—, *How Numbers Work*, Londres, 2018.

Nichols, Stephen G., «Introduction: Philology in a Manuscript Culture», *Speculum*, vol. 65, n.º 1, janeiro de 1990, pp. 1–10.

Nicolis, Franco (org.), *Bell Beakers Today: Pottery People, Culture, Symbols in Prehistoric Europe: Proceedings of the International Colloquium, Riva Del Garda*, Trento, Itália, 11–16 de maio de 1998, Vol. 2, Trento, 1998.

Nixey, Catherine, *A Chegada das Trevas*, Porto Salvo, 2018.

Nowell, April, «Defining Behavioral Modernity in the Context of Neandertal and Anatomically Modern Human Populations», *Annual Review of Anthropology*, vol. 39, n.º 1, 2010, pp. 437–452.

Olalde, Iñigo, *et al.*, «The Beaker Phenomenon and the Genomic Transformation of North-west Europe», *Nature*, vol. 555, n.º 7695, 8 de março de 2018, pp. 190–196.

Penrose, Roger, *The Road to Reality*, Londres, 2004.

—, *The Emperor's New Mind*, Oxford, edição ilustrada, 2016.

Pinker, Steven, *How the Mind Works* (Nova Iorque, 1997).

Premack, David, e Guy Woodruff, «Does the Chimpanzee Have a Theory of Mind?», *Behavioral and Brain Sciences*, vol. 1, n.º 4, dezembro de 1978, pp. 515–526.

Rank, Otto, *The Myth of the Birth of the Hero: A Psychological Interpretation of Mythology*, F. Robbins e Smith Ely Jelliffe (trad.), Nova Iorque, 1914.

Rassinier, Paul, *Holocaust Story and the Lies of Ulysses: Study of the German Concentration Camps and the Alleged Extermination of European Jewry* (republicado em 1978 por «Legion for the Survival of Freedom, Inc.», baseada na Califórnia).

Rees, Laurence, *The Holocaust*, Londres, 2017.

Reich, David, *Who We are and How We Got Here: Ancient DNA and the New Science of the Human Past*, Oxford, 2018.

Renfrew, Colin, *Archaeology and Language: The Puzzle of Indo-European Origins*, 1987; Cambridge, 1990.

Reynolds, Henry, *The Other Side of the Frontier: Aboriginal Resistance to the European Invasion of Australia*, Sydney, 2006.

—, *Forgotten War*, Sydney, 2013.

Roberts, Alice, *Evolution: The Human Story*, 2.ª ed., Londres, 2018.

Roediger, Henry L., III, e Kathleen B. McDermott, «Creating False Memories: Remembering Words Not Presented in Lists», *Journal of Experimental Psychology: Learning, Memory, and Cognition*, vol. 21, n.º 4, julho de 1995, pp. 803–814.

Rogers, J. Michael, «To and Fro: Aspects of the Mediterranean Trade and Consumption in the Fifteenth and Sixteenth Centuries», *Revue des mondes musulmans et de la Méditerranée*, n.º 55–56, 1990, pp. 57–74.

Rosenau, Josh, «How Bad is the Templeton Foundation?», *ScienceBlogs*, 5 de março de 2011. https://scienceblogs.com/tfk/2011/03/05/how-bad-is-the-templeton-found.

Rovelli, Carlo, *Reality is Not What It Seems*, Londres, 2017.

Russell, Bertrand, *Introduction to Mathematical Philosophy*, Londres, 1919.

Russell, Nestar, «The Nazi's Pursuit for a "Humane" Method of Killing», *Understanding Willing Participants: Milgram's Obedience Experiments and the Holocaust*, Vol. 2, Londres, 2019, pp. 241–276.

Rutherford, Adam, *A Brief History of Everyone Who Ever Lived*, Londres, 2016.

Ryden, Barbara, *Introduction to Cosmology*, Cambridge, 2017.

Ryle, Gilbert, *The Concept of Mind*, Chicago, 1949.

Sarukkai, Sundar, «Revisiting the "Unreasonable Effectiveness" of Mathematics», *Current Science*, vol. 88, n.º 3, 10 de fevereiro de 2005, pp. 415–423.

Schmidt, Klaus, «Göbekli Tepe — the Stone Age Sanctuaries: New Results of Ongoing Excavations with a Special Focus on Sculptures and High Reliefs», *Documenta Praehistorica*, vol. 37, 2010, pp. 239–256. https://web.archive.org/web/20120131114925/http://arheologija.ff.uni-lj.si/documenta/authors37/37_21.pdf.

Schneider, Nathan, «God, Science and Philanthropy», *Nation*, 3 de junho de 2010. https://www.thenation.com/article/archive/god-science-and-philanthropy/.

Scoville, W. B., e B. Milner, «Loss of Recent Memory after Bilateral Hippocampal Lesions», *Journal of Neurology, Neurosurgery and Psychiatry*, vol. 20, n.º 1, 1957, pp. 11–21.

Shanks, Michael, e Ian Hodder, «Processual, Postprocessual, and Interpretive Archaeologies», em Ian Hodder *et al.* (orgs.), *Interpreting Archaeology: Finding Meaning in the Past*, Londres, 1995.

Shermer, Michael, e Alex Grobman, *Denying History: Who Says the Holocaust Never Happened and Why Do They Say It?*, Berkeley, Calif., 2002.

Sobel, Dava, *Longitude: The True Story of a Lone Genius Who Solved the Greatest Scientific Problem of His Time*, Londres, 1995.

Sperry, Roger W., «Cerebral Organization and Behavior», *Science*, vol. 133, n.º 3466, 2 de junho de 1961, pp. 1749–1757. http://people.uncw.edu/puente/sperry/sperrypapers/60s/85-1961.pdf.

Sporns, O., «The Human Connectome: A Complex Network», em M. B. Miller e A. Kingstone (orgs.), *The Year in Cognitive Science,* Vol. 1,224, Oxford, 2011, pp. 109–125.

Staden, Heinrich von, *Herophilus: The Art of Medicine in Early Alexandria,* Cambridge, 1989.

Susskind, Leonard, *et al., Quantum Mechanics: The Theoretical Minimum,* Londres, 2014.

Tainter, Joseph A., *The Collapse of Complex Societies,* Cambridge, 1976.

Taylor, Alexander L., *The White Knight,* Edimburgo, 1952.

Tee, James, e Desmond P. Taylor, «Is Information in the Brain Represented in Continuous or Discrete Form?», *IEEE Transactions on Molecular, Biological, and Multi-Scale Communications,* 21 de setembro de 2020. https://arxiv.org/ftp/arxiv/papers/1805/1805.01631.pdf.

Thomas, Carol G., e Craig Conant, *Citadel to City-State: The Transformation of Greece, 1200–700 BCE,* Bloomington, Ind., 1999.

Trigger, Bruce, *A History of Archaeological Thought,* 1996; 2.ª ed. Cambridge, 2006.

Uppal, Neha, e Patrick Hof, «Discrete Cortical Neuropathology in Autism Spectrum Disorders», em *The Neuroscience of Autism Spectrum Disorders,* Amesterdão, 2013, pp. 313–325. https://doi.org/10.1016/B978-0-12-391924-3.00022-3.

Vinken, P. J., e G. W. Bruyn (orgs.), *Handbook of Clinical Neurology* (Amesterdão, 1969).

Vytal, Katherine, e Stephan Hamann, «Neuroimaging Support for Discrete Neural Correlates of Basic Emotions», *Journal of Cognitive Neuroscience,* vol. 22, n.º 12, dezembro de 2010, pp. 2864–2885.

Weinberg, Steven, «The Making of the Standard Model», *European Physical Journal C,* vol. 34, maio de 2004, pp. 5–13.

Wernicke, Carl, *Der aphasische Symptomencomplex: Eine psychologische Studie auf anatomischer Basis,* Breslau, 1874.

Wiebe, Donald, «Religious Biases in Funding Religious Studies Research?», *Religio: Revue Pro Religionistiku,* vol. 17, n.º 2, 2009, pp. 125–140.

Wigner, Eugene, «The Unreasonable Effectiveness of Mathematics in the Natural Sciences», *Communications on Pure and Applied Mathematics,* vol. 13, n.º 1, fevereiro de 1960.

Windschuttle, Keith, *The Fabrication of Aboriginal History* (3 vols.; Paddington, NSW, 2002)

Xun, Lu (Lu Hsün), *The True Story of Ah Q* (1921). https://www.marxists.org/archive/lu-xun/1921/12/ah-q/index.htm

Yahil, Leni, *The Holocaust: The Fate of European Jewry, 1932–1945,* Oxford, 1991.

Yakira, Elhanan, *Post-Zionism, Post-Holocaust,* Cambridge, 2010.

Zeman, Adam, *Consciousness: A User's Guide,* New Haven, Conn., e Londres, 1999.

—, *Portrait of the Brain,* New Haven, Conn., e Londres, 2017.

Diversos

AlphaGo – The Movie I Full Documentary, YouTube, disponibilizado por DeepMind, 13 de março de 2020. https://www.youtube.com/watch?v=WXuK6gekU1Y

Dmanisi Skulls, Google Images. https://www.google.co.uk/search?source=hp&ei=WmoDX_GoBqGXlwSAh7DIDw&q=dmanisi+skulls&oq=dmanisi+skulls&gs_lcp=CgZwc3ktYWIQAzICCAA6CAgAELEDEIMBOgUIABCxAzoECAAQAzoECAAQCjoGCAAQFhAeUP8iWIJDYLdGaABwAHgAgAFDiAGnBpIBAjE0mAEAoAEBqgEHZ3dzLXdpeg&sclient=psy-ab&ved=0ahUKEwjxvbXsnbnqAhWhy4UKHYADDPkQ4dUDCAw&uact=5

«Resolution of the Duke University History Department», impresso em *Duke Chronicle* (novembro de 1991). https://dukelibraries.contentdm.oclc.org/digital/collection/p15957coll13/id/85692

French National Centre for Scientific Research, Wikipedia, 2020. https://en.wikipedia.org/wiki/French_National_Centre_for_Scientific_Research

«Gender and Genetics», Organização Mundial de Saúde. https://www.who.int/genomics/gender/en/

David Irving v. Penguin Books and Deborah Lipstadt (2000), Secção 13 (91), England and Wales High Court (Queen's Bench Division) Decision. http://www.bailii.org/ew/cases/EWHC/QB/2000/115.html

Report of the Joint Committee on the Conduct of the War at the Second Session, 39th US Congress, Relatório 156 do Senado, testemunho de Robert Bent sobre o Massacre de Sandy Creek.

United States Holocaust Memorial Museum, «Bone-crushing Machine Used by Sonderkommando to Grind the Bones of Victims after Their Bodies were Burned in the Janowska Camp, August 1944». https://encyclopedia.ushmm.org/content/en/photo/bone-crushing-machine-in-janowska

WN@TL — How New Discoveries of Homo naledi are Changing Human Origins, YouTube. https://www.youtube.com/watch?v=7mBIFFstNSo

Selective Attention Test, YouTube. https://www.youtube.com/watch?v=vJG698U2Mvo

Wikipedia, *John Templeton Foundation,* 2020. https://en.wikipedia.org/wiki/John_Templeton_Foundation

ÍNDICE REMISSIVO